S. 57 Spenden
S. 131 Whatsapp
S. 132 / 133
S. 141 / 142 / 143 / 144
S. 147
S. 151
S. 154 / 155
S. 167
S. 171
S. 198
S. 202
S. 204 Google Gewinn
S. 205 Schumpeter
S. 209
S. 220
S. 224
S. 230
S. 242 Sozialismus !
S. 248
S. 251
S. 253 Ray Kurzweil   S. 266
S. 269 Lanier
S. 274 Bitcoin

Christoph Keese

Silicon Valley

Was aus dem mächtigsten Tal
der Welt auf uns zukommt

Knaus

Der Verlag weist ausdrücklich darauf hin, dass im Text enthaltene externe Links nur bis zum Zeitpunkt der Buchveröffentlichung eingesehen werden konnten. Auf spätere Veränderungen hat der Verlag keinerlei Einfluss. Eine Haftung des Verlags für externe Links ist stets ausgeschlossen.

Verlagsgruppe Random House FSC® N001967
Das für dieses Buch verwendete
FSC®-zertifizierte Papier *Munken Premium*
liefert Arctic Paper Munkedals AB, Schweden.

3. Auflage
Copyright © der Originalausgabe 2014
beim Albrecht Knaus Verlag, München,
in der Verlagsgruppe Random House GmbH
Satz: Buch-Werkstatt GmbH, Bad Aibling
Druck und Einband: CPI – Ebner & Spiegel, Ulm
Printed in Germany
ISBN 978-3-8135-0556-6

www.knaus-verlag.de

Für Caspar, Nathan und Camilla

»Alles, was digitalisiert werden kann,
wird digitalisiert.«
Carly Fiorina

Inhaltsverzeichnis

Vorwort 11

DAS TAL 15

Die Hauptstadt, die keine sein möchte 17

Palo Alto: Explosives Gemisch aus Geist und Geld 23

Analoge Arbeitskultur:
Wer nicht am Ort ist, spielt keine Rolle 37

Stanford und seine Gründer:
»Die Vorlesungen besuche ich zur Erholung« 54

Exklusiver Boom: Die Wertschöpfung im reichsten
Tal der Welt erreicht nur die Gebildeten 76

DIE KULTUR 89

Technik-Kult:
Probleme, gebt uns Probleme 91

Grenzenlose Innovation:
Niemand ist sicher vor dem ständigen Angriff
von unten 107

Hochgeschwindigkeitsökonomie:
Die Entdeckung der Schnelligkeit 120

Risikokultur:
Beim nächsten Mal machen wir bessere Fehler 135

DIE FOLGEN 163

Skalieren oder verlieren:
Vom Zeitalter der Plattformen 165

Alles dem Gewinner.
Die Macht der Monopole 193

Befreit vom Chef, dafür anderen Zwängen ausgeliefert:
Die neue Arbeitswelt 228

Keine Geheimnisse mehr, nirgends:
Das Zeitalter der Echtzeit-Kommunikation 247

Unbegrenzte Machbarkeit:
Der Mensch, hochgeladen in die Cloud 259

UND JETZT? 279

ANHANG 305
Dank 306
Literatur und Quellen 307
Index 313

Vorwort

»Auf gewisse Weise sind wir der Kanarienvogel im Bergwerk. Das erste Schlachtfeld. Uns folgen alle diejenigen, die etwas erzeugen, das digitalisiert werden kann.«

Peter Gabriel, Musiker

Im Jahr 2013 haben meine Frau, unsere drei Kinder und ich für sechs Monate in Palo Alto im Herzen des Silicon Valley gelebt. Im Auftrag meines Arbeitgebers Axel Springer habe ich den digitalen Wandel und seine Folgen für die Medienbranche untersucht, gemeinsam mit meinen Kollegen Kai Diekmann, Chefredakteur von *Bild*, Peter Würtenberger, Chef unseres Anzeigenvermarkters ASMI, und Martin Sinner, Gründer der Preisvergleichsseite Idealo, die mehrheitlich zu Springer gehört. Am Anfang dieser Recherche stand Unbehagen: Europa hat den Anschluss verloren. Warum werden die Schlüsseltechnologien des 21. Jahrhunderts nicht hier erfunden? Früher kamen fast alle Durchbrüche aus Europa: Fernglas, Mikroskop, Eisenbahn, Auto, Penicillin, Funk, Radio, Fernsehen und Computer, um nur einige Beispiele zu nennen. Heute liegt Europa in Sachen Digitalisierung, der wichtigsten Technologie der Gegenwart, weit zurück. Google, Facebook, Apple, Twitter & Co. haben wir nicht nur nicht *erfunden*. Wir hätten sie auch nicht erfinden *können*. Sie sind mehr als nur geniale Eingebungen begabter Studenten. Sie sind das Produkt einer einzigartigen Kultur, die man mit dem etwas unscharfen Sammelbegriff *Silicon Valley* bezeichnet. Diese Kultur entwickelt sich in rasender Geschwindigkeit zur Leitkultur des digitalen Zeitalters. Während der Internet-Revolution in Deutschland zu leben, ist ein bisschen so, wie das 19. Jahrhundert in Lissabon zu verbringen. Angenehme Lebensumstände zwar, aber weit ab vom Schuss und abgehängt von der industriellen Revolution. Wir Europäer sehen freundlich-aufgeschlossen dabei zu, wie Kaliforni-

11

er eine neue Innovationskultur schaffen und damit beispiellose technische Durchbrüche und unternehmerische Erfolge erzielen. Wie dort eine ganze Generation begabter Techniker zu Gründern wird und Millionen Arbeitsplätze schafft, während bei uns Anstellungsverhältnisse in herkömmlichen Unternehmen noch immer als allgemeines Ideal und Vorbild gelten. Wie Milliarden Wagniskapital in die Volkswirtschaft fließen und sie von Grund auf erneuern. Wie Wohlstand von Europa nach Kalifornien abgesaugt wird. Wie kalifornische Unternehmen in einen lebenswichtigen Markt nach dem anderen vordringen und dort durch glänzende Produkte und überragendes Geschick immer größere Marktanteile gewinnen. Wie sie ihre Vorstellungen von Recht und Gesetz durchsetzen. Wie sie die Deutungshoheit über die digitale Welt ausüben. Wie sie bestimmen, was modern und was unmodern ist, was das Internet zu sein hat und was nicht, welche Gesetze dort gelten und welche nicht. Das Internet tut für den menschlichen Geist das, was die Dampfmaschine für den menschlichen Muskel geleistet hat, hat der verstorbene *FAZ*-Herausgeber Frank Schirrmacher treffend angemerkt: Sie steigert seine Wirkung ins Unermessliche. Was bedeutet das für die einzelnen Bereiche unseres Lebens? Die Debatte darüber wird im Silicon Valley mit voller Wucht geführt, doch bei uns hat sie gerade erst begonnen. Allzu lange fanden Europäer nicht das Geringste dabei, sich nicht in diese Diskussion einzumischen, sich nicht sachkundig zu machen und nicht selbstbewusst ihre Interessen zu vertreten. Dies scheint sich gerade zu ändern, und das ist dringend notwendig. Dieses Buch soll einen Beitrag dazu leisten.

Es wäre einfach, eine Anklageschrift gegen das Silicon Valley zu verfassen. Doch so leicht können wir es uns nicht machen. Das Silicon Valley denkt komplexer und anspruchsvoller, als es auf den ersten Blick den Anschein hat. Machbarkeit und Moral stehen nicht in einem simplen Widerspruch. Selbst die Leute, die für die NSA programmieren, sind nicht unmoralisch im trivialen Sinne. Sie leben nach ihrer eigenen Moral, einer Moral der Machbarkeit. Wenn man das Silicon Valley verstehen will, muss man sich darauf einlassen. Interessant wird die Auseinandersetzung erst, wenn man Ambivalenz und Vielschichtigkeit dieser Kultur betrachtet und sich bemüht, sie aus ihren Wertvorstellungen, Motivationsanreizen und Verhaltensregeln heraus zu begreifen. Ich nähere mich dem Ort deswegen möglichst unbefangen an und versuche, Chancen wie Risiken aufzuzeigen und sie gegeneinander abzuwägen. Gefragt wird vor allem, was die Entwicklung für uns bedeutet und wie wir auf sie reagieren können.

Das *Silicon Valley* ist ein geografischer Ort, eine Antipode zu Europa, eine exotische Region am anderen Ende der Welt. Aber es ist auch eine Chiffre für eine neue Zeit. Berichtet wird hier von beidem: vom konkreten Ort und vom Geist dieses Orts, der fast überall umherspukt, wo moderne Menschen sich heute bewegen. Jeder, der in das Silicon Valley zieht, wird persönlich herausgefordert. Er sieht sich mit seinen Hoffnungen und Ängsten konfrontiert. Er wundert sich anfangs über alles und kann manches erst mit etwas Abstand erfassen. So ist es auch mir ergangen. Deswegen erzähle ich in diesem Buch auch die Geschichte meiner persönlichen Annäherung an das Tal. Zum Teil im Stil einer Reportage, dann vor allem als eine sachliche Auseinandersetzung mit den Fakten, Entwicklungen und Prognosen.

In Sachen Google bin ich befangen. Mein Arbeitgeber führt eine Reihe politischer und juristischer Auseinandersetzungen mit dem Unternehmen. Es geht um Urheberrecht und den Missbrauch marktbeherrschender Stellung durch Google. Ich habe beruflich viel mit diesen Fällen zu tun. Dennoch bemühe ich mich in diesem Buch um Fairness, Sachlichkeit und eine ausgewogene Darstellung. Das fällt mir nicht schwer. Denn Google ist auch ein geschätzter Geschäftspartner. Wir sind wohl das, was man *Frenemies* nennt – Freunde und Gegner gleichzeitig. Die Auseinandersetzung ist sinnvoll und notwendig. Jede technologische Zeitenwende hat die Gesellschaft vor grundsätzliche Fragen gestellt. So war es auch nach der Erfindung von Eisenbahn, Dampfmaschine, Telefon, Flugzeug oder Atomkraft. Es prallen unterschiedliche

Vorstellungen von Zukunft aufeinander. Nur ein offener Diskurs kann sicherstellen, dass Gesellschaften sich dem Neuen öffnen, ohne ihre Grundwerte dabei aufzugeben. Um nicht mehr und nicht weniger sollte es heute gehen.

Christoph Keese
Berlin, im Sommer 2014

DAS TAL

Die Hauptstadt, die keine sein möchte

Im Silicon Valley ballt sich das Herrschaftswissen der Welt. Doch in der Zentrale des Internet duckt man sich am liebsten vor der eigenen Bedeutung weg. Annäherung an das mächtigste Tal der Welt.

Das Tal, von dem wir wissen wollen, wie es unser Leben verändert, könnte unauffälliger nicht sein. Es ist der 12. Februar 2013. Wir sitzen seit 13 Stunden im Flugzeug, die Kinder schlafen mit den Köpfen auf unseren Knien, als unter uns endlich das Silicon Valley auftaucht. Ich sehe aus dem Fenster. Wir durchstechen die dicken Quellwolken über der Golden Gate Bridge. Ein halbes Dutzend Mal bin ich in den vergangenen zehn Jahren hier gewesen, aber die Trivialität dieser Gegend verblüfft mich immer wieder. Nicht die Landschaft ist trivial. Sie ist grandios. Spektakulär. Schöner als vieles andere auf der Erde. Trivial aber ist die Bebauung. Nichts hat sich geändert seit meinem letzten Besuch. Gähnende Langeweile. Eine Weltmacht auf Valium, ein Kraftzentrum unter der Tarnkappe.

Keine Spur von Weltkonzernen, Fabriken oder Forschungslaboren. Das stellt man sich anders vor. Dass Googles Heimat irgendwie mächtig aussieht, bedeutsam und einflussreich. Nichts dergleichen. Keine Hochhäuser, Industriezonen oder Villen mit riesigen Gärten. Die straff geführten Internetkonzerne, gefürchtet für ihren Willen, den Rest der Welt in digitale Kolonien ohne Mitspracherecht zu verwandeln, sitzen in Pappschachteln aus Beton. Milliarden Menschen, heißt es, werden von diesen Konzernen in die elektronische Abhängigkeit geführt, aber warum in gesichtslosen Büroparks? Wird ihnen darin nicht selbst langweilig? Wenn das hier das Rom des Internetzeitalters sein soll, warum baut dann niemand ein Kapitol? Auf Erdbebenspalten errichtet man keine Hochhäuser, heißt es, aber San Francisco tut es doch auch. Warum misst das höchste Gebäude von Palo Alto nur zwölf

Etagen? So hoch sind in New York schon die Eingangshallen von Firmen, die nicht ein Tausendstel von dem verdienen, was hier verdient wird. Millionäre und Milliardäre gibt es hier so viele auf so engem Raum wie nirgendwo sonst in den Vereinigten Staaten, warum bauen sie keine Pools in ihre Gärten? Manche tun es, die meisten aber nicht. Warum fällt den Stadtplanern hier kein besseres Straßenraster ein als das Schachbrettmuster – bei all dem Geist und Genie, die in das Design von Apple-Produkten fließen? Unser Airbus, der San Francisco ansteuert, fliegt wie jedes Flugzeug eine 180-Grad-Kurve über Palo Alto. Die Maschine lehnt sich steil auf meine Seite. Unter der Scheibe liegt jetzt flach diese seltsame kleine Stadt. Als Architekturstudent müsste man sicher nicht hierher kommen. Als Medienmanager schon.

Das Silicon Valley ist noch nicht einmal wirklich ein Tal. Schon der Name führt in die Irre. Westlich liegt der Pazifik, und von seiner Küste, mit erstaunlich wenigen Stränden und dafür umso mehr schroffen Felswänden, steigt eine bewaldete Hügelkette an. Sie kann als westliche Begrenzung des »Tals« gelten. Unter Naturschutz gestellt, ist sie kaum besiedelt. Die Hälfte des Silicon Valley ist mehr oder weniger ein Urwald. Östlich des Tals gibt es keine Erhebungen. Die Flanke der Hügel fällt flach ab bis zur Bucht von San Francisco. Erst 25 Kilometer dahinter tauchen wieder Berge auf, weit hinter dem anderen Ufer der Bucht. »Tal« klingt besser als »Hügelflanke«, was es in Wahrheit ist. Das vermeintliche Valley ist 70 Kilometer lang und 30 Kilometer breit. Davon sind 20 Kilometer Wald und Grassteppe, und nur zehn Kilometer Zivilisation. Das Ganze ist kaum größer als Berlin.

Das letzte Fleckchen Westen, bevor der Osten beginnt, hat Durs Grünbein Kalifornien einmal genannt. Jetpiloten müssen hart ins Ruder greifen, um das Silicon Valley nicht zu verpassen. Eine Minute Überflugzeit, dann ist es schon vorbei. Unsere Swiss-Maschine fährt die Klappen aus und rumpelt über die kleinen Wohnhäuser und flachen Büroquartiere von Menlo Park hinweg, einem Örtchen nördlich von Palo Alto. Hier werden weltweit einmalige 15 Milliarden Dollar Venture Capital pro Jahr ausgegeben, und hier sitzt Facebook mit seiner Hauptverwaltung.

Nach einer Studie würde das Internet, wenn es ein Land wäre, innerhalb von vier Jahren alle anderen Länder der Welt bis auf vier wirtschaftlich überrunden. Nur eine richtige Hauptstadt leistet es sich nicht. Obwohl fünf der sechs meistbesuchten Webseiten der Welt von hier kommen: Facebook, Google, YouTube (gehört zu Google), Yahoo! und Wikipedia. Die sechste Webseite stammt aus China. Trotzdem, Erhabenheit sucht man vergebens. Wenn man New York anfliegt, sieht man schon an der Skyline, wie reich und mächtig Manhattan sein muss. Die New Yorker zeigen, was sie haben. Ihr Selbstbewusstsein wächst in den Himmel. Höhere Hochhäuser anderswo sind ihnen ein Stachel im Fleisch. Auch Los Angeles ist nicht für Bescheidenheit bekannt. Reichtum und Luxus springen den anfliegenden Besucher schon in Form der vielen Tausend Luxuspools durch die Scheibe an. Radikales Understatement dagegen herrscht im Silicon Valley. Mich erinnert die Gegend aus der Luft an eine Kleingartenkolonie. Nichts sticht hervor, alles duckt sich weg. Von hier aus wird das 21. Jahrhundert gesteuert. Hierher fließen die gewaltigen Geld- und Datenströme der Digitalwirtschaft. Noch nie haben so wenige Menschen so viele Informationen über alle anderen Menschen besessen. Und trotzdem macht sich das Silicon Valley klein. Zufall oder Methode?

San Francisco auf der Spitze der Halbinsel ist zwar eine respektable Metropole, wenn auch nach Einwohnern und Fläche kleiner als München. Doch die Stadt gehört nicht zum Silicon Valley. Das Tal besteht streng genommen nur aus putzigen Ortschaften mit spanisch oder verträumt klingenden Namen wie San Carlos, Palo Alto, Mountain View und Cupertino, und einer hässlichen, ausgefransten Großstadt namens San José. Mit Ausnahme von San José sind das Orte minderer Bedeutung, kaum größer als Castrop-Rauxel. Unwichtig, wenn es da nicht die Hightech-Industrie gäbe, die wie ein Segen über sie gekommen ist. Fleckchen, die zufällig Heimat von Weltmächten wie Oracle, Apple, Google, Intel und Stanford geworden sind. Traum eines jeden Wirtschaftsförderers.

BMW, Audi, Volkswagen, Mercedes, Bosch, BASF und Lufthansa fürchten sich vor dieser Gegend. Einige von ihnen haben aus Vorsicht große Forschungszentren hier errichtet. Die Bundeskanzlerin warnt, dass Deutschlands stolze Industrie von dieser ehemaligen Obstplantage, nichts anderes war das Silicon Valley kurz nach Kriegsende, schon bald überholt werden könnte. Übertriebene Alarmstimmung oder berechtigte Sorge? Das Herz des Internet schlägt in Schlafstädten – Hewlett-Packard, Google, Apple sind an Orten entstanden, die langweiliger nicht sein könnten. Landschaftlich reizvoll, aber städtebaulich banal.

Unsere drei Kinder – acht, sechs und drei Jahre alt – werden in die deutsche Schule von Mountain View gehen: *German International School of Silicon Valley*, GISSV. Gleich neben der Google-Zentrale und dem NASA-Forschungszentrum. Die Eltern ihrer Schulkameraden arbeiten für Firmen, deren Logos auch hierzulande jedes Kind kennt. Unser sechsjähriger Sohn glaubt bald, dass ich bei Apple bin, weil alle meine Computer und Telefone von Apple stammen. Außerdem arbeiten alle Eltern seiner Klassenkameraden bei Tech-Konzernen. Bei einem Verlag ist kein anderer Vater, *Bild*-Chef Kai Diekmann ausgenommen. Verlage gelten hier als etwas überholt und von vorgestern. Dinosaurier, die das Internet nicht richtig verstanden haben und nicht begreifen wollen, dass kein Geld mehr mit Journalismus zu verdienen sein soll, statt Artikel, Fotos und Videos von Algorithmen aufspüren zu lassen und dem Publikum als Sammlungen zu präsentieren. Aggregieren heißt das. Aggregation ist gut, weil sie automatisch funktioniert und fast kein Personal braucht, wenn die Programmierer ihre Arbeit erst einmal abgeschlossen haben. Produktion hingegen ist nicht gut, glaubt das Silicon Valley, ganz gleich, ob es sich nun um Journalismus, Musik, Filme, Autos, Flugzeuge, Waschmaschinen, Heizkessel, Strom oder Teddybären handelt.

»Eine Reise auf der Suche nach der Zukunft«, haben die Medien-Branchendienste geschrieben, als wir in Berlin losgeflogen sind. Für uns ist es eher eine Reise auf der Suche nach Anschluss.

Ein Ankämpfen gegen den Rückstand. Für jedes General Electric gab es in Deutschland früher einmal ein Siemens, für jedes IBM ein Nixdorf, für jedes Kodak ein Agfa, für jedes Pfizer ein Hoechst, für jedes Sony und Samsung ein Telefunken, Grundig oder Loewe. Doch mit der Digitalisierung ist das einstige Musterland aus dem Tritt geraten. Die Deutschen fremdeln mit dem Netz. »Neuland« hat Angela Merkel das Internet etwas ungeschickt, in der Sache aber zutreffend genannt. 25 Jahre ist das Web inzwischen alt, ihre große Liebe dazu müssen die Deutschen aber erst noch entdecken.

SAP, Deutschlands letzter internationaler Computer-Erfolg, stammt aus den 70er-Jahren. Mit Ausnahme des Netzdienstleisters United Internet kommt keiner der großen Erfolge der Internet-Ära aus Deutschland, und selbst United Internet ist ein eher regionales Phänomen geblieben. Alle maßgeblichen Techniktrends von der Suchmaschine über soziale Netzwerke bis zum Smartphone wurden in Deutschland um Jahre zu spät erkannt. Was machen die Kalifornier besser als die Deutschen? Warum locken sie so viele Talente an? Wie werden sie so innovativ? Weshalb sind sie so schnell? Für Verlage ist das eine Schicksalsfrage. Sie haben ihre Seiten im Netz zwar früh gestartet, 1994 oder kurz danach. Doch dass Verlage die wichtigen Trends immer rechtzeitig erkannt hätten, können sie nicht von sich behaupten. Ihre Webauftritte waren zu lange eher Fortsetzungen des herkömmlichen Zeitungs- und Zeitschriftenjournalismus. Zu spät haben Verlage sich gefragt, was Suche eigentlich bedeutet, was das Wesen von Social Media ist, warum Auktionen unvermeidbar sind, weshalb Algorithmen menschliche Intelligenz aushebeln können, wieso die Cloud Wertschöpfungsketten sprengt und warum Daten heute nicht nur die Währung für alles Mögliche sind, sondern künftig vielleicht sogar den größten Wert von allen darstellen.

Als die Maschine in San Francisco aufsetzt, beschleicht mich eine Mischung aus Heimatgefühl und Ungewissheit: Heimatgefühl, weil ich mich hier auskenne. Ungewissheit, weil ich weiß, dass meinem Beruf im Silicon Valley wenig Respekt entgegengebracht wird. Unabhängiger Journalismus, der sich selbst finanziert, ist hier kein Leitbild. Ich bin dafür eingetreten, dass Aggregatoren wie Google Lizenzgebühren an Verlage zahlen. Wird überhaupt noch jemand mit mir sprechen wollen? Nimmt man mir das übel? Vieles male ich mir bei der Landung aus, nur eines nicht: die Offenheit des Silicon Valley, die uns später entgegen meiner anfänglichen Sorge entgegenschlägt, und die Bereitschaft, jede Frage zu beantworten und jedes Gespräch zu führen. Die Reise beginnt in Palo Alto, dem Zentrum dieses Tals der Innovationen.

Palo Alto: Explosives Gemisch aus Geist und Geld

Es weht ein Hauch von Revolution: Wie ein Universitätsstädtchen am Rande der Welt zum Austragungsort des 21. Jahrhunderts wurde und warum seine Einwohner immer alles infrage stellen, was bisher als ausgemacht galt.

Die Passagiere klettern müde aus ihren Sitzen. Draußen schlägt uns milde Luft entgegen. 19 Grad. Willkommene Abwechslung zu Berlin, das wir bei Eis und Schnee verlassen haben, begleitet von viel Schulterklopfen: »Viel Spaß im Urlaub.« Dass man nach Kalifornien zum Arbeiten geht, passt bei manchen nicht ins Klischee. Nach umständlicher Visaprozedur besteigen wir unseren Mietwagen, einen siebensitzigen Toyota. Es geht Richtung Süden auf dem Highway 101, der Hauptverkehrsader des Silicon Valley. Wolken hängen über den Küstenbergen und fließen an den Hängen hinunter zum Flughafen. San Francisco ist ein Schlechtwetterloch. Mark Twain hatte recht: Die Sommer sind hier oft kälter als die Winter in den Bergen. Doch es gibt ein erstaunliches Mikroklima. Nach ein paar Kilometern bricht die Sonne durch; die Temperatur steigt um fünf Grad. Wenige Orte auf der Welt bergen solche Temperaturunterschiede auf so kurzer Distanz. 15 Grad Differenz sind es im Hochsommer zwischen San Francisco und San José. Palo Alto, nur 40 Kilometer von San Francisco entfernt, ist rund ums Jahr sonnig und warm. Die Entscheidung zwischen San Francisco und dem Silicon Valley ist auch eine Entscheidung zwischen Frieren und Schwitzen, Großstadt und Dorf. Kaum ein Abendessen in der Bay Area, bei dem die Glaubensfrage des Wohnsitzes nicht leidenschaftlich diskutiert wird.

Der Highway ist in erbarmungswürdigem Zustand. Es fehlen streckenweise die Spurstreifen. Leitplanken rosten, abgeplatzte Lastwagenreifen liegen herum, und Furchen tun sich auf. Reiche

Bürger, armer Staat, das sind auch kalifornische Verhältnisse, nicht nur italienische. Der *Golden State* lebt in prekären Verhältnissen. Er bleibt seinen Angestellten manchmal wochenlang das Gehalt schuldig; Dienstleister werden mit Wechseln statt mit Bargeld bezahlt; Schulen und andere Institutionen müssen selbst sehen, wo sie bleiben. Vergleichsweise gut geht es nur den reichen Kommunen im Silicon Valley. Ihre Steuereinnahmen sprudeln. Palo Alto, knapp 70 000 Einwohner groß, ist eine der reichsten Gemeinden Amerikas. Viel Aufhebens macht die Stadt allerdings nicht davon. Bescheidenheit ist erste Bürgerpflicht. Ein 08/15-Schild auf dem Highway verkündet »Next 3 Exits Palo Alto«. Wer abgelenkt ist, rauscht achtlos daran vorbei.

Schrifttafeln in den Bergen wie in Hollywood oder verspielte Straßenschilder wie in Beverly Hills gibt es nicht. Wir steuern auf die Ausfahrt »University Avenue« zu. Hier geht es nach Stanford, der wichtigsten Hochschule des World Wide Web. Doch das Ausfahrtsschild sieht aus wie jedes andere: grün, sachlich, mit Funkelnägeln für die Nachtreflektion. Nur wenig Extravaganz leistet sich die Gemeinde: ein geschnitztes, bunt angemaltes Ortseingangsschild aus Zedernholz gleich hinter der Autobahn: »Welcome to Palo Alto«. Wahrscheinlich hat es der Rotary-Club gespendet. Gleich hinter der Holztafel lässt Palo Alto es regnen. Ihren Reichtum drückt die Gemeinde durch den verschwenderischen Umgang mit Wasser aus. Die kalifornische Steppe, von April bis November gelb wie Stroh, weicht einem Garten Eden. Hohe Bäume säumen die Straßen, jeder auf die perfekte Form gestutzt. Blumenbeete prangen in den Vorgärten. Bunt gestrichene Holzzäune säumen die Grundstücke. Offene Veranden mit weißen Schaukelstühlen leuchten in der Sonne. Die sauber getrimmten Hecken geben den Blick auf gepflegte Häuser frei. Nichts ist versteckt, alles wirkt offen. Trottoirs laden zum Spazieren ein. Flaneure tragen Sommerhüte aus Stroh, weiße Hosen und Slipper aus Leinen oder Leder. Wir sehen einen Mann im breit gestriften, blau-roten Jackett, als ginge er zu einer englischen Landpartie, dabei steuert er nur auf Wells Fargo zu. Studenten laufen in Shorts und Flip-flops herum.

Kein Wölkchen erinnert ans kalte San Francisco. »Warum hängen die Kabel an Masten und liegen nicht unter der Erde«, fragen die Kinder. Stimmt, wie schwarze Spaghetti baumeln Strom- und Telefonkabel an den braun imprägnierten Stämmen. Die University Avenue führt in die winzige Innenstadt. Eine einzige Einkaufsstraße gibt es, keine Fußgängerzone, ein paar Geschäfte in den Nebenstraßen. Aber viel Publikum. Es wimmelt auf den Bürgersteigen von Leuten. Die Cafés und Restaurants sind immer zum Bersten voll. Ohne Reservierung geht nichts. Bei den populären Restaurants wie dem *Evvia* in der Emerson Street muss man sich Wochen vorher anmelden. An den Bäumen hängen noch die Weihnachtssterne und elektrischen Tannenbäume. Kleinstadt, Studentenmetropole, Wirtschaftszentrum und Hippie-Kommune, Palo Alto ist alles auf einmal. Wir fahren an einem Yogaladen vorbei, einem Esoterikshop, einem indischen Klangschalenhändler. Gegenüber die Baguetterie, ein halbes Dutzend elegant-entspannter Möbelgeschäfte, ein israelischer Hummus-Imbiss und das University Café, in dem Milliardendeals gemacht werden. Einen Spezialisten für Waffeleis gibt es, vor dem die Leute Schlange stehen, ein pleitegegangener Buchladen, den Samsung gerade zu einem Inkubator für Firmengründungen umbaut, einen riesigen Fahrradladen, dazu Cafés, Friseure, Kioske und drei Programmkinos. Diese Kinos sind ein Phänomen: Bollwerke gegen die Massenkultur. Sie zeigen nur Klassiker aus den 20er bis 30er-Jahren. Blockbuster sind tabu. Ein reizendes Antiquariat konnte sich halten. Lincolns *Gettysburg Address* ist gleich in mehreren Originalausgaben erhältlich. Als ich dort ein paar Tage nach der Ankunft stöbere, ist der Laden gut gefüllt, und dabei bleibt es. Intellektuelle bilden in diesem Ort die Mehrheit, ganz ähnlich wie in Harvard oder Oxford.

Palo Alto ist der Gegenentwurf zu New York. Ihren Aufstieg von der ruhigen Universitätsstadt zum Zentrum einer globalen Industrie hat die Stadt auch dem Abstieg von Manhattan zu verdanken. Die 80er-Jahre waren die Blütezeit der Finanzbranche. Spekulanten wie die Kunstfigur Gordon Gekko, in Oliver Stones Film *Wall Street* durchaus realitätsnah dargestellt, schufen ein Rollenmodell, dem Millionen junger Menschen kritiklos folgten. Schnell reich zu werden, ohne selbst etwas Bleibendes zu schaffen, galt als Inbegriff des amerikanischen Traums. Einen Job im Investmentbanking zu ergattern, Firmen billig zu kaufen, zu zerschlagen, teuer wieder zu verkaufen und damit ein Vermögen zu verdienen – das erschien vielen als erstrebenswerte Karriere.

Ins Wanken geriet dieses Leitbild erst durch die zahlreichen Betrugsskandale und die Börsencrashs von 1987, 2000 und 2008. Die Bewunderung für die Wölfe der Wall Street schlug in Kritik und Ablehnung um, und eine neue Generation von Schulabsolventen grenzte sich ganz bewusst von einer seelenlosen Form des Kapitalismus ab. New York verlor diesen Nimbus. Viele, die früher Betriebswirtschaft studiert hätten, wurden Ingenieure und Programmierer. Die Erfindung des World Wide Web gab ihnen ein aufregendes Betätigungsfeld. Diese neue Generation sammelte sich an der Westküste. An den Universitäten dort herrschte ein explosives Traditionsgemisch aus Ingenieurskunst und Unternehmergeist. Hier galt das Schaffen bleibender Werte als selbstverständlich. Palo Alto versprach Lebenssinn, und New Yorks Finanzwelt konnte dem wenig entgegensetzen. Im Laufe der Zeit löste die Computerindustrie New Yorks Finanzwirtschaft als Schlüsselbranche ab. Eine neue Ära begann, und das verträumte Städtchen Palo Alto entfaltete jählings die gleiche magnetische Wirkung wie früher New York. Es wurde cool, hierherzuziehen. Das Silicon Valley mutierte zu einem Brennpunkt der Gegenwart.

Wir spüren diese Stimmung sofort. Palo Alto ist kein Getto für Firmensöldner wie La Défense vor den Toren von Paris. Palo Alto ist hip, nonkonformistisch, unkonventionell, gepflegt, aber entspannt. Erste Maßnahme am ersten Wochenende: Shorts kaufen, Flip-flops, Leinenschuhe, Leinenhosen. Ein einziger Anzug hatte in die 20 Kilo Fluggepäck gepasst, und in sechs Monaten Palo Alto habe ich ihn kein einziges Mal angezogen.

Jedem, der herkommt, schlägt revolutionärer Geist entgegen.

Seit jeher wird in Kalifornien aufmüpfig gedacht. Ein Land weitab der Regierung in Washington, das sich schon immer in seiner Geschichte alle Freiheiten herausgenommen hat. Querdenker und Revoluzzer gehören zum Inventar. Mit dem Zustrom der Ingenieure in den Neunzigern erlebten die Sixties eine Renaissance. San Francisco, die Stadt der Blumenkinder, Umstürzler und Drogenpropheten, des »Sommers der Liebe« 1967, des Haight-Ashbury-Districts, verwandelte sich nun in eine Stadt der Gründer, und umliegende Gemeinden wie Palo Alto zogen mit. Hippie-Mähnen und Batikhemden prägen das Straßenbild zwar nicht mehr, dafür aber Kapuzenpullis und kurzärmlige Muskelshirts im Mark-Zuckerberg-Stil. Der Geist ist derselbe geblieben wie vor 50 Jahren seit dem Monterey Pop Festival, dem Fanal der Hippie-Bewegung: Aufstand gegen das Establishment. Damals mit Musik, heute mit Technik. Computer waren das, worauf Revoluzzer gewartet hatten. Mit ihnen kann man Machtstrukturen mit geringem Aufwand und großer Wirkung angreifen. Viel besser als mit Sit-ins, Demos und Haschbrownies. Jeder kann mitmachen. Querdenker planen die Abschaffung von Großbanken, Telefonkonzernen und Automultis, nur – anders als in den Sechzigern – mit legalen Mitteln. Nicht durch Sabotage, sondern durch Wettbewerb.

Palo Alto ist ein eigenwilliges Gemisch aus Geist und Geld. Geprägt von der Bereitschaft, alles infrage zu stellen. Vom Drang, alles neu zu erfinden. Das herrschende System soll mit seinen eigenen Mitteln geschlagen werden. Die Erfolge dieser Subversion sind beträchtlich. Ironischerweise werden die Althippies von damals nun aus ihren urbanen Biotopen verdrängt. Ihre Tech-Nachfolger haben zwar den gesellschaftlichen Impuls der Sixties aufgenommen, aber eine ganz andere Szene gebildet. Mit echten Hippies will kein waschechter Googler etwas zu tun haben. Folglich schreitet die Gentrifizierung ganzer Quartiere unerbittlich voran.

Wer die Gesellschaft verändern will, wird Programmierer, sehr im Unterschied zu Deutschland, wo gesellschaftlich engagierte Menschen lieber in die Politik gehen. Es ist kein Zufall, dass Apple etwa zur gleichen Zeit wie die Grünen entstand. Palo Alto brachte Steve Jobs und Frankfurt Joschka Fischer hervor. Beide gingen ähnlich radikal zu Werke. Fischer warf Steine, Jobs zertrümmerte Monopole von Microsoft und IBM. Sie unterschieden sich in ihren Mitteln, nicht in ihrem Anspruch auf Veränderung. Der legendäre Wahl- und Werbespruch von Apple (»Think different«) könnte ebenso für die deutschen Reformer gelten. Interessanterweise suchte Apple für seine Kampagne die gleichen Helden aus wie die Grünen in Deutschland: Mahatma Gandhi, Martin Luther King, den Dalai Lama und Albert Einstein.

Anfang der 80er-Jahre war ich Austauschschüler im Silicon Valley. Schon damals war das Tal berühmt für seine Technik-Industrie. Doch es waren vor allem Rüstungsfirmen, die den Ton angaben. Das Moffett Federal Airfield zwischen Mountain View und Sunnyvale diente seit dem Zweiten Weltkrieg als zentraler Militärflugplatz der Region. Rundherum siedelten Firmen des militärisch-industriellen Komplexes, darunter Lockheed. Sie bildeten den Kern der späteren Hightech-Region. Der Kalte Krieg verlangte immer raffiniertere Elektronik für Langstreckenraketen, Frühwarnsysteme, Flugzeugträger, U-Boote und Satelliten. Rund um die Militärbasis in San José und das NASA-Forschungszentrum in Mountain View scharten sich Konzerne, die von den Milliardenaufträgen der Rüstungsprogramme lebten. Das Silicon Valley war eine Außenstelle des Pentagon. Zivile Produkte spielten kaum eine Rolle. Entsprechend elitär war das Internet, damals noch in seiner militärischen Frühform. Armee und Universitäten hatten Zugang, die Öffentlichkeit blieb außen vor. Das Netz diente der nationalen Sicherheit. Es sollte Kommunikation sichern, wenn russische Atomraketen zuschlugen. Im Atomkrieg hätten wenigstens die Daten überlebt.

Den ersten vernetzten Computer meines Lebens sah ich im Sommer 1980 in Palo Alto. Damals war das Netz so neu, dass ich nicht richtig verstand, was ich da sah. Es war ein stickiger Nachmittag im Haus eines Schulfreundes, dessen Familie zur Netzelite jener Tage gehörte: Der Vater forschte an Geheimprojekten für das Pentagon, die Mutter unterrichtete Technik an der Palo Alto High School gleich gegenüber von Stanford, und der Onkel war der legendäre Schachweltmeister Bobby Fischer. Diese Leute waren vermutlich die Einzigen, die wussten, wo das verschollene Schachgenie steckte. Verraten haben sie es mir nicht. Weiter als in solche Kreise reichte das Netz damals noch nicht. Im Arbeitszimmer der Familie stand eine Spielkonsole ohne Bildschirm. Sie war mit dem Zentralrechner von Stanford verbunden und stichelte ihre Ergebnisse per Nadeldrucker auf Endlospapier. Zwischen Wimpeln und Kaffeetassen stand es da einfach herum, das Internet, unauffällig und schlicht. Bastlerkram, schnell vergessen.

Damals überlegte ich, in Kalifornien zu bleiben und zu studieren. Ich entschied mich dagegen. Heute würde meine Antwort anders ausfallen. Wer das Glück hat, als Austauschschüler im Silicon Valley zu landen, setzt vermutlich alles daran, nach Stanford zu kommen, einen Job bei Google, Facebook oder Apple zu ergattern und später vielleicht sein eigenes Unternehmen zu gründen. Doch damals sah die Sache anders aus. Niemand aus meinem Jahrgang, mich eingeschlossen, hatte Lust, hier zu leben. Eine Laufbahn in der Rüstungsindustrie? Unvorstellbar. Daheim demonstrierten wir gegen Pershings, hier wurden sie gebaut. Ich träumte von Medien oder Film. Hollywood, nicht die Computerbranche nahm meine Fantasie gefangen. Unsere Helden hießen George Lucas und Steven Spielberg. Das waren die großen Visionäre jener Tage. Von Steve Jobs hatten wir zwar schon gehört, doch bis zu seinem großen Durchbruch mit dem Macintosh dauerte es noch vier Jahre. Jobs war ein Tüftler. Ein Mann, der Schreibwerkzeuge herstellte, auf denen Lucas und Spielberg Drehbücher verfassen konnten. Ein Bastler, ein Techniker, ein Lieferant. Apple, eine Hinterhof-Klitsche, bot keinen Grund, dort anzuheuern.

Heute ist das Militär auf einen fast unsichtbaren Rest zusammengeschrumpft. Palo Alto könnte ziviler kaum sein. Eine Stadt wie aus dem Handbuch für perfekte Gemeinden. Nicht einfach nur reich, sondern auch noch voller Bürgersinn. Öffentliche Verkehrsmittel kosten nichts, man steigt einfach ein. Städtische Busse werben auf ihrer Karosserie mit lachenden Gesichtern, die für Umweltschutz eintreten: »Free Shuttle – Just hop on«. Es gibt ein kommunales Freibad, fünf öffentliche Bibliotheken, ein stattliches Rathaus, eine prunkvolle Jugendstil-Post, zahlreiche Parks und herausgeputzte Schulen.

Die Bürger behandeln ihre Stadt wie ein Geschenk. Keine Mühe oder Ausgabe scheint ihnen zu groß, um die Lebensqualität weiter zu steigern. Die ohnehin schon luxuriöse Hauptbibliothek erlebt gerade ein ehrgeiziges Sanierungsprogramm. Im Schwimmbad kostet der Eintritt ein Fünftel des Preises von Berlin. Sitzungen des Stadtrats werden rege besucht; sich aufstellen zu lassen, wenn man gefragt wird, ist eine Selbstverständlichkeit. Fremde auf der Straße zu grüßen, gehört zum normalen Umgangston, und ein Wochenende ohne Straßenfeste gibt es kaum. Es wimmelt von Kirchen aller großen Religionen und Splittergruppen. Rüdes Großstadtgehabe ist unbekannt. An den meisten Kreuzungen stehen keine Ampeln, sondern vier Stoppschilder. Begegnen sich Autos, nehmen die Fahrer Blickkontakt auf und winken sich gegenseitig freundlich die Vorfahrt zu. Lieber wartet man ein paar Sekunden, bis endlich jemand losfährt, als sich vorzudrängeln. Berliner würden Satelliten-Geräte kaufen, die feststellen, wer zuerst an der Kreuzung ankommt. Nicht so in Palo Alto. <u>Hier beharrt man nicht auf Vorfahrt</u>, sondern übt Rücksicht. In einer Meriokratie, in der Rang über Leistung definiert wird, funktioniert interessanterweise auch die Straßenverkehrsordnung besser.

Die Palo Alto High School, neben Stanford der zweite Stolz der Stadt, ist bestechend schön. Viel schöner als damals in meinem Austauschjahr, und größer zudem. Es wurde renoviert und angebaut. Weiße Bauten im spanischen Stil säumen eine palmenbestandene Wiese. Baseball-Mannschaften trainieren auf großen Feldern. Eine eigene Kirche und ein eigenes Theater. Gleich nebenan »Town & Country«, das schönste Einkaufszentrum der Stadt, untergebracht in rustikalen Holzbauten. Die Schließschränke der

Schüler stehen unter offenem Himmel. Das Leben findet draußen statt. Weil Palo Alto reich ist, sind auch die Schulen gut. Ich werde mich zwar nie an diese Gleichung gewöhnen, aber den Kaliforniern gilt jeder Ausgleich der Lebensverhältnisse durch staatliche Finanzierung schon als Sozialismus. Unterstützt mit viel privatem Spendengeld, gewährt *Paly*, wie die Schule im Volksmund heißt, die bestmögliche Vorbereitung auf Stanford.

Manche reiche Asiaten kaufen bei der Geburt ihrer Kinder eines der millionenteuren Häuser im Ort, ohne dort zu leben – nur weil es dann einen Rechtsanspruch auf den Besuch von *Paly* gibt. Ein Traum für Tigermoms und Helicopter-Dads. Immer wieder kommt es zu Wohnsitzbetrug: Auswärtige Eltern bezahlen Einwohner, damit sie ihre Kinder unter falscher Adresse anmelden können. Etwas Gutes hat der *Paly*-Kult allerdings: Es gilt als Ehrensache, Geld für Public Schools zu spenden. Öffentliche Schulen sind moralische Pflicht, Privatschulen verpönt. Höchst ungewöhnlich für die USA.

Der Ort macht wenig Aufheben um seine Geschichte. Gelebt wird in der Zukunft. Alles Vergangene verschwindet aus dem Blick. So zum Beispiel die Garage, in der William Hewlett und David Packard 1939 ihr Unternehmen gründeten. Sie steht noch heute, gehört aber zu einem Privathaus und ist nicht öffentlich zugänglich. Lediglich eine Plakette im Vorgarten erinnert an die Gründer. Andernorts gäbe es Touristenrummel und Souvenirhändler. Palo Alto ist anders. Wer nicht weiß, wo die Garage steht, findet sie nicht: 367 Addison Avenue. Um die Ecke, an der Lincoln Avenue, ziehen wir mit der Familie ein. Die HP-Garage entdecken wir nur durch Zufall. Ganz ähnlich der Medaillon Rug Store auf der University Avenue, ein Teppichhändler, der Innovationsgeschichte schrieb, weil er Büros an Facebook-Gründer Mark Zuckerberg vermietete. Unweit davon der Apple Store, in dem Steve Jobs ständig nachschaute, wie seine Geräte im Laden wirkten. Unsichtbar auch das Elektronikgeschäft, in dem Apple erfunden wurde. Steve Jobs und sein Mitgründer Steve Wozniak, damals noch

Twens, hatten Computer-Platinen für das Geschäft hergestellt, bis der Besitzer sie bat, die Komponenten zu einem fertigen Gerät zusammenzuschrauben. Sie taten das nur widerwillig – Bausätze galten damals als angesagter. Wer wollte schon einen fertigen Computer kaufen? Doch Jobs und Wozniak brauchten das Geld. Heraus kam der Apple I. Der Elektronikladen ging später pleite. Ein Erotikshop zog ein, und der ist ebenfalls Geschichte. Apples Gründungsstätte ist schlicht vergessen worden. Reliquien werden allenfalls im Computer History Museum von Mountain View gesammelt. Der Besuch dort lohnt sich übrigens sehr.

Nur wenig auffälliger ist PARC, das *Palo Alto Research Center*, in den Bergen oberhalb der Universität. Im Auftrag des Kopierkonzerns Xerox betrieb PARC Grundlagenforschung. Hier wurden die Maus und die grafische Benutzeroberfläche erfunden. Xerox wusste damit nichts anzufangen, doch Steve Jobs kopierte die Idee. Ein Freund hatte ihn zu PARC gebracht. Jobs ging nur gezwungenermaßen mit, erkannte aber das Potential und baute seine Computer um die Idee herum. Ohne PARC gäbe es heute weder Smartphone noch Tablet. Doch nicht einmal eine Gedenktafel erinnert dort an die Geschichte. Es ist einfach nur ein flacher, unscheinbarer Bungalow in den Bergen.

Das Gemisch aus Geist und Geld zündet immer da, wo kreative Köpfe zusammenkommen. Der Funke springt kreuz und quer durch die Stadt. Mal leuchtet er hier auf, mal da. Selbst Insider tun sich schwer, seinem Verlauf zu folgen. Projekte beginnen meist irgendwo auf dem Campus der Universität. In einem der vielen Cafés, auf irgendeiner Wiese in der Sonne, auf einem Basketballplatz. Immer dort, wo zwei, drei Gleichgesinnte etwas planen. Sie nisten sich irgendwo ein. Räume stellt die Uni kostenlos zur Verfügung. Meistens campieren Start-ups aber in den Hinterzimmern von Wagniskapitalgebern, in Wohngemeinschaftsküchen, Wohnheimzimmern, Co-Working-Spaces oder bei Inkubatoren. Mehr als einen Küchentisch und Laptops braucht es nicht. Eine gewisse Weltvergessenheit gehört zum Genius Loci dazu. Palo Alto lebt so sehr in virtuellen Zukunftswelten, dass Unbequemlichkeiten des Alltags kaum ins Gewicht fallen. Durch das Silicon Valley rast nicht etwa ein computergesteuerter Magnetzug, sondern es zuckelt eine schnaufende Diesellokomotive. Die Strecke nach San Francisco ist nicht elektrifiziert, und an den gefährlichen Bahnübergangen heult Tag und Nacht die Sirene auf. Ein Anachronismus. Wir können in den ersten Nächten kaum schlafen, obwohl der nächste Bahnübergang anderthalb Kilometer entfernt liegt. Die Sirene hat es in sich. Auf der anderen Seite der Bucht fährt seit den 70er-Jahren BART, *Bay Area Rapid Transit*, seinerzeit das modernste öffentliche Nahverkehrssystem der Welt, mit vollautomatischen Zügen ohne Fahrer und Schaffner. Das Silicon Valley auf der westlichen Seite der Bucht hätte sich anschließen lassen können, doch in Volksabstimmungen fiel der Ausbau durch. Irgendwie leuchtete den Leuten der Vorteil nicht ein. So lassen sich die Bürger bis heute lieber aus dem Schlaf reißen, als in Elektrozüge zu investieren. Das Silicon Valley ist nicht modern, es baut nur moderne Produkte.

In krassem Unterschied zur Rückständigkeit beim öffentlichen Nahverkehr steht die Begeisterung für ökologisches Denken. Gesunde Ernährung ist ein Dauerthema. Kaum jemand verpflegt sich ohne Organic Food. Ganz Palo Alto kauft bei Wholefoods ein, einem Biosupermarkt der Extraklasse. Qualität, Frische und Konsequenz sind vorbildlich. Wholefoods steht mitten in der Stadt, rings herum siedeln Start-ups. Gründer werben beim Einstellen von Mitarbeitern mit der Nähe zu dem Geschäft. Die Regale quellen über von veganen Spezialitäten, in jedem Gang ist auf Schildern vermerkt, wie viel Prozent der Waren aus der Region kommen. Auch Mülltrennung wird mit Leidenschaft betrieben. Schulklassen unternehmen Pflichtausflüge in die Aufbereitungsanlage und führen Recycling-Lehrstücke in der Aula auf. Green Technology gehört an der Universität zu den Forschungsschwerpunkten. Nicht weniger Ingenieure arbeiten an sauberer Energie als an der Weiterentwicklung des Internet. Elektroautos boomen, und Innovationsführer Tesla sitzt mit seiner Zentrale am Ort. Aller Wahrscheinlichkeit nach wird das erste vollautomatische, sich selbst steuernde, emissionsfreie Serien-Elektroauto der Welt aus Palo Alto kommen.

Unser Toyota rollt auf das Ziel der Reise zu. Eigentlich sind es zwei Ziele: 481 Washington Avenue und 381 Lincoln Avenue. Das Haus in der Washington Avenue hat unsere Firma gemietet, in die Lincoln Avenue zieht auf eigene Kosten meine Familie ein. Das Firmenhaus, ein Neubau im spanischen Hazienda-Stil, dient meinen Kollegen und mir als Wohngemeinschaft. Ringsherum blühen die Hecken, die Sandsteinfassade leuchtet in der Sonne, und ein gewaltiger Baum mit mächtigem Stamm spendet Schatten im Garten. Bäume wie dieser gaben Palo Alto den Namen: »Hoher Stamm«. Gefrühstückt wird in der Küche, getagt im Wohnzimmer, gearbeitet im Foyer, gekocht aus dem gemeinsamen Kühlschrank. Grundstücke in Palo Alto sind so teuer, dass Käufer den Altbau oft abreißen lassen, um ihr Traumhaus zu bauen. Die Baukosten fallen beim Kaufpreis kaum ins Gewicht. So war es auch hier. Herausgekommen sind ein paar gewöhnungsbedürftige Besonderheiten: ein kitschiger Brunnen im Lichtschacht, eine Felsengrotte als Badezimmer im Souterrain und computergesteuerte Duschen ohne Wasserhähne. Wir richten das Haus komplett mit Ikea ein. Gleich am Ortseingang betreiben die Schweden ein großes Möbelhaus. Vom Firmen-Domizil sind es nur fünf Minuten mit dem Fahrrad zur Lincoln Avenue. Das Familienhaus, ganz aus Holz gebaut, stammt von 1892. Universitäts-Gründer Leland Stanford hat es noch persönlich für seine Professoren anlegen lassen. Ganze Straßenzüge sind damals mit Häusern für die akademische Belegschaft entstanden. *Professorville* heißt der Stadtteil noch heute.

Unser Garten in der Washington Avenue grenzt rückwärtig beinahe an den Garten von Steve Jobs. Dazwischen liegt nur noch eine andere Parzelle. Dort, an der Ecke von Waverley Street und Santa Rita Avenue, steht das Ziegelhaus mit Reetdach, in dem Jobs lebte und starb. Auf einer wild wachsenden Wiese davor blühen sieben Apfelbäume. Es ist die einzige wilde Wiese in der

Gegend, niemand anders gönnt sich diesen Ausbruch aus dem ungeschriebenen Vorgarten-Kodex, der akkurat geschnittenes Gras vorsieht. Doch dem Local Hero verzieh man diese Unbotmäßigkeit. Und es sind die einzigen Apfelbäume weit und breit – Apple. Jobs Witwe Laurene Powell lebt noch immer hier. Es ist ein bescheidenes Haus verglichen mit dem Reichtum seines Besitzers. Hinter den kleinen Fenstern im Erdgeschoss liegt das Arbeitszimmer. Ich erkenne es von den Fotos in Walter Isaacsons Biografie. Es ist ein stiller, magischer Ort. Wer vorbeikommt, spricht leise. Auch ich unterhalte mich hier unwillkürlich gedämpft.

Das Haus verkörpert den Charakter dieser Stadt: Bescheidenheit, Offenheit, Unscheinbarkeit, Kreativität. Vier Branchen hat Jobs von diesem Wohnzimmer aus revolutioniert: Computer mit iMac und iPad, Musik mit iPod und iTunes, Film mit Pixar und Kommunikation mit iPhone und dem AppStore. Verblüffend, wie winzig die Brandherde solcher Revolutionen sein können. Was hatte ich erwartet? Eine Villa im antiken Stil wie Hearst Castle, das größenwahnsinnige Schloss des Verlegers William Randolph Hearst in San Simeon weiter südlich an der kalifornischen Küste? Oder einen Glaspalast im Stil der Apple Stores? Beides würde nicht zu Palo Alto passen. Und nicht zu Steve Jobs, der den größten Teil seines Lebens hier verbracht hat. Kreativität braucht nicht viel Platz. Ein Esszimmertisch. Ein kleines Büro. Drei, vier Leute, die sich zusammen etwas ausdenken. Ein Zettel für Notizen.

Innovation entsteht durch den freien, ungehemmten Austausch von Menschen auf kleinstem Raum. Alle Firmen, die ich besuche, legen Wert auf Dichte. Physische Nähe, glauben sie, ist so wichtig wie die Abwesenheit allzu strenger Regeln. Räumliche Distanz behindert Kreativität, ebenso wie steifer gesellschaftlicher Umgang oder soziale Konvention. Vorschriften töten Ideen. Menschen werden kreativ, wenn sie beruflich so arbeiten dürfen, wie sie privat leben: eng verwoben, in freundschaftlichem Abstand, im ständigen Dialog, im freien Spiel der Ideen, ohne Angst vor Bestrafung durch eine höhere Instanz.

Beim Joggen fällt mir auf: Nirgendwo gibt es Gardinen. Offenheit ist Programm. Davon zeugen die niedrigen Zäune und Hecken ebenso wie der Dialog in den Cafés, die kurzen Distanzen, die kollektive Missachtung von Mustern und Denkverboten, die Akzeptanz alles Fremden und Ausländischen, der bunte Mix von Nationen, die Neugier, die Begeisterung für bleibende Werte, der Wunsch, dem Establishment eins auszuwischen.

Wie schaffen diese Leute es, Welterfolge zu produzieren? Davon handelt das nächste Kapitel: von der Arbeitskultur.

Analoge Arbeitskultur:
Wer nicht am Ort ist, spielt keine Rolle

Persönliche Anwesenheit ist Pflicht, virtuelle Kommunikation verpönt. Das Silicon Valley pflegt einen extremen Kult der Nähe.

Sein Büro ist lila gestrichen. Lila! Nur dieser Mann bringt so etwas fertig. Saeed Amidi steht im Türrahmen und winkt mich herein: »Komm, setz dich. Willst du Wasser?« Amidi ist ein bulliger Typ mit jovialen Gesten. Aufmerksam, alert, gewieft. Jemand, der einem schnell den Arm um die Schulter legt. Vollblutunternehmer ist das Wort, das einem gleich einfällt. Mit Wasser kennt er sich aus. Er besitzt Wasserabfüllanlagen im Nahen Osten. Eines seiner vielen Geschäfte. Im Hauptberuf leitet Amidi PlugAndPlay, einen führenden Inkubator, also Gründungsbeschleuniger. PlugAndPlay liegt am Stadtrand von Sunnyvale südlich von Mountain View. Ich besuche Amidi in der Zentrale: ein verspiegelter Gebäudekubus, in dem Dutzende von Start-ups auf mehreren Etagen ihre Interimslager aufgeschlagen haben.

An mehr als 70 Firmen ist Amidi beteiligt. Welche sind das? »PayPal, Dropbox und Lending Club zum Beispiel.« Er dreht sich um und zieht eine Broschüre aus der Schublade, in der alle aufgelistet sind. Amidi ist der Pate des Silicon Valley. Jeder kennt ihn, jeder hatte schon einmal mit ihm zu tun. Er gehört zu einem alteingesessenen Clan. Auf der University Avenue betreibt seine Familie einen Teppichladen. »Da kamen immer junge Gründer in mein Geschäft und wollten Teppiche für ihre neuen Büros kaufen, damit die nicht so ungemütlich aussehen«, erzählt er. »Das begann vor etwa zehn Jahren, als die Gründungswelle Fahrt aufnahm. Viele konnten ihre Teppiche nicht bezahlen. Also nahm ich ihre Aktien in Zahlung.« Er erfand ein Carpet-for-Equity-Programm, und es machte ihn reich. Mit Teppichen stieg er billig in Firmen ein, die später Millionen und Milliarden wert wurden.

Ich frage Amidi nach der Arbeitskultur des Silicon Valley. »Das Zentrum der virtuellen Welt hasst nichts mehr als virtuelle Kommunikation«, antwortet er. »Fernbeziehungen sind verpönt. Wer etwas erreichen will, muss vor Ort sein. Besonders Investoren legen größten Wert auf Nähe. Wen man nicht kennt, dem traut man nicht, und wem man nicht traut, mit dem macht man keine Geschäfte.« Geschwindigkeit, Offenheit und räumliche Nähe seien die wichtigsten Faktoren. »Jedes Start-up in diesem Inkubator könnte einsam in irgendeinem Bürocenter sitzen und im eigenen Saft schmoren. Dann gäbe es keine Befruchtung von außen mehr, keinen Austausch, keine Herausforderung, keine Kritik. Das wäre nicht gut. Gründen heißt Kommunizieren. Hier sitzen die kompetentesten Kritiker am Schreibtisch nebenan.« Er macht eine Wuselgeste mit den Armen: »Das Silicon Valley ist ein Ameisenhaufen. Jeder kommuniziert mit jedem. Wie in einem Dorf. Wer wegfährt, verliert den Anschluss. Und wer hier ist, bekommt Kontakt, den er auf anderem Wege nie gefunden hätte.«

Amidi führt mich durch den Inkubator. Tische, an denen in deutschen Firmen einzelne Mitarbeiter sitzen, bieten hier sechsköpfigen Start-ups Platz. »Die flüstern sich ständig irgendetwas zu«, sagt Amidi. »Das macht sie schnell. Schaff nur drei Fuß Platz zwischen ihnen, und sofort hört das Gemurmel auf. Sofort stoppt die Kommunikation. Nicht Geiz lässt die Teams so eng zusammenrücken. Es ist Instinkt. Wer reden will, kommt sich nah. Wer weiter weg rückt, will in Wahrheit ungestört bleiben.« Wie konzentrieren sich die Leute? »Kopfhörer, Rauschunterdrückung, mit dem Laptop in die Caféteria gehen, aufstehen, wenn man telefoniert. Das ist gar nicht so schwer.« Amidi zeigt auf die Flaggen unter der Decke: »Kulturelle Vielfalt ist ebenso wichtig. Aus Spaß hängen die Leute ihre Fahnen auf. Sie kommen von überallher. Je unterschiedlicher sie sind, desto besser die Ergebnisse. Wer nicht in einem Inkubator sitzt, frequentiert die Cafés. Sie sind immer voll. Europäer, die für drei Tage ins Silicon Valley kommen, machen sich nicht klar, wie wichtig dieser persönliche Austausch ist. Ohne ihn findet man in diese Kultur nicht hinein.«

Diese Botschaft höre ich immer wieder. »Wen ich mit dem Fahrrad nicht erreichen kann«, sagt ein bekannter Venture Capitalist, »in den investiere ich nicht. Ich muss zur Not jeden Tag hinfahren können, um dem Team Dampf zu machen. Aber auch wenn es gut läuft, will ich genau wissen, was meine Firmen gerade tun. Nähe ist absolut unverzichtbar.« Ein anderer Anleger ist ähnlich streng: »Die größte Distanz zu Leuten, mit denen ich Geschäfte mache, sind 30 Minuten. In San Francisco können sie meinetwegen sitzen, aber nicht weiter weg.« Marc Andreessen, Gründer von Netscape und einer der führenden Investoren, sieht es ähnlich: »Investoren bieten nicht nur Bargeld«, sagt er. »Was sie vor allem mitbringen, sind Rat und Tat. Sie helfen Gründern, ihre Geschäfte zu entwickeln. Geld ist im Überfluss vorhanden. Man bekommt es an jeder Ecke. Was Gründer suchen, sind das persönliche Engagement und das Netzwerk des Investors. Dass er aktiv mitmacht. Und das geht nur, wenn er direkt um die Ecke sitzt. Auf Entfernung funktioniert das nicht.«

Xavier Damman, Gründer und Chef des Start-ups Storify, zieht einen historischen Vergleich heran: »Das Silicon Valley ist wie Florenz während der Renaissance. Talent und Kapital sitzen dicht nebeneinander in einer Metropole, und ihre Wege kreuzen sich ständig.« Netzwerke sind wichtiger als Geld. »Nur über Netzwerke kommt eine junge Firma voran. Nur so findet sie Kunden, Ratgeber, Technologiepartner oder neue Mitarbeiter.« Auch Akshay Kothari bestätigt diese These: »Wir brauchen Dichte.« Kothari ist Gründer von Pulse, einem Nachrichten-Aggregator. Seine Firma, inzwischen verkauft an LinkedIn, fasst journalistische Artikel aus vielen Quellen in einer App zusammen. Kothari sagt: »Programmierer müssen sich Informationen auf kurze Distanz zumurmeln können, sonst kommen sie nicht weiter.«

Pulse logiert in einem Loft in der Innenstadt von San Francisco. Auch dort sitzen überraschend viele Leute auf engstem Raum. Die Mitarbeiter drängen sich zu acht oder zehn an langen Tischen, so dicht wie in einem Restaurant. Nach deutscher Arbeitsstättenrichtlinie wäre das nicht statthaft. Unglücklich sehen sie dabei allerdings nicht aus. Im Gegenteil. Die Sitzanordnung funktioniert problemlos. Glückliche und entspannte Gesichter ringsum. Fast wie in einer Wohngemeinschaft: Alle reden über alles und jeden, aber so leise, dass sich trotzdem jeder konzentrieren kann. Millionenfach multipliziert, muss diese intensive Kommunikation einen messbaren Effekt auf die Leistungskraft einer Volkswirtschaft haben.

Jeder ist hier ständig auf dem neuesten Stand. Herrschaftswissen gibt es nicht. Hierarchien sind unsichtbar. Investoren, Freunde und Konkurrenten kommen unangekündigt vorbei, während ich mit Kothari rede. Sie stehen in der Tür, trinken einen Kaffee und erzählen von einer neuen Idee oder einer neuen Technologie. Sie bringen einen Bekannten mit, beugen sich über die Bildschirme, werden ihre Ratschläge los und verschwinden wieder. Jeder kann an dem Gespräch teilnehmen, jeder sieht, was gerade los ist. Eine große Schüssel mit Bananen und Äpfeln wartet auf der Theke. Müsliriegel liegen in der Auslage, Cornflakes und Milch stehen zum freien Zugriff bereit. »Das sieht vielleicht verschwenderisch aus«, sagt Kothari. »Aber es macht produktiv. Auf jeder guten Party spielt die Küche die Hauptrolle. So muss man auch Firmen organisieren. Wir bauen unsere Büros um die Küche herum, und die meisten anderen Firmen, die ich kenne, tun das auch. Die zwanglosesten Gespräche ergeben sich immer in der Küche. So lassen sich die Grenzen zwischen Abteilungen und Fachgebieten am einfachsten überwinden.«

Mittagszeit. Der Koch schlägt an eine Schiffsglocke. Alle kommen zu Tisch. Niemand geht in ein Restaurant, niemand spaziert um den Block. Zwei Stunden lang hat der Koch vor aller Augen mitten im Büro gekocht. Alle haben ihm über die Schulter geschaut und gefragt, was es heute zu essen gibt. Das Mahl ist kostenlos, wie fast überall im Silicon Valley. Die Investition zahlt sich aus: Wege zu Restaurants fallen weg, der Gesprächsfluss wird nicht unterbrochen, und der Teamgeist wächst. Bei Tisch wird wild diskutiert. Thema ist wie immer das neue Produkt.

Die Intensität der Arbeit ist sofort spürbar. Die Leute brennen. Und sie beuten sich selbst aus. Sie trennen kaum noch zwischen ihrem Privatleben und dem Beruf. Nur selten enden Arbeitstage nachmittags um fünf. Projekte sind in Sprints und Entspannungsphasen organisiert. Bei Sprints wohnen alle für vier oder fünf Tage im Büro und programmieren Tag und Nacht. Auf einer Tafel stehen die Ziele, die sie verabredet haben. Aufgehört wird erst, wenn alles fertig ist. Der Koch hält sie bei Laune. Nach dem Sprint fährt die Firma für ein paar Tage mit den Familien zum Strand. Alle entspannen sich in der Sonne, machen Lagerfeuer mit den Kindern und zelten in den Dünen. Es folgen einige ruhige Tage im Büro, und dann steht schon der nächste Sprint an. Ein fordernder, anstrengender Rhythmus. Doch persönliche Opfer zu bringen, ist Ehrensache. Für die meisten ist das hier die Chance auf den großen Durchbruch, auf Geld und Ruhm.

Ganz ähnlich sieht es bei Airbnb aus, dem Vermittlungsdienst für Privatwohnungen, inzwischen ein ernst zu nehmender Konkurrent für Hotels. Gründer Brian Chesky führt mich durch die Räume am Rande der Innenstadt von San Francisco. Fünf Köche werkeln gleichzeitig in der Mitte des Lofts. Schlafcouchs und Matratzen stehen zwischen den Schreibtischen herum. Ein aufgeschnittener Pappkarton bietet die Übernachtung für einen Dollar an – als Witz. Trotzdem hat jemand das Angebot angenommen. Füße schauen unten aus dem Karton hervor. Gleich neben der Rezeption steht ein nachgebautes Baumhaus. Fünf Übernachtungsgäste haben darin Platz. An den Tischen drangvolle Enge wie bei Pulse. In einer Art Theater trifft sich die ganze Belegschaft einmal in der Woche. Chesky und seine Mitgründer klettern auf die Bühne, berichten Neuigkeiten, stellen Features vor und begrüßen Neuankömmlinge. Es wird heiß diskutiert: Strategie, Finanzierung, das Produkt, die Konkurrenz, der nächste Sprint. Nach meiner Rückkehr nach Deutschland ist Airbnb in eine neue, viel größere Firmenzentrale umgezogen. Dort wurde ständige Kommunikation noch planmäßiger organisiert. Alles ist auf Gemeinschaftserleben ausgerichtet, ergänzt um Hunderte von Rückzugsmöglichkeiten.

Auch bei Google in Mountain View geht es zu wie auf einem Uni-Campus. Dutzende von Gebäuden gruppieren sich um Beachvolleyplatz, Kräutergarten, Sonnenterrasse, Cafés, Liegewiesen und Yogalogen. Kernstück ist auch hier die Küche. Die beiden Gründer sind bekannt dafür, Köche aus Restaurants abzuwerben, bei denen es ihnen geschmeckt hat. Die Google-Kantine gleicht einem asiatischen Dorf: Wie Garküchen stehen die Stände der Küchenchefs nebeneinander. Täglich kochen sie um die Wette. Die Mitarbeiter streifen durch die Gassen und bedienen sich – auch hier ist das Essen kostenlos.

Mit geregelten Arbeitsbedingungen steht das Silicon Valley auf Kriegsfuß. Arbeit dient in erster Linie nicht dem Broterwerb, sondern der Erfüllung einer privaten Leidenschaft. Zumindest ist das die Legende, mit dem das Silicon Valley seine Belegschaft zu Höchstleistungen aufputscht. Der Glaube an eine große Vision hilft, das Werk so schnell wie möglich zu vollenden. Teams sollen die Familie ersetzen, zumindest aber ergänzen. Für viele junge Leute, die gerade erst in die Stadt gekommen sind, ist das ein willkommenes Identifikationsangebot. Sie nehmen das Surrogat dankbar an. Neue Mitarbeiter stoßen laufend hinzu und werden schnell integriert. Freundschaften entstehen. Die Legende vom großen gemeinsamen Ziel hat etwas Ungerechtes, denn diejenigen, die am härtesten arbeiten, sind oft jene, die am wenigsten davon profitieren, weil sie die wenigsten Aktien besitzen. Ihre Ersatzfamilien leben in kommunikativer Abgeschiedenheit. Alles, was sie für ihre Arbeit brauchen, liegt ein paar Schritte entfernt. Bei Facebook gibt es sogar Automaten, bei denen man sich ein neues iPad oder ein Ladegerät ziehen kann. Der Gang zum Beschaffungswesen entfällt. Kontakt mit der Außenwelt stört, wenn man ihn nicht gerade selbst sucht.

Für Europäer hat diese Kultur weitreichende Folgen: Unsere Zukunft wird in 10 000 Kilometern Entfernung von einem Tal geprägt, bei dem wir nicht mitmachen dürfen, wenn wir nicht persönlich hinfahren. Selbst voll dabei zu sein oder gar keine Rolle zu spielen – das ist die Wahl, vor die uns das Silicon Valley stellt. Viele Firmen rund um Palo Alto besitzen kein Festnetztelefon mehr und stehen nicht im Telefonbuch. Sie telefonieren ausschließlich mobil. Wer nicht das Glück hat, die Handynummern zu kennen, erreicht sie nicht. Wer noch niemanden kennt, kann auch niemanden treffen. Aufgeschlossen für Fremde ist im persönlichen Gespräch zwar jeder, doch den elektronischen Kommunikationswegen entziehen sich die meisten.

Es ist schwer, eine Reise ins Silicon Valley vorzubereiten. Termine aus der Ferne zu vereinbaren, gelang mir nur bei etablierten Unternehmen, nicht bei Start-ups. Niemand antwortete auf E-Mails, niemand ging ans Telefon. Erst dachte ich, ich mache etwas falsch. Doch einmal angekommen, wurde klar: So läuft es immer. Ein Investor musterte unverhohlen meine Visitenkarte. »Aha, Sie wohnen hier? In Palo Alto? Interessant.« Von diesem Moment an nahm er mich ernst. Herkunft, Geschlecht, Religion, Alter – dafür ist das Silicon Valley blind. Nur bei der persönlichen Anwesenheit ist man unerbittlich: Wer nicht hier wohnt, findet nicht statt.

In den ersten Tagen versuche ich die Gesprächsanbahnung noch auf dem traditionellen Weg: Ich schreibe nette E-Mails. Doch niemand antwortet. Wenn es doch einmal Telefonnummern gibt, geht niemand an den Apparat. Im besten Fall melden sich die Anrufbeantworter. Auf die Nachrichten, die ich hinterlasse, ruft nie jemand zurück. Telefonzentralen leisten sich nur Großkonzerne. Alle anderen betreiben Sprachcomputer, die den Anrufer in eine Endlos-Warteschleife weiterleiten oder den aufgesprochenen Text in E-Mails verwandeln, die niemand liest. Nicht nur mir geht es so. Alle neu Zugezogenen haben das gleiche Problem. Der Eintritt in die interessanten Kreise von Palo Alto ist schwer, wenn man es virtuell versucht.

Spontane Besuche bei Firmen sind aussichtslos. Schon deshalb, weil man die Adressen nicht kennt. Zwar hat natürlich jede Firma eine Webseite, doch da steht fast nie eine Anschrift. Selbst das Firmenverzeichnis Crunchbase hilft nicht weiter. Viele Firmen geben keine Büroadresse mehr an. Sie wollen absichtlich nicht gefunden werden. Die einzige Möglichkeit, Kontakt zu knüpfen, besteht über persönliche Empfehlungen in Netzwerken wie von etablierten Mitgliedern der Gemeinde.

Das ist einer der Gründe, warum so wenig Geld aus dem Silicon Valley nach Deutschland fließt und Gründer herkommen müssen, wenn sie etwas von den jährlich 15 Milliarden Dollar Wagniskapital abbekommen möchten. Ich treffe Matthew Le Merle, den Vorsitzenden des Netzwerks Keiretsu, in dem *Business Angels* organisiert sind – Anleger, die privates Geld in junge Firmen investieren. »Im Silicon Valley geht nichts ohne direkten menschlichen Kontakt«, sagt auch Le Merle. Persönliche Beziehungen sind wichtiger als alles andere. »Man muss sich kennen und vertrauen, um irgendetwas zu erreichen. Ich kenne niemanden, der gern Geschäfte macht mit Leuten, die er nicht täglich besuchen kann. Ständiger Austausch ist wichtig für den Erfolg. Lange Anreisen erhöhen die Komplexität und senken nachweislich die Erfolgswahrscheinlichkeit.«

Ausgerechnet das Silicon Valley. Hunderte von Firmen wetteifern hier um die beste Technologie für virtuelle Kommunikation: Videokonferenzen, Hangouts, soziale Netzwerke, Pinnwände. Googles Datenbrille »Glass« projiziert Nachrichten direkt auf die Netzhaut. Ingenieure träumen davon, Kommunikationsmodule direkt ins Gehirn zu pflanzen. Die Grenzen zwischen Hier und Dort verschwinden. Erwartet hatte ich von meiner Reise eine hypervirtuelle Welt: Heimarbeit, ständige Videokonferenzen und elektronischen Zugang zu jedermann. Doch virtuelle Welten sind out. Sie sind nirgendwo so unbeliebt wie bei ihren eigenen Erfindern. Matthew Le Merle nickt: »Es sind superdichte Netzwerke auf engstem Raum. Nur unter solchen Bedingungen entstehen starke Ideen. Kreativität braucht Nähe.«

»Jeder Anruf von außen würde uns ablenken«, bestätigt Akshay Kothari von Pulse. »Wir haben gar nicht die Mittel, uns um jeden zu kümmern, der etwas von uns will. Es gibt zu viele Zeiträuber. Wir möchten unser neues Produkt so schnell und so gut wie möglich auf den Markt zu bringen. Die Zeit ist knapp. Jeder Tag ist kostbar. Wenn wir zu spät sind, überholt uns die Konkurrenz. Wir müssen unseren Vorsprung verteidigen. Jeder im Team weiß: Es gilt, sich auf die wichtigen Dinge zu konzentrieren. Ob wir auf die vielen Einladungen zu Kongressen oder auf alle Anfragen aus dem Ausland antworten oder nicht, macht für den Projekterfolg kaum einen Unterschied. Wir kennen die Leute, die uns helfen können. Wer nicht dazugehört, den müssen wir für eine Weile ausblenden. Anders geht es nicht.«

In gesteigertem Maße gilt das für arrivierte Unternehmer. Wer es geschafft hat, ertrinkt in Anfragen. Jack Dorsey, der Gründer von Twitter zum Beispiel, bekommt fast so viel Post wie ein Popstar. »Ich könnte keinen klaren Gedanken fassen, wenn ich mich darauf einlassen würde«, sagt er. Don Valentine, der legendäre Gründer von Sequoia Capital, würde keinen Schritt vor die Tür tun können, wenn er nicht das meiste Unbekannte ausblenden würde und sich nicht darauf verließe, die richtigen Leute von seinen Freunden und Partnern vorgestellt zu bekommen. Valentine hat früh in Apple, Oracle, Cisco, Electronic Arts, Google, Instagram, PayPal und Whatsapp investiert. Wo er Geld hineinsteckt, verbreitet sich Glanz. Jeder möchte mit ihm arbeiten. Konzentrieren kann er sich nur mit radikalem Tunnelblick.

»Man muss sich seinen Bekanntenkreis wie einen Filter vorstellen«, sagt Ron Conway von SV Angels. »Meine Bekannten wissen, dass ich ihnen vertraue. Wenn sie mir jemanden vorstellen, der mir die Zeit raubt, vergeuden sie soziales Kapital. Also überlegen sie sich dreimal, ob sie eine Intro-Mail schreiben. Gleichzeitig wissen sie, wie sehr sie mir helfen können, wenn sie mir ein junges Supertalent ans Herz legen, das gerade in die Stadt gekommen ist. Vielleicht ist es ja der neue Mark Zuckerberg.« Diese beiden entgegengerichteten Überlegungen spielen sich in ihrem Kopf ab, bevor sie schreiben, sagt Conway. So kommt genau die richtige Menge von Empfehlungen heraus – weder zu viele noch zu wenige. »Umgekehrt weiß jedermann, dass ich es genauso mache.

Wenn ich jemanden vorstelle, lohnt es sich meistens, ihn zu treffen. Durch diesen Filter überleben wir in der Flut von Gesprächswünschen, die auf uns einprasselt.« Während ich auf der Hightech-Konferenz TechCrunch Disrupt mit ihm spreche, schiebt sich Conway wie ein Preisboxer durch die Masse von Gründern, die ihm Exposés in die Hand drücken möchten. Er sagt ein paar unverbindliche Sätze, bleibt hier und da stehen, schiebt die meisten Bittsteller aber sanft zur Seite. Es geht nicht anders.

Natürlich besteht Inzuchtgefahr. Wenn man nur noch mit Leuten redet, die man schon kennt, fällt einem irgendwann nichts Neues mehr ein. Aber auch gegen diese Gefahr hat Palo Alto ein Rezept gefunden. Es hilft die dörfliche Struktur. Man läuft einander über den Weg. »Zufällige Gespräche führen oft zu wichtigeren Ergebnissen als geplante«, sagt Ron Conway. »Innovation entsteht aus Inspiration, und Inspiration aus Überraschung. Niemand weiß, welche Kombination von Einflüssen sein nächstes Projekt beflügelt. Also tun alle gut daran, sich treiben zu lassen.« Daraus entsteht eine Kettenreaktion, nicht unähnlich der Atomphysik: Hohe Dichte, große Nähe und kritische Masse lösen eine Reaktion aus. Mit virtueller Kommunikation wäre das unmöglich. Ganz gleich, wie geschickt die Technik der Videokonferenz künftig noch verfeinert wird: Zu einer Konferenz muss man sich verabreden und schaltet damit den Faktor Zufall aus. Konferenzen sind keine spontanen Begegnungen. Und selbst das schärfste Bild und der klarste Ton ersetzen kein persönliches Treffen im University Café.

Jede Chance zum sozialen Austausch wird in Palo Alto dankbar ergriffen. Gartenpartys finden in endloser Folge statt. Unseren Einstieg in die Szene von Palo Alto schaffen wir über eine Party in unserem Haus an der Washington Avenue. Unser Nachbar Danny Shader kommt hinzu und stellt uns wichtigen Leuten vor. Von da werden wir weitergereicht. Ein Kontakt ergibt den nächsten. Alle verlaufen nach demselben Muster: Wir werden vorgestellt, tauschen Karten aus, schreiben Mails – meist innerhalb weniger Minuten. Niemand lässt sich mit dem Nacharbeiten mehr als eine Stunde Zeit. Nach Terminen treffen Follow-up-Mails von unseren Gesprächspartnern ein, noch bevor wir das Auto auf dem Parkplatz erreichen. Die Begegnung mit dem empfohlenen neuen Kontakt findet meist wenige Tage später statt. Europäer, die sagen müssen: »Mittwoch fliege ich zurück«, ernten Schulterzucken. Ein bekannter Investor weigert sich, überhaupt so etwas Unpersönliches wie einen Bürotermin zu vereinbaren. Er geht aus Prinzip mit seinen Gästen nur Wandern. In der Hitze des Sommers ist das kein Vergnügen. Mein Kollege Martin Sinner nimmt die Herausforderung an. Er kommt verschwitzt und ermattet zurück, hat den Mann beim Gewaltmarsch durch die Berge oberhalb der Universität aber so gut kennengelernt, wie es beim Espresso am Schreibtisch niemals gelungen wäre. Die großen Geschäfte werden am Wochenende oft beim Offroad-Radfahren, beim Tennis oder Golf gemacht. Dutzende Landstraßen ziehen sich durch die Hügel hinter Palo Alto bis zur Half Moon Bay. Am Wochenende sausen kleine Gruppen ehrgeiziger Radfahrer herum, keuchend in Gespräche vertieft. Nebeneinander auf dem Mountainbike steile, wurzelbewachsene Waldwege herabzustürzen, baut offenbar besonderes Vertrauen auf. Andere Gruppen fliegen zum Baden nach Los Angeles. Wieder andere stehen den ganzen Samstag als Baseball-Coachs ihrer Kinder auf dem Platz oder grillen am Strand von Santa Cruz.

Eine gute Kontaktbörse ist oft die Schule. Unsere Kinder werden von der *German International School of Silicon Valley* (GISSV) förmlich aufgesogen, und wir als Eltern gleich mit. Der Unterricht findet halb auf Deutsch, halb auf Englisch statt. Schulleiter Martin Fugmann schafft es, die Eltern intelligent einzubinden, mehr als nur für Kuchenbacken und Basarverkauf. Er stellt sogar einen Finanzausschuss zusammen, dem es gelingt, binnen weniger Wochen einen Millionenkredit für ein neues Schulgebäude aufzutreiben. Fast jedes Wochenende bietet die Schule Programm. Unzählige Gelegenheiten, zwanglos mit anderen Eltern ins Gespräch zu kommen. Und weil dies das Silicon Valley ist, arbeiten fast alle irgendwo als Unternehmer, Programmierer oder Geldgeber. Interessante Menschen, von denen wir etwas lernen konnten. Zum Beispiel Shivakumar Vaithyanathan, Experte für Künstliche Intelligenz im IBM-Forschungslabor San José. Er bringt Computern bei, Texte fast so gut zu verstehen wie Menschen. Oder Dirk Lüth, ein ausgewanderter Unternehmer aus Deutschland, Gründer von OnCircle und Erfinder einer neuen Methode, Nachrichten auf Webseiten zu bezahlen.

Erstaunliche Folge dieser Kommunikationskultur ist hohe soziale Durchlässigkeit. Selbst Teenager mit außergewöhnlichem Talent werden zu Magnaten vorgelassen, während sie in Deutschland kaum eine Chance hätten, den Siemens-Chef zu treffen. Sie müssen keine Abteilungsleiter, Stabschefs oder Vorzimmerlöwen überzeugen, sondern lediglich einen gemeinsamen Bekannten. Selbst für Newcomer ist das vergleichsweise leicht. Irgendein Mitglied der Elite, das ihnen Türen öffnet, lernen sie immer kennen. Hochbegabte Talente brauchen nach ihrer Ankunft im Silicon Valley meist nur wenige Wochen, bis sie Zugang zu wichtigen Entscheidern haben. Sie werden herumgereicht. Beide Seiten – die Elite und die Neulinge – wissen, dass sie einander brauchen.

Das Beispiel des jungen Deutschen Catalin Voss zeigt, wie Palo Alto funktioniert. Wir lernen Voss über Danny Shader, unseren Nachbarn in der Washington Avenue, kennen. Voss ist gerade 18 Jahre alt und lebt seit drei Jahren auf eigene Faust im Silicon Valley. Ein schmaler, hochgewachsener rothaariger Mann, erkennbar hochbegabt, schnell gelangweilt, aber voller Feuer und Begeisterung, sobald die Sprache aufs Programmieren kommt. Er stammt aus einem kleinen Dorf in der Nähe von Heidelberg. Beide Eltern sind Biologen. Der Vater gebürtig aus Deutschland, die Mutter aus Rumänien. Als er zwölf war, hörte er vom bevorstehenden Start des iPhone. Er besaß kein Gerät, besorgte sich aber eine Simulationssoftware und begann, Programme für das iPhone zu schreiben. Bedienungsanleitungen gab es nur auf Chinesisch.

Er fuchste sich trotzdem hinein und drehte Videos für YouTube: »Wie man ein iPhone programmiert« – damals noch unbekanntes Terrain für die allermeisten Techniker. Die Videos wurden zum

Hit. Drei Jahre hielt es Catalin noch in Deutschland aus. Er besuchte die Schule, jobbte nebenher, sogar für eine Lokalzeitung. Mit mittelmäßigem Erfolg. In der Schule interessierte ihn alles und nichts. Er sprang von Thema zu Thema. Nebenher gründete er eine Firma und schrieb Programme für einen amerikanischen Designer aus Stuttgart. Mit 15 bewarb er sich aus der Ferne um ein Praktikum bei Steve Capps in Palo Alto. Von Capps stammen Apple-Produkte wie Lisa, Macintosh, Newton und das bis heute gültige Dateiverwaltungsprogramm »Finder«. Geschrieben hat er auch die führende Software für Musikstudios. Inzwischen arbeitete Capps bei PayNearMe, einem elektronischen Bezahldienst für Einwanderer ohne Bankkonto. Von dem Teenager Catalin Voss aus Deutschland hatte Capps noch nie gehört. Trotzdem lud er ihn zum Vorstellungsgespräch ein, eine für Palo Alto typische Geste der Offenheit. Dem *Spiegel*, der Voss später porträtierte, sagte Capps: »Catalin war hypernervös, sprach schlecht Englisch und trug jeden Tag dasselbe Hemd. Aber irgendwie war er trotzdem nicht der Durchschnittsnerd. Irgendetwas brannte in dem Burschen, und wir hatten ja nichts zu verlieren.« In normalen Vorstellungsgesprächen wäre Voss als Greenhorn vermutlich durchgefallen, doch Steve Capps heuerte ihn an. So zog Voss im zarten Alter von 15 Jahren nach Silicon Valley und bekam seine Chance. Er reüssierte sofort. Zehn Wochen bekam er Zeit, um eine App zu programmieren, und nach vier Wochen war sie bereits fertig.

Drei Jahre später, als wir Voss treffen, hat er sich fest etabliert. Er studiert in Stanford, arbeitet eng mit führenden Professoren für Künstliche Intelligenz und automatische Bildverarbeitung zusammen, ist *Innovator in Residence* bei StartX, dem Inkubator von Stanford, und führt ein Forschungsprojekt, das Autisten mittels der Google-Datenbrille »Glass« hilft, Emotionen in Gesichtern zu erkennen. Außerdem hat er eine eigene Firma gegründet. Und das alles mit 18 Jahren. »Mich fasziniert, dass es hier weniger Bürokratie und mehr Tatendrang gibt. Außerdem eine hohe Dichte motivierter Menschen, die hart arbeiten«, sagt Voss. Er strahlt, weil er gerade einen Freund zur Führerscheinprüfung nach

Sacramento gefahren hat und der bestanden hat. Nach Deutschland ist Voss damals nur kurz zurückgekehrt, um sein Abitur zu machen. Danach nahm er das Studium in Stanford auf. »Technologisch könnte ich in Deutschland sicherlich dieselbe Arbeit machen wie hier.« Voss wirkt nachdenklich. »Aber da wäre ich nie auf die Idee gekommen, damit anzufangen. Und ich hätte niemanden um Rat fragen können. Es gibt da nicht so viele gute Mentoren, und sie hätten sich nicht so intensiv mit einem Teenager wie mir abgegeben.« Im Silicon Valley muss man mit guten Ideen keine Befehlsketten durchlaufen. Chefs haben Zugang zu Anfängern und Unerfahrenen, und umgekehrt genauso. Beide Seiten profitieren von dieser Offenheit. Geld und Talent brauchen einander. Hierarchien stehen der Innovation nur im Wege.

Der Organisationstheoretiker Geoffrey Moore, selbst ein Produkt des Silicon Valley, hat dazu eine soziologische Theorie entwickelt: »Die Leute helfen einander in einem strategischen Akt der Großzügigkeit. Die Hilfe beruht auf Gegenseitigkeit. Sie zielt darauf ab, Ideen ständig zu verbessern und sie schneller zu verwirklichen. In einer Informationsgesellschaft ist Information die wichtigste Währung.« Geredet wird also auch aus Kalkül, nicht nur aus Mitteilungsdrang oder Geschwätzigkeit.

Das Ausmaß der Offenheit ist verblüffend. Aus Europa bin ich es gewohnt, Fremden keine indiskreten Fragen zu stellen. Als indiskret gilt bei uns nahezu jede Frage, die mit Geld zu tun hat, Rückschlüsse auf die finanziellen Verhältnisse zulässt oder Einblicke in Geschäftsgeheimnisse gewährt. In Palo Alto gilt das genaue Gegenteil. Es ist völlig normal, in den ersten zehn Minuten ein Stakkato aller wichtigen Fragen abzufeuern: Wie viel Geld habt ihr von den Investoren bekommen? Wie viel ist davon noch übrig? Wie viel Verlust schreibt ihr pro Monat? Was kosten eure Programmierer? Wie viele Anteile besitzt ihr als Gründer noch selbst? Was sind diese Anteile wert? Wie hoch ist euer Gehalt? Von wem wollt ihr das nächste Geld bekommen? Woran arbeitet ihr gerade? Wann erscheint das neue Produkt? Welche neuen Eigenschaften hat es?

Wo hakt es bei der Entwicklung? Was geht schief, was läuft gut? – Freunde raten mir, solche Fragen zu Beginn von Gesprächen zu stellen. Erst zögere ich. Es kostet etwas Überwindung. Als ich es dann probiere, funktioniert es besser als erwartet. Deutsche halten solche Fragen für eine Zumutung, weil sie fürchten, bestohlen zu werden. Geschäftsgeheimnisse werden bis zur Veröffentlichung des Produkts eifersüchtig gehütet. Erst danach soll die Welt erfahren, wie genial ihre Erfindung ist. Die deutsche Kultur des Geheimnisses wurzelt ideengeschichtlich wohl im Geniekult der Romantik. Einsame Genies, so die Legende, empfangen Inspiration aus sich selbst und bringen sie ohne Zutun Dritter im Kunstwerk hervor. Sie benötigen keine Interaktion mit ihrer Umwelt. Schon in der Romantik war dieser Mythos falsch. Inspiration ohne Austausch mit den anderen gibt es nicht. Erst recht falsch ist er im Zeitalter der Hochtechnologie.

Während die Deutschen die Wegnahme eines Geniestreichs fürchten, lebt Kalifornien in der permanenten Angst, vom intellektuellen Austausch abgeschnitten zu sein und nicht jeden Impuls aufzunehmen, der sich anbietet. Nichts heizt diese Angst so sehr an wie die Vorstellung, während der Produktentwicklung einen Denkfehler zu begehen, und diesen Lapsus erst nach dem Marktstart zu bemerken. Deutsche Unternehmer halten gern für perfekt, was sie in geschlossenen Expertenteams entwickeln, und fürchten, um diese Perfektion betrogen zu werden.»Kalifornische Entwickler hingegen wissen, dass nichts perfekt ist, was sie tun, und sie ihrem Verständnis von Perfektion nur näher kommen können, wenn sie alles aufsaugen, was ihre Umgebung an Eingaben zu bieten hat«, sagt Investor Le Merle. <u>Schweigen und Verstecken ergeben sich daraus notwendigerweise als Strategie der Deutschen, Reden und Vorzeigen als Strategie der Kalifornier.</u>

Mit Erfolg punktet meistens Kalifornien. Offenheit ist unschlagbar. Jeder Gedanke wird besser, wenn man ihn anderen erzählt. Er wird präziser, schärfer und klüger. Besonders wichtig ist das bei Software, heutzutage die Königsdisziplin des Silicon Valley. Todd Lutwak, Partner bei Andreessen Horowitz, sagt:»Software frisst die ganze Welt auf. Eine Industrie nach der anderen wird von ihr neu erfunden.« Bei Computerprogrammen geht es weniger um geniale Erfindungen als um ständiges Feilen an Details. Solche Detailarbeit ist umso erfolgreicher zu leisten, je leidenschaftlicher man sie im Diskurs zur Debatte stellt. Der Typ des einsamen Denkers kommt nicht weit.»Kalifornische Gründungen sind nicht zuletzt deswegen so erfolgreich, weil sie zahlreiche Evolutionsschritte hinter sich haben, bevor das erste fertige Produkt auf den Markt kommt«, fügt Lutwak hinzu.»Start-ups sind eigentlich mit nichts anderem beschäftigt als damit, ein Geschäftsmodell zu finden«, meint auch Ron Croen, Gründer von Nuance Communications.»Entsprechend richtig für sie ist es, das Ökosystem, den Markt zu verstehen, in dem sie tätig sein wollen. Je mehr sie darüber reden, desto weiter kommen sie.«

Geschwindigkeit ist dabei von größter Bedeutung, denn Märkte und Technologien ändern sich rasend schnell.»Ein bis drei Monate sind eine Ewigkeit im Silicon Valley«, findet Zach Phillips, Vice President Publisher Development bei PlayHaven. Niemand in Palo Alto würde ihm widersprechen. Wer nicht ständig offen über seine Projekte diskutiert, der riskiert, dass sein Produkt schon am Tag des Erscheinens hoffnungslos veraltet ist. Die Konkurrenz ist allgegenwärtig, und die Chance, dass ihr etwas Besseres einfällt, ebenso. Schon zur Marktbeobachtung ist es unerlässlich, so viel von sich zu erzählen und von anderen zu hören wie möglich. PayPal-Gründer Peter Thiel meint:»Das größte Risiko beim Gründen besteht darin, etwas bereits Vorhandenes neu zu erfinden oder das Neue nicht bis ins letzte Detail zu durchdenken. Dieses Risiko kann man nur durch Offenheit in der Entwicklungsphase bekämpfen. Wer aus seinem Projekt ein Geheimnis macht, hat verloren.« Folgerichtig spricht er offen über seine Pläne.

SAP-Gründer und Aufsichtsratschef Hasso Plattner, mit über 3000 Mitarbeitern in einem Entwicklungslabor in Palo Alto vertreten, hält diesen Austausch für so unverzichtbar, dass er sogar den Heimatstandort im hessischen Walldorf bedroht sieht, weil dort zu wenig fachlicher Diskurs stattfindet. In einem Interview mit der *Welt am Sonntag* sagte er: »Man ist in Walldorf einfach etwas ab vom Schuss, und deswegen gibt es dort weniger kreative Impulse. Softwareingenieure, die in Palo Alto oder Berlin Kollegen aus anderen Unternehmen im Café oder an der Bar treffen, müssen sich rechtfertigen, wenn etwa eine neue SAP-Nutzeroberfläche langweilig daherkommt. In Walldorf passiert ihnen das nicht, weil sie dort im Restaurant oder Café keine kritischen Köpfe aus anderen Firmen treffen.« Für viele andere Standorte in Deutschland könnte man einen ähnlichen Befund stellen.

Kritische Köpfe sind eine Spezialität der Stanford University. Nichts von dem, was heute in Palo Alto zu sehen ist, wäre ohne Stanford entstanden. Zeit für einen Besuch auf dem Campus.

Stanford und seine Gründer:
»Die Vorlesungen besuche ich zur Erholung«

Stanford ist Keimzelle und Brutreaktor des Silicon Valley. Hierher kommen die besten Köpfe und lernen unter idealen Bedingungen. Viele von ihnen gründen erfolgreiche Firmen. Das weckt Misstrauen: Ist Stanford überhaupt noch eine Uni?

Der Tag, an dem Stanford zur Weltmacht wurde, begann 1998 mit einer einfachen Anfrage. Die Studenten Larry Page und Sergey Brin besuchten ihren Informatik-Professor John Hennessy und zeigten ihm ein Programm, das sie geschrieben hatten – eine Suchmaschine. Hennessy sollte ein Suchwort eintippen und gab »Gerhard Casper« ein, seinen Universitätspräsidenten. Ich treffe Casper 15 Jahre später in seinem Büro. Er lacht, als er die Geschichte erzählt. Hennessy ist inzwischen sein Nachfolger auf dem Rektorensessel, er selbst ist pensioniert. »Hennessy wusste natürlich, dass Yahoo! und AltaVista mich immer mit Casper, dem freundlichen Gespenst aus dem Trickfilm, verwechselten. Jetzt bekam er zum ersten Mal das richtige Ergebnis angezeigt. Da begriff er, das ist ein besonderer Moment. Der Beginn von Suche im Internet, mit der man etwas anfangen kann. Heute wissen wir, es war die Geburtsstunde von Google, oder wenigstens die Taufe.«

Casper deutet auf die Cola-Light-Büchsen auf seinem kleinen Konferenztisch: »Bitte nehmen Sie.« Er ist ein distinguierter Gelehrter, Verfassungsrechtler aus Hamburg, weiße Haare, wache Augen, gerader Gang, Jahrgang 1937, über Chicago führte ihn eine steile akademische Karriere bis an die Spitze von Stanford, außergewöhnlich für einen Einwanderer. Er übt immer noch Ämter hier aus und liebt seine Alma Mater; der Blick verrät es. Sein Büro liegt in der Encina Hall auf dem Stanford Campus, einem wuchtigen ehemaligen Studentenwohnheim mit verzierten Fensterbögen. John Steinbeck hat hier einmal gelebt, die *Straße der Ölsardinen* lag zwei Autostunden weiter im Süden. Ich möchte wissen, warum Stanford so erfolgreich ist. Wie hat diese Provinzuniversität das geschafft? Noch vor 50 Jahren hatte sie Mühe, Talente anzulocken, heute wird sie überrannt. Casper schaut mich ernst an, als wittere er einen Vorwurf: »Es gibt nur einen einzigen Grund für diesen Erfolg: Stanford ist einfach eine exzellente Universität. Ihre akademische Leistung ist phänomenal. Alles andere folgt daraus. Unsere Kritiker werfen uns vor, dass wir zur Brutstätte von Unternehmen verkommen sind und alles danach ausrichten. Aber das ist Unsinn. Da werden Ursache und Wirkung miteinander verwechselt.« Casper legt dar, wie die Wirkungskette aus seiner Sicht funktioniert: »Unser Erfolg beginnt mit exzellenter Wissenschaft. In meiner Zeit als Präsident, aber auch bei meinen Vorgängern und meinem Nachfolger, ging es immer darum, Weltspitze in der Wissenschaft zu sein.«

Er schaut mich eindringlich an: »Weil wir das sind, bekommen wir Spenden. Und weil wir diese Spenden in noch bessere wissenschaftliche Leistungen investieren, bekommen wir die besten Studenten aus der ganzen Welt. Weil sie klug sind und wir sie gut ausbilden, gründen sie Firmen.« Dieses ganze Gerede von der Firmenschmiede Stanford sei Unsinn: »Wir ermuntern Studenten zum Gründen, aber wir treiben sie nicht an. Oft sind diese Firmen sehr erfolgreich, aber das ist eine erfreuliche Begleiterscheinung, nicht der Zweck der Universität. Uns geht es um Wissenschaft. Wenn daraus Gründungen folgen, stört es uns nicht. Aber deswegen sind wir noch lange kein Inkubator.«

Je nach Fakultät belegt Stanford Platz eins oder zwei der meisten Rankings in den USA. Die Universität verfügt über ein Jahresbudget von knapp fünf Milliarden Dollar, fast zehnmal so viel wie die Universität Köln, Deutschlands größte Hochschule. Pro Jahr gehen etwa eine Milliarde Dollar Spenden ein, das Tausendfache des in Europa üblichen Niveaus. Gönner wetteifern um die Ehre, größter Einzelspender zu sein. Schecks über 100 Millionen Dollar sind keine Seltenheit. Die reichsten Familien der Stadt stiften der Uni Basketballhallen, Schwimmbäder und Notaufnahmen. In der Vermögensbilanz der Uni-Stiftung stehen 18 Milliarden Dollar. Das ist ungefähr so viel wie das Budget des Bundesbildungsministeriums, das für ein ganzes Land reichen muss. Zu den Laureaten zählen 21 Nobelpreisträger. Stanford allein bringt es auf ein Fünftel der Nobelpreise Deutschlands. 15 000 Studenten und Studentinnen sind eingeschrieben, deutsche Massenuniversitäten haben etwa dreimal so viel Immatrikulierte. Es gibt fast 2000 Professoren – viermal so viel wie in Köln. Das Betreuungsverhältnis ist zwölfmal besser. Hinzu kommen 13 000 Mitarbeiter. Damit steht fast jedem Studenten ein Mitarbeiter gegenüber. In Köln beträgt das Verhältnis 8:1. Auch im Sport liegt Stanford vorn. Bei den Olympischen Sommerspielen in London 2012 errangen seine Sportler zwölf Goldmedaillen, eine mehr als Deutschland. Jedes vierte Gold der USA ging nach Stanford.

Und dann ist da die Statistik der Gründungen, auf die Casper anspielt. Allein die Liste der Weltfirmen, die hier ihren Ausgang genommen haben, ist beeindruckend: Hewlett-Packard, Yahoo!, Google, Cisco, Sun Microsystems zum Beispiel, aber auch eBay, Netflix, Electronic Arts, Intuit, Fairchild Semiconductor, Agilent Technologies, Silicon Graphics, LinkedIn und E*Trade. »Stanford ist Keimzelle der Innovation«, sagt John Doerr von Kleiner Perkins. »Das Silicon Valley ist ohne Stanford unvorstellbar.« Die Universität gehört zur Gemeinde Palo Alto. 8000 eigene Erfindungen werden von der uni-eigenen Lizenzverwaltung verwertet. DSL zum Beispiel, den Datenübertragungsstandard für schnelles Internet, gäbe es ohne Stanford nicht. Nach einer Studie der Universität, die zwar in eigener Sache angefertigt wurde, aber trotzdem glaubwürdig erscheint, sind aus Stanford rund 40 000 aktive Unternehmen hervorgegangen, die 5,4 Millionen Arbeitsplätze geschaffen haben und einen Weltumsatz von 2,7 Billionen Dollar erzielen. Wären diese Firmen zusammen ein Staat, stünde sein Bruttosozialprodukt auf Platz zehn der Weltrangliste. Ein Drittel der Absolventen von Stanford arbeitet als Firmengründer und Unternehmer, ein weiteres Drittel als Investor. Die meisten

Gründer sind zugewandert. Googles Sergey Brin aus Russland, sein Mitgründer Larry Page aus Michigan. PayPal-Gründer Peter Thiel aus Deutschland, Yahoo!-Erfinder Jerry Yang aus Taiwan und Netflix-Chef Reed Hastings aus Boston. Mit Spenden-Marathons wie *The Stanford Challenge* holt sich die Universität Rekordsummen. Die Größenordnung, in die sie dabei vorstößt, ist weltweit einmalig. Die *Challenge* zum Beispiel, angelegt auf fünf Jahre und gedacht für die Finanzierung von Großprojekten, erreichte ihr Spendenziel von 4,3 Milliarden Dollar schon nach drei Jahren. Bis 2011 spülte sie mehr als 6,2 Milliarden in die Kassen – so viel darf die Berliner Humboldt-Universität über einen Zeitraum von 20 Jahren nicht ausgeben. 139 neue Lehrstühle wurden mit dem Geld geschaffen, 38 Gebäude renoviert oder neu gebaut. Mehr als 10 000 Freiwillige halfen bei der *Challenge*. Casper wird heiter, wenn er sich daran erinnert: »Es heißt oft, als Präsident von Stanford würde man den größten Teil seiner Zeit mit Spendenwerben verbringen. Aber das stimmt nicht. Es sind vielleicht 30 Prozent der Zeit. Und diese 30 Prozent machen auch noch Spaß.« Ich schaue ihn verwundert an, aber er setzt gleich nach: »Sie machen sich falsche Vorstellungen. Spendensammeln ist kein Betteln, auch wenn viele Leute das glauben. Es funktioniert psychologisch ganz anders. Als Uni-Präsident, der um Geld bittet, stiftet man Sinn. Man gibt Menschen die Chance, Teil von etwas Einmaligem zu werden. Wenn Menschen diese Einzigartigkeit spüren, sind sie oft gern bereit, dabei mitzumachen.«

Beispiele? Damals, bei einer Veranstaltung der Ingenieurwissenschaften, an der *Engineering School*, saß Casper einmal neben William Hewlett von Hewlett-Packard. Casper raunte ihm zu: »Sehen Sie, wie heruntergekommen diese Gebäude sind. Was meinen Sie, Bill? Darf eine Engineering School im 21. Jahrhundert so verwahrlost aussehen?« Hewlett schaute sich um und sagte dann: »Kommen Sie am Freitag in mein Büro.« Dort versprach er Casper dann 80 Millionen Dollar für einen Neubau. Casper erkennt darin eine Regel: »Geldgeber möchten Sinn stiften, nicht bloß Geld. Universitäten müssen diesen Sinn liefern.« Stanford bekommt alle Zuwendungen direkt. Sie fließen nicht in den anonymen Haushalt des Landes, sondern in konkrete Projekte wie saubere Energie, selbst fahrende Autos, Entschlüsselung von Proteinen, Züchten von Ersatzlebern oder schnelle Datenspeicher.

Der Campus der Universität ist überwältigend schön. Ein üppiger, farbenfroher Landschaftspark voller prachtvoller Nadelbäume und Palmen. Er grenzt an den El Camino Real, eine Landstraße, die sich von San Francisco bis nach Mexiko zieht. Wir sind oft auf dem Campus joggen oder Radfahren gegangen, haben mit den Kindern Ball gespielt oder in der Sonne gelegen. Tausende Menschen tun das, Studenten und normale Bürger der Stadt. Selbst an den Wochenenden ist das Gelände voll. Studenten ergreifen in ihrer Freizeit nicht die Flucht. »Stanford ist so umwerfend paradiesisch, sonnig und duftend, als könnte man von den Bäumen essen und glücklich davon leben bis ans Ende seiner Tage«, hat der *New Yorker* einmal geschrieben. Der Campus ist außergewöhnlich groß. Zwei Kilometer Straßenfront am El Camino Real, nach hinten hinaus drei Kilometer. Sechs Quadratkilometer. »The Farm«, sagt man hier. Früher war es tatsächlich eine Farm. Dann kam Leland Stanford, Eisenbahnbaron, Gouverneur und Senator, und gründete 1891 seine Privatuniversität, zur Erinnerung an seinen früh verstorbenen Sohn Leland Stanford Junior. Deswegen heißt die Universität offiziell »Leland Stanford Junior University«. Ein Harvard des Westens sollte es werden. Jedes Haus, jeden Baum und jeden Strauch ließ Stanford persönlich ins Grasland setzen. Er verfügte, dass die Universität ihren Grundbesitz nie verkaufen darf. Der Park genießt Bestandsschutz.

Palm Drive heißt die palmengesäumte Allee, die auf Hauptgebäude und ovale Vorfahrt im Zentrum der Uni zuläuft. Meine bevorzugte Joggingstrecke. Links und rechts liegen Haine aus Nadelbäumen, sattgrüne Wiesen, gepflegte Blumenbeete und akribisch gepflegte Verkehrskreisel. Kein Halm ragt auf die Bürgersteige, kein Mülleimer quillt über. Überall zupfen Gärtner Unkraut. Die Sonne glitzert in den Springbrunnen. Rodin-Skulpturen stehen auf den Wiesen; Stanford hat eine der größten Rodin-Sammlungen der Welt. Die quaderförmigen Sandsteinbauten mit roten Dächern sind im Stil der europäischen Beaux-Arts entworfen, die Memorial Church am zentralen Marktplatz ist mit prunkvollem Goldmosaik verziert. Arkadengänge verbinden die Gebäude. Auf Ordnung wird penibel geachtet. Falschparkern verpasst die Campus-Polizei innerhalb von Minuten einen 75-Dollar-Strafzettel. Gäste parken weit draußen am Football-Stadium. Am besten bewegt man sich mit dem Fahrrad. Die Radwege sind übervoll.

Studieren in Stanford ist teuer, rund 40 000 Dollar Studiengebühren pro Jahr. Nicht nur die Familien der Studenten ächzen unter der Last der Kosten. Auch die Professoren fürchten eine ungünstige Vorauswahl nach Vermögensverhältnissen der Eltern statt durch akademisches Talent. Sie wollen die besten Studenten, nicht die reichsten Eltern. Ich spreche Casper auf die Studiengebühren an: »Ja, das Studium kostet viel Geld«, gibt er zu. »Aber wir tun viel dafür, die Uni für alle offen zu halten, egal, wie sie oder er wirtschaftlich ausgestattet ist. Heute können wir sagen: Am Geld scheitert ein Studium nie. Auch dafür brauchen wir Spenden.« Seit einigen Jahren wird Studenten, deren Eltern weniger als 100 000 Dollar im Jahr verdienen, die Gebühr erlassen. Selbst wer nicht unter diese Klausel fällt, kann Beihilfe beantragen. Die Mehrheit der Studenten bezieht finanzielle Unterstützung in irgendeiner Form. Es gibt ein Programm zur Förderung gemeinnütziger Berufe. Ein Modell, das Casper wichtig ist: »Wir wollen nicht nur Unternehmensberater produzieren.« Wer nach dem Studium zu einer gemeinnützigen Organisation oder einer Regierung geht, bekommt pro Jahr der Tätigkeit für diese Organisation zehn Prozent der ursprünglichen Studiengebühren erlassen. Nach zehn Jahren war das Studium dann kostenlos.

Trotzdem ist Stanford umstritten. Korruption der Wissenschaft durch Gründungswahn, sagen die Kritiker. Perfekt organisierter Know-How-Transfer, halten die Befürworter dagegen. Viele Negativpunkte gehen auf das Konto von John Hennessy, Caspers Nachfolger, dem amtierenden Präsidenten. Er traf eine folgenschwere Entscheidung, nachdem Page und Brin ihm ihre Suchmaschine vorgestellt hatten. Er sicherte den beiden Unterstützung zu, beharrte aber darauf, dass die Universität beteiligt wurde. Page und Brin hatten die Software auf dem Campus entwickelt und dafür Einrichtungen der Hochschule benutzt. Nach den Regeln von Stanford gehört der Uni alles, was mit ihren Ressourcen geschaffen wurde. Hennessy setzte diese Vorschrift gegenüber Google durch. Wenn Page und Brin die Technik kommerziell nutzen wollten, mussten sie der Uni die Rechte abkaufen. Die beiden besaßen jedoch kein Geld. Also nahm Stanford Aktien in Zahlung. Am 27. September 1998 ging Google online. Mitglieder des Lehrkörpers wurden Berater, einige sogar Aktionäre. John Hennessy sitzt bis heute im Verwaltungsrat. Sechs Jahre später, im August 2004, folgte der Gang an die Börse und wurde von großem Erfolg gekrönt. Die Universität verkaufte ihre Anteile und erzielte damit einen Gewinn von 363 Millionen Dollar. Von da an verstummte die Kritik nicht mehr, dass Stanford zu weit gegangen sei und auf abschüssigem Gelände stünde.

Im Frühjahr 2012 druckte der *New Yorker* einen Aufsehen erregenden Bericht des Medien-Reporters Ken Auletta. Zwei Jahre zuvor hatte Auletta einen Bestseller über das System Google und die Folgen geschrieben: *Googled – Das Ende der Welt, wie wir sie kennen*. Jetzt wandte er sich der Google-Uni zu. Akribisch analysierte er die Verflechtungen zwischen Universität, Finanzbranche und Gründerszene. Eine Hauptrolle nahm Hennessy ein. Auletta griff ihn hart an für seine Sitze in den Gremien von Google und Cisco: »Hennessy hat im vergangenen Jahr 671 000 Dollar Gehalt von Stanford bezogen, aber viel mehr durch seine Ämter bei und Aktien von Google und Cisco verdient.« Zwar bringe das sicher auch der Universität etwas, gestand Auletta ein, doch fügte scharf hinzu: »Der Unternehmergeist von Stanford erzeugt bei vielen Professoren und Studenten eine Goldrausch-Mentalität. Beide Seiten streben gemeinsam nach Fortschritt und Reichtum. Das verwischt die Grenzen zwischen Lehrkörper und Studierenden.«

Hinzu kommt laut Auletta der Einfluss von Drittmittel-Gebern aus Wirtschaft und Regierung. Ihnen gehe es vor allem um technische Fortschritte. Je mehr Geld sie in die Ingenieurwissenschaften steckten, desto mehr gerieten die Geisteswissenschaften ins Abseits: Ein Viertel aller Stanford-Studierenden im Grundstudium und mehr als die Hälfte der Graduierten sind bei den Ingenieurwissenschaften eingeschrieben, rechnete Auletta vor. In Harvard sind es vier beziehungsweise zehn Prozent, in Yale fünf beziehungsweise acht.»Man darf sich fragen, ob Stanford die richtige Balance zwischen Kommerz und Lehre gefunden hat. Zwischen dem Trainieren fürs Reichwerden und der intellektuellen Neugierde reiner Forschung zuliebe«, schrieb Auletta.

Das saß. Viele andere Medien griffen die These auf. In Stanford rumorte es. Auf dem Campus brach eine Debatte über ethische Grundsätze aus. Dabei waren die Meinungen durchaus gespalten. Nicht jeder Professor wischte die Kritik als unfair vom Tisch. Ein Jahr später, im Frühjahr 2013, legte der *New Yorker* mit einem Beitrag von Nicholas Thompson nach.»Das Ende von Stanford?« lautet die Überschrift. Schon der erste Satz seines Artikels barg Sprengstoff:»Ist Stanford noch eine Universität?«, hieß es da. »Zwei Dutzend Studenten haben ihr Studium abgebrochen, um für ein Hightech-Start-up namens Clinkle zu arbeiten. Ihre Lehrer haben in die Firma investiert, der frühere Dekan der Wirtschaftswissenschaften sitzt im Verwaltungsrat, ein Informatik-Professor, der die Gründer unterrichtete, besitzt Aktien, und John Hennessy, der Präsident, hat die Firma beraten.« Ein klarer Interessenskonflikte, befand Thompson.»Die Führung der Universität ermuntert Studenten, ihr Studium abzubrechen, um eine Firma zu starten, die ihrerseits die Mitglieder des Lehrkörpers bereichern.« Was ist eine Universität wert, die ihre Studenten nicht mehr zum Studieren anhält, sondern sie zu Unternehmern drillt?»Der Schwerpunkt der Uni hat sich verändert«, präsisierte Thompson.»Sie wirkt wie ein riesiger Hightech-Inkubator mit angeschlossenem Football-Team. Vielleicht sollte sie ihren Namen ändern. Wie wäre es mit Star Fonds? Das klingt nach Inkubator, und der Name ist bei Twitter noch frei. Clinkle ist ein Hersteller mobiler Zahlungssysteme und wird sich als Zahlungsquelle für Uni und Professoren entpuppen.«

Nur zwei Monate nach dem Erscheinen des Artikels trat Thompsons Prophezeiung tatsächlich ein: Clinkle, bis dahin ein Forschungsprojekt, bekam 25 Millionen Dollar Gründungskapital. Alles, was im Silicon Valley Rang und Namen hat, steckte Geld in diese Finanzierungsrunde. Sogar Virgin-Gründer Richard Branson schickte einen Scheck. Zu diesem Zeitpunkt war Lucas Duplan, der Gründer von Clinkle, gerade erst 22 Jahre alt. Sein Studium hatte er tatsächlich abgebrochen. Und in der Tat nahm ihm seine Uni den Ausstieg nicht übel. Sie half ihm vielmehr nach Kräften, Geld aufzutreiben. Man könnte Stanford zugutehalten, dass es praktisches Talent genauso schätzt wie wissenschaftliche Diplomarbeiten. Doch genauso leuchten mir die Argumente der Kritiker ein: Dass Start-ups gegründet werden, statt einen Abschluss zu machen, kann nicht das Ziel einer Universität sein, die höchste Ansprüche an sich selbst stellt.

Ich frage Casper, wie er die Artikel im *New Yorker* empfunden hat. »Natürlich haben wir das alle gelesen«, gibt er zu. Er bemüht sich um eine geschickte Formulierung. Seinen Nachfolger kann und möchte er nicht kritisieren. Außerdem glaubt er ernsthaft an die wissenschaftlichen Meriten: »Die Artikel sind ärgerlich, weil sie die Dinge verdrehen. Stanford hat seinen akademischen Anspruch ganz und gar nicht aufgegeben. Es ist auch kein Inkubator geworden. Geschweige denn machen wir es Gründern leicht, durchs Studium zu kommen. Im Gegenteil: Wir sind akademisch eine der besten Universitäten der Welt, weil viele der besten Köpfe der Welt hier forschen und lehren. Diese akademische Brillanz zieht die klügsten jungen Leute an. Wir verhelfen ihnen zu einer erstklassigen Ausbildung. Dies führt in der Folge dazu, dass sie außergewöhnliche Firmen aufbauen.« Der *New Yorker* habe Ursache und Wirkung miteinander verwechselt. Casper: »Solange wir akademisch exzellent sind, kann niemand etwas dagegen haben, wenn am Ende lauter Googles herauskommen. Kritisieren könnte man uns nur, wenn wir akademisch schlechter würden. Das ist aber nicht der Fall.« Dennoch, die Universität hat sich angreifbar gemacht, weil sie die Kritik ignorierte, mit ungewöhnlicher Arroganz sogar. Hennessy sitzt noch immer im Google-Aufsichtsrat. Warum eigentlich, frage ich mich. Um Kontakte zur Hightech-Szene zu pflegen? Das ginge auch anders. Hennessy täte sich und Stanford einen Gefallen, wenn er aus dem Gremium austreten würde. Fördern von Studenten ja, aber finanzielle Vorteile für akademisches Personal überschreiten eine Grenze. Der Interessenkonflikt, der durch solche Verquickungen entsteht, ist unauflösbar. Er schadet der Glaubwürdigkeit der Universität.

Dabei ist Ermunterung eine gute Sache. Ich treffe einen Studenten, der mir von seinem Berufsberatungsgespräch bei seinem Professor erzählt. Der Gesprächsverlauf ist typisch für Stanford. »Ich habe ein Angebot von einer Unternehmensberatung«, sagt der Student. »Die Firma zahlt mir 250 000 Dollar Einstiegsgehalt und 100 000 Dollar Bonus. Der Vertrag liegt unterschrieben in der Post. Wenn ich unterzeichne, bekomme ich 50 000 Dollar Antrittsgeld. Ich kann den Vertrag jederzeit kündigen, auch vor dem Antritt der Stelle. Versprechen muss ich nur, dass ich nicht bei einer anderen Unternehmensberatung anheuere. Meine Eltern sagen, ich soll das Angebot annehmen. Ich bin mir aber unsicher. Ich habe eine Idee für eine Firma, mit der ich mich selbständig machen möchte. Daran liegt mir viel. Was soll ich tun? Zur Unternehmensberatung gehen oder die Firma gründen?« Der Professor antwortet: »Was würden Sie denn am liebsten machen? Was sagt Ihnen Ihr Herz? Hören Sie genau in sich hinein. Ich kann Ihnen nur raten, das zu machen, was Sie am meisten begeistert. Sie werden es später bereuen, wenn Sie das nicht tun.«

Gerhard Casper kann diesen Rat seines Kollegen gut verstehen: »Wir Professoren können doch nur raten, Mut zu fassen für das, was man für richtig hält. Wirtschaftlicher Druck kommt noch früh genug im Leben.« Der Student entschied sich am Ende für den Job bei der Unternehmensberatung. »Ich konnte nicht anders«, sagt er und schaut etwas betreten auf den Boden.»Ich muss meinen Studienkredit zurückbezahlen. Meine Eltern haben viel in mich investiert. Es fühlt sich nicht richtig an, so ein Angebot auszuschlagen. Ich muss damit meinen Frieden machen. Dann werde ich eben später Unternehmer.« Das Ideal vom Selbermachen reicht zurück bis zu den Anfängen von Stanford. Wirtschaft und Wissenschaft befruchteten sich gegenseitig, seit der Gründung. David Starr Jordan, erster Präsident der Uni, war prominenter Privatinvestor mit urwüchsigem Unternehmertalent. Er förderte zum Beispiel einen Absolventen, der 1909 die Stanford Federal Telegraph Company gründete, eine Radio-Firma. Frederick Terman, seit 1925 Professor der Ingenieurwissenschaften und später Dekan der Fakultät, rief seine Studenten dazu auf, zu gründen, statt sich anstellen zu lassen. William Hewlett und David Packard zählten zu seinen Schülern. Terman war es, der das Leitbild des unabhängigen Unternehmers prägte. Vor ihm konnte nur bestehen, wer den Mut aufbrachte, sein eigener Herr zu werden. *Die Luft der Freiheit weht,* lautet denn auch das Motto der Universität. Ein Satz des Humanisten Ulrich von Hutten aus dem 16. Jahrhundert, den Stanford bis heute auf Deutsch im offiziellen Wappen führt.

Gründungstraining ist fester Bestandteil des Lehrplans. Tina Seelig, geschäftsführende Direktorin des Stanford Technology Ventures Program, betreibt das uni-eigene Bootcamp für Ingenieure. Hier lernen Studenten, wie man Firmen aus der Taufe hebt und auf Erfolg trimmt. Seelig soll introvertierten Programmierern, Motor-Konstrukteuren und Brückenbauern beibringen, unternehmerische Kräfte in sich zu wecken. Eine ihrer Seminarübungen geht so: Studenten bekommen einen Fünf-Dollar-Schein.»Der Auftrag lautet, damit in sechs Tagen eine möglichst hohe Rendite zu erwirtschaften«, erzählt Seelig. Sie ist fasziniert, wie unterschiedlich die Lösungen sind. Bei der Aufgabe geht es vor allem darum, Möglichkeiten zu entdecken, auf die noch niemand gekommen ist.»Natürlich gibt es Gruppen, die die klassischen

Ansätze versuchen: Limonadenstand oder fliegende Autowäsche. Doch interessanterweise produzieren solche Klassiker die niedrigsten Renditen. «Am weitesten kommen Gruppen, die ihre fünf Dollar nicht investieren, sondern auf die hohe Kante legen. Sie verstehen, dass fünf Dollar zu wenig sind, um etwas Sinnvolles damit anzufangen. Also kann man sie auch gleich sparen und das Geschäft ganz ohne Geld starten. Eine Gruppe zum Beispiel platzierte sich vor einem Einkaufszentrum mit einem Plakat, auf dem stand: »Miete einen Studenten und bekomme zwei kostenlos dazu.« Der Spruch lockte viele Kunden an. Eine andere Gruppe zog mit einer Luftpumpe vor den Hörsaal und versprach kostenlose Reifendruckprüfung. Lag der Druck zu niedrig, kostete das Aufpumpen einen Dollar. Jeder zweite Reifen, stellte sich heraus, brauchte Luft. Die Radfahrer hätten selbst pumpen können, hatten das Problem aber vor sich hergeschoben. Jetzt fanden sie jemanden, der ihnen gleich vor Ort half.

Das Experiment klingt trivial, doch Seelig möchte eine wichtige Erfahrung damit vermitteln: »Die Studenten merken, dass sie ihren Kunden nicht zur Last fallen. Sie sind keine Bettler. Die Leute waren heilfroh, Hilfe zu bekommen. Die Teilnehmer merken, dass sie keine Angst vor ihrer Zukunft haben müssen. Es wimmelt nur so von großen und kleinen Problemen. Wer sie löst, verdient Geld.« Um die Vermittlung dieser Grunderfahrung geht es ihr. Probleme zu erkennen und zu lösen – das ist der Kern jedes Unternehmens. »Suche ein reales Problem«, empfiehlt Seelig, »dann stehst du vor einer realen Marktchance. Stelle alle bisherigen Annahmen infrage, dann bist du auf dem richtigen Weg.« Seelig hat ihre Erfahrungen in einem lesenswerten Buch beschrieben: *Lebe lieber innovativ. Warum man die besten Ideen findet, wenn man das Unmögliche denkt.*

Noch beeindruckender ist Seeligs Kollege David Kelley. Er lehrt kreatives Arbeiten in der Design School, kurz D-School, einem Zentrum für interdisziplinäre Innovation. International bekannt geworden ist Kelley als Gründer der Beratungsfirma Ideo und Autor zahlreicher Bücher. Die *FAZ* nannte ihn »den Mann, der dem

Silicon Valley das Denken beibringt«. Seine D-School wurde von SAP-Gründer Hasso Plattner gestiftet. Kelley hat sich zur Aufgabe gesetzt, verschüttete Kreativität freizulegen. Menschliche Gehirne, glaubt er, neigen dazu, in bekannten Mustern zu verharren und Einbildungskraft zu verlieren. Kreatives Schaffen kann trainiert werden wie ein Muskel. Niemand kann das so begeistert vermitteln wie Kelley selbst. Die D-School steht an der Escondido Mall, einer ruhigen Nebenstraße in der Nähe des Marktplatzes der Uni. Niedrige Bauten aus braunem Sandstein säumen die Mall. Gebäude 550 beheimatet das ehemalige *Thomas F. Peterson Engineering Laboratory,* heute Sitz der Design School. Völlig entkernt, hat das Haus eine minimalistische Einrichtung mit viel Glas und glatten Betonwänden bekommen. Auf den Tischen herrscht kreatives Chaos: Papierschnipsel, Notizzettel, Merktafeln, Klebestifte und Farbmarker allerorten.

»Wir haben bewusst keine festen Räume gebaut«, sagt Kelley bei der Führung. »Stattdessen gibt es diese Tafeln auf Rollen und Trennwände, die auf Schienen unter der Decke laufen. Sie sind beliebig zu verschieben und bilden ständig neue Räume.« Er gestikuliert mit den Armen. »Damit erreichen wir, dass sich die Topografie des Raums den wechselnden Stoßrichtungen des kreativen Prozesses anpassen kann. In traditionellen Gebäuden zwingen Räume ihren Bewohnern Denkstrukturen auf. Wenn eine Abteilung zwei Wege gleichzeitig beschreiten und gegeneinander testen möchte, sitzt sie immer noch in einem gemeinsamen Raum. Hier bei uns drücken wir neue Gedankenrichtungen durch das schnelle Schaffen neuer Räume aus. Diese räumliche Manifestation löst eine Rückkopplung in den kreativen Prozess aus. Der flüchtige Gedanke bekommt plötzlich etwas Greifbares, Reales, und gewinnt dadurch bei seinen Protagonisten ein höheres Maß an Glaubwürdigkeit.« Ich frage Kelley, warum er die Flexibilität von Räumen für neu hält. Schließlich haben viele Firmen vor Jahrzehnten damit begonnen, Einzelbüros durch Gruppenräume zu ersetzen. Aus alten Denkstrukturen konnten sie sich dadurch meist trotzdem nicht befreien. Kelley hält dagegen: »Nein, räumliche Flexibilität alleine reicht nicht aus. Man braucht zusätzlich hohe Interdisziplinarität. Nur wenn Menschen ganz unterschiedlicher Erfahrungshintergründe zusammen arbeiten, kann etwas Neues entstehen.« Interdisziplinäre Gruppen kommen fast immer auf neue Ideen, sofern sie einander zugestehen, dass jedes Teammitglied ein Experte sein kann, auch wenn er noch nie an dem Thema gearbeitet hat, um das es gerade geht.»Einmal angenommen, es taucht plötzlich ein neuer Gedanke auf. Was passiert dann eigentlich?«, fragt Kelley.»Bleibt er nur auf dem Papier stehen, dann verschwindet er so schnell wieder wie er gekommen ist. Wenn er bleiben soll, muss man ihm eine räumliche Heimat verschaffen. Erst dann nimmt er Gestalt und erst dann kann er sich durchsetzen. Man muss ihm seine räumliche Gestalt sehr schnell geben, weil er sonst untergeht.« Unternehmen sollten wie Knetmasse sein, glaubt er, nur dann hätten sie Bestand. Kelley möchte der Mann sein, der sie durchknetet.

Eine Firma ist die D-School nicht. Sie besteht vor allem aus Studenten, die für einige Monate mit Kelleys Organisationstheorie experimentieren. Insofern hat sein Institut den Charakter eines Labors. Ins reale Wirtschaftsleben hat Kelley sein Prinzip jedoch in der eigenen Beratungsfirma Ideo umgesetzt und so bewiesen, dass auch kommerzielle Wertschöpfungsprozesse funktionieren können, wenn Teams, Räume und Aufgabenstellungen sehr beweglich sind. Er nennt sein Verfahren»Design Thinking«. Kern dieser Strategie ist behutsame Ermutigung.»Im Laufe ihres Lebens haben Menschen das Vertrauen in ihre eigene Kreativität verloren. Von ihren Lehrern lernen sie, dass andere Kinder besser malen, zeichnen, Flöte spielen oder singen können. Das weckt eine tief wurzelnde Angst, mit kreativen Ideen hervorzutreten. Die meisten Menschen glauben, dass nur die anderen kreativ sind und Kreativität eine Sache von Malern, Designern oder Musikern ist. Ihrem eigenen Beruf als Ingenieur, Kaufmann oder Programmierer schreiben sie Stärke in der Umsetzung zu, aber nicht Kreativität.« Damit bleiben sie hinter ihrem Potenzial zurück. Kreativität ist nichts anderes, als die Fähigkeit, neue Wege zu gehen. Kelley möchte seinen Studenten die Angst vor der eigenen Courage nehmen. Er fordert sie auf, ein bestimmtes Problem ganz anders zu lösen, als es bisher gelöst worden ist, und führt ihnen dann wohldosierte Ermutigung zu. Die Schritte beginnen klein und werden größer. »Mich erinnert dieser Prozess an die Therapie von Menschen mit Höhenangst«, sagt Kelley. »Der Therapeut nimmt seinen Patienten an die Hand und setzt einen Fuß auf die Brücke. Dann führt er dem Patienten ins Bewusstsein, dass die Brücke nicht zusammengestürzt ist und er nicht fällt. Sobald diese Erfahrung verarbeitet ist, wagt der den nächsten Schritt. So geht es immer weiter, bis der Patient sich auf die Mitte der Brücke traut. Der Trick besteht in den kleinen Schritten.« An der D-School werden erst winzige Probleme gelöst und schließlich komplexe Aufgaben. Kleinstprobleme können zum Beispiel sein, wie man Würfel unterschiedlicher Größe am besten platzsparend in einen Karton packt. Große Aufgaben lauten etwa: Wie kann man Kinder dazu bringen, abends freiwillig ins Bett zu gehen? Wie können sich Menschen in der Dritten Welt selbst Impfstoffe verabreichen, wenn nicht genug Ärzte zugegen sind, um Spritzen zu setzen?

Ein gutes Beispiel, wie Design Thinking funktionieren kann, lieferte Akshay Kothari mit der Erfindung des Nachrichtenaggregators Pulse. Kothari war Student in Stanford. Im Sommer 2010 belegte der gebürtige Inder einen Kurs an der D-School. Die Aufgabe, die Kelley Kotharis Team stellte, hieß, Nachrichten auf Smartphones so darzustellen, dass die Nutzer einen möglichst schnellen Überblick über die Nachrichtenlage bekommen und auch Quellen entdecken, die sie bisher nicht kannten. Kothari erzählt, wie verrückt er die Aufgabenstellung zunächst fand. »Das war eine gigantisch große Fragestellung, an der internationale Medienkonzerne seit Jahren arbeiteten. Was sollten wir als kleines Team da ausrichten? Es schien mir aussichtslos, auf irgendeine Idee zu kommen, die in irgendeiner Weise besser sein könnte als all das, was die Profis in den Medienkonzernen sich bisher ausgedacht hatten.« Kelley ermunterte das Team dennoch, mit dem Nachdenken zu beginnen und die eigenen Ideen ernst zu nehmen.

Nach kurzer Zeit fiel Kothari tatsächlich etwas ein, auf das noch niemand gekommen war. »Ich sagte Kelley, wir würden die Idee als PowerPoint-Präsentation aufbereiten und vorstellen. Doch Kelley winkte ab. Er wollte keine Präsentation, sondern das fertige Produkt.« Kelley erinnert sich gut an den Dialog mit Kothari: »Präsentationen zu schreiben, ist der gewöhnliche Weg. Doch mit einer Präsentation ist gar nichts zu gewinnen. Man kann sie am Markt nicht testen. Viel wichtiger als jede Präsentation ist das echte Produkt. Ich rate den Studenten: Bau das Produkt, so schnell du kannst, und teste es am Markt.« Kothari beherzigte den Rat, kaufte im Uni-Buchladen um die Ecke ein iPad und begann mit dem Programmieren. »Wir hatten nur vier bis fünf Wochen Zeit. Das erschien uns absurd. Schließlich sollten wir in dieser kurzen Frist etwas programmieren, was Medienkonzerne in Jahren nicht fertiggebracht hatten. Also musste es entweder extrem schwer oder extrem unsinnig sein. Aber es blieb uns nichts anderes übrig, als es auszuprobieren. Also griffen wir in die Tasten und programmierten einfach drauflos.«

Sechs Wochen später war die App fertig und kam in Apples AppStore. Noch einmal sechs Wochen später stellte Steve Jobs Pulse bei einer Entwicklerkonferenz als seinen Favoriten vor. »Wir hatten keine Ahnung, dass er das tun würde. Es kam völlig überraschend und wirkte auf uns wie ein Wunder«, erinnert sich Kothari. Pulse stürmte an die Spitze der Hitliste des AppStores und wurde in wenigen Wochen zu einem internationalen Publikumsliebling. Nur drei Jahre später kaufte LinkedIn das junge Unternehmen für 90 Millionen Dollar.

Überschreitet Stanford mit dem Betrieb der D-School eine ethische Grenze und verletzt damit die Integrität der Wissenschaft? Der Vorwurf des *New Yorker* wirkt etwas konstruiert, nachdem ich die D-School kennengelernt habe. Studenten zum Programmieren einer echten App zu motivieren statt zum Verfassen eines wissenschaftlichen Papiers, führt zwar nicht zu einer akademischen Veröffentlichung, andererseits aber ist die D-School auch nur ein freiwilliges Begleitprogramm der Ausbildung, nicht eine prüfungsrelevante Pflichtveranstaltung. Stanford pflegt eine Tradition des strukturierten Helfens. Die wenigen Fälle, in denen Universität oder Professoren selbst in die Gründerrolle treten, sollten nicht vergessen machen, wie breit die Ermunterungskultur an der Universität angelegt ist. Hennessy bleibt die Ausnahme.

Ein typischer Student beginnt seine Ausbildung in Stanford mit dem Grundstudium, das ihm noch keine Fächerwahl abverlangt. Es ist als Studium generale konzipiert.»Wir möchten den neuen Studenten die Möglichkeit geben, eine Vielzahl von Kursen aus unterschiedlichen Feldern des Wissens zu belegen, um herauszufinden, was sie am meisten interessiert«, beschreibt Gerhard Casper das Konzept.»Bei der Auswahl der Studenten achten wir auf größtmögliche ethnische und kulturelle Vielfalt. Je weiter entfernt die Ecken der Welt liegen, aus denen die Studenten kommen, desto besser ist das. Unsere Erfahrung zeigt, dass Vielfalt das Lernen befördert und Kreativität anregt. Originalität ist eine direkte Folge von Talent und Diversität.« Während des Grundstudiums finden die Studenten schnell heraus, dass die Universität sich zwar um sie kümmert, ihnen aber zugleich ein hohes Maß an Eigeninitiative abverlangt.

Die meisten Firmengründungen finden in dieser frühen Phase des Studiums statt: Völlig unterschiedliche Menschen aus entgegengesetzten Teilen der Welt, geprägt von ganz andersartigen Bildungserfahrungen und ausgestattet mit stark voneinander abweichenden Talenten, beginnen auf den Wiesen, in den Hörsälen und an den Cafétischen der Universität über real existierende Probleme und mögliche Lösungen zu diskutieren. Es bilden sich Freundschaften und Gruppen heraus. Stanfords Förderungsleistung besteht vor allem darin, diesen kreativen Prozess auf dem Campus zu halten, statt ihn in die benachbarte Stadt abwandern zu lassen. Dies gelingt durch das Schaffen von Foren, allen voran der studentischen Clubs. Mehr als 650 dieser Clubs sind registriert. Die Universität stellt ihnen Budgets zur Verfügung, mischt sich aber nicht in ihre Angelegenheiten ein. Die Budgets sind oft großzügig ausgestattet, manchmal 100 000 Dollar pro Club und Jahr allein für Veranstaltungen und Empfänge. Clubs gibt es zu allen erdenklichen Themen: Literatur, Religion, Medien, Computer, Unternehmensgründung, Wirtschaft oder Jura. Die Clubs wählen Führungsteams, die Veranstaltungen organisieren und Gäste einladen. So kommen Studenten sehr früh mit führenden Politikern, Schriftstellern, Unternehmern, Filmemachern oder Forschern zusammen. Überall auf dem Campus hängen Plakate für Gastvorträge und Diskussionen. Die Elite des Landes gibt sich ein Stelldichein, prominente Gäste aus dem Ausland kommen hinzu. Studenten, die eine Idee für ein Unternehmen haben, können ihr Projekt zwanglos bei erfahrenen Managern erproben. Besonders die Masterstudenten machen davon regen Gebrauch. Viele haben nach dem Grundstudium vier oder fünf Jahre in der Praxis gearbeitet. Jetzt kehren sie mit einer klaren Vorstellung an die Universität zurück, was sie dort erreichen wollen: Gründungspartner finden und Kontakte zu möglichen Kunden und Investoren knüpfen. Ein Graduiertenstudent aus China sagt mir: »Das Wissen könnte ich überall auf der Welt erwerben. Deswegen bin ich nicht nach Stanford gekommen. Mir geht es um die Kombination der Leute hier. Sie ist einzigartig. Es gibt sie nirgendwo sonst auf der Welt.« Neben seinem Masterstudium betreibt er eine eigene Firma. 16 Angestellte arbeiten für ihn, acht in Palo Alto und acht in Schanghai. Die meisten Mitglieder des Teams hat er unter seinen Kommilitonen rekrutiert. »Die Vorlesungen besuche ich, aber sie kommen mir vor wie Erholung. Verglichen mit dem anstrengenden Programmieren in der Firma ist Zuhören im Hörsaal wirklich einfach.« Er lebt wie seine Mitarbeiter auf dem Campus. Hier gibt es Wohnungen, Supermärkte, Restaurants, Kinos und Basketballplätze: alles, was man braucht. Anfangs saß auch seine Firma auf dem Campus, inzwischen ist sie aus Platzgründen in ein Bürogebäude nach Mountain View gezogen.

Da die Sommerferien in Stanford zwei Monate lang sind und Studenten angehalten werden, in dieser Zeit Praktika zu machen oder zu arbeiten, finden die meisten Firmengründungen im Sommer statt. In den Frühlingsmonaten bricht ein regelrechter Wettlauf aus: Wer tut sich mit wem zusammen, um im Sommer an welchem Projekt zu arbeiten? Wer bekommt Wagniskapital für seine Gründung und wer nicht? Eine eigene Webseite, *The Dish Daily*, berichtet ausschließlich über die Gründungsaktivitäten auf dem Campus. Auch die große Unizeitung *The Stanford Daily* hält ihr Publikum auf dem Laufenden. Alle großen Wagnisfinanzierer sitzen praktischerweise mit ihren Büros auf einer einzigen Straße gleich neben dem Campus, der Sand Hill Road. Sie beobachten das Geschehen mit gespanntem Interesse. Studenten sprechen laufend bei ihnen vor. Es ist leicht, Termine zu bekommen. Die Partner und Geschäftsführer der Fonds sind ihrerseits ständig auf dem Campus. Studenten und Kapitalgeber leben in einer Symbiose. Es entstehen enge Partnerschaften und manchmal Freundschaften. Mehr ein kreativer Dialog als eine förmliche Bewerbung um Geld. Ihre Gesprächspartner auf Kapitalseite sind Experten auf dem Fachgebiet, um das es geht. Oft kennen sie die Technologie und den Markt besser als die Gründer. Ihr Rat wird geschätzt und gesucht. Fast nie kommt es zu Situationen, wie sie in Deutschland noch immer üblich sind: Dass Gründer wie Bittsteller vor Kreditbewilligungsgremien treten müssen, die ihrerseits nichts vom Thema verstehen, ihnen dafür aber mit umso mehr Misstrauen begegnen. So, als wolle man sie um ihr Geld betrügen. Die Sand Hill Road strahlt Aufmunterung aus, so wie Tina Seeligs und David Kelleys Seminare. Selbst wenn sich ein Venture Capital Fonds an einem Projekt nicht beteiligt, legt er Wert darauf, bei dem Studenten in guter Erinnerung zu bleiben. Vielleicht ist das nächste Projekt ja der große Wurf. Die Sand Hill Road verteilt Milliarden Dollar pro Jahr. Viel davon fließt an Studenten.

Geld bekommen auch nichtkommerzielle Projekte. Ben Rattray ist Gründer von Change.org, einer Online-Plattform für Petitionen. Politische und gesellschaftliche Anliegen werden in Form von Anträgen auf die Webseite gestellt und vom Publikum unterstützt oder ignoriert. Wer ein Anliegen unterstützt, kann seine

Mitarbeit anbieten und bekommt Aufgaben zugeteilt. Die Seite hat außergewöhnlichen Erfolg. Ihre wirkungsvollste Kampagne richtete sich gegen *Pink Slime*, Ekelfleisch, das Kindern in den Schulen armer Bezirke zum Mittagessen vorgesetzt wird. Die Tiere, von denen das Fleisch stammt, sind durch Massentierhaltung so krank, dass ihr Fleisch vor dem Verzehr mit Ammoniak gewaschen werden muss. Lebensmittelfarbe und Bindemittel halten die Masse dann zusammen. Den Initiatoren der Kampagne gelang es, so viel öffentliche Aufmerksamkeit zu schaffen, dass *Pink Slime* in den Schulen verboten wurde. Eine andere Kampagne machte auf systematische Vergewaltigungen lesbischer Frauen in Südafrika aufmerksam. »Corrective Rape heißt das da«, berichtet Rattray. »Gemeint sind Vergewaltigungen von Lesben, um sie heterosexuell zu machen. In Kapstadt gab es eine regelrechte Welle solcher Verbrechen. Es wurde zu einer Seuche, doch Polizei und Politik schauten weg, sei es aus Scham oder heimlicher Sympathie mit den Tätern. Auf Change.org fand die Frau innerhalb weniger Tage 150 000 Unterstützer und zwang die Politik zum Handeln.« Eine andere Kampagne erreichte, dass die Bank of America eine umstrittene Gebühr auf Kreditkarten abschaffte, wieder eine andere, dass in Florida Anklage gegen den Mann erhoben wurde, der den 17-jährigen Schwarzen Trayvon Martin erschossen hatte. Change.org wird heute von 65 Millionen Menschen in 196 Ländern besucht – ein Massenphänomen. Erfunden wurde es auf dem Campus von Stanford.

Warum hat er eine Non-Profit-Organisation gegründet statt einer kommerziellen Firma, frage ich Rattray. Er stammt aus dem Mittelstand Südkaliforniens, hat vier Geschwister und wollte eigentlich einen klassischen Karriereweg einschlagen: »Nach Stanford bin ich gekommen, um Banker zu werden«, erzählt er. »Ich hatte ein klares Bild von mir vor Augen: Nadelstreifen, schicker Schnitt, teure Schuhe, Wall Street, großes Auto, hohes Gehalt, Top-Bonus.« Eines Tages fuhr er nach Hause, und sein jüngerer Bruder Nick überraschte die Familie mit seinem Comingout. »Nick erzählte, wie sehr er zu leiden hatte. Wie schwer es selbst in Kalifornien war, als Schwuler akzeptiert zu werden. Welche Schwierigkeiten er hatte, für seine Rechte zu kämpfen. In diesem Moment hängte ich meine Banker-Pläne an den Nagel. Ich merkte in diesem Moment, dass es nicht reicht, immer nur an sich zu denken. Es gibt auch noch die anderen, und für die wird zu wenig getan.« Rattray zog mit zwei Stanford-Freunden in eine Wohnung in San Francisco und programmierte Change.org. »Mir wurde klar, was wir sein mussten: ein YouTube für Petitionen. Als wir das verstanden hatten, brach der Ansturm auf die Seite los. Wir hatten einen Nerv getroffen.« Den Impuls, das Problem mit einem Startup anzugehen, hatte Rattay von seinen Professoren bekommen. Er finanzierte die ersten Jahre aus Spenden und bekam dann 15 Millionen aus dem Fonds des eBay-Gründers Pierre Omidyar. Auf Dauer soll Change.org Umsatz machen und profitabel werden. Ob das gelingt, ist unsicher. Omidyar betrachtet seine Investition eher als Mäzenatentum denn als Kommerz.

In Gründungszentren finden Studenten Hilfe beim Verwirklichen ihrer Ideen. Eines dieser Zentren ist StartX. Gegründet von Ehemaligen aus Stanford, bietet es Gründern in den ersten Monaten die Möglichkeit, unterzuschlüpfen. Sie finden Schreibtische, Internet-Zugang, Gleichgesinnte, eine Kantine und vor allem Mentoren. Die Gründer tragen ihren Mentoren den Projektstand laufend vor und bekommen ehrliche Rückmeldung. Jedes Pixel wird diskutiert. Regelmäßig finden Demo Days statt, zu denen Investoren ins Haus kommen und sich alle Produkte ansehen. Was sie interessiert, bekommt Geld. Den besten Gruppen ist eine Startfinanzierung so gut wie sicher. Die Graduate School of Business hat auf den Erfolg von StartX reagiert und eine eigene kleine Einheit eingerichtet, die Studenten in den Anfangsmonaten ihrer Unternehmensgründung Arbeitsraum und Unterstützung bietet. Zuständig ist Professor J. D. Schramm. Er unterrichtet Wirtschaftskommunikation – die Kunst, seine Ideen auf der Bühne, mit Werbung und in Presseinformationen wirkungsvoll zu verkaufen. Schramm begrüßt mich auf der Plaza der Graduate School und führt mich in die erste Etage des Hauptgebäudes. Wieder bietet sich das gleiche Bild wie überall im Silicon Valley: Der Raum ist eng besetzt mit Dutzenden von Studenten. Jede Firma belegt einen Tisch. Programmierer tragen Kopfhörer und haben die Geräuschunterdrückung eingeschaltet. »Es ist nicht einzusehen, warum Studenten den Campus verlassen sollen, um in ihrer Firma zu arbeiten. Das ist Denken von vorgestern«, meint Schramm. »Wir geben ihnen Räume der Universität. Hier finden sie alles, was sie brauchen. Ihrer akademischen Leistung schadet das nicht. Eher im Gegenteil. Normalerweise vermitteln Business Schools ihren Stoff anhand formalisierter Fälle aus der Praxis. Studenten werden angehalten, lange Papiere zu lesen und Managementaufgaben zu lösen, die reale Firmen irgendwann in der Vergangenheit einmal zu bewältigen hatten. Das ist vergleichsweise abstrakt. Es gibt richtige und falsche Antworten. So funktioniert das echte Leben aber nicht. Die Wahrheit spielt sich in Grauzonen ab. Nichts ist sicher, alles ist unsicher. An diese Wirklichkeit möchten wir die Studierenden im Inkubator heranführen.« Studenten sollen lernen, reale Entscheidungen zu treffen und mit der Ambivalenz unsicherer Sachlagen umzugehen. Um gute Unternehmer, aber auch, um bessere Akademiker zu werden. Man kann das Vermischung von Akademie und IHK-Kurs nennen. Oder moderne Hochschule.

So sehr sich Stanford auch bemüht, Klassenunterschiede zu überwinden, so sehr trägt es doch dazu bei, soziale Gegensätze zu verschärfen. Wer nicht zur Bildungselite gehört, kann nicht mithalten. Darum geht es im nächsten Kapitel.

Exklusiver Boom:
Die Wertschöpfung im reichsten Tal der Welt erreicht nur die Gebildeten

Milliardäre und Hungerlöhner arbeiten auf engstem Raum. Das Silicon Valley ist zu einem Tal der sozialen Gegensätze geworden.

Jeden Morgen fällt eine Invasion über das Silicon Valley her. Tausende von Angestellten der Hightech-Konzerne reisen aus San Francisco an. Sie möchten in einer Großstadt leben, nicht in den Kleinstädten des Tals. Doch die morgendliche Fahrt zu den Firmensitzen bereitet ihnen Kopfzerbrechen: Der antiquierte, dieselbetriebene Vorortzug CalTrain ist langsam. Und auf den beiden überfüllten Autobahnen 101 und 280 braucht man für die 50 Kilometer im Stoßverkehr manchmal zwei Stunden. Als Alternative haben die Konzerne, angeführt von Google, private Buslinien eingerichtet. Luftgefederte Reisebusse mit dunkel verspiegelten Glasscheiben und Bord-WLAN holen die abgewanderten Belegschaften ab. Haltestellen oder Schilder existieren nicht; die Routen sind nicht markiert. Man muss Insider sein, um die Stopps zu kennen. Diese Busse haben Streit und Missgunst ausgelöst. Sie sind zum Symbol der wachsenden sozialen Unterschiede geworden und treiben Mieten wie Kaufpreise in Nähe der unsichtbaren Haltestellen hoch. Tech-Pendler, meist weiße und asiatische Männer Mitte 20 bis Mitte 30, mit sechsstelligen Jahresgehältern verdrängen Einwohner in San Francisco aus ihren Quartiers. Sie entern ihre Busse vor den Augen der Bettler und Obdachlosen, die seit den Sozialreformen unter Ronald Reagan, damals noch Gouverneur von Kalifornien, zu Hunderten auf den Straßen der Stadt leben. Die Techies werden von Fahrern mit Stundenlöhnen zwischen 17 und 30 Dollar kutschiert, während sie auf ihren Laptops E-Mails abarbeiten, Programme schreiben und damit eine Wertschöpfung produzieren, von denen die Fahrer mangels Bildung für immer ausgeschlossen bleiben. Als ich die Busse zum ersten Mal sehe, fallen mir die kryptischen Zieltafeln in den Windschutzscheiben auf: »GBUS TO MTV« – die Abkürzung für »Google Bus to Mountain View«. Wie ein Geheimcode liest sich das, zu entschlüsseln nur für die eingeweihte Elite.

Die Schriftstellerin Rebecca Solnit aus San Francisco schrieb in einem wütenden Essay für die *London Review of Books*, dass sie die Busse manchmal an Raumschiffe erinnern, »in denen unsere außerirdischen Herrscher gekommen sind, um über uns zu bestimmen«. An anderen Tagen denkt sie an »die Busse von Kohlenminen, die ihre Arbeiter an den Schächten abladen«. Solnits Bruder kamen die Passagiere eher »wie deutsche Touristen vor: adrett, uncool, ein wenig deplatziert und in der Sonne blinzelnd beim Aussteigen aus ihrem Gefährt«.

Dass Gesellschaften auseinanderfallen, erkennt man zuerst an der Privatisierung ihrer Infrastruktur. In Kapstadt und Johannesburg ist Sicherheit privat, weil die Polizei sie nicht gewährleisten kann; zu erkennen an den Warnschildern der Patrouillendienste an jedem Gartentor. Im Silicon Valley geht Nahverkehr in die Hand von Konzernen über, weil Einwohner und Gewerbe der öffentlichen Hand nicht genug Geld geben, um diese Aufgaben zu erfüllen. Die kalifornische Gesellschaft ist heute nicht weniger gespalten als die südafrikanische. Bequemlichkeit für die Angestellten wird von den Internet-Firmen als wichtigster Grund für die kostenlosen Busse genannt. Dass die Leute anders als im Auto auf Hin- und Rückfahrt drei Stunden länger arbeiten können, kommt als weiterer Grund hinzu. Die Busse dürfen die Diamond Lane für Fahrgemeinschaften benutzen – täglich ein bis zwei Stunden weniger Stau als im Privatwagen. Das Silicon Valley organisiert die Leben seiner Mitarbeiter noch fürsorglicher als Krupp auf dem Höhepunkt der Industrialisierung. Jeder Aspekt der privaten Lebensorganisationen wird den Fachkräften abgenommen, alles ist gratis: Essen, Fahrt zur Arbeit, Reinigung, Räume für ein Mittagsschläfchen, Schwimmbad, Fitnessclub, Sportverein oder Umzug. Um jede erdenkliche private Organisationsaufgabe kümmern sich die firmeneigenen Concierges: Versicherungen besorgen, Behördengänge erledigen, Kreditkarten beantragen, Einkaufen gehen – im Kampf um Talente sind solche Leistungen Standard geworden. Nichts soll von der Arbeit ablenken. Die Mitarbeiter werden planmäßig zur maximalen Entfaltung gebracht, man könnte auch sagen: gefährlich nah an den Rand des Burn-outs. Nichts soll sie von der höchstmöglichen Produktivität abhalten. »Valley of heart's delight« – Tal der Herzensfreude – nannte sich die Region früher einmal, als sie noch eine Obstplantage war. Ein Werbespot aus den 50er-Jahren zeigt Farmer zwischen Aprikosenbäumen. »Wo Obst wuchs, steht Apple«, schreibt Rebecca Solnit heute. »Die Arbeitszeiten sind noch immer extrem, doch jetzt sind die Gehälter kolossal. Ich höre Tech-Arbeiter klagen, dass sie nicht mehr genug Zeit haben, ihr vieles Geld auszugeben.«

Der *San Francisco Chronicle* hat Volumen und Auswirkungen des Busverkehrs berechnet. In einem einzigen Block auf der 30. Straße zwischen Dolores Street und San José Avenue rollen morgens zwischen 8 Uhr und 8.20 Uhr genau 17 Busse an, fast einer pro Minute. Ein dichteres Busnetz als selbst in deutschen Großstädten. Vier Hauptrouten wies der *Chronicle* nach und schätzte die Passagierzahl auf täglich 7500, mehr als bei den staatlich subventionierten Fähren auf der Bucht. Die Kaufkraft der Pendler reicht zwar nicht für Palo Alto, bringt in San Francisco aber soziale Gefüge durcheinander. Parkplätze werden für 100 000 Dollar gehandelt. Ein Reporter des *Chronicle* berichtet, dass ein kleines, 97 Jahre altes Haus in seiner Nachbarschaft für 2,1 Millionen Dollar verkauft wurde – eine halbe Million über dem Angebotspreis. Es gab 15 Angebote, zehn davon in bar. Um den überhitzten Immobilienmarkt abzukühlen, werden gerade 48 000 neue Wohnungen in der Stadt gebaut. Es sind so viele Kräne zu sehen wie in Berlin nach dem Mauerfall. San Francisco, heute die zweitdichteste Stadt der USA nach New York, wird weiter verdichtet.

Die Mietpreise sind 2013 je nach Lage zwischen 10 und 135 Prozent gestiegen. Schriftstellerin Rebecca Solnit hatte ihr Apartment 2011 an einen Google-Programmierer verkauft. Sie schreibt:

»Ich hoffte, ich könnte schnell etwas Neues mieten und mir später kaufen wegen meines guten Rufs in der Stadt und meiner respektablen Finanzen. Doch die Hoffnung trog.« Unsere Häusersuche für Springer in Palo Alto zeigte, dass keine Chance hat, wer dem Vermieter bei der Besichtigung nicht sechs Monatsmieten als Barscheck mitbringt und die Miete gleich freiwillig um zehn Prozent höher ansetzt als das Angebot. Vermieter nutzen juristische Finten, um Altmietern zu kündigen. Solnit: »Einem Latino, wichtiger Vertreter der Kulturszene von San Francisco, wurde der Mietvertrag nach 40 Jahren gekündigt, während seine Frau eine Chemotherapie durchmachte. Einem der bekanntesten Dichter der Stadt, seit 35 Jahren in seiner Wohnung, geschah Gleiches, ebenso seinem Nachbarn, einem anerkannten Dokumentarfilmer. Ihr Apartmenthaus soll kernsaniert und als Eigentumswohnungen verkauft werden.« Zwei von Solnits Lieblingsbuchläden wurde gekündigt, um Platz für Restaurants zu schaffen, obwohl in der Nachbarschaft kürzlich erst 16 neue Restaurants aufgemacht hatten. Empört berichtet sie: »Wie so viele Städte, die in der post-industriellen Ära boomen, verdrängt nun auch San Francisco seine Schriftsteller, Künstler, Aktivisten, Umweltschützer, Exzentriker und alle anderen, die nicht 60 Stunden pro Woche für Konzerne arbeiten. Boomtowns verdrängen auch Menschen, die wichtige Dienstleistungen für wenig Gehalt erledigen: Lehrer, Feuerwehrleute, Automechaniker, Schreiner. Mit ihnen gehen all die Leute, die Zeit haben, sich für die Stadt zu engagieren.« Die neuen Einwohner, die zuziehen, entwickeln eine andere Form von Bürgersinn. Sie kümmern sich weniger um Literatur, Kleinkunst und die Szene ihres Viertels. Schließlich sind sie kaum zu Hause. Dadurch verändert sich das soziale Klima der Stadt.

Booms funktionieren wie Plagen: Sie saugen ihren Wirt aus und ziehen weiter. Kalifornien hat das schon beim Goldrausch erlebt. Die Metropolen von einst sind heute Geisterstädte. Einer dieser Flecken machte kürzlich Schlagzeilen, weil es keinen Tropfen Wasser mehr in der Stadt gibt und sie zu arm ist, es zu importieren. Rebecca Solnit zieht daraus eine bittere Schlussfolgerung:

»Armut ist grausam und zerstörerisch, Reichtum aber auch, zumindest die Booms. Die USA kommen mir vor wie ein Flickenteppich aus Tiefdruckgebieten mit massenhaft Zeit und Raum, aber keinem Geld, und Boomtowns mit viel Geld, frenetischem Tempo und chronischer Wohnungsnot. Keines der beiden ist sehr lebenswert.«

Als ich einem Stanford-Professor erzähle, dass wir in Professorville leben, dem uni-nahen Stadtteil von Palo Alto, antwortet er verblüfft: »Oh, Professorville! Sie Glücklicher! Die Zeiten sind lange vorbei, als Professoren sich leisten konnten, dort zu wohnen. Schade! Leland Stanford hatte Professorville eigens für Professoren gebaut. Heute reicht das Gehalt nicht mehr, um die verrückten Preise zu bezahlen.« Palo Alto ist wie das ganze Silicon Valley Opfer einer Mietpreisexplosion geworden. 8000 Dollar Miete im Monat kostet unser kleines privates Holzhaus an der Lincoln Avenue. 200 Quadratmeter Wohnfläche, 500 Quadratmeter Garten. Hinzu kommen 1000 Dollar für Strom, Gas und Wasser. Für ein halbes Jahr geht das zur Not, danach würden auch wir uns nach etwas Billigerem umsehen. Erst dachten wir, es ließe sich leicht etwas anderes finden. Doch dann fanden wir heraus, dass wir ein Schnäppchen gemacht hatten. Freunde aus Palo Alto konnten gar nicht glauben, dass wir ein so preiswertes Haus gefunden haben. In Professorville gibt es normalerweise nichts unter 15000 Dollar im Monat. Wer ein Haus kauft, kommt nicht billiger davon. Immobilienpreise sind in den USA öffentlich. Per App kann man sie leicht in Erfahrung bringen: Die Villa unseres Nachbarn wurde für sieben Millionen gekauft und für drei Millionen renoviert. Sie ist schön und geräumig, aber keine Hollywood-Residenz. Der Durchschnitt an der Lincoln Avenue liegt bei drei Millionen Dollar. Für die Mittelklasse ist das unerschwinglich.

Wenn der Professor Glück hat, kann er eines der subventionierten Häuser auf dem Campus ergattern, muss dafür aber direkt neben den Wohnheimen seiner Studenten wohnen. Bleiben die hohen Lebenshaltungskosten. 2000 bis 3000 Dollar für Lebensmittel im Monat gelten in Palo Alto als normal. Wir halten das zunächst für übertrieben, sehen dann aber die Preise bei Wholefoods, dem beliebtesten Bio-Supermarkt der Stadt. Die Qualität ist ausgezeichnet, die Kosten aber sind exorbitant. Nur ein Fünftel der Bevölkerung des Silicon Valley verdient unter 35 000 Dollar im Jahr. Durchschnittlich sind es in den USA doppelt so viele. Dafür liegt fast die Hälfte der Haushalte über 100 000 Dollar, im Rest der USA sind es 20 Prozent. Der Wohlstand trifft jedoch nur die gut Gebildeten. Auf sechsstellige Jahresgehälter bringen es lediglich die Universitäts-Absolventen. Wer auf dem College war, verdient weniger als die Hälfte, Schulabgänger ohne höhere Ausbildung müssen sich mit einem Drittel des Einkommens begnügen. Wertschöpfung und Einkommen wirken auf dem Papier so hoch und die Quoten der Sozialhilfeempfänger so niedrig, weil die Region ihre Bevölkerung im Laufe der Zeit einfach ausgetauscht hat. Mit den Obstplantagen ist auch der Mittelstand verschwunden.

Der mittlere Preis für Häuser im Silicon Valley quer über alle guten und schlechten Lagen liegt laut offizieller Statistik bei 550 000 Dollar, die mittleren Monatsmieten bei 2000 Dollar. Eine vierköpfige Familie, sagt das Insight Center for Community Economic Development, braucht 90 000 Dollar Jahreseinkommen, um Grundbedürfnisse wie Miete, Lebensmittel, Bildung und Transport zu decken. Das tatsächliche Durchschnittseinkommen der Region liegt jedoch nur bei 70 000 Dollar. Wer keine Aktienoptionen seines Start-ups an der Börse einlösen kann, zehrt von Ersparnissen, zieht in eine Wohngemeinschaft oder in ein winziges Studio in San Francisco. Familien bringt man so nicht durch. Ihnen bleibt nur die Flucht ins heiße, sonnenverbrannte Hinterland auf der anderen Seite der Bucht mit anderthalb Stunden Anfahrt in jede Richtung. Oder die drangvolle Enge schäbiger Zweizimmer-Apartments mit Pappwänden in den Ausläufern des Silicon Valley. Dort sind die Schulen schlechter, weil die Schulbezirke weniger Geld haben. Der Aufstieg fällt den Kindern dann ebenso schwer wie den Eltern. Soziale Ausgrenzung ist kein abstraktes Phänomen, das man nur aus der Zeitung kennt. Sie findet im eigenen Haushalt statt. Unser Kindermädchen, Tochter mexikanischer Einwanderer, lebt mit ihren Eltern und vier Schwestern in drei Zimmern. Unser Gärtner fährt jeden Tag 60 Kilometer nach Palo Alto herein. Die Assistentin im Springer-Haus kommt aus Livermore und sitzt jeden Tag drei Stunden im Auto. Ihre Kollegin ist Anfang 20 und wohnt bei ihren Eltern in Menlo Park. Dabei bezahlen wir gut. Trotzdem kann sich niemand ein Leben in der Stadt leisten, in der er arbeitet.

Der Mangel an Bildung und besonderen Fertigkeiten führt im Silicon Valley schnell ins soziales Aus. Wer nichts gelernt hat, was die Zukunftsbranchen Computer, Biologie, Energie oder Transport gebrauchen können, verliert den Anschluss. Die sozialen Unterschiede des Silicon Valley waren schon in den 80er-Jahren ein Problem, als ich als Schüler hier lebte. Inzwischen haben sie beängstigende Formen angenommen. Die höchste Dichte an Milliardären und Millionären weltweit bedeutet auch: Wer nicht reich ist, wird an den Rand gedrängt. Es ist schwer, sich in einer Gegend zu behaupten, wo die Nachbarn Mark Zuckerberg, Steve Jobs und Larry Page heißen. Das Silicon Valley besteht eben nicht nur aus Gründern und Geldgebern, sondern hauptsächlich aus Angestellten, die in den Unternehmen oder privat für die besonders Wohlhabenden arbeiten. Diese Leute beziehen ganz normale Gehälter und sind keineswegs reich. Auch ist die Mehrheit der Stanford-Professoren nicht an Unternehmen beteiligt, sondern lebt von regulärem Einkommen.

Wealth-X ist eine Organisation, die Entstehung von Reichtum beobachtet und analysiert. Ihr Chef David Friedman berichtet: »Das Silicon Valley ist ein außergewöhnliches Ökosystem von menschlichem Talent, Wagniskapital, Risiko und Bildungsinfrastruktur. Zusammengenommen erzeugen diese Faktoren einen Cocktail von Wohlstand. Abgeschnitten sind aber viele, die zwar Talent und oft sogar Bildung, aber weniger Glück hatten.« Vor der Rezession von 2008 hatten zehn Prozent der Gäste von Suppenküchen einen höheren Bildungsabschluss. Heute sind es 25

Prozent. Friedman: »Sie haben eigentlich alles richtig gemacht, kommen aber trotzdem nicht mehr gegen die Preise an, die sich zunehmend nach den Superreichen richten.« Zwar spenden Reiche viel Geld, oft aber in soziale Brennpunkte weitab des Silicon Valley. Facebook-Gründer Mark Zuckerberg zum Beispiel spendete 2010 rund 100 Millionen Dollar für Schulen von New Jersey, größere Summen an die Silicon Valley Community Foundation aber flossen nicht. Die Google Foundation gab 2011 etwa 11 Millionen Dollar für Umwelt- und Gesundheitsprojekte auf der ganzen Welt aus, griff aber dem Silicon Valley kaum unter die Arme. Noch bietet eine Schattenstadt gleich neben Palo Alto Zuflucht, doch auch sie erlebt schnelle Gentrifizierung. East Palo Alto ist das krasseste Beispiel sozialer Unterschiede im Silicon Valley. Beide Städtchen tragen den gleichen Namen, haben ansonsten aber nichts gemein. Getrennt vom Highway 101 und der Ikea-Filiale, bietet East Palo Alto einen trostlosen Anblick. Straßenbäume gibt es kaum, weil das Wasser zu teuer wäre. An den Straßen stehen Schuppen statt Villen. Davor parken verrostete Oldtimer statt Teslas. Selbst die Postfiliale erregt Mitleid: ein gesichtsloser Betonklotz statt des Jugendstil-Post Office im reichen Palo Alto drei Kilometer weiter. Hier im Osten lebten die Dienstleister und Aussortierten. Es gab Jugendgangs und Schießereien. *Off limits* für die reichen Kinder aus dem Westen. Seit Kurzem haben Projektentwickler ein Auge auf East Palo Alto geworfen. Sie sehen eine Wachstumsreserve für den überhitzten Immobilienmarkt gleich nebenan. Erst kürzlich wurde der letzte Trailer Park geräumt. Leben im Wohnwagen ist passé. In spätestens zehn Jahren wird East Palo Alto wohl ähnlich durchsaniert sein wie die reiche Schwester. Erst verschwinden die Einwohner aus dem Blick, dann aus dem Sinn: auf die andere Seite der Bucht in das anstrengende Leben von Langstreckenpendlern.

Die normal Begabten sind aus- und die Hochbegabten eingezogen. Selbst für die wird es schwer. Ein Ingenieur im IBM-Forschungszentrum von San José, Experte für Künstliche Intelligenz und Leiter eines großen Forschungsteams, sagt mir: »Die Lebenshaltungskosten können wir uns kaum noch leisten. Manche Kollegen suchen sich einen zweiten oder dritten Job, um sich über Wasser zu halten. Man kommt kaum darum herum, wenn man im Silicon Valley bleiben und nicht jeden Morgen zwei Stunden zur Arbeit pendeln möchte.« Jeder hofft auf seine Aktienoptionen. Normalerweise können sie nach vier Jahren Betriebszugehörigkeit zum ersten Mal eingelöst werden. Bis dahin schlägt man sich irgendwie durch. Dass die Optionen nichts wert sein könnten, wird verdrängt. Der frenetische Fleiß des Silicon Valley ist auch zu erklären durch wirtschaftlichen Druck: Für viele heißt Scheitern der Firma, aus dem Tal fortziehen zu müssen. Ein guter Grund, auch den nächsten Sprint und Growth Hack mitzumachen.

Der soziale Druck erreicht inzwischen das öffentliche Bewusstsein. Die Nachrichtenagentur Associated Press sendete Anfang 2013 eine Reportage, die von vielen Zeitungen und Webseiten im Lande aufgegriffen wurde.»Milliardäre werden reicher und reicher, während immer mehr Einwohner des Silicon Valley in Armut versinken«, hieß die Überschrift. Wendy Carle war Kronzeugin des AP-Reporters. Eine Frau mittleren Alters, die als Hausmeisterin gearbeitet hatte, ihren Job aber wegen Rücken- und Gelenkschmerzen verlor, von 826 Dollar Sozialhilfe im Monat lebt und sich keine Wohnung mehr leisten kann. Obdachlos geworden, zeltete sie mit ihrem Hund in einem Park von San José, die Hochhäuser der Firmenzentralen im Blick. Der Reporter wird Zeuge, wie die Polizei sie zwingt, das Zelt abzubauen.»Ich weiß nicht, wohin ich gehen soll. Ich habe nichts mehr«, sagt sie. Sie ist nicht allein. An diesem Tag räumt die Polizei eine Zeltstadt von mehr als elf Hektar Größe.

Wohin die Leute gehen sollen, sagt niemand.»Das ist lächerlich«, schimpft die obdachlose Kristina Erbenich, 38, als sie schwer beladen auf ihr Fahrrad steigt. Früher hat sie als Köchin gearbeitet, dann ihre Arbeit und ihr Haus verloren. Um nicht auf die Straße ziehen zu müssen, gab sie 14 000 Dollar in Hotels aus, bis ihre Ersparnisse aufgebraucht waren.»Wenn hier alle so reich sind, warum hilft uns dann niemand?« Die Zahl der Empfänger von Lebensmittelmarken hat ein neues Zehn-Jahres-Hoch erreicht, die Zahl der Wohnungslosen ist in zwei Jahren um 20 Prozent angestiegen, und das Durchschnittseinkommen der spanischsprachigen Bevölkerung, ein Viertel der Bürger des Silicon Valley, ist mit 19 000 Dollar im Jahr auf ein neues Tief gefallen. Das Netto-Einkommen würde nicht reichen, um einen Monat in Professorville zu überleben. Cindy Chavez von der Bürgerinitiative Working Partnerships USA sagt: »Inmitten des neuen wirtschaftlichen Aufschwungs, der steigenden Unternehmensgewinne und der Rekordbörsenzahlen geschieht etwas Seltsames im Silicon Valley. Obwohl dies der Ursprung und das Epizentrum des neuen Wohlstands ist, werden die meisten Leute ärmer.«

Die Leute halten es aus – aus Mangel an Alternativen und weil sie auf den Durchbruch hoffen. Mike McCue ist ein Musterbeispiel sozialen Aufstiegs. Der Gründer und Chef von Flipboard hat innerhalb von drei Jahren eine Firma aufgebaut, die 800 Millionen Dollar Wert ist, 80 Mitarbeiter beschäftigt und 60 Millionen Nutzer hat. Früher hatte er von Lebensmittelmarken gelebt. Ich besuche McCue in der ehemaligen Fabrik in Palo Alto, die er zum Firmensitz umgebaut hat. Ein hoher, offener Raum mit viel Tageslicht. Wenige Tage zuvor hatte McCue Schlagzeilen gemacht, weil Barack Obama sein Spenden-Abendessen zugunsten der demokratischen Partei – 2500 Dollar pro Platz – in seinem Haus besuchte. Zur Einfahrt der Wagenkolonne des Präsidenten war die ganze Stadt auf den Beinen gewesen. McCue wirbt für Obamas Sozialhilfeprogramme, weil sie am Widerstand der Republikaner im Kongress zu scheitern drohen. »Obama host rose from rags to riches« – »Der Aufstieg von Obamas Gastgeber aus Lumpen zum Reichtum« – schrieb der *San Francisco Chronicle* auf Seite eins. Als ältestes von sechs Kindern sah McCue mit an, wie sein Vater, Inhaber einer kleinen Werbeagentur, an Krebs erkrankte. Seine Eltern hatten keine Versicherung. »Die Krankheit meines Vaters riss die ganze Familie in die finanzielle Katastrophe«, erzählt er. »Aberwitzige Rechnungen von 50 000 Dollar flatterten ins Haus.

Meine Mutter wusste, dass wir sie niemals bezahlen konnten. Sie verkaufte die Agentur und nahm einen Job beim Klempnergroßhandel an.« Die Familie verlor ihr Haus und zog in eine kleine Mietwohnung. »Wir gingen nicht mehr ans Telefon, weil es nur Gläubiger waren, die anriefen. Als ich in die zehnte Klasse kam, brauchten wir Lebensmittelmarken. Es war mir sehr peinlich. Das Geld reichte nicht mehr. Von da an gab es nur noch billige Hamburger und Fischstäbchen.« Als der Vater starb, sagte Mike McCue bei der Air Force Academy ab, obwohl er für das Astronautenprogramm angenommen war. Er blieb zu Hause und half der Familie. »Jeden Tag danke ich für das Leben, das ich heute habe. Ich hätte keine Firma mit 80 Arbeitsplätzen und Aussicht auf Hunderte mehr geschaffen, wenn es die Lebensmittelmarken nicht gegeben hätte.« Statt Astronaut wurde er Programmierer, arbeitete für IBM und Netscape, gründete mithilfe von Ron Conway die Firma Tellme Networks und verkaufte an Microsoft. Einen Teil des Gewinns steckte er in Flipboard. »Die Sozialhilfe muss vielleicht reformiert werden, aber sie abzuschaffen, wäre ein Fehler.« Mike McCue ist der ideale Zeuge für Obama: früher hilfsbedürftig, dann erfolgreich aus eigener Kraft. Das Gegenbeispiel zum republikanischen Klischee vom Sozialschmarotzer.

Was Rebecca Solnit über die Gentrifizierung San Franciscos schreibt, kann so auch irgendwann für Deutschland gelten. Es ist vielleicht nur noch eine Frage der Zeit, bis die Deutsche Telekom von Facebook, die Deutsche Post von Amazon und Volkswagen von Google übernommen wird. Finanziell wäre das schon heute möglich. Dass es noch nicht stattgefunden hat, ist eher Anlass zur Sorge als zur Beruhigung. Es bedeutet nur, dass die Kalifornier noch mit Bordmitteln versuchen, die deutschen Konzerne aus den Angeln zu heben. Je klüger sich die Deutschen dagegen wehren, desto eher werden sie zu Übernahmekandidaten. Dann fahren vielleicht auch irgendwann in Bonn und Wolfsburg schwarze Busse mit Techies vor, die verstanden haben, dass Telefone, Pakete und Autos bedeutungslose Vehikel sind und es nur noch auf die Daten ankommt, die sie produzieren.

Als Internet und World Wide Web erfunden wurden, träumten Technologen davon, es würde sich wie ein dichtmaschiges Netz über die Erde legen und überall gleich verteilt sein. Ein virtuelles Reich ohne Mitte und ohne Herrscher. Das Gegenteil hat sich als wahr erwiesen: Das Internet ist radikal hierarchisch und voller Lücken. 99 Prozent der Erdoberfläche sind vom Internet abgeschnitten, zumindest von seiner schnellen Variante und damit von seinen kommerziell wertvollen Anwendungen. Die meisten Ballungsräume, die schnelles Netz haben, entwickeln sich zu Konsumregionen, aus denen Vermögenswerte abfließen, weil das Netz sie in andere Weltregionen überträgt. Beispielsweise bleibt von den Milliarden Werbeumsätzen, die Google in Deutschland macht, nur wenig im Land. Arbeitsplätze schafft Google in der Bundesrepublik kaum, die Finanzgewinne werden abgeführt und Steuern im Inland kaum gezahlt. Es gibt keine Garantie, dass einer dieser Wertschöpfungs-Brennpunkte künftig in Europa liegen wird. Derzeit sieht es nicht danach aus.

Gründern und Investoren hat das Silicon Valley seinen Aufstieg zu verdanken. Was treibt sie an? Davon handeln die nächsten Kapitel. Wir beginnen mit einem Blick auf die Gründer.

DIE KULTUR

Technik-Kult:
Probleme, gebt uns Probleme

Techniker, nicht Kaufleute haben im Silicon Valley das Sagen. Gemacht wird, was schwierig ist. Je größer die Herausforderung, desto besser. Was aussichtslos erscheint, bringt oft den größten Gewinn. Reichtümer entstehen eher durch Zufall.

Tom Katis sitzt in seinem Büro in San Francisco, einem Backsteinbau an der quirligen Market Street. Die Twitter-Zentrale liegt gleich um die Ecke. Hohe Decken, große Fenster, viele gläserne Wände. Helle, freundliche Atmosphäre. Die Schreibtische stehen dicht an dicht. Programmierer tragen Kopfhörer und tippen in ihre Tastaturen, Gruppen von Mitarbeitern tagen vor mannshohen Tafeln mit komplizierten Formeln. Auf dem Konferenztisch aus blank poliertem Zedernholz wartet Cola Light in Dosen. Katis wippt in einem schwarzen Ledersessel. Er ist baumlang, muskulös, Mitte 40, trägt Dreitagebart, kurz geschorene Haare und ein rosa Hemd. Katis ist Gründer von Voxer, einer Kommunikations-Software für Smartphones. An seinem Beispiel lässt sich gut studieren, worum es Gründern im Silicon Valley geht und warum sie so erfolgreich sind: Sie wollen echte Probleme in der realen Welt lösen. Je komplizierter, desto besser. Katis suchte sich eine besonders knifflige Aufgabe aus und bewältigte sie bravourös. Aber sie fand unter denkbar tragischen Umständen statt.

Seine Geschichte beginnt am 11. September 2001. Er erzählt sie gefasst, sachlich, aber erkennbar noch immer getroffen. Es ist der Tag des Anschlags auf das World Trade Center. Katis verlor dabei eine Freundin. Ihr Tod machte ihn fassungslos, wütend. »Ich musste sie irgendwie sühnen«, erzählt er. »Ich konnte nicht einfach so weitermachen wie bisher. Ich wollte helfen, ihre Mörder zu finden.« Er kündigte seinen zivilen Job, meldete sich freiwillig zum Militär und kam zu einer Spezialeinheit nach Afghanistan. Katis zeigt mir Fotos auf dem Beamer: Er steht lächelnd vor seinem Spähpanzer, umringt von Soldaten in verstaubten Uniformen. Eines Tages geriet sein Trupp in einen Hinterhalt, eine Bombenfalle. Die Bombe warf den Panzer aufs Dach und setzte ihn in Brand. Katis zeigt die Fotos des Wracks: unglaublich, dass überhaupt jemand überlebte, denke ich. Die Angreifer, versteckt in einem Graben, eröffneten sofort das Feuer. Katis, selbst verletzt, befreite sich aus dem Panzer, suchte Deckung, holte sein Funkgerät und meldete den Angriff im Lagezentrum. Dann versuchte er, seinen Kommandeur zu erreichen, Luftunterstützung bei der Air Force anzufordern und Sanitäter zu rufen. Gleichzeitig musste er den Funkverkehr seiner Leute mithören. »Plötzlich spürte ich am eigenen Leib: Du kannst eine große Armee nicht auf einer einzigen Frequenz verwalten. Es ist vollkommen unmöglich, eine Riesentruppe mithilfe von einfachen Funkgeräten zu steuern.«

Für jeden Kontakt musste er auf eine andere Frequenz umschalten. Sprach er mit der Luftwaffe, verpasste er den Funk seiner Leute. Hörte er seinen Leuten zu, kam die Nachricht des Stabs nicht durch. Sein Überleben hing davon ab, dass er geschickt zwischen den Kanälen hin und her wechselte. »Ein einziger Fehler hätte unseren Tod bedeutet. Die Geräte behinderten uns bei der Arbeit statt uns zu helfen. Wenn man ständig die Frequenz wechseln muss, verliert man den Überblick. Ich merkte, dass mit unserem Funksystem irgendetwas nicht stimmte.« Der Fehler lag im System. Katis hatte ein fundamentales Problem entdeckt. Er hätte eine Mischung aus Telefon und Walkie-Talkie gebraucht, doch das gab es nicht. Mit einem Telefon konnte er nur mit einer Partei reden, war in diesem Moment aber von allen anderen ausgeschlossen, mit einem Walkie-Talkie hörten alle mit und niemand konnte sich mehr auf ein Gespräch konzentrieren. Katis gelang es mit einiger Mühe, die Situation zu meistern und seine Gruppe zu retten. Unterstützung traf ein, die Angreifer wurden in die Flucht geschlagen. Doch das eigentliche Problem war damit nicht gelöst. Zurück im Lager, fasste Katis einen weitreichenden Entschluss: »Wenn die US Army ein solches Gerät, wie ich es brauchte, nicht besaß, dann besaß es niemand. Also beschloss ich, ich baue so etwas selbst. Etwas völlig Neuartiges. Eine Mischung aus Telefon und Funkgerät. Ich löse das Problem.« Seine Entschlossenheit von damals merkt man ihm noch heute an. Er erkannte, dass es einen Markt für das neue Gerät geben musste. Andere große Organisationen mussten ähnliche Problem haben wie die Armee: Baufirmen, Speditionen, Kuriere, Taxifahrer, Rangierbahnhöfe oder Flughäfen. Überall wollen Gruppen live miteinander sprechen, ohne andere damit zu stören. Die Gruppen müssen flexibel sein, Teilnehmer sich problemlos an- und abmelden können. Katis quittierte den Dienst und gründete Voxer.

Der Entwurf des Geräts erwies sich als äußerst kompliziert. »Es war ungeheuer schwierig. Wir fanden kaum fertige Komponenten und mussten alles selbst machen.« Kurz nachdem die erste Version auf den Markt kam, stellte Steve Jobs das iPhone vor. »Ich war wie vom Donner gerührt«, sagt Katis. »Einerseits wusste ich, das iPhone ist die perfekte Hardware-Basis für mein Telefon-Walkie-Talkie. Wir mussten nur noch eine App dafür schreiben. Andererseits hieß das, von vorne anzufangen. Alles wegzuwerfen, was wir bisher hatten. Die Investitionen abzuschreiben, aber auch unsere Arbeit, unser Herzblut.« Er tat das, was man im Silicon Valley *Pivoting* nennt – das Geschäftsmodell radikal zu verändern. Auch diese Herausforderung meisterte er. Voxer ist heute eine App für Smartphones, und das Geschäft läuft gut. Immer mehr Firmen der Logistikbranche kaufen sein Produkt. Katis hat es geschafft. Ich frage ihn, ob ihm seine militärische Erfahrung geholfen hat, eine Lösung für das ungelöste Problem zu finden. »Es ist durchaus kein Zufall, das ich die Idee beim Militär hatte«, meint er. »Bei der Armee geht es um ständiges Problemlösen. Es gibt im Einsatz so gut wie nichts, was nach Plan funktioniert. In der Wirtschaft ist das nicht anders.«

»Auf die Erfinder kommt es an, auf nichts anderes«, sagt Katis dann noch. Er hat oft die These gehört, dass Voxer in der Luft gelegen hätte und es jeder hätte bauen können. Solche Behauptungen empören ihn. »In der Luft liegt überhaupt nichts. Innovationen werden nicht aus dem Mangel geboren. Die Menschheit hat jahrtausendelang ohne iPhone gelebt, und niemand hat es vermisst. Dann erfand Steve Jobs das Gerät, und prompt konnte niemand mehr ohne das Smartphone auskommen. Es kommt nur auf die Gründer an. Sie treiben die Innovation. Erfindergeist schafft Nachfrage, nicht umgekehrt.«

Der Investor und Unternehmer Ben Horowitz hat sich intensiv mit der Psychologie von Gründern beschäftigt und gibt Katis recht. Horowitz ist Partner von Andreessen Horowitz, einer führenden Venture-Capital-Firma. Unternehmertum ist ständiger Kampf, sagt er. Kampf gegen Probleme, gegen sich selbst, gegen Wettbewerber, gegen den Markt. »Du musst den Kampf umarmen, um erfolgreich zu sein«, meint er. »Es kommt nie der Moment zum Ausruhen. Ständig passiert etwas Neues, mit dem du nicht gerechnet hast. Ständig steht deine Existenz wieder neu auf dem Spiel.« Dann sagt er einen Satz, der zum geflügelten Wort geworden ist: »Unternehmersein ist nicht wie Mühlespielen. Es ist verdammtes Schach.« Auf Englisch: »It's not checkers, it's fucking chess.« Eine rüde, aber zutreffende These.

Es ist viel komplizierter, etwas zu gründen, als die meisten Leute glauben, will Horowitz damit sagen. Horowitz, ein asketischer, kahlköpfiger Endvierziger, weiß, wovon er spricht. Er hat das Software-Unternehmen Opsware gegründet und jahrelang dafür gekämpft, es über Wasser zu halten. Gelungen ist ihm das nur ganz knapp. Am Ende hatte er Glück. Er konnte Opsware für 1,6 Milliarden Dollar an Hewlett-Packard verkaufen. Es hätte genauso gut schiefgehen können. Horowitz hat alle Höhen und Tiefen des Unternehmerdaseins durchgemacht. Er ist ein Prototyp des kalifornischen Gründers: visionär, kommunikativ, begeisterungsfähig, hartnäckig, schnell, frustrationsresistent. Über seine Erfahrungen hat er ein lesenswertes Buch geschrieben: *Wenn es hart auf hart kommt*. Darin rechnet er mit gängigen Managementtheorien ab. Nichts ist so einfach, wie die Theoretiker glauben machen wollen, sagt Horowitz. Nichts ist mit Trick 17 zu lösen, nichts funktioniert nach Plan, für nichts gibt es ein Rezept. Erfolg zu haben heißt nichts anderes, als nie aufzugeben, auch wenn kein Bauplan, keine Patentlösung und kein wirklich passender Ratschlag greifbar sind. Horowitz liefert eine moderne Version des Philosophen Karl Popper, der wusste: »Alles Leben ist Problemlösen.«

Interessant sind Horowitz' Thesen vor allem, weil er systematisch nach den Eigenschaften geforscht hat, die Gründer erfolgreich machen. Er hat das als Unternehmer getan, und er tut es jetzt als Investor, der täglich über Dutzende von Geschäftsmodellen und Teams entscheiden muss. Drei Haupteigenschaften hat er ausgemacht, die Gründer haben sollten, wenn sie erfolgreich sein wollen. Findet Horowitz diese Tugenden in einem Team nicht vor, dann investiert er gar nicht erst in das Projekt. Die drei zentralen Eigenschaften sind: *Erstens* die Fähigkeit, eine Vision zu entwickeln und sie zu artikulieren. *Zweitens* eine besondere Form von Ehrgeiz. Und *drittens* die Kompetenz, die Vision in die Tat umzusetzen. Manchmal treten zwei Eigenschaften zusammen auf, fast nie sind es drei auf einmal.

Zuerst die *Vision:* »In Sachen Vision hat Steve Jobs die Maßstäbe gesetzt«, sagt Horowitz. »Steve konnte Mitarbeiter motivieren, auch wenn alles verloren schien. Die besten Köpfe blieben bei ihm, als seine Computerfirma NeXT fast am Ende war. Später stand Apple 90 Tage vor dem Bankrott, und trotzdem hielten die Truppen ihm die Treue. Sie gingen einfach nicht von der Fahne. Steve wusste, wohin die Reise geht, und er konnte seine Vision hinreißend vermitteln.« Dann die besondere Form von *Ehrgeiz:* Damit meint Horowitz die Kunst, nicht sich selbst, sondern die Firma zum Sieg führen zu wollen. »Die besten Gründer lassen ihre Leute glauben, dass jeder Einzelne von ihnen wichtiger ist als der Chef. Die Leute glauben, die Firma gehöre ihnen, und handeln danach. Sie setzen voll auf Sieg und tun alles für den Erfolg. Das würden sie nie tun, wenn ihr Chef eitel wäre und sie spürten, dass es ihm in Wahrheit nur um sich selbst geht.« Die gemeinsame Sache muss im Vordergrund stehen. Nur dann ist die Firma erfolgreich. Schließlich die dritte Eigenschaft: *Kompetenz.* Sie bedeutet, selbst besser als alle anderen zu wissen, wie man das gesteckte Ziel erreichen kann. Horowitz meint damit die schiere, ungetrübte Fachkompetenz. Er nennt ein Beispiel: »Intel-Gründer Andy Grove ist selbst ein brillanter Ingenieur und entwarf die besten Schaltkreise. Er besitzt keine Toleranz für Inkompetenz. Wer sein Fach nicht beherrscht, den feuert er sofort. Um das beurteilen zu können, muss er selbst auf dem neuesten Stand der Technik sein. Der größte Feind von Kompetenz ist Selbstbewusstsein. Gute Unternehmer sind bescheiden und wissen, was sie nicht wissen. Sie hören nie auf zu lernen. Grove ist ein Paradebeispiel dafür.« Den anderen inhaltlich etwas vorführen zu können, selbst der Beste in der Firma zu sein, nicht in allen Disziplinen, aber doch in einer wichtigen – das macht gute Gründer aus.

Nach den Horowitz-Kriterien ist Tom Katis ein idealer Gründer: Die traumatische Erfahrung beim Versagen der Funk-Technologie nach dem Anschlag auf seinen Spähpanzer lieferte ihm eine Vision. Diese Vision kann er gut kommunizieren, weil ihn die Krisensituation glaubwürdig macht. Er stellt seine Firma in den Mittelpunkt, nicht sich selbst. Und er hat enorme Frustrationsresistenz bewiesen: Immer wieder von vorne anfangen, bis es endlich klappt. Niemals aufgeben. Das hat er vorgemacht.

Viele Unternehmer außerhalb des Silicon Valley tun sich schwer, den bisherigen Arbeitsstand zu löschen. Sie klammern sich am Plan fest. Ihre Kultur vermittelt ihnen, dass es eine Schande sei, Pläne zu ändern. Nicht so in Kalifornien. Dort werden Gründer zum Pivoting gezwungen, ob sie es wollen oder nicht. Die Investoren bestehen darauf. Pivoting hat nichts Ehrenrühriges und ist normal. Eine akzeptierte Strategie. »We pivoted« ist eine geläufige Feststellung in jedem Gespräch. Die Bemerkung fällt fast nebenbei. Wenn sie nicht fällt, werden Gesprächspartner skeptisch. Musste eine Firma noch nicht *pivoten*, heißt das nur, dass es ihr noch bevorsteht. *To pivot* heißt schwenken, sich drehen. Genau darum geht es. »Das Leben ist kein Business-Plan-Wettbewerb«, sagt Ben Horowitz. Ziel ist es nicht, ein ursprüngliches Konzept umzusetzen und damit zu beweisen, wie gut der Plan war. Ziel ist, sich eine Stellung auf dem Markt zu erkämpfen. Wenn das heißt, den Plan zu kippen, wird der Plan gekippt.

Unternehmer, die können, was Horowitz verlangt, sind oft nicht einfach im persönlichen Umgang. Typen, die beim Reden nicht hochschauen, ihre Hemden selten wechseln oder in unverständlichem Jargon sprechen. Anderswo hätten diese Leute es schwer. Für Karrieren in Konzernen sind sie meist ungeeignet. Anpassertum liegt ihnen nicht. Sie wollen nicht hochschauen oder frische Hemden tragen, sie möchten nicht verständlich reden. Sie fänden das trivial und irgendwie unter ihrer Würde. Im Silicon Valley aber fühlen sie sich wohl. Dort sind sie nicht allein, sie sind umgeben von Leuten, mit denen sie beim Reden gemeinsam auf die Schuhspitzen starren können. Ein Witz geht so: Wohin schaut ein introvertierter Nerd beim Reden? Auf seine Schuhe. Wohin schaut ein extrovertierter Nerd? Auf deine Schuhe. Klingt lustig, ist aber kaum übertrieben. Den Blick von Gesprächspartnern aufzufangen, ist in der Tat nicht immer einfach. Klassische Unternehmen sehen solches Verhalten als Karrierestopper an, im Silicon Valley ist es eine liebenswerte Schrulle, mehr nicht. Auch introvertierte, sperrige Gründer haben eine Chance.

Gar nicht sperrig, sondern sehr eloquent ist der aus Südafrika stammende Unternehmer Elon Musk, Mitgründer von PayPal und heute Gründer der Elektroautofirma Tesla und des privaten Raumfahrtunternehmens SpaceX. Er lebt im Silicon Valley und verkörpert einen anderen Gründertypus: den kommunikativ hochbegabten Spezialisten für extreme Risiken und visionäre Konzepte. Musk handelt aus der puren Lust am Abenteuer und aus einer tief verwurzelten Leidenschaft für stringente Logik, deren Richtigkeit er in der realen Welt beweisen möchte. Wir treffen Musk zu einem Mittagessen. Es wird ein überraschendes, fast dreistündiges Gespräch. Wenige Menschen können ihr Gegenüber beim Reden so fesseln und faszinieren wie er. Seine Stimme ist immer ruhig und entspannt, auch wenn er davon spricht, eine Expedition zum Mars zu starten und selbst dort hinzufliegen: »Ich möchte auf dem Mars sterben«, sagt er schmunzelnd, »vorzugsweise aber nicht beim Aufschlag.« In seiner Welt der Wissenschaft und Logik gibt es nichts, was es nicht gibt. Er denkt in Wahrscheinlichkeiten. Vielleicht, so sein Credo, ist ein Ereignis unwahrscheinlich, aber das heißt nicht, dass es undenkbar ist. Ich möchte von Musk wissen, wie er auf den Gedanken verfallen ist, die Autoindustrie anzugreifen und mit privatem Geld eine neue Marke zu gründen. So etwas kommt nur einmal in 50 Jahren vor. Musk begreift meine Verwunderung nicht. Tesla musste Erfolg haben, findet er. Das sei zwingend logisch.

»Meine ursprüngliche Idee war ganz einfach«, erzählt er. »Ich wusste, Elektroautos sind die Zukunft. Die traditionelle Autoindustrie schaffte es nicht, sie zu bauen. Also gab es eine Marktlücke, und dahinein wollte ich vorstoßen.« Doch zunächst ging alles schief: »Ich wollte das Chassis von Lotus kaufen und war mit denen schon einig. Die Batterie-Packs sollten von einem jungen Unternehmen in Kalifornien kommen, das sich darauf spezialisiert hatte. Eigentlich wollte ich dann beides nur noch zusammenschrauben und als Tesla auf den Markt bringen. Doch leider ging der Plan absolut daneben. Nichts klappte.« Das Chassis erwies sich in Crashtests als lebensgefährlich, und die Batterien waren eine Enttäuschung. Zu schwer, zu wenig Leistung, zu geringe Reichweite, zu brandgefährlich.

»Wir mussten alles von ganz vorne entwickeln. Das kostete mehr Zeit und Geld, als wenn wir es von Anfang an selbst gemacht hätten. Ungefähr so wie beim Bauen. Es ist immer billiger, den Altbau abzureißen und neu zu bauen, als ihn zu renovieren.« Musk zeigte, dass er versteht, was *Pivoting* heißt. Sein Ehrgeiz war geweckt. Eigentlich wollte er für das Projekt nur einen Teil des Vermögens, das er mit dem Verkauf von PayPal an eBay gemacht hatte, riskieren. Jetzt musste er nachschießen. Sein ganzes Vermögen floss in das Vorhaben. Doch es reichte nicht. Er kam der Pleite gefährlich nah. Ihn rettete nur, dass Daimler fünf Prozent an Tesla kaufte. Mit diesem Geld konnte er sein Auto von

Grund auf neu entwerfen:»Am Ende stammten nur noch sieben Prozent der Komponenten von Zulieferern. Alles andere haben wir selbst entworfen.« Er erfand nicht den Lithium-Ionen-Akku neu. Da verließ er sich weiter auf das bewährte Prinzip. Aber er perfektionierte die Bündelungstechnik und schaffte es, die Wärme so geschickt aus den Batteriepaketen abzuleiten, dass sie nicht überhitzen und Feuer fangen. Meistens jedenfalls. Hin und wieder brennt ein Tesla ab, aber Musk entmutigt das nicht:»Wer Angst vor Feuer hat, sollte sich nicht in ein Benzinauto setzen. 60 Liter Sprit im Tank sind viel gefährlicher.«

Inzwischen ist Tesla einer der Weltmarktführer für Batterietechnologie. Er beliefert auch Wettbewerber. Kürzlich kündigte er einen unerwarteten Schachzug an: Er gab alle Patente frei. »Es gehört alles euch«, rief er seinen Konkurrenten zu.»Wir haben die Rechte im Geiste der Open-Source-Bewegung aufgegeben und werden keine Klagen gegen Unternehmen anstrengen, die sie nutzen wollen.« Damit setzt Musk seine Wettbewerber unter noch stärkeren Innovationsdruck und hilft gleichzeitig der Gattung Elektroauto auf die Sprünge, die noch auf den Durchbruch wartet.

Was können Start-ups, was arrivierte Unternehmen nicht können? Musk denkt viel über diese Frage nach. Er hat eine Theorie entwickelt:»Manager in arrivierten Firmen denken in Analogien. Sie müssen so denken. Alles, was sie tun oder nicht tun, leiten sie analogisch aus dem bereits Erlebten ab. Sie denken: ›Damals ist uns dies und das passiert, deswegen muss jetzt dieses und jenes eintreten.‹ Institutionen bauen institutionelles Wissen auf.« Dieses Wissen, gibt Musk zu, bildet einen Erfahrungsschatz, der unerlässlich ist für die Weiterentwicklung bestehender Produkte.»Man braucht analogisches Denken, um zu überleben.« Musk glaubt:»Das gilt für Firmen genauso wie für den Alltag. Wir wären alle tot, wenn wir nicht analogisch denken könnten. Gestern habe ich mir die Hände am heißen Herd verbrannt, also fasse ich ihn heute lieber nicht an, denn ich würde mich wieder verbrennen – das ist analogisches Denken. Ich schließe aus vergangenen Erlebnissen auf Ereignisse in der Zukunft. Und meistens ist das ja auch berechtigt, denn wenn der Herd heiß ist, verbrenne ich mich immer daran.«

Aber analogisches Denken wird zum Ballast, wenn es um Innovationen geht. Dann richtet es Schaden an. Experimente bedeuten Risiko. Sie können scheitern. Sie gehen sogar öfter daneben, als dass sie gelingen. Experimentieren kann nur, wer bereit ist, außergewöhnlich große Risiken zu wagen. Auf solche Risiken lassen Angestellte sich nicht ein, ist Musk überzeugt. Sie haben keinen Grund, sich derart zu exponieren.»Mit ihrem analogischen Denkens koppeln sie etablierte Firmen von wirklichen Neuerungen ab. Sie bringen nichts Neues auf den Weg und verstehen es auch nicht, wenn es geschieht.« Das Gegenteil analogischen Denken nennt Musk *proposed principles* – vorgeschlagene Prinzipien. Damit meint er Grundsätze, die aus freiem logischem Denken abgeleitet wurden und nicht auf Erfahrung beruhen, sondern auf Vernunft. Aus der Fähigkeit, Sachverhalte zu erfassen, universelle Zusammenhänge zu erkennen und Schlussfolgerungen abzuleiten, nach denen gehandelt wird.

Was heißt das für seine Branche?»Analogisches Denken führt zum Glauben, dass Verbrennungsmotoren Autofirmen am besten bekommen, weil ihre Kunden immer Verbrennungsmotoren bestellen«, antwortet er.»Logische Vernunft hingegen gebietet, dass der Elektromotor den Verbrennungsmotor ablösen muss, weil er Energie effizienter ausnutzt, weniger Wärmeverluste produziert, schneller anspricht, höher beschleunigt, wartungsärmer läuft, mehr Platz im Auto schafft, beim Bremsen elektrische Energie zurückgewinnen kann, teure Getriebe überflüssig macht und die Atmosphäre mit weniger Treibhausgasen belastet.« Wer analogisch denkt, baut den nächsten Verbrennungsmotor. Wer sich von Prinzipien der Vernunft leiten lässt, setzt auf Elektroautos – so einfach ist das in den Augen von Musk.

Vom Problem her denken – alle Gründer, die ich im Silicon Valley getroffen haben, machen das so. Ob sie damit reich werden, interessiert sie am Anfang nicht. Sie besitzen ein gewisses Urvertrauen in die Gerechtigkeit der Welt: Wenn das Problem groß und die Lösung innovativ genug ist, dann kommt der Erfolg schon von allein. Man mag das für naiv halten. Doch wenn man in die Innovationsgeschichte schaut, finden sich Hunderte von Fällen, in denen es geklappt hat. Zum Beispiel Amazon: Zügige und bequeme Lieferbarkeit von Millionen Buchtiteln war ein Problem, das stationäre Buchhändler nicht in den Griff bekamen. Jeff Bezos fand die Lösung mit seinem Online-Store. Beispiel Apple: Alle Songs beim Joggen oder im Flugzeug bei sich zu tragen, war früher unmöglich. Jobs löste das Problem mit dem iPod. Beispiel eBay: Auktionen für Gebrauchtwaren fanden über Zeitungsanzeigen statt, bei denen der Verkäufer die Zahlungsbereitschaft des Kunden nicht ausloten konnte und nie den höchstmöglichen Preis bekam. Pierre Omidyar löste das Problem mit eBay. Beispiel PayPal: Geld sicher per E-Mail zu überweisen, galt als undenkbar. Die Gründer Elon Musk und Peter Thiel schafften es.

Apropos Peter Thiel: Ursprünglich stammt er aus Deutschland, heute zählt er zu den wichtigsten Privatinvestoren und Innovationsförderern im Silicon Valley. Zweimal habe ich ihn getroffen, einmal davon bei der Tagung von 80 Axel-Springer-Führungskräften in San Francisco. Die Tagung im Frühjahr 2013 diente dazu, einen größeren Kreis an die Denk- und Arbeitsweise des Silicon Valley heranzuführen. Thiel hielt eine Rede, danach konnte ich ihn auf der Bühne interviewen. Er ist ein schlanker, fast schmächtiger Mann, der leise und hoch konzentriert spricht, dabei sehr präzise formuliert, fast wissenschaftlich. Er vertrat eine interessante Theorie der Wertschöpfung: »Es gibt nur zwei Arten des Wirtschaftens«, sagte er. »Von 0 auf 1, und von 1 auf n. Bei 0 auf 1 entsteht etwas Neuartiges, das es vorher noch nicht gab. Bei 1 auf n wird dieses Neuartige in großen Stückzahlen kopiert. Die höchste Wertschöpfung findet immer von 0 auf 1 statt. Nur das wirklich Neue schafft wirklich große Werte. Deutlich geringer sind die Werte, die beim Kopieren von 1 auf n entstehen.« Viel Geld verdienen, meint er damit, kann man nur mit dem wirklich Neuen. Es lohnt sich also, schöpferisch zu sein und alles Vorhandene infrage zu stellen.

Die meisten Gründer folgen dieser Theorie intuitiv. Wirtschaftlicher Erfolg ist für sie ein angenehmer Begleitumstand, nicht die Maxime ihres Handelns. Gerade diese etwas weltfremde Erfolgsvergessenheit beflügelt ihren wirtschaftlichen Erfolg. Betriebswirtschaftlich geschulte Unternehmer erschaffen nur ungern etwas wirklich Neues, denn das birgt die höchsten Risiken. Die Ausfallraten beim Versuch, ganz neu zu sein, sind so hoch, dass selbst gelegentlich geknackte Jackpots die Summe der Verluste kaum aufwiegen. Genau aus diesem Grund gibt es so viele Kopien und so wenig Originale. Es ist einfach weniger riskant. Für das wirklich Neue braucht es den träumerischen Realitätsverweigerer. Jenen Typus, den Steve Jobs in seinem legendären Apple-Werbespot so beschrieben hat: »An alle, die anders denken. Die Rebellen, die Idealisten, die Visionäre, die Querdenker, die, die sich in kein Schema pressen lassen, die, die Dinge anders sehen. Wir können sie zitieren, ihnen widersprechen, sie bewundern oder ablehnen. Das Einzige, was wir nicht können, ist, sie zu ignorieren, weil sie die Dinge verändern, weil sie die Dinge weiterbringen. Denn die, die verrückt genug sind zu denken, sie könnten die Welt verändern, sind die, die es tun.« Solche Realitätsverweigerer finden sich vor allem unter Technikern. Das Silicon Valley ist ihr bevorzugtes Refugium.

Ich treffe Alex Karp, den Gründer der Sicherheits- und Big-Data-Firma Palantir. Auch Karp stammt aus Deutschland – ein weiteres Beispiel für den Braindrain in Richtung Silicon Valley. Palantir sitzt in der Innenstadt von Palo Alto. Viele Aufträge kommen von der Regierung und dem Geheimdienst. Man muss mehrere Sicherheitsschranken überwinden, bevor man in seinem Büro steht. Von innen sieht Palantir wie ein Laboratorium verrückter Wissenschaftler aus. Jedes Team richtet sein Zimmer selbst ein. Eine Gruppe hat ein Zelt im Zimmer aufgeschlagen und arbeitet darin wie beim Camping. Ich frage Karp, ob auch er findet, das Gründen vor allem heißt, schwere Probleme zu lösen. Karp nickt: »Ingenieure lösen Probleme. Man muss keinen Abschluss haben, um ein

Ingenieur zu sein. Ingenieur ist kein Studium, sondern eine Geisteshaltung. Ingenieure wollen etwas bauen. Ingenieure glauben, Ideen sollten nach ihrem Wert beurteilt werden, und sie beschweren sich laut, wenn dieses Prinzip verletzt wird. »Dann fügt er an: »Wir sind alle Ingenieure.« Das ist der Geist des Silicon Valley in einem Satz. Technikern, bestätigt Karp, ist es zunächst egal, ob sie reich werden oder nicht. Dass ausgerechnet diese Verneinung von Reichtum zu Reichtum führt, mag man für eine Ironie der Geschichte halten. Oder für die Vorsehung eines freundlich gestimmten Weltgeistes, dem nicht ganz egal ist, ob die Menschheit auf ausgetretenen Pfaden trottet oder etwas Neuartiges schafft.

Die meisten Gründer im Silicon Valley haben Ingenieurwissenschaften, Computer-Technik oder Naturwissenschaften studiert. In ihren Köpfen laufen andere Muster ab als bei Kaufleuten. Betriebswirte haben gelernt, in wirtschaftlichen Zusammenhängen zu denken. Sie versuchen, mit kleinstmöglichem Aufwand den größtmöglichen Ertrag zu erreichen. Neuen Produkten geben sie meist nur einen kleinen Vorsprung vor der Konkurrenz. Einen Vorsprung, der gerade groß genug ist, um als Argument in der Werbung zu helfen. Dann wird die Trommel gerührt und der winzige Vorsprung als großer Vorteil verkauft.

Leidenschaftliche Ingenieure oder Naturwissenschaftler gehen anders zu Werke. Sie interessieren sich weniger für Wirtschaft. Das Produkt als solches fasziniert sie. Sie wollen die optimale Lösung schaffen. Sie verlieben sich in ein Thema. Sie können sich gar nicht vorstellen, etwas anderes zu machen. Sie denken vom Produkt her, nicht vom Finanzergebnis. Im Silicon Valley haben sie, die Ingenieure, das Sagen. Sie bestimmen, wohin die Reise geht. Überzeugungstäter, die voller Verachtung auf die Wall Street schauen, aus ihrer Sicht das Symbol einer betriebswirtschaftlich gesteuerten Welt. Sie glauben, die Menschen dort hätten keine echte Aufgabe und keinen inneren Auftrag. Mit solchen Leuten wollen sie möglichst wenig zu tun haben. Die meisten Gründerteams bestehen nur aus Technikern. Nur sehr selten schleicht sich ein Kaufmann ein. Zwar brauchen auch Techniker gute Finanzchefs. Doch sie machen die Kaufleute fast nie zu Mitgründern. Stattdessen heuern sie Finanzer als Angestellte an: gegen Gehalt, aber nicht als Partner und schon gar nicht als Hauptaktionäre. In den Augen vieler Besucher aus Deutschland hat dieser Techniker-Kult etwas Bizarres. Wer passt denn auf, dass mit dem Geld kein Unfug geschieht?, lautet eine oft gestellte Frage. Deutsche sind irritiert, wenn der Kaufmann, der für Ordnung sorgt, nicht zum Top-Team gehört. Auf solche Fragen reagieren kalifornische Gründer regelmäßig mit Kopfschütteln. Viele von ihnen sind nach San Francisco gezogen, um genau diesem Denken zu entkommen, das sie auch aus der amerikanischen Provinz kennen.»Erst, wenn wir unser Geld für unvernünftige Dinge ausgeben, kommt etwas Vernünftiges heraus«, sagen sie. Vieles spricht dafür, dass diese Behauptung zutrifft. Die großen Unternehmen des Digitalzeitalters – Google, Apple, Facebook, Intel, LinkedIn, Salesforce, Oracle – sind allesamt von Technikern gegründet und groß gemacht worden. Steve Jobs ist von seinen Aktionären bei Apple sogar einmal gefeuert worden, weil er zu viel Geld für etwas Unvernünftiges ausgegeben hatte – es war der Macintosh, später einer der größten Erfolge des Unternehmens.

Geld für »unsinnige Dinge« ausgegeben hat auch Jonah Peretti, der Gründer von Buzzfeed, und auch seine Firma hat dadurch einen großen Sprung nach vorn gemacht. Peretti ist ein smarter, schlanker 40-jähriger mit schmalem Gesicht, grünen Augen und dichtem Haarschopf, elegant nach hinten gekämmt. Ein New Yorker Intellektueller, aufgewachsen in Oakland bei San Francisco. Buzzfeed ist eine Nachrichtenwebseite, die monatlich mehr als 100 Millionen Menschen anzieht. Die Redaktion sammelt Klick-Hits aus allen Ecken des Internets zusammen, bündelt sie und kommentiert sie mit schmissigen Überschriften. Wichtigstes Auswahlkriterium ist Popularität. Je populärer, desto besser. Buzzfeed ist der Popcorn-Stand des Nachrichtenjournalismus.»Bei der Gründung von Buzzfeed dachten wir, wir würden niemals einen Redakteur einstellen«, sagt Peretti bei einem Treffen. Seine Firma sitzt zwar in New York, doch er kann durchaus als Beispiel für den Geist des Silicon Valley gelten. »Wir träumten von Algorithmen, die Redakteure ersetzten. Computer, die im Netz die populärsten Videos und Fotos ausfindig machen und automatisch auf die Seite heben. Am besten gleich mit der passenden Überschrift dazu, vollautomatisch geschrieben.« Dann merkte Peretti aber, dass Maschinen menschliche Intuition nicht ersetzen werden. Ihm wurde klar: Computer können Daten der Vergangenheit analysieren, wissen aber nichts über die Zukunft. »Darum geht es dem Leser aber. Er will von etwas Neuem inspiriert werden. Was das ist, spüren nur Menschen.« Peretti scheint das zu gefallen. Also musste er sein Geschäftsmodell ändern und Redakteure einstellen. So leicht war das aber nicht. Im Geschäftsplan stand nichts davon, und es irritierte seine Investoren. Die Personalkosten würden explodieren, fürchteten sie, und das Geschäftsmodell könnte sich als hinfällig erweisen. Es gab harte Diskussionen. Schließlich setzte Peretti sich mit seiner Einsicht durch. »Am Ende waren die Redakteure unser Glück. Die Besuchszahlen schossen in die Höhe, und ehe wir uns versahen, waren wir profitabel.« Sein Beispiel zeigt, dass Gründen auch heißt, das Gegenteil davon zu tun, was Kaufleute für richtig halten. Seiner Intuition zu folgen. Mit offenem Ergebnis zu experimentieren. Alles zu verwerfen, was man früher geplant hatte. Den Kurs zu ändern, wenn es neue Erkenntnisse gibt.

Noch ein erfolgreicher Deutscher findet sich im Silicon Valley, der das Denken von Gründern gut erläutern kann: Andreas von Bechtolsheim, Gründer von Sun Microsystems, Jahrgang 1955. Nach seinem Jahr als Austauschschüler ist er in Kalifornien geblieben und hat neben Sun auch andere interessante Firmen gegründet. Wir haben ihn zu einer Party ins Springer-Haus eingeladen. Er ist zurückhaltend und bescheiden. Als er erscheint, gibt er uns höflich die Hand, bedankt sich für die Einladung, nimmt ein Glas Wein und stellt sich in eine Ecke. Er lächelt und wartet, bis ihn jemand anspricht. Wann immer das passiert, sagt er: »Sehr erfreut,

Andy von Bechtolsheim.« Dabei kennen ihn die anderen Gäste: Bechtolsheim ist eine Legende als Unternehmer und Technologe. Er erzählt von seiner jüngsten Innovation: eine Firma, die neuartige Prozessoren entwickelt, die hundertmal schneller sind als heutige Chips. »Wir wollen beweisen, dass das geht«, sagt Bechtolsheim. »Dafür müssen wir eine neue Befehlssprache erfinden. Wir fangen von null an. So, als würden wir den ersten Chip der Welt bauen.« Es geht ihm nicht ums Geld. Er will das Problem lösen. Ihn treibt die Leidenschaft des Erfinders. Dass nun die Hochfrequenzhändler von der Wall Street an seine Tür pochen und die Firma kaufen möchten, um schneller zu werden als ihre Konkurrenten, ist ein eher unerwünschter Nebeneffekt: »Ich will jetzt nicht verkaufen. Ich will den schnellsten Chip bauen. Bis dahin werden die Käufer sich gedulden müssen.«

Ich frage ihn, welche Chancen er Deutschland gibt, wieder an die Spitze der Technik zu kommen. Er zögert. Die Frage ist ihm etwas unangenehm. Er hat sie schon oft gehört, und er möchte nicht unhöflich erscheinen. Was er dann sagt, klingt resigniert: »Manchmal glaube ich, Deutschland will absichtlich nicht weiterkommen. Das Silicon Valley ist sehr weit vorn. Vielleicht könnte man den Erfolg nachahmen. Aber dafür müsste man es wirklich wollen. Will man das? Ich weiß nicht. Es sieht nicht danach aus.« Nach Deutschland zurückkommen möchte er nicht. Er fühlt sich wohl im Kreis der Sonderlinge, denen es nur um Probleme geht. Hier hat er seine Heimat gefunden.

Probleme zu lösen heißt auch, bestehende Geschäftsmodelle zu zerstören. Das Silicon Valley hat einen besonderen Ausdruck für seine Kardinaltugend gefunden: *Disruption*. Um dieses Thema geht es auf den folgenden Seiten.

Grenzenlose Innovation: Niemand ist sicher vor dem ständigen Angriff von unten

»Disruptive Innovation« heißt die Zauberformel. Das Silicon Valley ist Meister im Erkennen von Schwächen in den Geschäftsmodellen etablierter Unternehmen. Es greift voller Beißlust an – und trägt meistens den Sieg davon.

»Wenn jemand dein Essen essen möchte, stelle sicher, dass du es selbst bist.«
Gilles BianRosa, CEO von Fanhattan

Ein Backsteinbau in San Francisco. Draußen brennt die Sonne, nebenan dröhnt der Verkehr über einen aufgestelzten Spaghettiknoten – hier teilt sich die Stadtautobahn in verschiedene Richtungen auf. In der Halle ist es dunkel, vom Verkehr ist nichts zu hören. Die dicken Ziegelsteine blenden die Außenwelt aus. Tausend Gäste sitzen hintereinander an langen, schmalen Tischen. Schwarze, bodenlange Tischdecken schlucken das Licht. Vor jedem Gast steht ein aufgeklappter Laptop. Leinwände hängen von der Decke. Darauf prangt das Logo von *TechCrunch*, der einflussreichsten Fachwebseite für Technologie. Sie gehört zu AOL. Gleich beginnt die jährliche Innovationskonferenz. Ein Stelldichein der Internet-Branche, ein immer wieder heiß ersehntes Familientreffen, ein Schaulaufen der Erfinder, ein hitziger Kampf der Gründer um Investoren und der Investoren um Gründer. Die Konferenz heißt *TechCrunch Disrupt*. Aus den Konzertlautsprechern hämmert ein Jingle in Endlosschleife: »Disrupt«, ruft eine tiefe Rapperstimme in den abgedunkelten Saal, der Schriftzug *Disrupt* beginnt psychedelisch auf den Leinwänden zu flackern. Immer wieder ertönt dieser monotone, mitreißende Ruf, so eindringlich vorgetragen wie die Zauberformel eines Indianerstammes: Disrupt, Disrupt, Disrupt. Irgendwann hat der Begriff das Unterbewusstsein jedes Kongressteilnehmers erreicht. Auch ich kann den Namen *TechCrunch* nicht mehr denken, ohne die Stimme des *Disrupt*-Rappers gleich mit zu hören. Disrupt ist das Mantra des Silicon Valley. Wichtigstes Wort und zentraler Schlachtruf. *Disrupt* – in dieses Wort hat sich das Tal verliebt. Man begegnet ihm auf Schritt und Tritt. Es ist die populärste Vokabel seit *Peace* in den 60er-Jahren. In jeder Präsentation fällt das Schlagwort *disruptive Innovation* Dutzende Male. In Planungsrunden malen Gründer sich aus, wie sie besser *disrupten* können, auf zahllosen Kreidewänden fahren *Disrupt*-Blitze in Wertschöpfungskreise, Studenten lernen im ersten Semester, wie sie *Disruptoren* werden können. Disruption heißt *Unterbrechung*. Es ist Chiffre für ein Lebensgefühl. Eine Art Gehirnwäsche. Motto für die richtige Methode, Märkte zu attackieren und Marktführer zu verdrängen. Glaubensbekenntnis für eine vom Erfolg beflügelte Erfinderkultur, die weiß, dass sie alles erreichen kann, wenn sie nur radikal genug denkt. Aufputschmittel einer Avantgarde, die Tag und Nacht arbeitet und sich irgendeinen Sinn einreden muss, um den Stress körperlich auszuhalten. Googles selbst fahrendes Auto wirkt disruptiv auf Volkswagen und Daimler, LendingClub auf das Geschäft der Banken und Skype auf Telefongesellschaften. *Disrupt* ist eine Metastrategie, ein Megatrend, ein Unterscheidungsmerkmal, eine Geheimwissenschaft, eine Losung. Man murmelt sich die Parole verschwörerisch zu wie eine zurückkehrende Patrouille am Kontrollpunkt. Wenn jemand das Wort nicht kennt, weiß man sicher: Das ist jetzt der Gegner! Ausländer sollten *disrupt* am besten früh in Gespräche mit einflechten. Das stimmt die Einheimischen milde und signalisiert Kennerschaft.

Anfangs war *disrupt* ein wirtschaftswissenschaftlicher Fachausdruck aus der Innovationstheorie. Harvard-Professor Clayton M. Christensen, Jahrgang 1952, hat ihn geprägt. Sein Hauptwerk *The Innovator's Dilemma* von 1997 gehört zu den einflussreichsten Wirtschaftsbüchern der Nachkriegszeit. *Forbes* schrieb in einer Titelgeschichte über Christensen: »Kein Tag vergeht, an dem nicht

Unternehmer in sein Büro in Boston pilgern, um Rat einzuholen oder für seinen Rat zu danken.« Eine Umfrage unter Tausenden von Führungskräften, Unternehmensberatern und Wirtschaftsprofessoren kürte ihn 2011 zum »einflussreichsten Wirtschaftsdenker der Welt«. Von Dilemma spricht Christensen, weil etablierte Firmen sich nicht dagegen wehren können, Opfer erfindungsreicher Neulinge zu werden. Sie riskieren *mit* Verteidigung so viel wie *ohne*. Ihr Untergang ist fast unausweichlich. Christensens Theorie ist so populär, weil sie Gründern Mut macht, sich mit den Großen anzulegen, aber auch, weil sie empirisch als gut gesichert gilt und ein solides Deutungsmuster für die Umbrüche der Wirtschaftsgeschichte liefert. Christensens Ansatz ist in Kalifornien derzeit wirkungsmächtiger als Schumpeters *schöpferische Zerstörung*, die klassische Theorie zur Erklärung der rohen Vernichtungskräfte, die in der freien Marktwirtschaft walten. Christensen ist in Kalifornien fast so bekannt wie Charles Darwin, von dem ein Satz stammt, der die Bereitschaft des Silicon Valley zu Wandel und Neuanfang perfekt trifft: »Nicht die stärkste Art überlebt, auch nicht die intelligenteste, sondern die wandlungsfähigste.«

In einem Kernsatz beschreibt Christensen das Dilemma so: »Die logischen, kompetenten Entscheidungen des Managements, die Voraussetzung für den dauerhaften Erfolg einer Firma sind, bilden gleichzeitig den Grund, warum diese Firmen ihre Führungspositionen wieder verlieren.« Ein beängstigendes Paradoxon: Sie gehen unter, weil sie Entscheidungen treffen, die der Markt von ihnen verlangt. »Alle Unternehmen sind die Geiseln ihrer Kunden.« Laut Christensen führt fast kein Weg am Untergang vorbei. Jede Firma ist dem Untergang geweiht, da beide Richtungen, die sie im Paradoxon einschlagen kann, fatale Auswirkungen haben. Entweder, das ist die erste Option, beliefern sie ihre Kunden weiter mit dem, was diese heute benötigen und ausdrücklich verlangen – dann sind die Hersteller mittel- bis langfristig aus dem Geschäft, weil sie den disruptiven Angriff auf ihren Markt verpassen, statt sich selbst an seine Spitze zu setzen. Oder, die zweite Option, sie ignorieren die Wünsche ihrer heutigen Kunden und setzen alle Karten auf neue, noch sehr kleine und ausgesprochen umsatzschwache Märkte – dann steht in den Sternen, ob es diese neuen Kunden jemals geben wird, ganz sicher aber ist, dass die Hersteller damit ihre heutige Lebensgrundlage zerstören.

Natürlich könnte es klug sein, beide Strategien gleichzeitig zu verfolgen: den Wünschen der Stammkunden zu entsprechen und den Markt parallel dazu radikal von unten mit neuartigen Produkten anzugreifen. Doch zu dieser Form der gelebten Schizophrenie kommt es in der Praxis selten. Christensen weist empirisch nach, warum dies so gut wie nie geschieht. Die Gefahr, im Dilemma unterzugehen, ist um vieles größer als die Chance, es zu besiegen. Verantwortlich dafür sind vor allem kulturelle Gründe.

Die Verteidigung des hart Erkämpften ist mit der Notwendigkeit, gleichzeitig die bisherigen Errungenschaften zu zerstören, in der Psyche von Unternehmen genauso schwer zu vereinbaren wie in den Köpfen von Menschen. Versucht man es trotzdem, fallen entweder die Verteidigung oder der Angriff halbherzig aus. Das spielt wiederum den Konkurrenten in die Hände und schwächt die eigenen Abwehrkräfte. Man kann nicht den ganzen Tag darüber nachdenken, wie man seine Stammkunden zufriedenstellt, während man gleichzeitig plant, sich selbst samt den Kunden in die Luft zu sprengen. Und es wird noch paradoxer: Von der Unfähigkeit, sich dieser Persönlichkeitsspaltung hinzugeben, werden ironischerweise vor allem innovative Unternehmen betroffen. Deswegen spricht Christensen vom Dilemma der *Innovatoren*. Je einfallsreicher Unternehmen sind und je innovativer sie auf die Bedürfnisse ihrer gegenwärtigen Kunden eingehen, desto unmittelbarer sind sie vom Niedergang bedroht. Und desto größere Chancen bieten sie angreifenden Revolutionären, die mit billigen Produkten auf neue Käuferschichten zielen.

Das Gegenteil von *disruptiver* Innovation ist *erhaltende* Innovation. Gerade dieser zweite Typ wird oft missverstanden und als lendenlahme, wenig visionäre Neuerung interpretiert. Christensen hat sich dieser Einschätzung immer verwehrt.»Erhaltende Innovationen können durchaus radikal sein oder einen Bruch auslösen«, schreibt er. »Sie verbessern die Leistungen etablierter Produkte gemessen an den Wertvorstellungen, die Kunden ihnen auf wichtigen Märkten entgegenbringen.« Die CD zum Beispiel war eine erhaltende, keine disruptive Innovation. Sie enthielt mit dem Laser zwar eine radikal neue Technologie, die sich grundsätzlich vom Diamantenabtaster der Vinyl-Schallplatte unterschied. Auch stieg die Laufzeit von 40 auf 70 Minuten an, das Knistern endete, Kratzer traten seltener auf, und die einzelnen Songs wurden per Knopfdruck ansteuerbar. Dennoch wirkte die CD nicht disruptiv, weil sie den Markt für physische Tonträger intakt ließ. Disruptiv sind Innovationen nur, wenn sie bestehende Märkte und Marktplätze abschaffen. Bei der CD war das nicht der Fall. Plattenläden, Plattenfirmen und Presswerke blieben im Geschäft. Sie mussten lediglich ihre Regale und Maschinen modernisieren. Auch die Kundenströme blieben unverändert. Nach wie vor steuerten Musikfans die Geschäfte an, die sie von früher kannten. Disruptiv wirkte im Musikgewerbe erst der Übergang von physischen Tonträgern zu Download und Streaming. Erst dadurch geriet die Handelsstruktur aus den Fugen, und Plattenläden sahen sich über kurz oder lang dem sicheren Aussterben ausgesetzt. Gleichzeitig entstanden neue Marktplätze wie Napster, iTunes oder Spotify. Keiner dieser modernen Handelsräume wurde von den bisherigen Händlern geschaffen, alle kamen von Branchenfremden ohne vorherige Erfahrung im Musikgeschäft.

Wie so oft, erwiesen sich die Branchenmitglieder außerstande, ihre eigene Abschaffung ins Werk zu setzen. Dafür können wir eigentlich nichts anderes empfinden als eine Mischung aus Sympathie und Mitleid. Die meisten von uns sind dem, was sie beruflich tun, emotional verbunden. Wir tun es gern. Im besten Fall empfinden wir es als Berufung. Wir sehen einen tieferen Sinn in unserer Tätigkeit und sind fest davon überzeugt, einen gesellschaftlichen Wert zu schaffen, der über unseren unmittelbaren Broterwerb hinausreicht. Disruptive Innovation zielt aber darauf ab, den Sinn unseres Berufs und damit eines wichtigen Teils unseres Lebens in Unsinn zu verwandeln. Ist sie erfolgreich, führt sie uns unerbittlich vor Augen, dass wir immer schon ein Teil des Problems, nicht der Lösung waren. Was wir als wertvolle Ressource erkannt hatten, entpuppt sich schlagartig als verantwortungslose Ressourcenverschwendung. Der Facharbeiter an der CD-Presse, soeben noch Herold eines symphonischen Hi-Fi-Zeitalters, Garant unvergleichlicher Wiedergabetreue, findet sich plötzlich wieder in der Rolle eines lebensuntüchtigen Dinosauriers. Wie erklärt er das sich selbst, wie seinen Kindern?

Auf das Mitleid der bisherigen Kundschaft kann er nicht hoffen. Sie gibt, begeistert vom iPod, die alte Treuebeziehung zum Plattenladen um die Ecke von einem Tag auf den anderen auf, und denkt sich nichts dabei, wenn die nächste Hugendubel-Filiale einem Fitnessstudio weicht. Solche Veränderungen gab es immer, und man muss deswegen nicht zum Maschinenstürmer werden. Doch es lohnt sich, beim Verschwinden des einst vertrauten Marktplatzes in der Nachbarschaft kurz gewahr zu werden: Was heute der Plattenladen erlebt, widerfährt morgen dem Autohändler, dem Supermarkt, dem Rechtsanwalt, Mechaniker, Optiker und Paketboten. Disruption heißt nichts anderes als: Wir werden alle verschwinden, weil wir in der Logik digitaler Märkte Effizienzbremsen sind. Ohne uns geht es immer billiger als mit uns. Vielleicht finden wir neue Jobs. Aber wir werden sie suchen müssen. Planen tut sie niemand für uns. Wir werden aus der Komfortzone verstoßen, früher, als wir glauben.

In der Sprache der Wirtschaftswissenschaft liest sich das abstrakter und weniger bedrohlich, meint aber das Gleiche. »Disruptive Innovation beschreibt einen Prozess, bei dem ein Produkt oder eine Dienstleistung ihren Anfang in einer zunächst simplen Anwendung am unteren Ende des Marktes nimmt und dann unaufhörlich nach oben aufsteigt, wo es früher oder später dann den etablierten Wettbewerber ersetzt.« So drückt Christensen seinen Kerngedanken aus. Der disruptive Angriff erfolgt nicht dort, wo heutige Marktführer ihn erwarten, nämlich auf höchstem Qualitätsniveau mit bahnbrechend neuer Technologie. Die DVD wird nicht durch BlueRay ersetzt. Sondern am unteren Ende des Marktes mit einer viel simpleren Anwendung. iTunes, Watchever und Netflix lösen die DVD ab, obwohl ihre Technologien – Download und Streaming – älter und weniger anspruchsvoll sind als BlueRay.

Etablierte Unternehmen steigern sich meist in den Rausch erhaltender Innovationen hinein und verkaufen dabei immer teurere Produkte an die immer gleichen hochgezüchteten Zielgruppen. Dabei übersehen sie jedoch geflissentlich, welche Versorgungslücken sie bei weniger begüterten Zielgruppen reißen, die ebenfalls gern in den Genuss bahnbrechender Technologie kommen würden. Gern zu niedrigerem Preis, gern zu etwas schlechterer Qualität – Hauptsache jetzt endlich einen MP3-Player beim Joggen statt den stockenden, springenden CD-Walkman. »Firmen neigen dazu, schneller Erfindungen in die Welt zu setzen, als sich die Bedürfnisse der Kunden weiterentwickeln«, schreibt Christensen. »Die meisten Organisationen beschleunigen den Entwicklungsprozess weit über die Bedürfnisse ihrer Kunden hinaus und erfinden Produkte, die zu anspruchsvoll, zu teuer und zu kompliziert für viele Kunden auf ihren Märkten sind.« Erhaltende Innovationen sind meistens überteuert. Hohe Preise refinanzieren kostspielige Entwicklungen und werfen hohe Gewinne ab. Wohlhabende Kunden können das bezahlen und die Firmen sich dadurch von ihrer eigenen Konkurrenz abheben. Das verschafft ihnen eine Atempause, schützt aber nicht vor disruptiver Innovation.

Ein Beispiel: Der elektronische Abstandswarner im Audi A6 passt die Geschwindigkeit des Wagens automatisch an die des Vordermannes an. Eine schicke Sonderausstattung, die im Kolonnenverkehr ständiges Gasgeben und Bremsen erspart, auf der Autobahn sogar halb automatisches Dahingleiten ermöglicht. Das Feature steht mit unglaublichen 1460 Euro in der Preisliste, doppelt so teuer wie ein iPhone und dreimal so teuer wie ein Samsung Smart TV – beides Geräte, die viel mehr können und ein viel besseres Preis-Leistungs-Verhältnis haben als der vergleichsweise simple Abstandswarner. An solchen Zusatzprodukten verdienen Autohersteller die höchsten Margen. Möglich ist diese elitäre Preisgestaltung nur, weil Audi ebenso wie seine Wettbewerber glaubt, der gepfefferte Betrag ginge im Gesamtkaufpreis und der Leasingrate unter. Wahrscheinlich stimmt das auf etablierten Märkten sogar.

Doch derart überteuerte erhaltende Innovationen eröffnen gefährliche Spielräume für Disruption. Traditionelle Hersteller werden immer teurere und bessere Assistenzsysteme anbieten. Spurwechselwächter, Einparkhilfen, Abstandswarner und automatische Notfallbremsen werden bald so viel kosten wie Kleinwagen. Vollautomatisch fahren können diese Autos damit aber noch immer nicht. Schon ist absehbar, dass bald eine disruptive Erschütterung durch den Markt gehen wird: voll vernetzte Autos mit offenen Schnittstellen, die fliegende soziale Netze errichten und Informationen aus dem Verkehr absaugen. Systeme, die sich gegenseitig warnen, den besten staufreien Weg verhandeln, Daten mit der Straße rückkoppeln, aktiv auf Ampelphasen, Beschilderung und Beschriftung der Fahrbahn reagieren, selbsttätig lenken und dem Fahrer die Zeit geben, in Ruhe zu surfen, Filme zu schauen oder Nachrichten zu lesen. Erhältlich für 10 000 Euro, wenn man den Mobilfunk-, Entertainment- und Verkehrsflussoptimierungsvertrag mit abschließt, sonst für 20 000 Euro. Schiebedach, Xenonleuchten und Surround-Audiopaket werden bei der klassischen Industrie womöglich bald mehr kosten als ein komplett automatisches Auto von Disruptoren.

Das Ausmaß der Veränderungen im Automobilsektor können wir erahnen anhand der Antwort, die Larry Page von Google auf die Frage gab, was denn passiere, wenn ein selbst fahrendes Auto über rote Ampeln rausche. Page sagte: »Es gibt dann keine Ampeln mehr, die es missachten könnte. Wir schaffen auch die Ampeln ab.« Natürlich hat er damit recht. Autos, die sich untereinander verständigen, brauchen keine externe Regelungsinstanz mehr. Die Siemens Verkehrssignalsparte ist dadurch akut bedroht, auch wenn sie heute viel daran setzt, Autos und Ampeln elektronisch miteinander zu verbinden. Larry Pages Ehrgeiz geht weiter: »Wir streben völlig autonomes Autofahren an«, schrieb er jüngst bei Google Plus, »weil wir glauben, damit die Verkehrssicherheit zu erhöhen und Menschen zu helfen, die nicht fahren können.« Geplant ist nicht die Verbesserung der Autoindustrie, sondern deren Abschaffung, hilfsweise ihre Reduktion auf eine verlängerte Werkbank.

»Märkte der Internetbranche, die es noch nicht gibt, müssen von Anbietern und Kunden gemeinsam erschlossen werden«, schreibt Clayton Christensen. »Was disruptive Technologien auf neuen Märkten auslösen werden, ist nicht nur nicht bekannt. Es ist grundsätzlich unbekannt. Man weiß es nicht, aber man kann es auch nicht wissen.« Manager glauben gern, dass sie ihre Firma führen und die wichtigen Entscheidungen treffen. »Doch in Wahrheit entscheiden die Kunden, wohin die Firma steuert. Die wahre Macht liegt außerhalb der Organisation, nicht innerhalb.«

Christensen lieferte erdrückende Beweise für die Unfähigkeit, disruptive Kräfte in bestehenden Strukturen zu wecken. Selbst die Auslagerung in autonome Einheiten führt nicht immer zum gewünschten Ziel. Zwar sind die Geschäfte dann formell unabhängig, doch für ihre wichtigsten strategischen Entscheidungen, vor allem für große Investitionen, brauchen sie weiterhin die Mutter. Solange dort zwischen profitablen, reifen Märkten und spekulativen, unreifen Chancen abgewogen wird, geht das ungleiche Spiel zugunsten des Bestehenden aus. »Generell kann man sagen, dass Autonomie-Versuche nur fruchten, wenn sich der Vorstandsvorsitzende voll dahinterstellt. Er ist der Einzige, der dem Start-up innerhalb des Unternehmens das Geld und die Köpfe zuschieben kann, die es braucht.« Meistens kommt es nicht dazu: »Scheitern durch Versuch und Irrtum ist in etablierten Unternehmen nicht vorgesehen«, so Christensen.

Besonders eindrucksvoll schildert Christensen die Überrumpelung durch Disruption am Beispiel der Festplatten-Branche. Einer seiner Freunde, ein Professor für Biologie, hatte ihm geraten, diesen ausgewöhnlich schnelllebigen Wirtschaftszweig zu untersuchen. »Genetiker beobachten keine Menschen«, sagte der Freund. »Auf eine neue Generation muss man 30 Jahre lang warten. Zu lang, um die Folgen einer Mutation zu erkunden. Deswegen nehmen wir Fruchtfliegen. Empfängnis, Geburt, Heranwachsen, Geschlechtsreife und Tod spielt sich alles an einem Tag ab. Mutationen und ihre Folge erkennen wir damit fast sofort.« Festplattenhersteller kamen den Fruchtfliegen am nächsten. »So schnell tickt sonst niemand.«

Christensen ging also daran, die rasante Technologiegeschichte der Festplatte zu untersuchen. Angefangen hat sie bei RAMAC (Random Access Method for Accounting and Control), der Mutter aller Platten, zwischen 1952 und 1956 entwickelt bei IBM in San José: So groß wie ein Kühlschrank, aufgebaut aus 50 24-Zoll-Scheiben, erreichte RAMAC trotzdem nur fünf Megabyte Kapazität, so viel wie heute ein einzelnes Handy-Foto braucht. Nach diesem Erfolg blieb IBM jahrzehntelang Technologieführer und brachte bahnbrechende Konzepte hervor: von der transportablen starren Platte (1961) über die schmiegsame Floppy Disk (1971) bis zum revolutionären Winchester Laufwerk (1973), bei dem Platte und Arm in einem Gehäuse eingeschlossen sind und revolutionäre Lesegeschwindigkeiten erreichten.

Kaum hatte IBM die Festplatte erfunden, wollten Kunden von den vorher üblichen Magnetbändern loskommen. Platten waren deutlich billiger, praktischer und zuverlässiger, und die Leistungswerte verbesserten sich ständig. Jedes Jahr stieg die Datendichte um 35 Prozent an. Von Mitte der siebziger bis zur Mitte der neunziger Jahre kletterte der Umsatz der Branche auf das Zwanzigfache. Trotzdem gingen von den 17 Firmen, die 1976 den Markt beherrscht hatten, bis zur Jahrtausendwende alle bis auf eine einzige – IBM – in Konkurs oder wurden verkauft, darunter so namhafte Adressen wie Diablo, Ampex, Memorex und Control Data. Im gleichen Zeitraum wurden 129 Festplattenhersteller neu gegründet, von denen 109 gleich wieder verschwanden. Alle Firmen, die neben IBM das 21. Jahrhundert erreichten, waren Neugründungen nach 1976.

Nahezu jeder Branche droht ein Schicksal nach dem Vorbild der Festplattenhersteller. Vor Christensen hatte die These Hochjunktur, die Opfer des Wandels seien antriebsarm oder überfordert von Technologie. Christensen widersprach: »Keine der beiden bisherigen Hypothesen war richtig«, schrieb er. »An den Herausforderungen der Technik scheiterte niemand. Ihre erhaltenden Innovationen waren sogar gut.« Als fatal erwies sich lediglich die Unfähigkeit der etablierten Marktteilnehmer, angemessen auf Disruption zu reagieren. Der Grund, den Christensen fand, klingt so trivial wie traurig: Es lag an der Größe der Platten. Jeder Sprung auf den nächstkleineren Durchmesser trieb die Hälfte der Branche in den Konkurs. Zum Beispiel bestellten Rechenzentren munter weiter 14-Zoll-Platten, weil Datendichte und Produktivität ständig stiegen, obwohl Abteilungen in den eigenen Häusern sich von den teuren, zentralistischen Zentren emanzipieren wollten und damit begonnen hatten, Workstations bei Nixdorf und Wang zu kaufen. In diesen Kleincomputern steckten 8-Zoll-Platten. Die Rechenzentren begriffen die Auswirkungen der hausinternen Konkurrenz erst, als es zu spät war. Sie verschwanden von der Bildfläche und rissen die Großrechner-Hersteller samt der 14-Zoll-Produzenten mit sich. Ihnen wurde zum Verhängnis, dass sie das Unabhängigkeitsbedürfnis der Abteilungen und später der einzelnen Mitarbeiter nicht sahen. Ähnlich erging es den 8-Zollern beim Übergang zu 5 ¼ Zoll und denen beim Wechsel zu 3 ½ Zoll. Gleiches Spiel bei zu 2 ½ und zuletzt bei 1,8 Zoll. Stets raffte es ein Gutteil der Branche dahin. Stehende Warnungen und abschreckende Beispiele reichen offenbar nicht aus, um sich wirksam gegen die Gefahr zu wappnen.

Manager in etablierten Unternehmen scheuen das Risiko der Disruption. Sie können nichts dadurch gewinnen. Geht es schief, riskieren sie ihren Job und ihren guten Ruf. Geht es in Ausnahmefällen gut, hat der Erfolg plötzlich viele Väter, und selbst wenn der wahre Urheber des Erfolgs ausgemacht wird, ist die Belohnung niemals so hoch, dass sich das Risiko für ihn lohnen würde. Christensen hat recht, wenn er sagt: »Etablierte Unternehmen beschäftigen brillante Leute. Aber sie schließen sie in ein System aus Prozessen und Werten ein, die ausschließlich erhaltende Innovationen fördern und disruptive Innovationen unmöglich machen.« Anders ausgedrückt: Die hochbegabten Leute in etablierten Firmen bleiben unter ihrem eigenen Potenzial. Sie boxen in einer anderen Gewichtsklasse, als sie es eigentlich könnten.

Einmal im Jahr findet auf dem Stanford-Campus ein Innovationsfestival statt. Studenten präsentieren ihre Erfindungen, Labors öffnen ihre Türen, Prototypen werden der Öffentlichkeit vorgestellt. Alle großen deutschen Autohersteller betreiben im Silicon Valley Entwicklungszentren. Volkswagens *Automotive Innovation Lab* liegt sogar auf dem Gelände der Universität. Es herrscht Volksfestatmosphäre. Luftballons schmücken die große Halle, Roboter werden vorgeführt, Kinder spielen Fangen zwischen den futuristisch anmutenden Testwagen. Vor der Halle hat Google sein selbst fahrendes Auto geparkt. Eine Traube von Menschen umringt das Gefährt. Ingenieure erklären, wie die Laserkamera auf dem Dach die Umgebung abtastet und ein digitales Drahtmodell der Wirklichkeit errechnet. Das Auto sieht unscheinbar, ja hässlich aus; der klobige Aufbau auf dem Dach macht es nicht schöner.

Zwei Studenten setzen sich auf die Vordersitze und unternehmen eine Probefahrt. Sie rühren nichts im Wagen an. Das Auto setzt sich wie von Geisterhand in Bewegung und fährt sie sicher um den Block. Sebastian Thrun hat dieses Auto entwickelt, ein deutscher Professor für Künstliche Intelligenz. Er lehrt in Stanford und ist Vizepräsident von Google, zuständig für den selbst fahrenden Wagen. In einigen Bundesstaaten hat das Auto bereits die Zulassung bekommen. Als die beiden Studenten aussteigen, sind sie begeistert. Nicht so sehr, weil sie heil wieder zurückkommen. Schon gar nicht wegen des Designs. Sondern weil sie während der Fahrt auf ihren Handys spielen konnten. Heute werden Fahrer dafür von der Polizei bestraft, im Google-Auto ist es erlaubt. »Wann kann man das Auto kaufen?«, fragt der Student. Seine Augen leuchten, seine Begeisterung ist geweckt. Früher träumte man von Porsches, heute von selbst fahrenden Autos. So sieht Disruption im Alltag aus. Diese Probefahrt zeigt das erwachende Interesse einer neuen Generation von Autokäufern. Für Deutschlands Industrie ist das ein Besorgnis erregendes Warnsignal. Nicht das VW-Lab weckte Begeisterung, sondern der Google-Wagen.

Wenn Festplattenhersteller untergehen, nur weil sie den Sprung auf andere Größen nicht berücksichtigen, und wenn die Autoindustrie Kunden verliert, weil diese beim Fahren ungehemmt auf dem Handy simsen möchten, dann herrscht für andere Branchen dringende Disruptionswarnung. Ihnen wird schneller Wandel abverlangt. Doch wie macht man das: so schnell zu sein wie das Silicon Valley? Darum geht es in den folgenden Kapiteln.

Hochgeschwindigkeitsökonomie: Die Entdeckung der Schnelligkeit

Deutsche wollen perfekt sein, auch wenn es lange dauert. Kalifornier machen es anders: Auf den Markt kommen Prototypen. Kunden werden zu Komplizen und helfen bei der Verbesserung. Das Silicon Valley rennt und liegt damit meistens vorn.

»Drei Monate sind im Silicon Valley eine Ewigkeit.«

Kenneth Kaufmann, Stanford University

Manche Leute knacken ihre Fingergelenke. Das ist irritierend genug. Bradford Cross aber knackt beim Reden seine Zehen. Daran muss man sich erst einmal gewöhnen. Cross, Gründer von Prismatic, ist ein etwas schrulliger, aber brillanter Experte für Künstliche Intelligenz. Seine Firma sammelt Artikel aus dem Netz und sortiert sie passgenau nach den Interessen ihrer Kunden, ohne Hilfe von Redakteuren, nur mit Algorithmen. Ein Nachrichtenaggregator, bekannt für die hohe Qualität seiner Software. Wir treffen uns in seinem Firmensitz am South Park von San Francisco, einer angesagten Gründerzeitgegend mit vielen Start-ups und Third-Wave-Coffeeshops. Cross trägt Batikhemden und Sportsocken, aber fast nie Schuhe. Ich möchte von ihm wissen, wie es das Silicon Valley schafft, so schnell zu sein.

Nur sechs Wochen brauchen viele Start-ups von der ersten Idee bis zum ersten Produkt. Bei Prismatic war das nicht anders. Wie geht das? Cross beginnt mit der Massage seiner Füße und denkt nach. »Schnelligkeit ist keine Zauberei«, sagt er. »Man kann sie organisieren. Konzentration auf das Wesentliche, Verzicht auf unnötige Umwege – das sind wohl die wichtigsten Faktoren. Das hat mit Abläufen und Prozessen zu tun. Klar, die Leute im Team müssen gut sein. Aber gerade wenn sie gut sind, entscheidet die Projektorganisation darüber, ob am Ende ein gutes Produkt herauskommt oder nicht. Vor allem darüber, *wann* es herauskommt.« Sein großer Zeh knackst. »Wir versuchen nicht, alles auf einmal zu machen. Deswegen sind wir besonders schnell, glaube ich.« Prismatic hat 15 Millionen Dollar Startkapital von Jim Breyer und Yuri Milner bekommen, zwei anerkannten Investoren, die auch schon bei Facebook früh mit dabei waren. Cross hatte in den Jahren davor zwar Vorbereitungen getroffen. Auf seine 50 angestellten Programmierer konnte er aber erst nach der geglückten Finanzierungsrunde zugreifen. »Wir gehen stufenweise vor. Ein Schritt nach dem anderen. Ich könnte Dutzende von Funktionen nennen, die Prismatic heute noch fehlen.« Er beschreibt, was in einem normalen Unternehmen in dieser Lage passieren würde: »Jemand würde all diese Funktionen in ein Pflichtenheft schreiben, zu den Programmierern gehen und denen sagen: Programmiert das! Ohne Sinn und Verstand. Ohne eine Idee, welches Feature wie viel Zeit braucht. Jahre würden vergehen, bis die Techniker damit fertig sind. Die reine Zeitverschwendung.«

Cross lächelt amüsiert. Er fährt sich durch die Haare, sie stehen um so mehr zu Berge: »Am Ende käme heraus, dass die Kunden die meisten dieser Funktionen gar nicht haben wollen. Darauf gebe ich Brief und Siegel. Das ist das Problem mit Pflichtenheften. Die Leute möchten nur einen Teil der Funktionen. Das Dumme ist nur, man weiß vorher nicht, welchen Teil. Also verschwendet man zwangsläufig viel Zeit auf Dinge, die niemand braucht.« »Dann ist die Lösung aber gar nicht so einfach«, sage ich. »Was tut man da als Gründer?« Er schüttelt den Kopf: »Doch, es ist ganz einfach. Man braucht nur den richtigen Prozess. Radikal kürzen und sich auf das Nötigste konzentrieren. Komm mal mit.« Cross faltet sich aus dem Schneidersitz und geht zur Tafel. Das ganze Loft ist eine einzige Tafel. Alle Wände sind mit grünem Lack bestrichen. Sogar die Wand hinter den Fahrradhaken leuchtet grün. Cross zeigt auf einen Abschnitt der Tafel: »Das ist eine typische Liste mit Funktionen, die wir im nächsten Release programmieren wollen.« Die Kreide ist verschmiert. Man sieht, dass viel ausgewischt wurde, neu geschrieben, wieder ausgewischt, wieder neu geschrieben. Der Prozess hat Spuren hinterlassen. »Wir sitzen mit dem ganzen Team auf dem Sofa da vor der Tafel und diskutieren uns die Köpfe heiß. Nicht am Anfang, sondern mittendrin. Wenn die Zeit knapp wird. Wenn uns das Wasser bis zum Hals steht.« Aber wie widersteht er der Versuchung, die Frist der Entwicklung einfach zu verlängern, damit genug Zeit bleibt, alle Funktionen unterzubringen? »Oh nein, verschieben geht nicht. Die Zeit steht fest. Funktionen sind flexibel, die Zeit ist es nicht«, sagt er.

Kalifornische Start-ups sind in Runden finanziert. Das unterscheidet sie von Abteilungen in traditionellen Unternehmen. Solche Abteilungen können, wenn das Geld nicht reicht, immer wieder zur Geschäftsführung gehen und neues Budget erbitten. Vielleicht gibt das Ärger, doch wenn es inhaltlich sinnvoll scheint, kommen sie damit durch. Start-ups mit Venture Capital ist dieser Weg verwehrt. Genauer ausgedrückt: Sie könnten ihn beschreiten, doch er würde sie teuer zu stehen kommen. Neue Finanzierungsrunden bedeuten weniger Anteile für die Gründer. Neues Kapital kommt durch Kapitalerhöhungen in die Firma, und Kapitalerhöhungen erfordern die Ausgabe neuer Aktien. Die neuen Geldgeber kaufen die neuen Anteilsscheine, damit sinkt automatisch der prozentuale Anteil der Altaktionäre. Verwässern bedeutet, weniger von seiner eigenen Firma zu besitzen. Wenn es gar nicht anders geht und sonst die Pleite droht, machen Gründer das mit. Aber für Funktionen in Pflichtenheften, die am Ende kein Kunde haben möchte? Dafür wäre der Preis zu hoch. Dann wird lieber noch einmal ganz grundsätzlich nachgedacht: Braucht man diese oder jene Funktion wirklich? Ginge es nicht auch ohne sie? Vor dem inneren Auge der Gründer klebt an jeder Funktion ein Preisschild mit einer Dollarzahl. Jedes Prozent, das sie jetzt abgeben, kann später zig Millionen wert sein. Entsprechend leidenschaftlich diskutieren sie. Die Kreidespuren auf der Tafel bei Prismatic sind Ausdruck dieses Kampfes. Hin und her, vor und zurück, ausstreichen, hinschreiben, ausstreichen, hinschreiben. Das zehrt an den Nerven. In der gegenüberliegenden Ecke des Lofts findet eine solche Debatte gerade statt, vermutlich seit Stunden.

Die Leute liegen ermattet auf den Sofas, die Beine von sich gestreckt. Einer steht mit Kreide und Schwamm an der Tafel. Er bekommt Stichworte zugerufen und hantiert mit seinen Werkzeugen. Mal wird es laut, mal schweigen alle, mal geht einer weg, mal wird geklatscht, mal gelacht, gebuht, geschimpft, gepfiffen. Es dauert ewig. Aber unter dem Strich macht es die Firma schneller.

»Es gibt keine genialen, perfekten Funktionslisten.« Cross zeigt auf die Tafel und sagt: »Am grünen Tisch kann man sich das ideale Produkt nicht ausdenken. Man muss zum Publikum gehen. So schnell und nah wie möglich. Und man muss das Projekt immer wieder anpassen an die Erfahrungen, die der Kunde macht. Man muss bereit sein, alles über Bord zu werfen. Was gestern wahr war, kann heute falsch sein. Schmerzhaft ist das. Tausende Zeilen Code einfach wegwerfen. Das tut weh. Ich weiß, wovon ich spreche. Doch man muss sich trennen können von seinen voreiligen Schlüssen.« Dann sagt er einen Satz, der mir lange im Gedächtnis haften bleibt: »Ein gutes Produkt ist etwas anderes als eine gute Idee. Es ist die Reduktion einer Idee. Die Essenz. Das, was übrig bleibt, wenn man alles Überflüssige gestrichen hat.« Solche Produkte bestechen durch Einfachheit. Bei ihnen leuchtet dem Publikum sofort ein, worum es geht. Die ursprüngliche Inspiration, gereinigt und gefiltert durch viele Instanzen. Eine moderne Form von Alchemie. Hitzige Diskussionen brennen das Überflüssige weg. Michelangelo musste nur den überflüssigen Marmor von seinem *David* wegmeißeln, behauptete er. So ähnlich stellt sich Cross den Entstehungsprozess guter Software vor. *Code is Poetry* – der Wahlspruch der Open-Source-Publishing-Plattform WordPress. Programmieren und Dichten haben viel gemeinsam.

»Wir wissen einfach selbst nicht, was wichtig ist«, sagt Cross. »Wir können es nicht wissen. Und wir sollten es auch nicht wissen wollen. Nur der Kunde kennt die Antwort. Und der weiß sie in Wahrheit auch nicht, wenn man ihn ganz direkt danach fragt. Aber wenn man ihm ein Produkt in die Hand gibt und genau beobachtet, wie er damit umgeht, dann kommt man der Antwort langsam näher.« Steve Jobs hat diesen Prozess der schöpferischen

Gestaltung einmal ähnlich beschrieben. Er wurde in einem seiner seltenen Fernsehinterviews gefragt, wie gute Produkte entstehen: »Wenn man die Welt mit den Augen eines Kindes betrachtet, glaubt man, alle Dinge auf der Welt hätte es schon immer gegeben«, sagte er. »Man erkennt keinen Unterschied zwischen Bäumen und Flugzeugen. Beide sind einfach da, und man denkt nicht darüber nach, wann und wie sie in die Welt gekommen sind. Dann aber wird man älter und versteht auf einmal, wie viele Dinge um uns herum von Menschen gemacht worden sind. Viele sogar vor nicht allzu langer Zeit. Man sieht dann plötzlich ein: Die Welt ist nicht statisch. Sie ist von Menschen geändert worden. Und weil man selbst ein Mensch ist, erkennt man auf einen Schlag, dass man sie auch ändern kann. Mit einem Mal wird man sehr mächtig. Ich kann mich an diesen Moment in meinem Leben sehr genau erinnern.« Solche Momente der Einsicht führen viele Gründer mit ihren Teams absichtlich herbei.

Wahre Kreativität bedeutet nicht, alles aufzuschreiben, was einem einfällt, und diese Liste in der IT-Abteilung abzugeben. Wahre Kreativität heißt, zwischen Wichtigem und Unwichtigem zu unterscheiden. Zu schaffen und zu vernichten, zu schreiben und zu löschen, zu entwerfen und zu verwerfen. Zu dieser Disziplin ringt man sich nur durch, wenn Zeit und Geld nicht unendlich sind. Es gelingt nur, wenn man sich in einem eng begrenzten Rahmen bewegt. So eng begrenzt wie die Leinwand eines Malers, der sich zu Beginn für ein Format entscheiden muss und es später auch nicht mehr ändern kann. Das bedeutet: Die traditionelle Art und Weise, wie Software vor allem in Europa in etablierten Firmen entsteht und wie Projekte gesteuert werden, ist nicht optimal. Sie ist immer langsamer und führt meistens zu schlechteren Ergebnissen als die kalifornische Methode. Sie ist ein wichtiger Erfolgsfaktor.

Heißt *schnell* aber nicht automatisch *schlechter*? Diese Frage hat das Silicon Valley vor einigen Jahren verbindlich mit *Nein* beantwortet. Die Verantwortung dafür trägt Eric Ries, Jahrgang 1979, Unternehmer, Autor des Buchs *Lean Startup* und Erfinder eines Konzepts, das *Minimal Viable Product* heißt, abgekürzt MVP. Dieses Konzept erwies sich als außergewöhnlich einflussreich und ist nicht mehr wegzudenken. Nach seiner Methode arbeiten heute fast alle amerikanischen Start-ups. Ries sieht aus wie der nette junge Mann von nebenan. T-Shirt unter dem weit sitzenden Baumwollhemd, Farbton Aubergine. Mittelanges, wohlfrisiertes Haar. Eckige Brille. Er ist Auflagenmillionär und gefragter Vortragsredner. 2001 war Ries von der Yale University ins Silicon Valley gekommen, voller Tatendrang und mit einer guten Idee. Mit Freunden startete er There.com, eine Seite für virtuelle 3D-Welten. Das Abenteuer endete nach drei Jahren im Konkurs. Ries gab nicht auf und fing von vorn an, diesmal mit dem sozialen Netzwerk IMVU in Mountain View. Jetzt sollte alles klappen. Er hatte mit neuen Kompagnons einen »brillanten Plan« ausgeheckt, wie er selbst sagte. Aber auch diesmal ging alles schief. Aus dieser neuen Krise zog er eine fundamentale Erkenntnis, die später die Basis seiner MVP-Theorie wurde. Es lohnt sich, einen Moment innezuhalten und zu schauen, was Ries mit IMVU vorhatte, warum er scheiterte und wie er es dann doch noch hinbekam. Diese Erfahrung ist zur Blaupause der kalifornischen Hochgeschwindigkeitsökonomie geworden. Obwohl inzwischen tausendfach kopiert, ist sie in Europa noch nicht richtig angekommen.

Ries wollte in den riesigen Markt der Instant Messenger vordringen. Populäre Produkte, die auf Abermillionen Computern installiert sind, für die aber niemand Geld bezahlt. AOL, Microsoft und Yahoo! beherrschten damals die Szene und schossen kräftig dazu. Die Messenger waren strukturell defizitär. Ries fasste den kühnen Plan, das Monetarisierungsproblem zu lösen, und zwar mit einem bezahlten Messenger. Die Nutzer sollten zur Kasse gebeten werden. Auf den ersten und auch zweiten Blick ein aberwitziger Plan. Warum sollten Leute für etwas bezahlen, das es anderswo umsonst gab? Ries war die Herausforderung durchaus klar. »Niemand würde einfach so zu uns wechseln«, wusste er. »Die gefühlten Wechselkosten waren viel zu hoch. Seine Freunde herüber auf einen neuen Messenger zu locken, macht einfach keiner. Schon gar nicht, wenn es Geld kostet. Also mussten wir uns etwas Besonderes einfallen lassen.« Eine *Unique Selling Proposition* musste her, und es gab auch eine Idee: die enge Anbindung an Videospiele. Ries erläutert: »Die Leute sollten sich gegenseitig direkt aus dem Videospiel auf dem Laufenden halten, wie grandios sie ihren Avatar ausgerüstet hatten. Wilde Waffen, irre Kostüme – da steckt so viel Liebe drin, das ist eine Mitteilung wert.« Seine Hauptschwierigkeit aber bestand darin, dass sich niemand den neuen Instant Messenger herunterladen würde. Egal wie hoch sein Nutzen, die Behäbigkeit der Nutzer war erfahrungsgemäß zu groß. Also musste Ries auf den ersten Trick noch einen zweiten stapeln. Seine Idee: IMVU sollte in die Rolle des Vermittlers schlüpfen. Wie? Indem alle gängigen Videospiele mit allen gängigen Instant Messengern verbunden wurden. Dann könnte man IMVU aus den bestehenden Messengern heraus benutzen, ohne sich irgendetwas herunter zu laden. Die kritische Masse wäre damit sofort erreicht worden.

Eine Herkulesaufgabe. »Wir planten ein halbes Jahr dafür ein und programmierten Tag und Nacht«, erzählt Ries. »Trotzdem wuchs uns das Projekt über den Kopf. Wir gingen unter. Wir wussten nicht mehr, wo oben und unten war.« Sie kürzten intuitiv die Liste der geplanten Funktionen. Das Produkt wurde schmaler und schmaler. »Anders hätten wir es gar nicht geschafft.« Nach sechs Monaten war das Produkt zwar halbwegs fertig, aber es wackelte gefährlich. Ständig gab es Abstürze. »Meine größte Sorge beim Start war die Fachpresse. Ich fürchtete mich vor Schlagzeilen wie: ›Gescheitertes Team baut furchtbares Produkt‹ – davor hatte ich am meisten Angst«, gesteht Ries offen ein.

Doch erwies sich diese Angst als gänzlich unbegründet, weil etwas viel Schlimmeres geschah. Niemand echauffierte sich über die Mängel, denn niemand nahm das Produkt überhaupt wahr. Es verschwand unter dem Radar. Die Spieler ließen IMVU links liegen. Für Ries und seine Kollegen war dieser Rückschlag deprimierend: »Wir stellten die wildesten Theorien darüber auf, warum die Leute unsere tolle Software ignorierten. Wir glaubten, es läge an den technischen Fehlern, und schufteten Tag und Nacht, um sie auszubügeln.« Doch es half nichts. Die Software verschwand im Nirwana. Niemand nutzte sie, egal, wie hart Ries daran arbeitete: »Ich war total frustriert.« Aus nackter Verzweiflung verfiel das Team schließlich auf die rettende Idee. »Wir waren so runter mit den Nerven, dass wir junge Leute zum Diskutieren ins Büro einluden. Das hatten wir noch nie getan. Die Kids testeten das Produkt vor unseren Augen. Das Videospiel fanden sie cool. Aber sie weigerten sich, ihre Freunde einzuladen.« Ein 17-jähriges Mädchen brachte es auf den Punkt: »Das mache ich nicht. Woher soll ich denn wissen, ob meine Freunde euer Produkt cool finden? Wenn es nicht cool ist, finden sie mich doof. Sorry, keine Chance.« Die sozialen Kosten waren ihr zu hoch.

Ries und Kollegen hatten geglaubt, dass Spieler nur einen einzigen Messenger benutzten. Nur wenn diese These stimmte, gab es Bedarf für eine zentrale Schaltstelle. War die These aber falsch, brauchte niemand die Zentrale. Und tatsächlich stellte sich heraus, dass die Ursprungshypothese falsch gewesen war: Junge Leute verwendeten mehrere Messenger gleichzeitig. Verschiedene Dienste für verschiedene Freundeskreise. »Ein Gespräch mit einem jungen Mann ließ bei mir den Groschen fallen«, berichtet Ries. »›Niemals werbe ich für euch bei meinen Freunden‹, sagte er. ›Dafür mache ich lieber ein neues Konto auf.‹ Ich fragte, wie viele Konten er habe. ›Acht.‹ Acht Konten? Wie synchronisiert er seine Freundeslisten? – Seine Antwort: ›Gar nicht. Wozu denn? Die Leute haben nichts miteinander zu tun. Ich öffne einfach acht Fenster nebeneinander auf dem Bildschirm.‹«

In diesem Moment klingelte es bei Ries. Seine wichtigste Grundannahme hatte nicht gestimmt. Mehrere Messenger nebeneinander waren für seine Zielgruppe kein Problem. Für jeden Zweck eine eigene Freundesliste – das akzeptierten die Leute. »Tausende Zeilen Code waren auf einen Schlag überflüssig. Sie wurden fast vollständig gestrichen«, klagt Ries und wirkt darüber heute noch traurig. »Ein halbes Jahr Arbeit umsonst. Wir hätten die komplizierte Schnittstelle gar nicht gebraucht. Für mich war das eine sehr schmerzhafte Erfahrung. Ich war bei uns für die Technik zuständig und hatte einen katastrophalen Fehler gemacht. Ich bekam Angst, dass mich unser Team nicht mehr bräuchte. Wozu einen Programmierer, wenn die Lösung viel einfacher ist als erwartet?« Vor allem aber wurde Ries schlagartig klar, dass er vorher nie darüber nachgedacht hatte, ob seine Grundannahme überhaupt stimmt. Ihm war nicht einmal bewusst gewesen, dass er seine ganze Firma auf einer einzelnen, unbewiesenen Annahme begründet hatte. Nun entwickelte Ries blitzschnell seine Theorie. Er war durch Zufall auf etwas Bedeutsames gestoßen, so zufällig wie viele Entdecker vor ihm. »Tausende von Geschäftsmodellen scheitern, weil implizite Annahmen nicht aufgedeckt und überprüft worden sind. Wir waren dafür das beste Beispiel«, sagt er. »Wir hatten einfach eine Aussage in die Welt gesetzt und für wahr befunden, ohne zu bemerken, dass es dafür keinen Beweis gab. Was für ein Fehler, was für ein Leichtsinn!«

Ries begann, einen alternativen Ansatz zu formulieren. Er basiert darauf, implizite Annahmen offenzulegen und sie mithilfe kleiner, schmaler Produkte auf Richtigkeit zu testen. Das Konzept des *Minimal Viable Product* wurde geboren. Den zentralen Satz seiner Lehre drückt Ries so aus: »Die Hypothese ist das Produkt, und das Produkt ist die Hypothese.« Weil IMVU zwar schwer angeschlagen, aber noch nicht tot war, nutzte Ries die Chance und probierte seine Idee gleich im Selbstversuch aus. Mit großem Erfolg. Fortan wurde jede einzelne Grundannahme zur Sprache gebracht und an Kreidetafeln geschrieben. Jede Annahme wurde in ein Produkt verwandelt, und jedes Produkt den Konsumenten zum Spielen in die Hand gegeben. Erst wenn sich eine Annahme als richtig erwies oder korrigiert worden war, kam die nächste Hypothese an die Reihe. Das Konzept funktionierte. IMVU ist nicht mehr wiederzuerkennen. Es wurde zu einer erfolgreichen Plattform für Onlinespiele. Heute sind 60 Millionen Avatare online. Jeden Tag kommen Tausende neuer Ausrüstungsgegenstände in den Shop, entworfen von den Spielern selbst. Die Spieler nutzen IMVU, um neue Leute kennenzulernen, nicht um alte Bekannte für ihr Lieblingsspiel zu begeistern. Beide Hypothesen, mit denen Ries sein Start-up begonnen hatte, waren aus heutiger Sicht weltfremd und grundfalsch.

Seine Erfahrungen brachte Ries erst in Vorträgen, dann in seinem Buch zur Sprache. Den Titel *Lean Startup* wählte er in Anlehnung an das japanische Konzept vom *Lean Manufacturing*, mit dem Toyota die Autoindustrie revolutioniert hatte. Erfahrungen, so Ries, sollten nicht durch Zufall, sondern in systematischen Tests gewonnen werden. Genaue Messungen müssen in die Produktentwicklung rückgekoppelt werden. Bauen, messen, lernen, weiterbauen. Ries sagt: »Das ist wie der Übergang von der Alchemie zur Wissenschaft. Früher war Gründen wie Alchemie. Alles kam auf das Bauchgefühl des Gründers an. Das war gefährlich. Fakten sind wichtiger als Gefühle, wenn es ums Investieren geht. Firmengründen muss zu einer präzisen Wissenschaft werden.« Start-ups, sagt er, können sich nicht länger auf Mythen verlassen wie »Wir waren zur richtigen Zeit am richtigen Ort«. Sie müssen empirisch analysieren, was sie tun. »Strategien bestehen immer aus Annahmen. Wenn sie falsch sind, stimmt auch die Strategie nicht. Deswegen müssen Annahmen systematisch validiert werden, bevor sie Grundlage einer Strategie werden können.«

Ein *Minimal Viable Product* schafft eine Versuchsanordnung, die einer präzise formulierten Frage auf den Grund geht. Die erste Frage bei IMVU hätte lauten müssen: »Sind Spieler bereit, Software für einen neuen Messenger zu laden?« In Windeseile hätte Ries ein kleines Programm mit winzigem Leistungsumfang schreiben können, etwa mit der kleinen Funktion: »Sende meinen Punktestand an alle Leute, mit denen ich dieses Spiel schon einmal gespielt habe.« Schnell hätte er gewusst, ob die Hypothese falsch oder richtig ist. Die nächste Frage wäre gewesen: »Wollen Spieler mit Freunden außerhalb ihrer Spielerwelt kommunizieren?« Eine kleine Ergänzung zum AOL Instant Messenger hätte gereicht, um das zu erproben. Ries benutzt auch das Beispiel Apple, um sein Konzept zu erläutern: »Für den Erfolg des iPod war es wichtig, ob die Leute bereit sein würden, Kopfhörer in der

Öffentlichkeit zu tragen. Steve Jobs hätte diese Hypothese garantiert getestet. Sonys Walkman aber hatte die Frage Jahre vorher schon mit Ja beantwortet. Die Leute waren sehr wohl bereit, sich Hörer über den Kopf zu stülpen. Jobs war sich dieser impliziten Annahme bewusst. Er verzichtete nur auf eine Überprüfung, weil Sony ihm das Jahre vorher bereits abgenommen hatte.«

Minimal Viable Products machen das Silicon Valley schnell, treffsicher und innovativ. »Um schnell zu sein, muss man sich sehr ehrgeizige zeitliche Ziele setzen«, sagt auch Prismatic-Gründer Bradford Cross. »Es geht darum, möglichst rasch ein möglichst gutes Produkt auf den Markt zu bringen. Das Produkt muss schlank sein. Es muss die Kernfunktionen enthalten, mehr nicht. Aber diese Kernfunktionen müssen perfekt sein. Da ist kein Platz für Kompromisse.« Wenn Kompromisse gemacht werden, dann nicht bei der Qualität, sondern nur bei der Funktionsliste. Alles, was verzichtbar ist, fliegt heraus. Übrig bleibt der nackte Kern. So wie im Kinofilm *Apollo 13:* Wenn die Batterie in die Knie geht, schaltet man alles Überflüssige ab. Am Netz bleibt nur das absolut Notwendige. *Reduce to the max* – nach diesem Mantra rasen die Kalifornier durch ihre Entwicklungsphasen.

Sie rasen dem Kunden entgegen. Bei ihm wollen sie möglichst früh ankommen. Er soll möglichst früh einen Prototyp mit Kernfunktionen in der Hand halten. Zum Spielen, zum Experimentieren, zum Ausprobieren. Was der Kunde damit macht, ist tausendmal wichtiger als jede Trockenübung im Entwicklerteam. Auf dieses Kundenerlebnis richtet sich das ganze Augenmerk. Beim ersten iPod gab es anfangs nur einen winzigen Schwarz-Weiß-Bildschirm. Er konnte keine Plattencover anzeigen. Jobs störte das nicht im Geringsten. Es ging ihm nur um die Kernfunktionen: unterwegs Musik zu hören, ein breites Repertoire mitzuführen und die Songs schnell zu finden. Alles andere konnte später folgen, optimiert durch die Reaktionen des Publikums.

Tesla, die Elektroauto-Firma des Milliardärs Elon Musk, geht nach ähnlichem Muster vor. Als erstes Modell brachte Tesla keine Limousine, sondern einen Roadster heraus. Er war billiger in Entwicklung und Produktion. Zwei Hypothesen standen auf dem Prüfstand: Haben Kunden so viel Spaß an hohem Drehmoment und raketenartiger Beschleunigung, dass sie mehr Geld für einen Elektrowagen ausgeben als für ein trägeres Benzinmodell? Und sind 400 Kilometer Reichweite genug? Beide Thesen erwiesen sich als richtig. Erst nachdem an diesen Hypothesen kein Zweifel mehr bestehen konnte, steckte Musk Geld in die Entwicklung des viel teureren Familienautos »Modell S«. Es sieht von außen und innen ganz anders aus als der Roadster, doch seine Kerneigenschaften sind genau die gleichen wie bei dem kleinen Straßenflitzer: extrem hohe Beschleunigung und nahezu dieselbe Reichweite. Musk, ein Experte für Minimal Viable Products, hätte es nicht gewagt, mit dem riskanten Model S von diesen Kerneigenschaften abzuweichen.

Whatsapp, der Kurznachrichtendienst, den Facebook für 19 Milliarden Dollar gekauft hat, startete als schlichter SMS-Ersatz ohne Fotos oder Videos. Es war ebenfalls ein Minimal Viable Product. Dutzende interessanter Funktionen fehlen bis heute. Es ging anfangs nur um den Test, ob Smartphone-Besitzer zu einem Anbieter wechseln würden, der Kurznachrichten auf dem Handy perfekt sortiert und anzeigt. Nicht mehr als das, dafür in grandioser Qualität. Die Antwort war ein überwältigendes Ja. Als Facebook einstieg, hatte Whatsapp weltweit schon 450 Millionen Menschen als Kunden gewonnen.

Tinder, die schnellstwachsende Dating-App der Welt, ist ein weiteres Beispiel. Sie wurde von einem Drei-Mann-Team in Los Angeles programmiert, um herauszufinden, ob Menschen sich verabreden würden, wenn sie voneinander nicht mehr kennen als ein paar Fotos. Bislang dachten Dating-Portale, sie müssten seitenlange Fragebögen mit Selbstbeschreibungen ausfüllen lassen. Tinder bewies, dass es auch anders geht. Wir haben Sean Rad, den Gründer von Tinder, samt seinem Team im Februar 2013 in Los Angeles getroffen. Drei aufgekratzte junge Leute in Lederjacken, zwei Männer, eine Frau. Sie platzten vor Aufregung und Stolz. Nur fünf

Monate war es her, dass sie ihre Idee hatten. Das Grundprinzip ist denkbar einfach. Die App zeigt Fotos von anderen Tinder-Nutzern aus der Umgebung an. Wenn man ein Gesicht mag, wischt man es nach rechts, wenn nicht, nach links. »Sobald man jemanden mag, der einen vorher mochte, macht es Pling: ein Match! Dann kann man einander schreiben. Das ist schnell, macht Spaß und verringert die Furcht vor Zurückweisung«, erläutert Rad. Die Hypothese lautete: Ein einziges Foto reicht, um sich in einer Sekunde ein erstes Urteil über einen anderen Menschen zu bilden. In nur sechs Wochen wurde die App programmiert. Einen Monat nach dem Start gab es 50 000 Nutzer, drei weitere Monate später eine halbe Million, ein Jahr später zehn Millionen. Ein überragender Erfolg. Rad hat nichts anderes getan, als das Konzept des *Lean Startup* in die Tat umzusetzen: »Wir hatten die Idee, haben sie blitzschnell programmiert und dann abgewartet, was passiert. Jede Weiterentwicklung danach basierte auf den Reaktionen des Publikums.«

Gründer können auf Hilfe von außen zählen, um die Geschwindigkeit zu erreichen, die das Silicon Valley ihnen abverlangt. Überall sind Inkubatoren und Akzeleratoren entstanden – Startup-Schmieden mit professionellen Mentorenprogrammen. Y Combinator, PlugAndPlay, 500 Startups, StartX und Rocketspace sind die bekanntesten von ihnen. Alle Anbieter arbeiten nach einem ähnlichen Modell. Teams bewerben sich mit Präsentationen um die Aufnahme. Die Gewinner ziehen in Gemeinschaftsbüros und durchlaufen ein etwa dreimonatiges Programm. In dieser Zeit programmieren sie ihr Minimal Viable Product, üben Präsentieren, stellen sich der Kritik anderer Teams und werden von erfahrenen Mentoren hart herausgefordert. Für übertriebene Höflichkeit und Rücksichtnahme ist kein Platz. Je härter der Inkubator, desto erfolgreicher das Produkt. Auf Demo Days stellen sich die Gründer am Ende des Programms einem vollen Auditorium aus Investoren vor. Manchmal ist Presse zugelassen, oft nicht. Die besten Teams finden meistens sofort eine Anschlussfinanzierung. Für seine Hilfe bekommt der Inkubator einen festen Anteil der Aktien, etwa sieben Prozent. Einige Inkubatoren verlangen keine Anteile. StartX zum Beispiel finanziert sich aus Sponsoring.

Y Combinator ist der schillerndste Inkubator im Silicon Valley. Gegründet 1998 von Paul Graham, einem Unternehmer, der sein Start-up Viaweb gerade für 49 Millionen Dollar an Yahoo! verkauft hatte. Graham will Monopole brechen, sagt er. Wenn die richtigen Unternehmer auf die richtigen Ideen kommen, so seine Überzeugung, können sie einem halben Dutzend Fortune-500-Unternehmen den Garaus machen. Je schlechter die Wirtschaft läuft, desto besser kann er angreifen und desto mehr Geld würde er dafür gern ausgeben: »Ich bin wahrscheinlich der einzige Mensch, der hofft, die Rezession würde niemals enden«, sagt Graham. Eines der Monopole, die er gern angreifen würde ist eBay: »Weil eBay seinen Auktionsmechanismus vernachlässigt, ist das Thema Auktionen wieder reif für eine disruptive Innovation.« Y Combinator legt wie die meisten anderen Inkubatoren Fonds auf, die in Firmen aus dem eigenen Stall investieren.

Michelle Crosby, eine 37-jährige Anwältin aus Idaho, ist eine typische Gründerin, die mithilfe von Y Combinator erfolgreich wurde. Sie startete Wevorce, eine Steuerwebseite für Scheidungswillige. Ihre Hausbank zögerte mit einem Kredits über 10 000 Dollar, da bekam sie plötzlich unaufgefordert eine Mail von Y Combinator: »Sie boten mir 100 000 Dollar für 7 Prozent an meiner noch gar nicht gegründeten Firma an, wenn ich sofort nach Mountain View ziehen würde.« Crosby nahm das Angebot an. Gemeinsam mit allen anderen Gründern arbeitete sie fieberhaft auf den Demo Day hin, intern D-Day genannt. Zweimal jährlich kommen 450 der reichsten und einflussreichsten Technologie-Investoren zu Y Combinator. Jedes Team darf nur zweieinhalb Minuten vortragen. Legendäre Erfolge haben hier ihren Ursprung genommen, etwa Dropbox, der Cloud-Datenservice, mittlerweile rund 4 Milliarden Dollar wert, oder Airbnb, die private Zimmervermittlung mit rund 2 Milliarden Wert. In den ersten sechs Jahren von Y Combinator konnten 72 Prozent der 249 Start-ups nach dem Demo Day Geld aufnehmen. Im Durchschnitt beträgt die Startfinanzierung heute 22,4 Millionen Dollar. Über 2600 Teams bewerben sich, nur 47 bekommen eine Zusage. »Gründer Paul Graham«, schrieb die *New York Times*, »ist ein Schwindelkeit erregender Redner, ein hyperartikulierter Programmierer, ein Investitions-Magnat und ein Essayist. Er ist eine Mischung aus Philosoph Bertrand Russell und Zirkusdirektor P.T. Barnum.« Jeden Dienstag trifft sich seine Start-up-Gemeinde zu Spaghetti in der turnhallengroßen Zentrale, versteckt gelegen in einem Gewerbegebiet, um mit Größen wie Mark Zuckerberg, Marissa Mayer und Al Gore über das Geschäft und neue Trends zu reden.

Drei Faktoren also sind es, die kalifornische Start-ups so schnell machen: Das Prinzip der feststehenden Zeit durch die Finanzierung in Venture-Capital-Runden. Das Herausbringen von Minimal Viable Products und die evolutionäre Weiterentwicklung mithilfe des Publikums. Und eine professionelle Infrastruktur aus Inkubatoren, die sozialen Austausch unter Gründern erleichtern, Produkte durch interne Kritik verbessern helfen und den Kontakt zu Investoren organisieren. In Deutschland sind alle drei Faktoren heute noch unterentwickelt.

Investoren sind die vielleicht rätselhafteste Gruppe des Silicon Valley. Außerhalb ihrer Kreise versteht kaum jemand, wie sie rechnen. Wagen wir jetzt also einen Blick in ihre Bücher.

Risikokultur: Beim nächsten Mal machen wir bessere Fehler

Neun von zehn Start-ups floppen, doch die Investoren stört das nicht. Die Welt aus den Angeln zu heben, ist ihr Ziel. Wenn das nur manchmal gelingt, hat es sich schon gelohnt. Mit ihrem wohlkalkulierten Wagemut zetteln sie Revolutionen an.

»Im Silicon Valley leben zwei Millionen Menschen, und eine Million davon glaubt, dass sie das nächste große Ding entdeckt hat.«

Ben Smith, Wanderful Media

Das hübsche Reihenhaus mit Garten liegt an einer ruhigen Wohnstraße im Süden von San Francisco. Autos parken wie überall in der Stadt mit eingeschlagenen Vorderrädern. Falls sich die Bremse löst, sausen sich nicht ungebremst die steile Piste hinunter. Eine kleine Treppe führt zur Eingangstür hinauf. Dort warten Florian Leibert und Tobias Knaup. »Herein, herein«, rufen sie und führen mich ins Wohnzimmer. Ein neuer Drucker steht auf der Heizung, die Verpackung liegt aufgerissen am Boden. Zwei Apple-Laptops stehen aufgeklappt auf dem Couchtisch. »Willkommen in unserer Firmenzentrale«, witzelt Leibert. Von Firma ist nicht viel zu sehen, von Zentrale noch viel weniger. Im Garten schleicht eine Katze durch die Sonne. Die Familie ist ausgeflogen, um die beiden Freunde in Ruhe arbeiten zu lassen. Fünf Minuten, dann ist die Besichtigungstour schon abgeschlossen. »Wir gehen essen«, verkündet Leibert. Das Topmanagement des Start-ups, in Personalunion die beiden einzigen Angestellten, ziehen sich ihre Kapuzenpullis über, schlüpfen in Leinenslipper und führen mich über die Straße zu einem Chinesen an der Hauptstraße. Wir laden das Essen auf die Tabletts und setzen uns in die Sonne. »Das ist unsere Kantine«, sagt Knaup. »Hier sitzen wir fast immer. Schmeckt gut und ist preiswert.« Leibert nickt wortlos.

Ich bin zu Gast bei einer typischen Neugründung. Florian Leibert, gebürtiger Deutscher und seit einigen Jahren in Kalifornien, war Cloud-Experte beim Zimmervermittler Airbnb. Tobias Knaup, ebenfalls Deutscher, war in ähnlicher Funktion bei Twitter und hat dazu beigetragen, die ständigen Abstürze in den Griff zu bekommen. Beide haben gekündigt, um ihre eigene Firma aufzumachen. Sie heißt Mesosphere und möchte den Markt für Cloud-Software aufrollen. Leibert und Knaup glauben, eine viel bessere Technik als die heute übliche aufbauen zu können. Venture Capital soll ihre Gründung finanzieren. Im Augenblick haben sie noch kein Kapital aufgenommen. Sie tragen die ersten Anlaufkosten selbst. *Bootstrapping* heißt das im Jargon der Szene. Um die Ausgaben niedrig zu halten, leben und arbeiten sie in dem Privathaus. Parallel sprechen sie mit Investoren. Einige Monate nach unserem Treffen sammeln sie 2,25 Millionen Dollar Startkapital ein – der erste große Erfolg. Weniger als ein Jahr später, im Frühjahr 2014, gelingt ihnen der große Durchbruch. Sie finden 10,5 Millionen Dollar für eine sogenannte *Serie A*, die erste offizielle Finanzierungsrunde. Angeführt werden die Investoren von Andreessen Horowitz, einem der renommiertesten Fonds. Sogar das *Wall Street Journal* berichtet über die Transaktion. Mit diesem Geld kann Mesophere Programmierer einstellen. »Gründen ist unglaublich billig geworden«, erzählt Leibert über seinen Teller hinweg. »Vor zehn Jahren musste man sich noch teure Server und Programme kaufen. Heute reichen ein paar Laptops. Die Serverkapazität mietet man in der Cloud. Immer genau so viel, wie man gerade braucht. Wenn man sie nicht mehr benötigt, mietet man sie einfach ab. Wichtige Software-Module für Infrastruktur gibt es gratis im Netz. Wir können uns voll auf das konzentrieren, was wir am besten können.« Ich frage ihn, warum sie ihre Firma in San Francisco gegründet haben und nicht in Deutschland. Leibert antwortet sehr deutlich: »Es gibt hier einfach mehr Kapital, mehr Ingenieure und einen größeren Markt. Die Leute arbeiten freiwillig 70 Stunden in der Woche und sind bereit, größere Risiken einzugehen. Es ist nicht unüblich, einen sicheren Arbeitsplatz bei einer arrivierten Firma wie Google, Apple oder Facebook mit gutem Gehalt aufzugeben und ihn gegen einen hochriskanten Job im Start-up einzutauschen.« Und außerdem gefällt ihm der Gemeinschaftssinn: »Man erfährt hier viel mehr Unterstützung, von Gründern, ehemaligen Kollegen, aber vor allem von Investoren.«

Damit trifft er ins Schwarze. 15 Milliarden Dollar Wagniskapital gibt es in jedem Jahr im Silicon Valley. Zehnmal so viel wie in Israel, 20-mal so viel wie in Deutschland. Das Geld wird auf einer einzigen Straße verteilt. Sie heißt Sand Hill Road und ist nach Stanford der wichtigste Standortvorteil des Silicon Valley. Die Sand Hill Road verläuft auf der Stadtgrenze zwischen Palo Alto und Menlo Park und mündet im Westen auf den Highway 280, der durch die Hügelkette nach San Francisco führt. Seit Jahrzehnten ist die Sand Hill Road die bevorzugte Adresse für Venture Capital Fonds. Wer etwas auf sich hält, sitzt hier. Bei meinem ersten Besuch auf der Sand Hill Road fahre ich im Cabrio eines Kollegen mit. Warmer Wind weht uns ins Gesicht. Wir sehen eine Idylle. Zwei Fahrspuren in beide Richtungen, Palmen auf beiden Seiten, eine gepflegte Wiese auf dem Mittelstreifen. Drei Kilometer ist dieser Boulevard lang; er erinnert ein wenig an die prachtvollen Ausfallstraßen der Französischen Riviera.

Auf den üppig bepflanzten Gartenstücken vor den Geschäftshäusern stehen Mäuerchen, in die Logos der Anwohner eingelassen sind: Khosla Ventures, Sequoia, Accel Partners, Kleiner Perkins, Benchmark Capital. An dieser Straße strahlt Palo Alto eine gewisse Grandezza aus. Die Gebäude liegen meist versteckt hinter großen, alten Bäumen. Dutzende von Firmen teilen sich einzelne Hausnummern, hinter denen sich kleine Siedlungen verbergen. Wir fahren in den 3000er-Block zu Sequoia. Ein halbes Dutzend zweistöckiger Holzbauten duckt sich unter Palmen. Eine private Ringstraße verbindet sie. In der Mitte wartet ein Restaurant auf Kunden. Auf den Klingelschildern steht das Who is who der Branche. Die Firmen sind räumlich überraschend klein. Selbst

Sequoia als einer der größten Fonds belegt nur eine halbe Etage im zweiten Stock eines einzelnen Hauses. Neben dem kleinen Empfang zweigen die bescheidenen Büros der Partner ab.

Auf dem Parkplatz und im Restaurant laufen sich die Konkurrenten ständig über den Weg. In der Gegend gibt es nur ein einziges Hotel, das Rosewood. Es liegt weit verstreut mit einzelnen Gebäuden in einem großen Park. Legenden ranken sich um das Rosewood. Angeblich ist es der lukrativste Heiratsmarkt der Gegend. Frauen kommen Gerüchten zufolge mit der Absicht an die Bar, sich einen Millionär zu angeln. Ich fand nur ein normales, eher förmliches Hotel vor. Von Heiratsmarkt keine Spur. Richtig aber ist, dass dort fast alle wichtigen Empfänge der Venture-Capital-Branche stattfinden. Cocktailpartys auf der Terrasse mit Blick über die hinreißende Hügellandschaft. Einige der wenigen Gelegenheiten, zu denen man ein Jackett tragen sollte.

Die Sand Hill Road ist ein in sich geschlossenes System. Wer Geld sucht, kommt hierher. »Ich gehe den Fußboden auf der Sand Hill Road küssen« ist ein geflügeltes Wort bei Gründern geworden. Die Kapitalgeber müssen sich kaum bewegen. Mit ihren Logos und den Firmenschildern zur Straße heben sie sich voneinander ab, ansonsten aber herrscht beinahe durchgehend uniformes Design. Die anderen Blocks der Sand Hill Road sehen genauso aus wie die 3000. Nur wenige Firmen haben Häuser in eigenem Stil gebaut. Vinod Khosla, geboren in Indien und in den 80er-Jahren Mitgründer des Computerkonzerns Sun, sitzt mit seinem Team in einem minimalistischem Beton- und Glasbau voller moderner Kunst. Als ich David Weiden, einen der Partner, dort besuche, gibt mir die Sekretärin eine kleine Führung. Es sieht so aus wie im Showroom eines Top-Architekten. Ansonsten schauen alle anderen Venture Capitalisten auf rustikale Holzfassaden, mausgraue Industrieteppiche und Cubicles mit halb hohen Wänden. Langweiliger amerikanischer Standard.

Wenige Investoren sind so lange im Geschäft und so gut vernetzt wie Ron Conway, Jahrgang 1951, Gründer und Chef der

Firma SV Angels. Ich treffe ihn auf der TechCrunch-Konferenz in San Francisco und später bei einer Tagung in Palo Alto. Ein bulliger, weißhaariger Mann, manchmal freundlich im Umgang, aber auch berüchtigt für seine Ausbrüche. Bei einer Weihnachtsfeier stieg er kürzlich angeblich aufs Podium und beschimpfte Hunderte von Gästen, weil sie der Festrede des Rappers Will.i.am nicht aufmerksam genug zuhören wollten. Conway wird ein Faible für Rap nachgesagt. Mehrere Hundert Beteiligungen hält er über seine Fonds. Start-ups, noch im embryonalen Zustand, bekommen zwischen 50 000 und 200 000 Dollar von ihm. Seine Strategie des breiten Streuens ist oft als »Spray and Pray« – als Prinzip Gießkanne plus Beten – verspottet worden. Doch es gelingt ihm oft genug, Aufschneider von wahren Könnern zu unterscheiden und die richtige Wahl zu treffen. Investiert hat er zum Beispiel in Groupon, Twitter, Square, Dropbox, Pinterest und Airbnb. All diese Firmen brachten es auf über eine Milliarde Dollar Wert. Andere wie AdMob, Mint und Zappos sind auf dem besten Weg dorthin. SV Angels hat nur kleine Büros und wenige Angestellte. Conways geschäftsführender Partner David Lee leitet das Tagesgeschäft. Man erreicht Conway am besten per E-Mail. Wenn es wichtig ist, antwortet er in Sekunden. Wichtig war zum Beispiel der Hilferuf von Tellme Networks, einer seiner Beteiligungen. Monatelang hatte die Firma einen Vertrag mit dem Telefonkonzern Verizon verhandelt, als das Geschäft plötzlich zu scheitern drohte. *Forbes* berichtete, wie der Tellme-Chef an Ron Conway nachts um elf eine Mail schickte und Conway in Großbuchstaben antwortete: »ICH BIN DRAN.« Am nächsten Morgen besorgte er einen Termin mit dem Verizon-Präsidenten. Heraus kam ein neunstelliger Vertrag für Tellme. Später kaufte Microsoft die Firma für 800 Millionen Dollar.

»Ich versuche immer dann zu helfen, wenn die Firmen es am meisten brauchen«, sagt Conway. »An den Dreh- und Wendepunkten im Leben der Firmen. Ich dränge mich nie auf. Aber wenn mich jemand um Hilfe bittet, bin ich da.« Nicht nur im Silicon Valley, auch in der traditionellen amerikanischen Wirtschaft reichen

Conways Kontakte weit. »Ich weiß nicht, wo ich ohne seine Hilfe heute stünde«, sagte Napster-Gründer Shawn Fanning dem Magazin *Forbes*. Conway hat in alle fünf seiner Start-ups investiert. Neben Menschenkenntnis, Entscheidungsfreude und Hilfsbereitschaft kommt Conway seine eigene Erfahrung als Unternehmer zugute. Nach der Universität arbeitete er zunächst für National Semiconductor und heuerte 1979 als Verkaufschef beim Start-up Altos Computer Systems an. Durch den Börsengang drei Jahre später wurde er reich und kündigte. Kurz darauf holte ihn der Aufsichtsrat zurück und berief ihn zum Vorstandschef. 1990 verkaufte Conway Altos an den Computer-Hersteller Acer aus Taiwan. »Danach hätte ich eigentlich nie wieder arbeiten müssen«, sagt er. An seinem Fonds hält Conway persönlich den größten Anteil. Hunderte Anleger schießen Geld zu, um seinen Investitionen zu folgen.

Durch ständige Treffen mit Top-Unternehmern und Technikern versteht Conway früher und besser als andere, worauf man achten muss. Zum Beispiel versteht er die Bedeutung von *Growth Hacks*. Conway: »Einer der Gründe, warum Facebook heute so erfolgreich ist, sind Growth Hacks. Mit ›Hacks‹ hat Facebook immer schon gute Erfahrungen gemacht: Ein neues Feature wird innerhalb von 24 Stunden programmiert. Extreme Anstrengung in extrem kurzer Zeit. Nun setzt man Hacker, also extrem schnelle Programmierer, auf Marketing-Aufgaben an. Sie analysieren große Datenmengen in kürzester Zeit und schaffen so enormes Wachstum.« Conways Wahrnehmung wird durch Wissen geschärft. Wo immer er Start-ups sieht, die Growth Hacks einsetzen, erkennt er das Potenzial. Noch viel wichtiger als die Idee oder Arbeitsmethode ist aber das Team. Conway fasst seine Methode so zusammen: »Wir investieren nur, wenn die Chemie mit dem Gründer stimmt. Die Geschäftsidee oder den Markt schauen wir viel weniger intensiv an als den Charakter der Gründer. Die ersten fünf oder sechs Leute, die sie einstellen, sind sehr wichtig. Ich brauche weniger als 15 Minuten, um mich für oder gegen ein Team zu entscheiden. Was aus ihnen wird, erkenne ich an der Art und Weise, wie sie sich präsentieren.«

Die Gründer des Silicon Valley und die Sand Hill Road haben eine besondere Form von Größenwahnsinn miteinander vereinbart, die fester Bestandteil der Kultur geworden ist. Wer mit seiner Geschäftsidee keine Milliarde Dollar Bewertung in Aussicht stellen kann, hat kaum Chancen auf Finanzierung. Venture Capital kann es sich nicht leisten, weniger ehrgeizige Projekte zu fördern. Ein Partner an der Sand Hill Road rechnet mir vor, warum das nicht ohne Milliardenbewertungen geht. Er nimmt einen Zettel und notiert Zahlen mit einem spitzen Bleistift: »Wenn ein Fonds insgesamt eine Milliarde in zehn Firmen investiert, gehen 900 Millionen in Flops verloren. Die verbliebenen 100 Millionen müssen in zehn Jahren zwei Milliarden verdienen.« Das ist die angestrebte Verdoppelung des ursprünglich eingesetzten Kapitals, auf die es jeder Investor abgesehen hat. Da ein einzelner Fonds aber niemals die ganze Firma besitzt, sondern vielleicht 20 Prozent, müssen diese 20 Prozent zwei Milliarden abwerfen. Also muss die Bewertung von 100 Prozent der Firma 10 Milliarden betragen. Der Partner lehnt sich im Stuhl zurück und schildert die Konsequenzen, die aus diesem Gedanken entstehen: »Wir sollten nicht in Firmen investieren, von denen wir nicht glauben, dass sie jemals 10 Milliarden erreichen können.« Woher will er das wissen? Er lacht: »Zu Beginn der Investition wissen wir nicht, wer das schaffen kann und wer nicht. Da ist es nur logisch, dass wir von jedem Start-up verlangen, dass es 10 Milliarden ins Visier nimmt. Wer keine Idee hat, wie er dahin kommen kann, wird es ganz sicher nicht schaffen.« Ehrgeiz ist eines der ersten Auswahlkriterien. *Shooting for the Moon* nennt die Branche das. Diese Strategie hat weitreichende Folgen für die Themen, an denen Start-ups arbeiten. Gründer, die beispielsweise bessere Software für Banken schreiben wollen, haben keine Chance. Zehn Milliarden Dollar Bewertung werden sie niemals erreichen. Das liegt außerhalb der Reichweite von Software-Dienstleistern. Wenn sie hingegen versprechen, Banken abzuschaffen und an ihre Stelle zu treten, wird es für die Sand Hill Road interessant. Dann können sehr wohl hohe Firmenwerte entstehen. Dafür gibt es Beispiele.

So hat es die Kreditplattform Lending Club geschafft, in das Geschäft mit ungesicherten Konsumentenkrediten vorzudringen. Sie vermittelt Angebot und Nachfrage automatisch und schaltet eine anspruchsvolle, ausgefeilte Risikobewertung dazwischen. *Shooting for the Moon* kann eine selbsterfüllende Prophezeiung werden. Geht der Plan auf, belohnt er die Investoren reich. Die Chance ist zwar klein, aber der Lohn bei Erfolg ist hoch. Chance mal Ertrag bildet in der Finanzmathematik den Erwartungswert, und der Erwartungswert bei *Shooting for the Moon* ist höher als bei jeder anderen Anlageform – das zumindest behauptet die Sand Hill Road. Ob das wirklich stimmt, schauen wir uns gleich noch etwas genauer an.

Kritik gibt es immer wieder an den hohen Bewertungen. Airbnb zum Beispiel wurde im Sommer 2014 bei 250 Millionen Dollar Umsatz mit einem Firmenwert von 10 Milliarden bewertet, also mit dem 40-Fachen des Umsatzes. Für europäische Verhältnisse sind das Fantastillionen. Ich habe keine Besuchergruppe erlebt, die die Kalifornier nicht für verrückt erklärt hat, wenn sie diese Zahlen hört. Dropbox wird bei 200 Millionen Umsatz ebenfalls mit 10 Milliarden bewertet, ebenso der Limousinenservice Uber. Big-Data-Spezialist Palantir schafft 9 Milliarden, Pinterest 5 Milliarden fast ohne Umsätze, Snapchat 2 Milliarden, gleichfalls ohne Einkünfte. Square, der mobile Zahldienst, schreibt 100 Millionen Verlust bei 500 Millionen Umsatz, wird aber trotzdem mit 3,3 Milliarden bewertet, Flipboard trotz Verlusts mit knapp einer Milliarde. Für Whatsapp hat Facebook 19 Milliarden Dollar bezahlt, den größten Teil davon in Aktien, »funny money«, wie man in Palo Alto dazu sagt. In Europa gilt schon eine einfache Bewertung mit einem Jahresumsatz als ehrgeizig.

Bei Firmen ohne Umsatz kann man den Preisfaktor gar nicht berechnen, weil es eine Division durch null wäre. Solche Bewertungen widersprechen den hiesigen Methoden der Unternehmensbewertung. Und sie scheinen auch der Vernunft zu widersprechen. Doch das Silicon Valley rechnet nach seiner ganz eigenen Methode. Die oben genannten Preise stehen nicht nur auf dem Papier.

Sie sind richtig bezahlt worden. Bei Verkäufen sowieso, aber auch bei Kapitalerhöhungen, bei denen sie die Grundlage der Anteilshöhen bilden.

Ein Marketingtrick der Sand Hill Road, um Firmen später überteuert an strategische Investoren loszuschlagen? Vieles deutet zunächst auf Preistreiberei hin, jedoch lassen sich auch rationale Gründe für den Hype finden. Sie gehen zurück auf finanzmathematische Bewertungen exponentiellen Wachstums. Ohne steile Absatz- und Gewinnkurven, sogenannte *Hockeysticks*, wären die hohen Bewertungen Lug und Trug. Wenn die Firmen diese Hockeysticks nicht liefern, bricht der hohe Wert sofort in sich zusammen. Doch wenn sie es tatsächlich schaffen, drückt der hohe Wert die abgezinsten Gewinne einer fernen Zukunft aus und kann durchaus gerechtfertigt sein. Schon oft haben sich Preise, die heute übertrieben schienen, durch rasantes Wachstum mehr als gelohnt. Als YouTube, damals erst 18 Monate alt, im Oktober 2006 von Google für 1,65 Milliarden Dollar übernommen wurde, galt der Preis als absurd hoch. YouTube wurde von zwei Twens geführt, hatte nur 67 Mitarbeiter und residierte über einem Pizzarestaurant in New York. Heute ist YouTube die führende Videoplattform der Welt und wird von Analysten, die den Google-Kurs verfolgen, mit dem Vielfachen bewertet. Auch die hohe Bewertung von Amazon ist immer wieder kritisiert worden. Doch Amazon eroberte stets mehr Marktanteile, als Skeptiker für möglich gehalten haben. In Deutschland lag Amazon beim eCommerce-Umsatz im Jahr 2009 noch fast gleichauf mit der Otto Group. Von da an kletterten die Amerikaner immer weiter nach oben, während Otto weitgehend stagnierte. 2013 meldete Amazon 6,48 Milliarden Euro Umsatz in Deutschland und Otto 2,27 Milliarden – ein Sprung auf die dreifache Größe des nächstgrößten Wettbewerbs in nur fünf Jahren. Das ist Zucker für Anleger und Investoren.

Investiert wird an der Sand Hill Road nur in stark wachsende Geschäfte. Alles, was kein Rekordwachstum verspricht, wird ignoriert. *Skalierende Geschäftsmodelle* heißen die Zauberworte.

Gemeint sind Firmen, die nur wenig zusätzliches Geld ausgeben müssen, wenn sie zusätzliche Kunden gewinnen. Flipboard zum Beispiel zahlt nur 15 Cent Serverkosten pro Jahr extra, wenn ein neuer Leser hinzukommt. Die Belegschaft von 80 Mitarbeitern, die heute ein Publikum von 60 Millionen Menschen bedient, kann problemlos auch 100 oder 200 Millionen Leute versorgen. Ähnlich geht es bei Instagram: Nach wie vor arbeiten dort nur 20 Leute. Je mehr Nutzer mitmachen, desto höher sind potentiell die Umsätze. Werbung, eingeblendet zwischen die Fotos, könnte irgendwann Erlöse bringen. Wenn die Fixkosten gleichzeitig aber kaum steigen, entsteht ein beträchtlicher Wertzuwachs in der Zukunft. Auch hier spielt kollektive Erfahrung eine Rolle. Das Silicon Valley weiß, dass stark skalierbare Firmen wie Google, Facebook oder LinkedIn hoch profitabel werden können, wenn sie die Gewinnschwelle erst einmal überschritten haben. Keiner dieser Firmen hat man zu Beginn angesehen, dass sie einmal so viel Geld verdienen könnten. Die Preise, die heute bezahlt werden, drücken die Erwartung einer glänzenden Zukunft aus.

Dennoch fällt ein Schatten auf die Sand Hill Road. Lange übertrafen seine Renditen die Wall Street. Keiner der großen Konzerne wie Apple, Oracle, Cisco, Facebook, Google oder Twitter wäre ohne Wagniskapital entstanden. Die Sand Hill Road lieferte das Geld für die Erneuerung der amerikanischen Wirtschaft. Doch neuerdings steckt die Sand Hill Road in der Krise. Seit dem Jahr 2000 liegen die Renditen ihrer Fonds nahe null. Gewinn machen nur noch die Venture-Capital-Firmen selbst – auf Kosten ihrer Geldgeber. Nun wehren sich institutionelle Investoren gegen die Geldmanager. Angeführt wird der Protest von der Kauffman Foundation, einer großen Stiftung aus Missouri. Seitdem Kauffman seine Meuterei gestartet hat, steckt die Branche im Umbruch.

»Wir haben den Feind getroffen – er ist mitten unter uns«. Mit diesem aufrührerischen Satz, gemünzt auf die Sand Hill Road, eröffnete die Kauffmansstiftung im Sommer 2012 das Feuer. Zu lange hatten die Geldverwalter aus Missouri geschwiegen. Jetzt sprachen sie Klartext und wurden überdeutlich. Laut Satzung fördert Kauffman Unternehmer und Unternehmertum. Um das Stiftungskapital zu mehren, investiert die Stiftung im Silicon Valley. Doch schon lange löst die Sand Hill Road ihr Versprechen nicht mehr ein. Sie wirbt mit hohen Gewinnen, fährt aber nur schmale Renditen ein. Die Unzufriedenheit der Investoren ist eine existenzielle Bedrohung, denn die Sand Hill Road ist auf große Geldgeber angewiesen. Mit eigenem Geld kann sie den Kapitalhunger der Start-ups nicht stillen. Deswegen sammelt sie zusätzliche Mittel von Rentenkassen, Stiftungen und Vermögensverwaltern wohlhabender Familien ein. Doch die vergangenen zehn Jahre liefen schlecht. Zwar gab es aufsehenerregende Firmenverkäufe, und einige der Fonds werfen noch immer gute Gewinne ab, doch im Schnitt ist die Bilanz vernichtend. Die Kauffman Foundation belegte ihre Kritik mit einer Studie. Darin listete sie detailliert die Ergebnisse ihrer Investitionen im Silicon Valley auf. Eine ehrliche Bilanz wie diese hatte es noch nie gegeben. Nur 20 der 100 Fonds, in die Kauffman investiert hatte, übertrafen die Aktienmärkte um mehr als drei Prozent. Dieser kleine Aufschlag reichte nicht aus, um das hohe Risiko von Start-up-Investitionen zu rechtfertigen.

Die Hälfte der 20 halbwegs erfolgreichen Fonds stammte zudem aus der Zeit vor dem Platzen der Internetblase Ende der neunziger Jahre, als hohe Gewinne leicht zu erzielen waren. Danach gelang es sogar nur noch zehn von 100 Fonds, den Aktienmarkt um mehr als drei Prozent pro Jahr zu schlagen. Seit der Internetblase verdienen die Investoren kaum noch Geld. Drei Viertel aller Kauffman-Fonds verpassten das versprochene Ziel: Verdoppelung des Kapitaleinsatzes während der Lebenszeit des Fonds. Das wären 7,2 Prozent pro Jahr bei einer typischen Fondslaufzeit von zehn Jahren. Viele Fonds müssen jedoch verlängert werden, weil nicht alle Firmen im Portfolio verkauft werden konnten. 15 Jahre Laufzeit sind keine Seltenheit. Dann bedeutet Verdoppelung nur noch 4,7 Prozent im Jahr. Kauffman verdiente im Schnitt nur 30 statt der versprochenen 100 Prozent. Die jährliche Rendite lag damit nur bei zwei Prozent – viel zu wenig für das hohe Risiko. Um dem Vorwurf zu entgehen, Kauffmans Manager hätten das Geld schlecht angelegt, gab die Stiftung Vergleichsdaten anderer großer Investoren bekannt. Niemand schnitt viel besser ab. Das Washington State Investment Board schaffte 40 Prozent, der Oregon Public Employee Retirement Fund 50 Prozent und der New York State Retirement Fund nur 4 Prozent. Die versprochene Verdoppelung lag überall in weiter Ferne. Start-up-Fonds liegen außerdem weit hinter jungen Unternehmen an der Börse. Nur 4 von 30 Fonds mit mehr als 400 Millionen Dollar Kapital schlugen den Index kleiner Aktiengesellschaften. Die Kauffman-Stiftung fragte sich, warum sie überhaupt noch direkt ins Silicon Valley investieren soll, wenn sie ihr Geld einfacher und sicherer an der Börse verdienen kann. Mit einem Zitat aus dem Trickfilm *A Bug's Life* rief Kauffman zum Protest gegen den Status Quo auf. In dem Film sagt eine Heuschrecke über die Ameisen: »Wenn sich nur eine von denen gegen uns erhebt, erheben sich alle. Diese mickrigen kleinen Ameisen sind uns hundert zu eins zahlenmäßig überlegen. Wenn die das jemals spitzkriegen, war's das mit unserem süßen Leben.« Und weiter: »Das System der Wagniskapitalindustrie ist baufällig und muss von Grund auf überholt werden. Es kennt nur einen Gewinner: die Fonds. Mit leeren Händen hingegen gehen die Geldgeber aus.« Vom Ausgang der Reform hängt ab, ob dem Silicon Valley das Geld wegbleibt oder das Tal noch mächtiger wird.

Auf dem Spiel steht eine über 100 Jahre alte Tradition. Seitdem gibt es Venture Capital im Silicon Valley. Geldgeber haben gemeinsam die Erfahrung gemacht, dass auch hohe Risiken beherrschbar sind, wenn man sie genau kalkuliert und maßvoll eingeht. Diese Erfahrung ist fester Bestandteil der Kultur geworden. Marcus Cole ist Professor an der Stanford Law School und auf Venture Capital spezialisiert. Er erklärt mir, wie der soziale Comment funktioniert: »Es sind Regeln des Umgangs zwischen Geldgebern und Gründern entstanden, die jeder kennt und achtet. Niemand muss sich dafür entschuldigen, wenn er Eigenkapital statt Kredit sucht. Institutionen sind entstanden, die ausschließlich Eigenkapital vergeben – die Sand Hill Road.« Die Fonds steigen früh als Miteigentümer in Start-ups ein und wetten darauf, dass die Firma schnell an Wert gewinnt. Weil ihnen als Investoren Aktien gehören, profitieren sie vom Wertzuwachs im gleichen Maße wie die Gründer. Anders als die Gründer sind sie jedoch an Dutzenden Unternehmen beteiligt und können ihr Risiko so breiter streuen, in der Hoffnung, dass einige der Firmen den Durchbruch schaffen. Cole betont den Unterschied zwischen Fremdkapital und Eigenkapital: »Die Bereitschaft der Sand Hill Road, eine Floprate von 90 Prozent zu akzeptieren, unterscheidet sie fundamental von Banken, die beim Verleihen von Fremdkapital unmöglich derart hohe Ausfallraten hinnehmen können. Die Zinsmarge auf herkömmliche Kredite gibt das nicht her.«

Doch auch Wagnisfinanziers müssen ihr Risiko eingrenzen. Wenn keine einzige ihrer zehn Investitionen ein Erfolg wird, sind sie gescheitert. Gelingt hingegen zwei Firmen im Portfolio der Durchbruch, sind die Gewinne überwältigend. Alles kommt auf die richtige Auswahl der Teams und Projekte an. Manager der Sand Hill Road, meistens jenseits der 40, oft über 60, sitzen 20-jährigen Studenten gegenüber und müssen beurteilen, ob diese unerprobten Leute eine Firma aufbauen und leiten können. Ein solches Urteil über die Grenzen von Generationen hinweg zu fällen, ist unglaublich schwer. Ein Partner einer renommierten Firma sagt mir: »Unterschiedliche Generationen sprechen unterschiedliche Sprachen und senden Signale, die für die anderen kaum zu entschlüsseln sind. Um diese Aufgabe zu bewältigen, müssen wir viel von der Branche verstehen, in die das junge Team sich hineinwagen möchte, und überragende Menschenkenntnis besitzen. Wir müssen ahnen können, wie sich das Team unter Stress und Zeitdruck verhält.«

»Einen Teil des Risikos können Investoren dadurch beherrschen, dass sie helfen, Gefahren abzuwenden und Herausforderungen zu meistern«, meint David Weiden, Partner bei Khosla Ventures. »Das Netzwerk des Investors ist enorm hilfreich. Es hilft, Türen zu öffnen und Kontakte zu potenziellen Kunden, Lieferanten oder Mitarbeitern herzustellen, die ein Start-up allein schwer knüpfen könnte.« Wer berühmte Venture Capitalisten an Bord holt, schafft sich damit einen wichtigen Wettbewerbsvorteil. Die bekannten Namen der Geldgeber werden vom Markt als Qualitätsausweis interpretiert.

Von der Idee der Gründer bis zum Einstellen erster Mitarbeiter vergehen oft nur wenige Wochen, höchstens einige Monate. Dazwischen liegen intensive Gespräche mit den Kapitalgebern. Wenn sich beide Seiten einig werden, sind die Formalitäten zügig erledigt. Die meisten Verträge sind standardisiert. Rund um die Sand Hill Road sitzen spezialisierte Rechtsanwaltskanzleien, die oft in wenigen Stunden die Papiere ausstellen. Viele Kanzleien bieten Studenten kostenlose Beratung und Vertretung an, in der Hoffnung auf Anschlussaufträge, wenn die Firma gut läuft. Sobald die Unterschriften geleistet wurden, bekommen die Gründer einen Scheck, den sie sofort bei ihrer Bank einlösen können. Ich habe Start-ups getroffen, die sich an einem Samstag gebildet hatten, am Montag an der Sand Hill Road vorsprachen und am Freitag das Geld auf ihrem Konto vorfanden. Einige Wagniskapitalfirmen haben sich darauf spezialisiert, noch schneller zu entscheiden. Bei den vielen Gründungsmessen und Konferenzen in San Francisco und im Silicon Valley überbieten sich Venture Capitalisten auf dem Podium gegenseitig, wer schneller einen Scheck ausstellt. Einer verspricht, 25 000 Dollar nach dem ersten Gespräch mitzugeben, wenn ihm das Team gefällt. Solche Rekorde gelten freilich nur für kleinere Summen. Für größere Beträge lässt sich auch die Sand Hill Road mehr Zeit. In jedem Fall aber schlägt sie langwierige Entscheidungsprozesse um Längen, wie sie etwa in Deutschland heute noch üblich sind.

Gründer geben ihre Anteile immer so spät wie möglich ab. Anfangs ist die Bewertung von Firmen geringer als später. Jeder Prozentpunkt kostet heute weniger als in sechs Monaten. An der Sand Hill Road geht es nie darum, eine Firma für die Ewigkeit zu finanzieren. Verhandelt wird nur über den Finanzbedarf für die nächste Zeit, meistens für ein Jahr. Auch die Gründer wollen nur den Geldbedarf der nächsten zwölf Monate decken. Sie kalkulieren knapp. Den Rest der Anteile heben sie sich für die nächste Finanzierungsrunde auf. Bis dahin ist der Wert der Firma meist höher. Die radikalste Strategie in der Anfangsphase ist das *Bootstrapping* wie bei Leibert und Knaup. *Bootstrapping* heißt buchstäblich, sich an den eigenen Schnürsenkeln nach vorne zu ziehen. In dieser allerersten Phase einer Firma ist der Wert noch niedrig. Es würde das Team teuer zu stehen kommen, jetzt schon Anteile an Venture Capitalisten zu verkaufen. Sie warten lieber ab, bis sie eine erste Version ihres Produkts programmiert und ins Netz gestellt haben. Dann können sie etwas Reales vorzeigen, das steigert den Wert. Wenn das Publikum auf das Produkt anspricht und der Traffic steigt, hilft das umso mehr. Bootstrapping wird mit Ersparnissen und Kreditkarten finanziert. Viele Gründer besorgen sich einfach einen Stapel Visa- und MasterCards. Beliebt sind auch Wandeldarlehen, die hinterher in Aktien getauscht werden können. Meistens gewähren Privatleute – Business Angels – diese Darlehen. Ihr Risiko ist hoch, der Gewinn aber noch höher, wenn die Gründer es tatsächlich schaffen, die Sand Hill Road zum Einstieg zu bewegen.

Nach dem Bootstrapping folgt die Seed-Runde, eine informelle Finanzierung, an der meist ein einziger oder zwei Investoren teilhaben. Sie ist selten größer als zwei Millionen Dollar, meistens nur eine halbe Million. Das Geld wird benutzt, um die Firma in präsentablen Zustand zu bringen: Einstellen der ersten Mitarbeiter, Auszug aus den Wohnzimmern in richtige Büros, Dokumentation der geschriebenen Software. Schon wenige Monate später folgt die erste offizielle Finanzierungsrunde, die *Series A*. Jetzt werden fünf oder sechs Investoren beteiligt, in der Regel eine Mischung aus Venture-Capital-Firmen und bekannten Privatleuten, die ihren guten Ruf und etwas Geld mitbringen. Schauspieler Ashton Kutcher zum Beispiel wird gern in der Series A gesehen, weil er bekannt ist und Geschick bei der Auswahl von Start-ups bewiesen hat. Noch begehrter sind erfolgreiche Gründer wie Peter Thiel von PayPal oder Jack Dorsey von Twitter. In dieser Runde verkaufen die Gründer etwa ein Viertel ihrer Anteile. Mit dem Geld, das sie einnehmen, stellen sie Leute an und professionalisieren die Arbeit. Die Selbstausbeutung endet. Jetzt werden Gehälter gezahlt, auch für die Gründer. Aus dem Hobby wird ein Vollzeitjob. Posten wie CEO (Vorstandschef) und CFO (Finanzchef) werden besetzt. Ein Aufsichtsrat wird berufen, in dem Vertreter der Investoren sitzen. Nun geht es darum, Wachstum zu erzeugen. Series A dient auch dazu, das Produkt zu perfektionieren und seine Alltagstauglichkeit zu beweisen. Wenn das funktioniert, gilt das Produktrisiko als erledigt. Eine Menge anderer Risiken bleiben.

Rund ein Jahr später folgt die *Series B*, die vor allem dazu dient, möglichst große Marktanteile in den USA zu erobern, aber noch nicht ins Ausland zu expandieren. Sie hat außerdem den Zweck, den endgültigen Beweis anzutreten, dass das Geschäftsmodell funktioniert. Das Marktrisiko wird in dieser Phase weitgehend eliminiert. *Series C* und *Series D* dienen schließlich dazu, den Weltmarkt zu erschließen. Typischerweise werden bei B, C und D jeweils zehn Prozent der Aktien verkauft. Danach folgt entweder der Börsengang wie bei Twitter oder der Verkauf an ein anderes Unternehmen. Schecks, die in den letzten beiden Runden geschrieben werden, sind oft viele Hundert Millionen Dollar groß, in Ausnahmefällen bis zu einer Milliarde. In Europa gibt es Wagniskapital in diesen Größenordnungen nicht. Das ist einer der Gründe, warum deutsche Start-ups meist als Mittelständler enden, obwohl sie das Potenzial für einen Weltchampion gehabt hätten. Ihnen fehlt das Wachstumskapital. Selbst brillante Gründer schaffen es aus Geldmangel nicht an die Weltspitze. Wer klug ist, wandert rechtzeitig ins Silicon Valley aus. Der volkswirtschaftliche Schaden für Deutschland ist immens.

Gründer im Silicon Valley sollen so lange wie möglich hohe Anteile halten – das finden auch die Investoren. Je höher ihre Anteile sind, desto größer die Motivation, einen großen Durchbruch zu schaffen. Die Sand Hill Road gesteht Gründern Aktienpakete zu, die nach europäischen Maßstäben undenkbar sind. Sie sollen mit mindestens 20 Prozent beim Börsengang ankommen, trotz der vielen Finanzierungsrunden, die bis dahin stattfinden. Mark Zuckerberg zum Beispiel besitzt immer noch die Mehrheit der stimmberechtigten Aktien an Facebook, obwohl die Firma im Laufe der Jahre über 2,4 Milliarden Dollar Kapital aufgenommen hat. Allein das ist eine Kunst, die in Europa weder gewollt noch beherrscht wird. Finanzierungsrunden finden dort meistens als Kapitalerhöhungen statt. Wer nicht genug Geld hat, dem Kapitalaufruf zu folgen, wird verwässert. Da Gründer meistens kein Geld besitzen, trifft sie die Verwässerung voll.

Sie verlieren schnell die Kontrolle über ihr Unternehmen und sinken auf eine bedeutungslose Minderheit herab. Ihnen wird dann zunehmend egal, ob und wie schnell der Wert der Firma steigt. Die Sand Hill Road hat diese Gefahr erkannt und setzt einen entgegengerichteten Anreiz: Sie baut Verwässerungsschutz in die Finanzierungsrunden mit ein. Die Gründer dürfen ihren prozentualen Anteil behalten, ohne in die Kapitalerhöhung einzuzahlen. Für alle anderen Investoren wird die Runde dadurch umso teurer. »Die Sand Hill Road ist aber felsenfest überzeugt, dass sich dieser Aufwand lohnt«, sagt mir ein großer Investor. »Auch verlangen wir als Investor denkbar geringe Mitspracherechte. Es ist Unsinn, dem Team zu viel reinreden zu wollen. Entweder ist das Team gut, dann braucht es unseren Rat nicht und kann selbst entscheiden. Wenn wir uns starke Rechte zusichern lassen würden, wäre das eher schädlich für das Geschäft. Oder das Team ist nicht gut – dann würden wir zwar viel Kontrolle brauchen, um die gröbsten Fehler zu vermeiden, doch in diesem Fall sollten wir gar nicht erst investieren. Also ist unsere Regel ganz einfach: Dort, wo wir investieren, lassen wir dem Team große Freiräume.«

Kaliforniens Finanzindustrie hat nicht nur Venture Capital perfektioniert, sondern sogar den klassischen Kredit neu erfunden. Pionier hierbei war die Silicon Valley Bank, ein Start-up aus dem Jahr 1982. Diese Bank gewährt Kredite, also Fremdkapital, und akzeptiert dafür Anteile an der Firma als Sicherheiten. Im klassischen Bankgeschäft wäre das undenkbar, denn Start-ups sind nicht werthaltig und können daher nicht beliehen werden. Doch die Silicon Valley Bank probierte es einfach aus. Sie versprach Gründern, ihnen alles Geld zu geben, das sie zum Starten brauchen. Aus Sicht der Gründer war das ein attraktives Angebot, weil sie zwar Zinsen bezahlen, aber keine Anteile abgeben müssen. Das kann viel billiger sein. »Wir überlebten zwei Überraschungen«, sagt mir Steve Morgan, einer der Gründer der Bank. »Erstens war die Ausfallquote viel geringer, als erwartet. Gründer verlieren ungern Anteile an ihrem Unternehmen. Also legen sie sich krumm, um Zins und Tilgung bedienen zu können. Entsprechend niedrig sind die Ausfälle. Zweitens waren die Anteile, wenn wir sie als Sicherheit einziehen mussten, viel wertvoller als kalkuliert. Die Firmen, denen das passierte, konnten zwar den Kapitaldienst nicht leisten, weil sie zu wenig Bargeld besaßen, trotzdem hatten sie einen hohen Wert. Oft wuchsen sie schnell. Das Wachstum war groß, aber das freie verfügbare Kapital niedrig, weil es zur Finanzierung des Wachstums verwendet wurde. Wir hatten meist keine Probleme, diese Anteile weiterzuverkaufen und unsere Ausfälle zu decken. Es fand sich fast immer jemand, der Interesse an diesen wachsenden Unternehmen hatte. Manchmal gab es Firmen, die nicht wuchsen. Doch auch für sie gab es Käufer, weil die Technologie interessant war.« Als die Silicon Valley Bank an den Start ging, mussten Gründer rund die Hälfte ihrer Aktien verpfänden. Inzwischen ist die Quote auf rund sieben Prozent gesunken. Die niedrige Quote zeigt, wie lohnend aktiengesicherte Kredite an Start-ups sein können – eine Erkenntnis, die sich in der deutschen Kreditwirtschaft erst noch herumsprechen muss.

Trotz unbestreitbarer Erfolge haben kritische Investoren wie die Kauffman Foundation guten Grund, Reformen anzumahnen. Vom bisherigen Modell profitieren vor allem die Firmen an der Sand Hill Road selbst, in der Terminologie der Fonds *General Partner* genannt. Sie bekommen meist zwei Prozent Verwaltungsgebühr, ganz gleich, wie gut oder schlecht der Fonds läuft. Mit 20 Prozent sind sie an den Gewinnen aus Firmenverkäufen beteiligt, doch diese Einkommensart hat im Laufe der Zeit an Bedeutung verloren. Die meisten Firmen leben von der Verwaltungsgebühr. Sie hantieren vor allem mit fremdem Geld. Nur ein Bruchteil der Anlagesummen kommt von ihnen selbst, den Löwenanteil stellen die institutionellen Investoren, *Limited Partners* genannt. Also haben die General Partner gesteigertes Interesse daran, immer größere Fonds aufzulegen. Doch je größer ein Fonds, desto größer die Schwierigkeiten, Start-ups zu finden, in die er guten Gewissens investieren kann. Ich frage David Weiden von Khosla, was knapper ist: gute Gründer oder Kapital? Er ist sich sicher: »Das ist gar keine Frage. Knapp sind die begabten Gründer. Geld ist im Überfluss vorhanden. Viel Geld jagt begrenzten Investitionsmöglichkeiten hinterher.« Mit der Folge, dass die Renditen des investierten Kapitals drastisch gesunken sind. 93 Prozent aller großen Fonds über 250 Millionen Dollar verfehlen laut Kauffman – wie wir gesehen haben – die versprochene Verdoppelung in zehn Jahren. Kleine Fonds unter 250 Millionen sind sechsmal erfolgreicher. Sie geraten jedoch aus der Mode, weil die Managementgesellschaften an kleinen Fonds viel weniger Gebühren verdienen.

Hinzu kommt, dass die wirklich großen Erfolge von einigen wenigen Venture Capitalisten eingefahren werden. Alle anderen liegen unter Durchschnitt, viele mussten im Laufe der letzten Jahre den Betrieb einstellen. Das erhöht den Anlagedruck bei den Erfolgreichen. Ihnen wird Geld förmlich aufgedrängt. Doch sie begrenzen ihre Kapitalaufnahme, weil sie längst nicht so viel sinnvoll anlegen könnten, wie ihnen angeboten wird. Also fließt viel Kapital in schlechtere Fonds und geht oft verloren. Rund die Hälfte der Fonds, in die Kauffman investierte, zahlte am Ende noch nicht einmal die Einlage zurück.

Dass angesichts dieser zum großen Teil enttäuschenden Ergebnisse überhaupt so viel Geld nach Palo Alto fließt, liegt an dem guten Ruf, den sich die Venture-Capital-Branche im ersten Internetboom erworben hat und an der Magie der exorbitanten Gewinnsteigerung der ganz großen Coups. Fonds der Jahrgänge

1990 bis 1994 kamen auf ansehnliche 30 Prozent Rendite pro Jahr, die Spitzenjahrgänge 1996 und 1997 erreichten 50 Prozent. Sie konnten ihre Beteiligungen mitten im Boom verkaufen. Die Rendite von Fonds, die nach dem Jahr 2000 aufgelegt worden sind, liegt im Schnitt bei null. Nach Abzug der Verwaltungsgebühr wird kein Geld verdient. Die Einzigen, die profitieren, sind die General Partner an der Sand Hill Road. Doch auch wenn es für sie schwerer geworden ist, Geld für Megafonds einzusammeln: Es fließt immer weiter Geld. In den vergangenen 15 Jahren steckten Investoren in den gesamten USA durchschnittlich 20 Milliarden Dollar pro Jahr in Wagnisfonds, davon etwa die Hälfte im Silicon Valley – 40-mal mehr als während des gesamten Jahrzehnts von 1985 bis 1995. Das liegt vor allem daran, dass die anderen Anlagemöglichkeiten sich noch schlechter rentieren. Öffentliche Anleihen zahlen minimale Zinsen, Aktien schwanken stark, Firmenanleihen sind mit noch höherem Risiko verbunden. Inzwischen ist der jährliche Zufluss USA-weit auf etwa 30 Milliarden Dollar gestiegen, davon ungefähr die Hälfte im Silicon Valley.

Mit seinem Rückstand bei Venture Capital leidet Deutschland unter einem schweren Standortnachteil. Die Folgen für die Volkswirtschaft sind verheerend. MyTaxi aus Hamburg ist dafür ein Besorgnis erregendes Beispiel. Ich lerne den Gründer Niclaus Mewes bei einer Diskussionsveranstaltung in Hamburg kennen. Er hat seine erfolgreiche Fahrtenvermittlungsplattform Ende 2009 gegründet, ein halbes Jahr, bevor der amerikanische Konkurrent Uber auf den Markt kam, und anderthalb Jahre vor Halo in Großbritannien und GetTaxi in Israel. Mewes hatte alle Chancen, einen Weltmarktführer aufzubauen. Seine Technologie funktionierte, Taxis und Kunden nahmen sie an, der Umsatz kletterte beständig. Doch um einen Welterfolg zu schaffen, hätte er viel Geld für Marketing und Expansion gebraucht. Mewes ist erkennbar aufgebracht über die verpassten Chancen: »Die Menschen haben über Jahrzehnte gelernt: Wenn ich ein Taxi brauche, muss ich eine Nummer anrufen. Sie denken dann kurz nach, bis ihnen die Nummer einfällt. In diesem Moment muss man sie mit Werbung erreichen. Über die Zeit kann man so das gelernte Verhaltensmuster ändern. Nicht mehr anzurufen, sondern die App zu drücken.« MyTaxi hätte die Chance gehabt, diese Verhaltensänderung auf breiter Front in Deutschland und in anderen Märkten zu ändern. Doch es fehlten die Mittel. Die MyTaxi-Zahlen sind nicht öffentlich. Doch Branchenkenner rechnen vor, dass MyTaxi trotz aller Anstregungen insgesamt weniger als 50 Millionen Euro Kapital einsammeln konnte. Selbst 20 Millionen Euro in einer einzelnen Finanzierungsrunde erwiesen sich als illusorisch.

Konkurrent Uber hat im Gegensatz dazu bisher 1,5 Milliarden Dollar aufgenommen, davon zuletzt 1,2 Milliarden auf einer Bewertung von 17 Milliarden. Uber gibt dieses Geld aus, um in möglichst vielen Ländern die Gewohnheiten zu ändern. Ziel ist es, die führende Mobilitätsplattform der Welt zu werden. Anfangs für Limousinen, später für normale Autos, dann für Kurierfahrten. Uber könnte mithilfe seiner Technologie und der engen Bande zu Google, einem seiner Geldgeber, später einmal sogar DHL oder UPS bedrohen. Selbst fahrende Autos würden Pakete zustellen, die Ubers Plattform vermittelt. In diese verlockende Vision investieren internationale Venture-Capital-Geber. Damit nicht genug. Selbst die Mitfahrplattform Lyft hat 332 Millionen Dollar Venture Capital bekommen, obwohl dort keine Profifahrer, sondern nur Laien unterwegs sind.

MyTaxi ist das einfachere Geschäftsmodell. Trotzdem ist es unterfinanziert. Deutsche Investoren bringen das Geld nicht auf, und amerikanische Investoren investieren lieber in amerikanische Gesellschaften, weil deutsche GmbHs aus ihrer Sicht exotisch und kompliziert sind. Staatliche Förderprogramme verfügen nicht über genug Geld, um Firmen wie MyTaxi aus der Falle zu helfen, und reiche deutsche Familienfonds, sogenannte Family Offices, besitzen nicht die Expertise. Digital-Know-how ist hierzulande Mangelware. Erst langsam beginnen die deutschen Kaffee-, Handels- und Industriemilliardäre, Investmentmanager anzuheuern, die etwas vom Internet verstehen. Bis sie das geschafft haben, sind die wichtigsten digitalen Märkte verteilt. Im Jahr 2013 flossen in Deutschland nur 417 Millionen Euro in Frühphasen-Projekte und 257 Millionen in Spätphasen. Insgesamt waren es weniger als 700 Millionen, von denen etwa 100 Millionen aus der Staatskasse wie etwa dem öffentlich-privaten Hightech Gründerfonds und Programmen der Kreditanstalt für Wiederaufbau (KfW) stammten. In den vergangenen drei Jahren gab es knapp zwei Milliarden Euro deutsches Venture Capital, in den USA waren es im selben Zeitraum 64 Milliarden. Nach Berechnungen des Bundesfinanzministeriums aus dem Frühjahr 2014 fließen hierzulande 0,02 Prozent des Bruttoinlandsprodukts in Venture Capital. Spitzenreiter Israel kommt auf 0,39 Prozent, die USA auf 0,17, Schweden auf 0,05 und Großbritannien auf 0,04. Zumindest theoretisch hat das Bundesfinanzministerium das Problem erkannt: »In der Regel stehen Bankdarlehen in Deutschland für Gründungen selten zur Verfügung, woraus sich Finanzierungslücken vor allem für das Early-Stage-Segment ergeben«, heißt es in einer Antwort auf eine Anfrage aus dem Bundestag. Handlungsbeschlüsse oder konkrete Empfehlungen des Finanzministeriums auf Grundlage dieser richtigen Erkenntnisse gibt es jedoch nicht. Man verweist auf die staatliche Eigenkapitalhilfe und den verdienstvollen Hightech Gründerfonds. Doch auch deren Mittel sind knapp bemessen. Und niemals können sie eine echte Strukturreform ersetzen, die privates Kapital anlockt.

In Deutschland sinken die Garantieverzinsungen der Lebensversicherungen so tief, dass Tausende Versicherte ihre Policen kündigen und ihr Geld auf dem Girokonto parken, in Aktienblasen verspekulieren oder in Immobilien investieren. In den USA stecken Rentenkassen einen kleinen Teil ihres Geldes in Venture Capital und tragen so zur Erneuerung der Volkswirtschaft bei. In Deutschland stranden Unternehmer mit brillanten Projekten im unteren Mittelstand, während Israel und die USA Weltmarktführer in Serie produzieren – nur, weil es ihnen gelingt, Ersparnisse geschickt in Zukunftsinvestitionen zu lenken.

Anders als bei Fremdkapital müssen Gründer bei Eigenkapital keine Sicherheiten hinterlegen. Damit fällt Wachstum wesentlich leichter. Facebook zum Beispiel hätte hierzulande nicht entstehen können. Mark Zuckerberg war ein mittelloser Student. Selbst wenn eine Bank ihm Geld geliehen hätte, hätte das nicht gereicht, um den Kapitalbedarf der internationalen Expansion zu decken. Zuckerberg wäre gezwungen gewesen, so früh wie möglich Gewinn zu machen. Doch das hätte seine Ausdehnung beschränkt. Facebook konnte nur so groß und profitabel werden, weil er jahrelang absichtlich Verluste schrieb und jeden Cent in weiteres Wachstum investierte. Was Zuckerberg brauchte, war Eigenkapital. Facebook allein benötigte fast so viel Venture Capital, als in ganz Deutschland pro Jahr zur Verfügung steht. Die Investition für Zuckerberg hat sich für die Geldgeber gelohnt.

Doch selbst wenn deutsche Venture Capitalisten vorher gewusst hätten, wie gut das Projekt ausgehen würde, hätten sie die erforderlichen Summen nicht aufgebracht. Die Verantwortung dafür, dass Eigenkapital schwer zu finden ist, trägt vor allem die Politik. Internationale Wagnisfinanziers würden gern in Deutschland investieren, doch die Voraussetzungen sind denkbar schlecht. Seit Jahren sind die Rahmenbedingungen so gestaltet, als wolle man die Investoren absichtlich aus Deutschland fernhalten. Ulrike Hinrichs, Geschäftsführerin des Bundesverbands Deutscher Kapitalbeteiligungsgesellschaften (BVK), hat mich zu einem Gespräch in den Berliner China Club eingeladen. Wir sitzen bei schönem Wetter auf der Dachterrasse, doch als ich höre, was sie zu erzählen hat, bekomme ich schlechte Laune: »Wir sind eigentlich nur im Feuerwehreinsatz, um weitere Verschlechterungen der Lage abzuwenden«, sagt sie. »Von Verbesserungen sind wir weit entfernt.« Im Jahr 2013 erhielten die Beteiligungsgesellschaften, die im BVK organisiert sind, mehr als 26 000 Anfragen von Firmen, die Geld suchten. Befriedigen konnten sie den größten Teil der Nachfrage jedoch nicht. Den deutschen Venture Capitalisten fließt einfach zu wenig Geld zu. Der Verband hat der Politik 15 konkrete Maßnahmen vorgeschlagen. In Angriff genommen wird davon eine einzige. Im Koalitionsvertrag der Großen Koalition steht die

Absicht, »Deutschland als Fondsstandort attraktiv zu machen«. Dafür soll ein »eigenständiges Regelwerk (Venture-Capital-Gesetz)« entstehen. Doch das ist in weite Ferne gerückt. Zu einer einzigen Maßnahme konnte sich die schwarz-gelbe Bundesregierung in der letzten Legislaturperiode durchringen: Business Angels können einen 20-Prozent-Zuschlag der KfW auf ihre Investitionssumme beantragen. Ein unbeholfener Schritt. Wer einem Start-up als Business Angel Geld gibt, geht ein extremes Risiko ein und erwartet im besten Fall sehr hohe Ergebnisse. Oft genug aber verliert er seinen Einsatz. Dieser Verlust wird durch die staatliche Zulage nicht gemildert, sodass sich der Aufwand kaum lohnt, den Antrag auszufüllen. Entsprechend gering fiel die Nachfrage aus. Das verfügbare Budget wurde nicht ausgeschöpft. In der Regierung haben viele darauf mit Schulterzucken und etwas Häme reagiert. Manche Ministerialen mögen gedacht haben: »Venture Capital ist eben doch nicht so wichtig, wie man uns einreden will.« In der laufenden Legislaturperiode wird nun erwogen, den staatlichen Zuschuss steuerfrei zu stellen, was bisher nicht der Fall war.

Mehr konkrete Projekte will die Regierung nach jetzigem Stand nicht angehen. Doch selbst diese Steuerbefreiung ist nicht sicher. Das Finanzministerium wehrt sich, weil es Geld kostet. Doch selbst wenn es dazu käme, würde die Maßnahme wahrscheinlich wirkungslos verpuffen. Solange mehr als ein Dutzend gravierende Hindernisse im Steuer- und Gesellschaftsrecht Venture Capital bremsen, nach Deutschland zu kommen, bleiben kosmetische Maßnahmen wirkungslos. »Der Staat muss sich von der Vorstellung verabschieden, dass er selbst investieren sollte«, sagt ein führender deutscher Venture-Capital-Manager. »Stattdessen sollte er Rahmenbedingungen schaffen, die einen funktionierenden Markt schaffen.« Genau das aber tut die Politik nicht. Es ist viel einfacher, öffentliche Fördergelder aus bestehenden Töpfen in Gründungsfinanzierung zu stecken, als Steuer- und Unternehmensrecht zu reformieren. Für das Erste reichen Anweisungen der Exekutive, für das Zweite muss man parlamentarische Mehrheiten organisieren. Die Politik bohrt ein dünnes Brett. Venture

Capital steht weit unten auf der Prioritätenliste. In der Bundesregierung ist niemand richtig für das Internet zuständig, dafür gibt es viele Teilzuständigkeiten in den Ministerien, und bei vielen Abgeordneten herrscht noch immer der Irrglaube vor, man könne eine moderne Firma immer mit einem Bankkredit oder der Eigenkapitalhilfe von Förderbanken starten. Erst langsam tauchen Forderungen in den Positionspapieren von Parteien auf. In einem wegweisenden Beschluss der Berliner CDU stehen richtige Forderungen wie »Die Schaffung eines einheitlichen Rechtsrahmens für Investoren und Wagniskapitalgeber« oder »Die gründerfreundliche Handhabung der Nutzung von Verlustvorträgen«. Doch von Gesetzeskraft, zumal auf Bundesebene, sind solche löblichen Initiativen noch weit entfernt.

Das Ausmaß der deutschen Behäbigkeit in Sachen Wagnisfinanzierung ist ärgerlich. Nach der Rückkehr aus Kalifornien kam mir Deutschland in dieser Hinsicht wie ein sattes, der Vergangenheit zugewandtes Land vor, das sehenden Auges seine Chancen im größten Markt der Zukunft verpasst. Politik und viele Investoren benehmen sich, als sei das Internet gestern erst erfunden worden. Sie werden nicht getrieben von Neugierde, sich im internationalen Wettbewerb zu verorten und von erfolgreicheren Ländern zu lernen. Sie besuchen nicht die Musterländer Israel und Kalifornien mit Block und gespitztem Bleistift in der Hand, um deren erfolgreiche Gesetzgebung zu studieren, die den Hightech-Boom ausgelöst hat. Sie reden nicht mit den Tausenden ausgewanderten deutschen Unternehmer, die weder Zeit noch Lust haben, deutsche Rahmenbedingungen zu reformieren, sondern ihre Firmen lieber gleich im Ausland gründen. Ich habe weder auf der Sand Hill Road noch bei meinen Besuchen in Tel Aviv je einen einzigen Venture Capitalisten getroffen, der offiziell von einem deutschen Regierungsvertreter befragt worden wäre, was sich denn ändern müsste, damit er in Deutschland investiert.

Deutschlands engagierter Generalkonsul in San Francisco, Peter Rothen, weiß genau, was zu tun wäre – er spricht mit den Investoren. Doch in den Berliner Ministerien fragt niemand sein

Wissen ab. Einzelne Politiker wie Hamburgs Bürgermeister Olaf Scholz haben das Problem erkannt: »Wir brauchen einen funktionsfähigeren europäischen Kapitalismus. Dazu gehört vor allem eine Wagnisfinanzierung in ganz anderen Größenordnungen als bisher«, sagte Scholz kürzlich bei einer Rede im Hamburger Rathaus. Damit meinte er auch den Wagemut der Investoren: »Es muss selbstverständlich werden, dass auch große Unternehmensgründungen dauerhaft privatwirtschaftlich finanziert werden. Mehr Geldgeber müssen bereit sein, größere Risiken einzugehen.« Ohne eine Risikokultur geht das nicht.

Vermutlich aber wird es lange dauern, bis diese Kultur entsteht. Dazu gehört, dass Erfolgsgeschichten produziert und erzählt werden. Mythen und Legenden müssen sich bilden, Helden berühmt werden, die Nachahmer anziehen. Politik kann einen solchen Prozess kaum beeinflussen. Hier sind die Unternehmer und Geldgeber gefragt. Was Politik aber kann, ist Investoren aus dem Ausland anzulocken, die bisher einen Bogen um Deutschland gemacht haben. Sie können Geld geben, bevor deutsche Investoren mehr Mut fassen. Doch gerade beim Anlocken des internationalen Venture Capitals versagt die deutsche Politik bisher auf ganzer Linie. Das Desinteresse an dem Thema könnte in Berlin kaum größer sein. Deutsche Regierungsdelegationen fliegen ins Silicon Valley, ohne dass sie auch nur einen Referenten oder Regierungsdirektor mitbrächten, der systematisch abfragt, welche Hürden die Bundesrepublik abbauen müsste. Stattdessen wird vollmundig staatliche Innovationsförderung versprochen, für den Datenschutz geworben und ansonsten mit der üblichen Umverteilungs- und Sozialpolitik weitergemacht. An das harte Brot einer echten Strukturreform der Wagnisfinanzierung wagt sich niemand.

Die meisten deutschen Gründer ärgern sich nicht mehr. Viele wandern einfach aus. Der Fachdienst *Venture Beat* hat kürzlich auf Basis aller verfügbaren statistischen Daten eine Landkarte der Herkunftsländer von Silicon-Valley-Mitarbeitern erstellt. Sie zeigt die enorme kulturelle und ethnische Diversität der Region. 51 Prozent der Einwohner des Silicon Valley sprechen zu Hause eine andere Sprache als Englisch. Die Netto-Einwanderung (Zuzüge minus Fortzüge) betrug 13 766 im Jahr 2013. China, Indien, Japan, Vietnam und Großbritannien stehen auf den ersten fünf Plätzen der Auswanderungsländer außerhalb Nordamerikas. Deutschland folgt gleich auf Platz 6 vor Frankreich, Russland, Australien, Thailand, Taiwan, Brasilien, Türkei, Italien und Spanien. Oft sind es Top-Talente, die in ihrer Heimat fehlen. Es wandern mehr Deutsche ins Silicon Valley ein als aus den US-Bundesstaaten New Mexico, Minnesota und Tennessee. Die Abstimmung dafür erfolgt mit den Füßen. Das passende Wort dafür heißt Braindrain. Ein Jammer.

Im nächsten Abschnitt geht es um die Folgen des Silicon Valley. Er beginnt mit einem Blick auf den Trend zu Plattformen: Warum sind Vermittler die großen Gewinner der Digitalisierung?

DIE FOLGEN

Skalieren oder verlieren:
Vom Zeitalter der Plattformen

Alles, was digitalisiert werden kann, wird digitalisiert. Autos, Flugzeuge und Kühlschränke sind künftig nur noch Blechhüllen, mit denen kaum Geld verdient wird. Die Gewinner sind – dank Netzwerkeffekt – vor allem die Vermittler.

»In der Informationsgesellschaft ist Information die Währung.«

Geoffrey Moore

Der überraschende Anruf kam an einem frühen Morgen kalifornischer Zeit. Am Telefon war eine Dame aus Duisburg. Sie meldete sich aus dem Büro von Gisbert Rühl, dem Vorstandsvorsitzenden von Klöckner, Europas größtem Stahlhändler. Ich kannte Rühl flüchtig aus Berlin. Seine Sekretärin stellte ihn durch. Er erkundigte sich kurz nach dem Wetter und kam dann sofort zur Sache: »Ich habe im *Spiegel* von Springers Experiment im Silicon Valley gelesen«, sagte er. »Das interessiert mich. Unser Geschäftsmodell ist von der Digitalisierung genauso bedroht wie Ihres, auch wenn es nicht so augenscheinlich ist. Wir suchen nach Auswegen. Mich interessiert, was kalifornische Gründer über uns denken. Wie würden sie den Stahlhandel zerstören, wenn sie es wollten? Das wollen wir herausfinden. Früher oder später wird es sowieso geschehen. Ich würde Sie gern mal in Palo Alto besuchen. Ginge das? Ich würde für ein paar Tage vorbeikommen. Könnten wir gemeinsam eine Start-up-Tour machen? Um die Firmen kennenzulernen. Aber vor allem, um mit ihnen über den Stahlhandel zu sprechen. Besser, wir greifen uns selbst an, als zu warten, bis jemand anders angreift. Das machen Sie bei Springer doch auch so, oder?« Das klang spannend: Ein deutscher Handelsriese, noch dazu aus einer hypertraditionellen Branche wie Stahl, der sich für disruptiven Wandel interessierte und sein Schicksal selbst in die Hand nehmen wollte. Ich sagte sofort zu.

Einige Wochen später kam Rühl in Palo Alto an. Wir hatten ein halbes Dutzend Besuche bei Hightech-Unternehmen, Venture Capital-Firmen sowie in Stanford organisiert. Rühl wollte tatsächlich wissen, wie man Klöckner am besten zerstören könnte. Natürlich ging es ihm nicht wirklich um Zerstörung, im Gegenteil: Er kämpft darum, seine Firma in die Zukunft zu führen. Aber um das zu erreichen, denkt er disruptiv. Doch den Stahlhandel zerstören – wie sollte das gehen? Artikel, Fotos und Filme lassen sich leicht digitalisieren und müssen sich im Internet neu erfinden, aber Stahl? Würde der Stahlhandel je verschwinden, und wenn ja: Wie sollte man die vielen Tonnen Stahl digitalisieren, die sich bei Rühl auf den Lagerhöfen stapelten? Material für 1,5 Milliarden Euro, wie er mir sagte, gebunden als Umlaufvermögen. Was Klöckner verkauft, muss meistens gleich wieder ersetzt werden. Egal, wie gut das Geschäft läuft, anderthalb Milliarden liegen immer in Handelsware fest. Reduziert man den Bestand, riskiert man, Kunden nicht beliefern zu können und Umsatz zu verlieren. Drei Tage im Silicon Valley, dachte ich, würden niemals reichen, sein Geschäft konzeptionell aus den Angeln zu heben. Dafür war das Thema zu kompliziert und die Zeit zu kurz. Doch es dauerte weniger als zwei Tage. Dann stand fest, was getan werden müsste. Ziemlich genau ein Jahr später traf ich Rühl in Berlin wieder. Er kam gerade von einer Tour durch die Start-up-Szene der Hauptstadt: »Wir suchen Entwickler und gute Dienstleister. Interessant, wen ich heute kennen gelernthabe.« Im Gefolge hatte er einige Mitarbeiter. Was er in Palo Alto erarbeitet hatte, befand sich schon mitten in der Umsetzung. Klöckner hatte seine Richtung geändert. Die Personalpolitik war angepasst worden, Software-Ingenieure wurden gesucht und angeheuert, eine neue Strategie hatte Einzug gehalten. Das Unternehmen hatte begonnen, in *Plattformen* zu denken.

Plattformen sind die Hotspots der Digitalwirtschaft. Wer sie besitzt, muss sich um sein Auskommen keine Sorgen machen. Der größte Teil der Wertschöpfung findet auf Plattformen statt.

Entsprechend leidenschaftlich wird der Kampf um die Hoheit geführt – auf einem schmalen Grat, auf dem kein Platz für alle ist. Zu beiden Seiten geht es steil bergab, und wer zuletzt oben bleibt, hat gewonnen. Die Plattform bringt Angebot und Nachfrage zusammen. Sie besitzt die Daten beider Marktseiten: alle Parameter des Anbieters und alle Kontakt-, Konsum- und Bezahldaten des Kunden. Auf diese Informationen hält die Plattform ein Monopol. Produzenten, die ihre Waren auf ihr anbieten, kennen den Endkunden nicht, und umgekehrt bleiben die Endkunden für den Produzenten unbekannt. Beide Seiten sind zum Überleben auf die Plattform angewiesen. Ohne Plattform haben sie keinen Kontakt mehr zur anderen Seite. Der Besitzer der Plattform kann fast frei über die Preise und Konditionen bestimmen. Niemand kann ihn umgehen. Das Beherrschungsverhältnis ist nahezu total.

Darin liegt der Hauptunterschied zu traditionellen, analogen Marktplätzen wie Messen, Großhändlern oder Wochenmärkten. Fast nie genießen Marktplätze ein Monopol, Plattformen dagegen fast immer. Traditionelle Marktplätze sind der Gunst von Anbietern und Nachfragen ausgeliefert. Sie können jederzeit zu einem anderen Marktplatz wechseln. Selbst der Kartoffelbauer, der sich über den Wochenmarkt in seinem Heimatort ärgert, kann notfalls in die Nachbarstadt ausweichen. Marktplätze in der analogen Welt müssen mit hohem Margendruck zurechtkommen. Anbieter und Käufer können sie unter Druck setzen. Der Kampf der Messestandorte um die großen, wichtigen Messen ist ein gutes Beispiel dafür. Ganz anders die Plattformen im Netz: Ihre Rendite steigt tendenziell immer weiter an, während sich die Bedingungen für Anbieter und Nachfrage stetig verschlechtern. Zwischen ihnen steht, um im Bild zu bleiben, der Gipfel des Berges. Sie können ihn nicht überwinden, wenn sie einmal vom Grat gefallen sind. Vergleichen kann man die modernen Netzplattformen vielleicht mit Handelsmonopolen früherer Zeiten. Große Handelsstädte wie Venedig waren analoge Märkte, die sehr umkämpft wurden, aber sagenhafte Reichtümer anhäuften, wenn sie ihre Macht einmal konsolidiert hatten.

Gisbert Rühl gab sich erkleckliche Mühe, den Internet-Gründern, die wir besuchten, und auch mir genau zu erklären, wie sein Geschäft funktioniert. Stahl wird in Hütten erzeugt, die aus technischen Gründen den Betrieb auch nachts nicht abschalten und die Produktsorte nur selten und mit großem Vorlauf wechseln können. Manager von Stahlhütten produzieren nach bestem Wissen und Gewissen, was sie glauben, dass der Markt gerade benötigt, doch sicher sein können sie sich nie. Am Ende der Stahlstraße steht Klöckner. Rühls Firma kauft einen großen Teil der Produktion auf und legt ihn auf Lager – in der Hoffnung, dass die Kunden irgendwann zu ihr kommen werden. Zum Beispiel Bauunternehmen. Wenn sie Stahlträger benötigen, decken sie bei Klöckner ihren Bedarf. Dort werden die Träger auf die benötigte Länge geschnitten und zur Baustelle gebracht.

Ein reichlich ineffizientes Verfahren. Die Hochöfen produzieren auf Halde, ohne die Nachfrage genau zu kennen, und bei den Händlern liegt das Lager voll ungenutzten Kapitals. Stahlwerke und Händler finanzieren die Nachfrage von Bauunternehmen vor, in völliger Ungewissheit des tatsächlichen Bedarfs. Planungsungenauigkeiten gehen auf ihre Kosten, die Kapitalkosten sind gewaltig. Deswegen war für Rühl schnell klar, dass ein Angreifer mit einer elektronischen Plattform attackieren würde. Er beschreibt den wunden Punkt so: »Der Produzent wusste bisher nicht, was der Kunde wollte. Diese Ineffizienz auszugleichen, war unser Geschäftsmodell. Doch von diesem Modell können wir auf Dauer nicht leben. Das ist kein Weg für die Zukunft. Produzent und Kunde müssen über elektronische Plattformen voneinander wissen, was sie wollen. Unsere Aufgabe ist dann nicht mehr, riesige Lagerbestände vorzuhalten, sondern den Warenfluss über eine Plattform zu organisieren. Wir haben uns entschlossen, selbst der Motor dieser Innovation zu werden.« Gleich nach seinem Besuch im Silicon Valley hatte Rühl die Konsequenzen gezogen und eine eigene Plattform in Auftrag gegeben: den *Webshop*. Kunden können Stahl und andere Metalle nun online bestellen. Bisher war das nicht möglich gewesen. Das ist jedoch nur der erste Schritt. Rühl hat sich ein ehrgeiziges Ziel gesetzt: »Wir wollen damit das traditionell eher margenschwache Geschäftsmodell im Stahlhandel grundsätzlich revolutionieren.« Bisher kaufte Klöckner 5000 unterschiedliche Produkte bei einem Stahlröhren-Produzenten ein, der jedoch 15 000 Artikel herstellte. »Mit dem neuen Webshop können unsere Kunden nun alle 15 000 Produkte sehen und gleich bestellen. Wir müssen sie nicht mehr ins Lager legen, sondern holen sie im Auftrag des Kunden beim Produzenten ab, wenn sie gebraucht werden«, sagt Rühl. Dadurch entsteht eine Win-win-win-Situation. Der Röhrenhersteller gewinnt, weil er endlich früher weiß, was die Kunden wünschen, und seine Produktion danach ausrichten kann. Klöckner gewinnt, weil totes Kapital frei wird. Und der Kunde gewinnt, weil seine Auswahl größer wird und er bequem am Bildschirm auswählen kann, statt wie bisher durch Klöckners Lager zu laufen. Klöckner konnte mithilfe der neuen Plattform schon sein Zentrallager für Röhren schließen und damit viel Geld sparen. Die Röhren kommen nun direkt vom Produzenten zum Kunden. Möglich wurde das durch eine Schnittstelle, die Klöckners Webshop mit dem Computer des Röhrenherstellers verbindet. Rühl: »Plattformen sind letzten Endes nichts anderes als standardisierte Schnittstellen. Wer diesen Standard durchsetzt, hat sich als Plattform etabliert und hat ein ganz neues Geschäftsmodell. Das ist unsere Zukunft.« Mithilfe dieser Revolution will Klöckner seine Umsatzrendite auf fünf Prozent verdoppeln.

In fünf Jahren sollen mindestens 50 Prozent des Umsatzes über die digitale Plattform laufen. Lager könnten dafür verkleinert oder geschlossen werden. Rühl setzt auf einen Kulturwandel in seinem Unternehmen. Den befeuert er unter anderem durch einen Videoblog, den er selbst ohne Team oder Werbeagentur mit dem iPhone produziert und auf dem Handy mit einer App zusammenschneidet: »Sie hat 2 Euro 50 gekostet«, erzählt er schmunzelnd. »Der Blog soll absichtlich etwas unprofessionell aussehen, dafür aber authentisch wirken und schnell sein.« Zum Kulturwandel gehört auch, dass Klöckner Programmierer anwirbt, die bisher für Internetfirmen gearbeitet haben. »Wir eröffnen eine Dependance im Betahaus, einem Berliner Co-Working-Space, und organisieren regelmäßig Start-up-Touren. Der Kontakt zu dieser Szene ist wichtig geworden.«

Im voll vernetzten Internet der Dinge, das es in Zukunft zweifellos geben wird, könnte die Stahlhandelsplattform auf ein Netz von zahllosen Sensoren zugreifen. Mit ihrer Hilfe könnte es gelingen, die Unsicherheiten zwischen Produzent und Kunde komplett zu beseitigen und damit die verbleibenden Ineffizienzen zu vermindern. Jede Baustelle wäre dann mit Tausenden Sensoren bestückt. Einzelne Steine könnten einen Chip enthalten, der meldet, wenn er verbaut wird. Computer könnten Baufortschritte in die elektronischen Pläne der Architekten eintragen und nachzeichnen, wie das Haus Stück für Stück wächst. Der Algorithmus würde im Voraus berechnen, wann die Stahlträger der zweiten Etage benötigt werden, und den Bedarf an die Klöckner-Plattform melden. Das entstehende Haus wüsste sozusagen selbst, wann es welche Materialien braucht. Und die Plattform würde alle Anforderungen der Region zusammenfassen, um die Stahlwerke daraufhin zu einer Auktion einzuladen. Die Stahlwerke würden ihrerseits Optimierungssoftware laufen lassen und damit genau jene Aufträge an Land ziehen, die am besten in die Kapazitätsplanung passen und den meisten Gewinn versprechen. Stahl würde bestellt und verkauft werden, bevor er überhaupt produziert wird. Damit wäre der heute so ineffiziente Wertschöpfungsprozess vollständig renoviert. Die Hütte würde ihre eigenen Rohstoffe ebenfalls auf der Plattform einkaufen, wiederum in genauer Kenntnis des eigenen Bedarfs. Jede Tonne Stahl würde ihr genaues Ziel kennen, noch bevor sie überhaupt hergestellt wird. Die Effizienzgewinne wären enorm. Klöckners 9600 Arbeitsplätze und 6,4 Milliarden Euro Umsatz hängen davon ab, welche Aufträge der Algorithmus in einer solchen Plattform dem Unternehmen in Zukunft zuweist. Rühl möchte sein Schicksal lieber selbst in die Hand nehmen und deswegen versuchen, Herr einer solchen Plattform zu werden.

Das Beispiel Klöckner könnte Schule machen. Statt auf den Angriff von Plattformen zu warten, könnte es in Mode kommen, zu Workshops ins Silicon Valley aufzubrechen und Innovatoren einzuladen, das firmeneigene Geschäftsmodell zu zerstören – mithilfe von Brainstormings und Modellübungen. Mit diesem Wissen könnten Firmen dann so schnell wie möglich versuchen, Plattformen zu etablieren, bevor andere es tun. Angreifer von außen sind zwar oft schneller und radikaler. Doch etablierte Unternehmen haben den Vorteil, dass sie ihre Branche besser kennen und genau wissen, wo die Ineffizienzen liegen. Wenn sie auf ein neues Denken umschalteten und sähen, wie wichtig Plattformen werden, können sie ihren Wissensvorsprung voll ausspielen.

Wer etwas Reales produziert, gerät in der Netzwerkökonomie schnell ins Abseits. Produzenten echter Güter verlieren an Bedeutung, ganz gleich, wie sehr sie sich anstrengen und wie kreativ sie sind. Eine bewährte Denklogik gerät dabei ins Wanken: die Sicherheit, dass, wer etwas Solides produziert, auch ein solides Auskommen damit verdienen kann. Begriffe wie Handwerkerstolz oder Unternehmerehre bekommen einen neuen Sinn. Nach wie vor bleibt es ein angenehmes Gefühl, seine Arbeit gut zu machen. Doch der wirtschaftliche Hauptgewinn fällt nicht mehr dem zu, der eine Leistung erbringt, sondern dem, der sie vermittelt.

Wohin das führen kann, lässt sich gut am Beispiel von Apples iTunes und AppStore studieren. Apples Online-Läden erfüllen die typischen Kriterien von Plattformen: Sie stellen eine technische Basis bereit, die andere Marktteilnehmer für die Verbreitung ihrer Produkte nutzen. Die Produkte sind eng mit den Standards dieser Basis verbunden. Songs bei iTunes erscheinen im dort üblichen Dateiformat mit dem Apple-eigenen Kopierschutz. Sie erlauben eine kurze kostenlose Vorschau, können ein elektronisches Booklet enthalten, geben Informationen über den Titel an, zeigen das Cover und passen zum Musikplayer. Beim AppStore, logistisch gesehen eine Unterabteilung von iTunes, ist die technische Verbindung noch enger. Gehandelt werden nur Programme, die auf Apples eigenem Mobil-Betriebssystem iOS laufen. Die Programme durchwandern vor der Veröffentlichung eine Qualitäts- und

Inhaltskontrolle bei Apple. Auf den Markt kommt nur, was der Plattformbetreiber freigibt. An vielen Stellen übt Apple Zensur, sei es, weil eine App nicht den Vorstellungen von Moral und Jugendschutz entspricht, sei es, weil die Programmierung für unzureichend gehalten wird.

Auch den Zeitpunkt der Veröffentlichung bestimmt Apple. Man kann zwar Wünsche angeben, hat aber keine Kontrolle über den tatsächlichen Marktstart. Apple besitzt die Kundenbeziehungen, Namen, Adressen, Kreditkartendaten und Benutzerprofile. Die Produzenten von Songs und Apps wissen nicht, wer ihre Kunden sind. Für künftige Verkäufe sind sie gezwungen, wieder auf Apples Plattform zu kommen. Ihnen bleibt verwehrt, selbst einen sogenannten Netzwerkeffekt aufzubauen oder auch nur eine klassische Kundenkartei zu erstellen. Mit jedem neuen Song und jeder neuen App müssen sie neu um die Aufmerksamkeit des Publikums werben. Erschwert durch den Umstand, dass Apple auf seinen Plattformen keine Werbung zulässt. Natürlich kann man Werbung außerhalb schalten. Doch die Streuverluste sind groß und die Umwandlungsquoten gering. Auf die einflussreichen Apple-Hitlisten kommt man nur durch den Zuspruch der Käufer, und den gewinnt man am besten durch eine Empfehlung der Apple-Redaktion. Sie ist die wichtigste Währung auf der Plattform. Zwar arbeitet die Redaktion meistens gewissenhaft und steht anders als Googles Suchergebnisliste nicht im Verdacht, eigene Produkte unfair zu bevorzugen. Dennoch entsteht beim AppStore ein Grad an Abhängigkeit, der in der analogen Welt seinesgleichen sucht. Die Abhängigkeit ist so stark, als würden 90 Prozent der Umsätze eines marktbeherrschenden Supermarkts auf zehn Produkte entfallen, die von einem Kuratorium für die Quengelzone an der Kasse ausgewählt wurden, während Millionen anderer Waren zu einem Schattendasein in entlegenen Regalen verdammt sind.

Dass trotzdem alle Produzenten danach gieren, auf Apples Plattform zu kommen, liegt an der Mechanik des Netzwerkes und am Eindruck, dass der Markt recht fair funktioniert. Apple hat es geschafft, die Lieferanten davon zu überzeugen, dass der

Store aufgeräumt aussehen muss, nicht mit Empfehlungen überfrachtet werden darf und keine Werbung enthält. Für seine Bemühungen bekommt Apple 30 Prozent des Umsatzes als Provision. Produzenten haben alle erdenklichen Anstrengungen unternommen, dieser Provision zu entgehen. Sie haben Apps kostenlos angeboten und versucht, den Verkauf der Leistung innerhalb der App direkt mit den Kunden abzuwickeln. Sie bemühen sich, innerhalb der Apps die Daten der Kunden zu erfragen und damit eigene Beziehungen aufzubauen. Sie versuchen, Traffic aus den Apps auf ihre eigenen Webseiten zu lenken. Doch Apple hat die meisten dieser Vorstöße rigide verboten, erschwert oder technisch unmöglich gemacht. Anders als Google hat Apple ein offenes Ohr für Kritik bewiesen. Übertrieben strenge Regeln wurden teilweise zurückgenommen. Doch in toto hat der Konzern seine absolute Herrschaft auf der Plattform verteidigt und sogar ausgebaut. Wer Musik oder Programme für Mobilgeräte herstellt, für den führt kein Weg an Apple vorbei.

iTunes und AppStore sind dabei mehr als nur Händler. Sie haben sich tief in die Wertschöpfungsprozesse der Hersteller eingegraben. Sie kontrollieren zentrale Funktionen, die in der analogen Welt ausschließlich bei den Produzenten lagen. Zum Beispiel reden sie bei der Wahl des Preises mit – Apple gibt eine Liste von Preispunkten vor. Sie kontrollieren weite Teile des Marketings und bestimmen den Zeitpunkt des Markteintritts. Sie errichten eine zentrale Qualitätskontrolle. Sie normieren Art, Umfang und technische Standards des Produkts. Bei CDs gab es einmal einen Trend zu freier Formwahl: Die Silberlinge erschienen als Tannenbäume, Schokoküsse oder Rolling-Stones-Zungen. Das digitale Äquivalent solcher Innovationen wäre auf den Apple-Plattformen nur möglich, wenn der Konzern sie vorher genehmigt. In der analogen Welt reichte es, eines der vielen Tausend CD-Presswerke mit dem Zuschnitt zu beauftragen und die Platten in den Handel zu stellen. World of Music oder der Virgin Megastore interessierten sich nicht dafür, ob CDs rund oder eckig waren. Selbst wenn sie es getan hätten, wäre die Innovation dem Publikum zugänglich gemacht worden, da keine Handelskette den Markt so stark beherrschte, dass sie es hätte verhindern können. Bei iTunes gibt es solche Formenvielfalt nicht. Erlaubt ist dort nur, was der Marktbeherrscher genehmigt.

Auf dem Apple-Campus in Cupertino treffen wir den Marketing-Chef Phil Schiller. Er trägt Jeans und ein dickes Baumwollhemd. Schillers geniale Werbekampagnen haben maßgeblich dazu beigetragen, Apples Vorherrschaft zu festigen. Sie ist heute nur noch schwer zu brechen. Mehr als eine halbe Milliarde Kunden sind samt Kreditkartendaten registriert. Über 300 Millionen iPhones, iPods und iPads sind mit den Servern verbunden. Die Zahl der verkauften Songs und Apps entspricht, als Grafik dargestellt, dem Verlauf der Exponentialkurve – eine anfangs flache, dann immer steiler werdende Kurve, die an ihrer Spitze noch keinen Hang zur Abflachung zeigt. Beim Start im Jahr 2011 hatte iTunes-Chef Eddy Cue eine Million verkaufte Songs innerhalb der ersten sechs Monate vorausgesagt, doch die Millionen-Marke wurde schon nach sechs Tagen gebrochen. Sieben Jahre brauchte iTunes, um die ersten 10 Milliarden Songs zu verkaufen, nur zwei Jahre für die nächsten 15 Milliarden. Seit 2007 haben sich die iTunes-Umsätze mehr als verfünffacht. Rund 30 Milliarden Songs und mehr als 50 Milliarden Apps wurden bis zum Sommer 2014 verkauft. Mehr als 10 Milliarden Dollar wurden 2013 im AppStore ausgegeben, davon alleine 1 Milliarde im Dezember. 16 Milliarden sind es, wenn man die Software-Verkäufe und Services hinzu rechnet. iTunes würde, wenn es ein eigenständiges Unternehmen wäre, auf Platz 130 der Fortune 500 stehen, und damit in die Nähe von Schwergewichten wie Nike, Time Warner und Xerox rücken, wie der Blog *iPhone Ticker* schreibt. Rund 90 Prozent der Umsätze entfallen auf Produkte, die Apple nicht selbst herstellt, sondern nur handelt. Das Netzwerk ist in vollem Schwung: Produzenten stellen ihre Ware auf die Apple-Plattform, weil dorthin die meisten Kunden kommen, und die Kunden kommen, weil dort die meiste Ware steht. Der Branchenanalyst Horace Dediu kommt in einer Studie zu dem Schluss, dass Apple den digitalen

Musikmarkt mit 74 Prozent klar dominiert. Aus dieser monopolartigen Stellung kann Apple mit normalen Mitteln des Wettbewerbs kaum verdrängt werden. Es gibt nur zwei Szenarien, die für Apple gefährlich werden können: Entweder eine disruptive Innovation wie beispielsweise Streaming des Musikdienstes Spotify, die Apple nicht rechtzeitig genug aufgreift, weil es sein profitables Hauptgeschäft nicht kannibalisieren möchte. Oder ein Bedeutungsverlust des Betriebssystems. Wenn Googles Siegeszug mit Android ungebremst weiterläuft, bricht Apples Netzwerkeffekt irgendwann vielleicht in sich zusammen. Doch selbst wenn Apple untergehen sollte, träte an seine Stelle kein traditioneller Händler, sondern nur eine noch erfolgreichere Plattform, und die Herrschaft der Plattformen würde unter neuem Management fortgesetzt werden. Phil Schiller gibt sich bescheiden, als wir ihn nach der Marktmacht fragen. Doch er weiß genau, dass Apple aus seiner Position nur schwer zu verdrängen ist.

Musikplattformen haben zu einem empfindlichen Einkommenseinbruch für Künstler und Plattenfirmen geführt. In Deutschland machte die Musikindustrie 2001 einen Gesamtumsatz von 2,4 Milliarden Euro, 2013 lag er bei 1,4 Milliarden. 40 Prozent des Umsatzes sind dauerhaft verloren gegangen. Somit sind auch die Einkünfte der Künstler mindestens im gleichen Maße gesunken. Zwar stabilisieren sich die Umsatzzahlen seit einigen Jahren wieder und konnten jüngst leicht zulegen, doch sie werden wohl nie wieder an die Blütezeit anknüpfen können. In den zehn Jahren ungebremsten Niedergangs nach 2001 verloren physische Tonträger wie CDs im Schnitt jährlich 8 Prozent Umsatz, während digitale Verkäufe durchschnittlich um 15 Prozent zulegten. Die hohen Prozentzahlen des Digitalgeschäfts stehen jedoch nicht für viel Geld. Der Markt ist noch klein.

Das Digitalgeschäft wird die Umsatzlücke auf absehbare Zeit nicht schließen können. 1,1 Milliarden Euro Umsatz aus physischen Tonträgern stehen nur 0,3 Milliarden aus digitalen gegenüber. Das liegt auch daran, dass jährlich noch immer fast eine Milliarde Songs illegal heruntergeladen werden, obwohl es in

Deutschland mittlerweile rund 70 legale Plattformen gibt. Hauptgrund aber ist, dass die Umsätze im Netz einfach geringer ausfallen als in der analogen Welt. CDs von namhaften Künstlern kosten etwa 17 Euro, ein Unlimited-Monatsabonnement bei Spotify mit nahezu dem gesamten Musikrepertoire der Welt nur 4,99 Euro oder 9,99 Euro für das Premium-Paket, bei dem man die Musik auch offline hören kann. Wenn es für ein Viertel oder die Hälfte des Preises eines einzigen Albums den kompletten Bestand der Branche gibt, kann diese Industrie wirtschaftlich nicht florieren.

Der Künstler Damon Krukowski hat errechnet, dass er 47 680-mal bei Spotify gehört werden müsste, um so viele Tantiemen einzunehmen wie beim Verkauf einer einzigen CD. Bei iTunes sieht die Rechnung zwar etwas besser aus, aber auch hier klafft eine breite Lücke: Songs kosten typischerweise 99 Cent, Alben zwischen 8 und 12 Euro. Da die meisten Kunden einzelne Songs kaufen, liegt der Umsatz pro Verkaufsvorgang weit unter dem Umsatz im Plattenladen. Als iTunes eingeführt wurde, kündigte Apple an, keinen Gewinn erzielen, sondern den Store nur kostendeckend führen zu wollen. Inzwischen aber sind die Umsätze auf der Plattform so groß, dass Analyst Horace Dediu die Gewinne auf rund zwei Prozent bei Apps und ein Prozent bei Musik schätzt. Angesichts der Milliarden von Transaktionen wären das hohe Gewinne für Apple. In der analogen Welt beherrschte keine Handelskette drei Viertel des Markts. Plattenfirmen konnten die Preise für CDs frei festlegen und mit den Händlern auf Augenhöhe über Margen verhandeln. In der digitalen Welt sind sie zu asymmetrischen Verhandlungen gezwungen. Ein gravierender Wandel.

Musiker Damon Krukowski glaubt, dass Verhandlungen immer zum Nachteil der Musik ausgehen: »Streamingdienste wachsen schnell, und theoretisch könnten sich die Tantiemen für Künstler zu einem netten Betrag summieren«, schreibt er. »Doch der Marktmechanismus geht in eine andere Richtung. Die ganze Streaming-Industrie ist darauf ausgerichtet, das Publikum fortwährend mit billiger Musik zu berieseln, nicht darauf, den Künstlern ein vernünftiges Auskommen zu bescheren. Am Ende werden die Konsumenten bekommen, was sie wollen. Künstler sind schon immer betrogen worden. Neu ist nur, dass es statt gelegentlichem Betrug jetzt den systematischen gibt.«

Künstler und Plattenfirmen sind auf Dauer zu schwach, um ihre Interessen gegen die Plattformen durchzusetzen. Sie müssen oft das nehmen, was ihnen angeboten wird. Das ist immer noch besser als nichts, doch viel weniger als in der analogen Welt. Man muss über diese Entwicklung kein moralisches Urteil fällen. Doch kann man mit einiger Sicherheit davon ausgehen, dass Konsumenten und Plattformen gewinnen, während die Produzenten und Künstler Einbußen hinnehmen. Die Verschiebung der Wertschöpfungsanteile sollte jedem Mitarbeiter von Unternehmen Sorgen bereiten, die von Plattformen bedroht sein könnten.

Ohne die Mitwirkung der Konsumenten kann keine Plattform bestehen, also sind Plattformen sehr daran interessiert, Produkte kostenlos oder zu sehr niedrigen Preisen anzubieten. Die dafür notwendigen Spielräume holen sich die Plattformen bei den Produzenten. Da Produzenten aber gleichzeitig Arbeitgeber sind, können sie nicht mehr so viele Leute beschäftigen und müssen Löhne und Honorare kürzen. In der Musikindustrie haben seit 2001 rund ein Drittel der Mitarbeiter ihren Job verloren. Noch fängt die analoge Wirtschaft die Opfer der Digitalisierung auf. Doch in dem Maße, in dem die Digitalisierung fortschreitet, schrumpft die Zahl der analogen Arbeitsplätze. Man sieht das heute schon im Nachrichtengewerbe: Selbst die erfolgreichsten Webseiten schaffen nur einen Bruchteil der Umsätze der Zeitungen und Zeitungen, aus denen sie hervorgegangen sind. Entsprechend wenige Leute können sie beschäftigen. Die Arbeitsplatzbilanz ist negativ. Auch liegen die Einkünfte von Online-Redakteuren und freien Mitarbeitern im Schnitt deutlich unter denen von Print-Journalisten. *FAZ*-Herausgeber Frank Schirrmacher sagte: »Journalisten könnten in der Daten-Ökonomie zunehmend in die Rolle eines reinen Zulieferers geraten. Die Medien liefern Inhalte, die User liefern ihre Daten und werden dadurch selbst zum Produkt, und das Geschäft machen einige wenige globale Riesenkonzerne.« Damit hat er das Gefahrenpotenzial richtig umrissen.

In Washington D.C. sitze ich Jim Bankoff gegenüber. Der ehemalige AOL-Manager, Jahrgang 1969, ist ein leidenschaftlicher Online-Verleger geworden. Er gehört zu den neuen Stars der Szene. Sein Unternehmen Vox Media gibt sieben rein digitale Magazine heraus, die allesamt eine Zierde ihrer Gattung sind: glänzend gestaltet, brillant geschrieben und fotografiert, immer auf dem neusten Stand, jeweils einem speziellen Thema gewidmet, zum Beispiel Sport, Politik, Spiele, Netz, Immobilien oder Essen. Seine Firma hat gerade ein neues, großes Loft in der Innenstadt bezogen. Wände aus Glas, nackter Betonboden, viel Luft und Licht. Bankoff führt mich zum dem Team von SB Nation, einem Musterbeispiel für Plattformen im Mediengeschäft. SB Nation steht für »Sportblog Nation« und ist ein Bündel von 308 unterschiedlichen Blogs zu den Hauptsportarten der USA. Sie treten unter einheitlichem Design und gemeinsamer Marke auf, werden en bloc vermarktet, aber von einzelnen, unabhängigen Bloggern geschrieben, die für ihre Bemühungen Honorare bekommen. Jim Bankoff berichtet, wie das Modell zustande gekommen ist: »Die Blogger gab es schon vor uns. Wir haben sie auf die Plattform gebracht. Das bringt Vorteile für beide Seiten. Bei uns haben sie mehr Traffic. Die Bildrechte sind geklärt, wir übernehmen den Anzeigenverkauf und liefern ihnen die beste Redaktionssoftware, die sie sich erträumen könnten. Ihre Arbeit ist dadurch viel leichter geworden. Wir profitieren davon, indem wir viele Besucher bekommen.« Er zeigt auf den Bildschirm eines der Plattformmanager: »Da kann man es gut sehen. Das ist die NFL, die Football-Liga. Oben links klickt man auf die Baltimore Ravens. Man kommt auf die URL *Baltimorebeatdown.com*, aber für den Nutzer ändert sich nichts. Das Design bleibt gleich. Dahinter steht der beste Kenner des Teams. Er hat andere Blogger gefunden, die mit ihm gemeinsam die *Ravens* covern. Gemeinsam bieten sie die bestmögliche Berichterstattung. Dagegen kommen traditionelle Medien nicht an.« Stolz erzählt er, wie SB Nation in den Online-Charts nach oben gestürmt ist und mittlerweile in der Spitzengruppe der US-Sportmedien mitspielt. Eine zentrale Redaktion gibt es nicht. Bei Vox Media sitzt nur ein kleines Team, das die Plattform weiterentwickelt. Solche Modelle sind unkonventionell und disruptiv. Traditionellen Medien sind sie nicht als ersten eingefallen. Den Markt erobert hat ein Start-up, finanziert mit Venture Capital. Modelle wie Vox werden in der Zukunft eine wichtige Rolle spielen. Sie werden die elektronischen Ausgaben der traditionellen Medien nicht notwendigerweise ersetzen. Aber sie werden ihnen harte Konkurrenz machen.

Bei diesem Rennen liegen die USA derzeit vorn. Weil sie globale Plattformen bauen, droht ein Verlust von Wertschöpfung in Deutschland. Die Plattformgewinne fließen größtenteils nach Kalifornien ab und werden dadurch Deutschland entzogen. Sie schaffen zwar neue Arbeitsplätze, aber vor allem auf der anderen Seite der Welt. Für digitale Spätzünder wie Deutschland ist der Trend beunruhigend. Unter anderem deswegen hat Frank Schirrmacher eine große *FAZ*-Debatte über die Folgen der Digitalisierung begonnen. Nicht nur die Firmen und Arbeitnehmer leiden unter der Abwanderung von Werten, sondern auch die öffentlichen Haushalte. Apple, Google, Facebook und andere Internet-Unternehmen nutzen jedes Schlupfloch, um hierzulande so wenig Steuern wie möglich zu bezahlen. Google bringt es fertig, auf mehr als vier Milliarden Euro Umsatz in Deutschland nur vier Millionen Steuern im Land zu lassen. Es gilt das Diktum von Carly Fiorina, der ehemaligen Vorstandsvorsitzenden von Hewlett-Packard. Sie hat früher als andere erkannt: »Alles, was digitalisiert werden kann, wird digitalisiert.« Sie meinte damit, dass immer mehr zu digitalisieren ist, als es zu einem bestimmten Zeitpunkt den Anschein hat. Als ich sie vor zehn Jahren beim Weltwirtschaftsforum in Davos kennenlernte, sprach sie zum Beispiel von den digitalen Fotos, die man zu Hause in hoher Qualität auf Fotopapier ausdrucken lässt. Diesen Markt zu erschließen, war

HP damals gerade angetreten. Fiorina ahnte aber bereits, dass der Bedarf für Fotodrucker bald schon wieder sinken könnte – nämlich dann, wenn das private Fotoalbum digitalisiert wird. Das iPad erfüllte diese Prognose. Es löst geklebte Fotoalben Stück für Stück ab. Wer trotzdem noch etwas Handhabbares für seine Erinnerungen sucht, bestellt ein Online-Fotobuch im Internet. Hergestellt im Digitaldruck, trägt es ebenfalls dazu bei, den Markt für physische Fotos zu marginalisieren.

Alles, was digitalisiert werden kann, wird digitalisiert – auch heute wird diese Aussage noch immer unterschätzt, obwohl die Marktmacht von Plattformen schon deutlich zutage tritt, zum Beispiel im stationären Handel. Das Institut für Handelsforschung geht davon aus, dass 30 Prozent aller Geschäfte bis zum Jahr 2020 schließen müssen. Die Beratungsfirma Mücke, Sturm & Company und das E-Commerce-Center Köln glauben, dass weitere 40 Prozent nur überleben, wenn sie ihr Geschäftsmodell grundlegend ändern. In einer ihrer Studien steht ein Absatz, der die bedrohliche Lage unmissverständlich klarmacht: »Nur wer den online-getriebenen Anforderungen der Kunden gerecht werden kann, hat eine Chance, zu überleben. Die klare Botschaft heißt: Der traditionelle Handelskäufer stirbt aus, und damit auch der traditionelle Handel. Er muss sich völlig neu erfinden oder wird verschwinden.« Untergehen werden nach Ansicht der Marktforscher aber auch 90 Prozent der reinen Online-Händler: »The winner takes it all. Neben Amazon werden das nur einige wenige Spezialisten in besonderen Kategorien sein.« Der Trend ist kaum zu stoppen.

Der britische Ökonom Anthony Stafford Beer (1926–2002) hat 1959 in seinem Standardwerk *Kybernetik und Management* vorausgeahnt, warum Plattformen so ungeheuer mächtig werden würden: »Damit ein System lebensfähig ist, muss es sich an äußere und innere Änderungen anpassen können«, schrieb er. »Es muss lernen, aus Veränderungen zu lernen, diese sinnvoll zu verwerten und sich selbstständig weiterzuentwickeln. Dabei darf es die eigene Identität nicht aufgeben.« Selbstorganisation schlägt

Planwirtschaft – nichts anderes sagt Stafford Beer damit. Kybernetisch konzipierte Plattformen koppeln alles, was sie um sich herum wahrnehmen, zurück an Produktion und Verbraucher. Sie sind traditionellen Wertschöpfungsketten um Dimensionen überlegen. Das erklärt ihre unbändige Veränderungskraft.

Ein anderer Theoretiker, der von Israel nach Palo Alto ausgewanderte Unternehmer Marc Uri Porat, zeigte mit seiner Doktorarbeit von 1976 als Erster auf, nach welchen Regeln die Informationsökonomie funktionieren würde. Sein 242-Seiten-Papier *The Information Economy: Definition and Measurement* griff auf die Vorarbeiten des österreichisch-amerikanischen Ökonomen Fritz Machlup zurück. Dessen Schlüsselwerk *The Production and Distribution of Knowledge in the United States* war 1962 erschienen. Porat und Machlup zeigten: Die Informationswirtschaft ist keine vertikale Branche wie jede andere, sondern muss als horizontale Branche angesehen werden. Laut Porat bestand das amerikanische Bruttosozialprodukt Mitte der 70er-Jahre bereits zu 46 Prozent aus Informationsgewinnung und -verarbeitung. Fast die Hälfte der Arbeitnehmer beschäftigte sich mit irgendeiner Art von Information, und 53 Prozent der gesamten Lohnsumme standen damit in Zusammenhang. Mit derart hohen Zahlen hatte niemand gerechnet. Amerika wähnte sich noch mitten im Industrie- und Dienstleistungszeitalter. Porat empfahl der Regierung, dass jedes Ministerium sich um Informationstechnologie kümmern müsse, weil sie jeden Bereich des Lebens erfasst. Der Vorschlag verhallte ungehört, in Deutschland erst recht. Nach wie vor versteht die Politik wenig von Digitalisierung.

Das hat die Informationstechnologie nicht davon abgehalten, sich weiter auszubreiten. Auch in der Autoindustrie, Musterfall des verarbeitenden Gewerbes, steigt der Anteil von Information an der Wertschöpfung immer weiter an, und damit die Anfälligkeit für Plattformen. Volkswagen-Chef Martin Winterkorn sagt: »Das Auto ist bereits jetzt ein rollendes Rechenzentrum, in jedem Golf sind über 50 Steuergeräte verbaut. Fahrzeuge bestehen heute schon zum Teil aus Bits und Bytes. Das Auto der Zukunft wird kommunizieren und verstehen.« Rund 40 Prozent der Wertschöpfung sind heute schon digital, Tendenz stark steigend. In Zukunft könnte die wichtigste Wertschöpfung des Autos darin bestehen, Konsumenten zu Geschäften zu befördern, in denen sie ihr Geld ausgeben. Alles andere – Motor, Blech, Glas, Sitze – wäre dann ein so unwichtiger Anteil des erzeugten Werts wie heute die Hardware eines Smartphones. Ein 16 Megabyte iPhone 5s kostet nach Schätzungen der Technologieexperten des Beratungsunternehmens IHS in der Herstellung knapp 200 Dollar. Analyst Horace Dediu schätzt, dass iTunes-Kunden im Schnitt 40 Dollar pro Monat ausgeben. Würden iPhone-Käufer nur bei iTunes kaufen, hätte der Wert dessen, was sie mit dem Gerät anstellen, den Herstellungspreis schon nach fünf Monaten überschritten. Tatsächlich aber tätigen sie zusätzlich alle möglichen anderen Käufe: Sie telefonieren, buchen Flüge, reservieren Restaurants und Hotels, bestellen bei Amazon, ordern Taxen und kaufen Kinotickets. Schon nach wenigen Wochen übersteigt der Wert der Transaktionen den Wert der Hardware. Nicht anders wird es bei Autos laufen. Große Bildschirme in der Mittelkonsole nehmen unsere Wünsche auf, machen eigene Vorschläge und navigieren uns zum nächsten Möbelhaus. Die Adresse müssen wir nicht wissen. Wir geben einfach »Möbel« als Suchwort ein. Das löst einen Auktionsprozess im Hintergrund aus. Der Gewinner wird uns eine Millisekunde später als attraktiver Vorschlag präsentiert – entweder wirklich als faires Angebot oder wahrscheinlich als Ergebnis eines verschleierten Marketing-Prozesses wie bei Google. »Deutsche Autofirmen sind stolz, wenn sie einen Kooperationsvertrag mit Google abschließen«, sagt Arnd Benninghoff, Chief Digital Officer bei ProSieben-Sat1, der für sein Unternehmen ebenso wie wir im Silicon Valley gelebt hat. »Dabei übersehen sie, dass Google Maps ein Trojanisches Pferd ist, das sie ins Auto lassen. Sie geben damit die Hoheit über die Datenerfassung und das Marketing im Auto preis.«

Kurzfristig wirkt das attraktiv, langfristig werden sich die Autohersteller damit vom wichtigsten Teil der Wertschöpfung abschneiden. In zehn, spätestens 20 Jahren ist das Auto reduziert auf einen auswechselbaren Gebrauchsgegenstand, der mit niedrigen Margen und starkem Preisdruck gehandelt wird.

Diese Entwicklung ist fast nicht mehr zu verhindern. Die ganze Expertise der Automobilkonzerne bei Motoren, Bremsen und Airbags wird wenig wert sein. CDU-Generalsekretär Peter Tauber hat recht mit seiner Anmerkung: »Wenn kein Auto mehr ohne Google fahren kann, weil die Vernetzung nicht anders zu organisieren ist, dann wird die Frage, ob es in Wolfsburg oder in Toyota vom Band rollt, zweitrangig. Denn die Wertschöpfung wird dort generiert, wo die größte Innovation herkommt.« Diese Wertschöpfung kommt mit großer Sicherheit aus dem Datencenter der Autos, vor allem aus den Geo- und Konsumdaten. Das Navigationssystem optimiert unser Ziel und unseren Weg nach kommerziellen Kriterien. Es weist uns darauf hin, dass in unserer To-do-Liste »Bohrmaschine kaufen« steht und wir für den Sommerurlaub noch Schnorchel und Flossen brauchen. Prompt folgt die Empfehlung für Läden in der Nähe, den aktuellen Verkehrsfluss holt sich der Wagen im Netz und schreibt unsere Fahrtroute in die Cloud, woraus eine hochaktuelle Karte der Kaufkraftströme entsteht – die Grundlage der Planungen von Einkaufszentren, Shopping-Meilen und Werbekampagnen sein wird. Die Werbung, die wir während der Fahrt am Wegesrand auf elektronischen Postern sehen, wird individuell auf unsere Bedürfnisse zugeschnitten. Für jede Ampelwelle rechnet ein Targeting-Algorithmus anhand der heranrollenden Benutzerprofile die passende Kampagne aus. Jede Fahrergruppe bekommt das zu sehen, was sie wahrscheinlich zum teuersten Einkauf anregt. Versteigert wird die Werbung über Plattformen, eine Millisekunde, bevor sie in unser Blickfeld gerät. Außenwerber beschäftigen sich schon jetzt mit der dafür notwendigen Technologie, denn es ist klar, dass Google hungrig auf diesen Markt ist: »Außenwerbung ist das letzte Puzzlestück, das Google im Targeting von Werbung noch fehlt«, sagt mir ein Unternehmer, der auf Außenwerbung spezialisiert ist. Am Laden angekommen, steigen wir direkt vor der Tür aus. Der Wagen parkt sich entweder selbst ein oder fährt allein umher, bis wir unseren Einkauf beendet haben. Im Laden lotst das Smartphone uns zu den Sofas und Tischen, die unserem Einrichtungs- und Lebensstil entsprechen. Gutscheine blinken auf, mit denen wir 30 Prozent Rabatt bekommen, wenn wir auch noch Stühle und Sofakissen mitnehmen. Kreditkartenzücken entfällt. Alles, was an Geldausgeben erinnert, weckt das kritische Bewusstsein und senkt die Durchschnittsgröße der Bons. Wir tragen die Ware einfach aus dem Laden. Die Chips in den Produkten melden sich beim Smartphone, das für die Bezahlung sorgt. Rechtlich bewirkt das Überschreiten der Schwelle den Kaufabschluss. Um das beweisen zu können, filmt das Geschäft unseren Gang durch die Tür.

Arbeitnehmer in Deutschland verdienen im Schnitt etwa 3500 Euro brutto pro Monat. Wenn sie davon 1000 Euro in Geschäften ausgeben, überschreitet der Wert ihrer Kaufkraft nach zwei bis drei Jahren den Kaufpreis eines Mittelklassewagens. Für den stationären Handel ist es durchaus lohnend, Geld an den Betreiber der Mobilplattform dafür zu bezahlen, dass sie ihnen Kunden in sein Geschäft bringt. Noch interessierter daran werden Online-Händler sein. Wenn Amazon am Kurs unseres Autos erkennt, dass wir auf Saturn oder MediaMarkt zuhalten, kann uns ein Angebot direkt auf den Bildschirm gespielt werden. Wir werden uns an Botschaften wie diese gewöhnen müssen: »Den Fernseher gibt es bei uns billiger. Klicken Sie hier und sparen Sie 15 Prozent. Wir liefern das Gerät bequem und kostenlos nach Hause. Sie müssen es nicht selbst tragen.« Vermutlich beauftragen wir einen Dienst wie Idealo oder KaufDa, den objektiv besten Preis in unserer Nähe aufzuspüren. Nicht *dass* ein Auto uns bewegt, ist in Zukunft seine wichtigste Wertschöpfung, sondern *wohin* und *auf welcher Strecke* es uns befördert. Es geht um gewaltige Werte. Mehr als 430 Milliarden Euro werden im deutschen Einzelhandel und 70 Milliarden im Gastgewerbe ausgegeben. Unsere Route entscheidet darüber, wo eine halbe Billion Euro landen.

An keinem anderen Ort sind wir so empfänglich für Beeinflussung wie im Auto. Dem Navigationsgerät vertrauen wir blind. Was das Navi uns als besten Weg vorschlägt, das glauben wir, vor allem dann, wenn es Echtzeit-Verkehrsdaten verarbeitet. Selbst Umwege halten wir dann für rational, weil sie ja dem Umfahren von Staus dienen könnten. Ob wir wirklich auf dem direkten Weg zum Ziel fahren oder ein Auktionsmechanismus uns ein Stückchen ablenkt und jemand damit Geld verdient, werden wir in Zukunft ebenso wenig erfahren wie heute beim Surfen im Web. Unsere Bewegung im realen Raum wird den gleichen Mechanismen von unmerklicher Beeinflussung unterliegen wie heute unsere Bewegung im virtuellen Raum. Mit dem einzigen Unterschied, dass unsere reale Fortbewegung noch viel wertvoller ist, weil wir offline mehr Geld ausgeben als online und weil Daten über unsere Bewegung in der Kohlenstoffwelt noch viel mehr über uns verraten.

Google dringt schon jetzt machtvoll in den Automarkt ein. Seine ersten Prototypen des selbst fahrenden Autos waren umgerüstete Toyotas. Im Mai 2014 stellte Google aber einen Roboterwagen vor, den es selbst bauen lässt. Das Auto hat kein Lenkrad und keine Bremse mehr. Die »Fahrer« drücken lediglich einen Knopf für *Start* und *Stop*. Der Wagen kann als Taxi, Kurier oder Leihwagen benutzt werden. Ein weiteres Alarmsignal für die klassische Autoindustrie. Es wird schwer, herkömmliche Autos zu verkaufen, wenn Kunden einfach einen der umherfahrenden Elektroroboter per Smartphone anhalten, ihr Ziel nennen und sich sauber, sicher, schnell, emissionsfrei und ohne Stau für wenig Geld ans Ziel bringen lassen können. Eine Studie von KPMG hat untersucht, ob Konsumenten eher Google, Apple oder klassischen Autoherstellern wie BMW, Audi oder Daimler die Kompetenz zutrauen würden, selbst fahrende Autos zu bauen. Die Technologiekonzerne lagen in der Befragung deutlich vor den Autobauern. Auf Hubraum, Motorstärke und Fahrspaß kommt es in Zukunft immer weniger an. Diese Faktoren könnten schon bald von einem Massen-

zu einem Nischengeschäft werden, genauso wie CDs, Zeitungen und Zeitschriften in einer Nische verschwinden. Fans dafür wird es immer geben, doch die Masse kauft etwas anderes.

Der wirtschaftliche Effekt solcher Umbrüche ist dramatischer, als man sich das vorstellt. Auf dem Höhepunkt seines Erfolgs hatte Kodak 140 000 Mitarbeiter und war 28 Milliarden Dollar wert. Heute ist Kodak bankrott, und Instagram, das zusammen mit einigen anderen Plattformen die Nachfolge angetreten hat, beschäftigt nur knapp 20 Mitarbeiter. Wohin ist der Rest der Arbeit verschwunden? »Bei Ihnen und mir«, sagt Internet-Pionier Jaron Lanier in seinem bemerkenswerten Buch *Wem gehört die Zukunft?*. »Internetkonzerne übertragen uns die Aufgaben, die früher von bezahlten Angestellten erledigt wurden. Wir erledigen sie für umsonst. Branche für Branche wird die digitale Netzwerkwirtschaft von innen aushöhlen, von Medien über Medizin bis hin zum verarbeitenden Gewerbe.«

Nach der Automobilindustrie liefert ein Beispiel aus der Finanzindustrie aussagekräftiges Anschauungsmaterial. Auch Banken befinden sich in akuter Lebensgefahr, weil sie die Zeichen der Zeit nicht erkannt haben. Es gibt in Deutschland 2000 Geldinstitute. Sie haben die vergangenen Jahrzehnte seit Erfindung des Internet weitgehend damit zugebracht, Strukturreformen zu vermeiden, den Status quo fortzuschreiben und kundenfreundlichen Erfindungen auszuweichen. Das im Hintergrund laufende Zahlungssystem per Banküberweisung ist zwar eines der effizientesten der Welt, doch die Benutzeroberfläche für den Kunden fällt weit hinter moderne Standards zurück. Lastschriften zum Beispiel können platzen und Überweisungen zurückgerufen werden. Das bringt große Unsicherheit und ist aus Sicht des Online-Handels höchst ineffizient, doch die Banken haben nie ein System der Echtzeit-Bonitätsprüfung aufgebaut, vermutlich, weil sie mehr Geld an den geplatzten Lastschriften (etwa 10 Euro für Überweisungsrückrufe und 3 Euro für Lastschriften) verdienen als an den Centbeträgen, die ihnen ein Echzeit-Check einbringen würde.

Oder SEPA: Mit dem neuen europäischen Nummernsystem zwingen uns die Banken, 22-stellige IBAN-Nummern einzugeben. Ein für die Kunden aberwitzig ineffizientes System. Es ist in etwa so, als gäbe es im Internet keine Nameserver und man müsste statt *welt.de* die numerische IP-Adresse 2.20.143.23 direkt eintippen. Doch ein Server übersetzt die für Menschen leicht merkliche Adresse in die Zahlensprache des Netzes. Es wäre ein Leichtes gewesen, die langen IBAN-Nummern in leicht merkbare Kontoanschriften zu verwandeln und sie von Computern rückentschlüsseln zu lassen. Das wurde versäumt, weil die traditionellen Banken nicht kundenorientiert und digital denken.

Oder Überziehungszinsen: In Deutschland kosten Überziehungszinsen bei Großbanken zwischen 15 und 17 Prozent, die billigsten Angebote liegen bei etwa 8 Prozent. Derweil sind die Einlagezinsen der Europäischen Zentralbank negativ, und Banken können sich bei der EZB für 0,15 Prozent Geld leihen. Sie machen mit Überziehungszinsen einen Schnitt von fast 17 Prozentpunkten – wahrscheinlich das lukrativste Geschäft, das es auf den Weltfinanzmärkten überhaupt gibt. Es müsste schon fast jeder fünfte Schuldner ausfallen, um den Preis zu rechtfertigen. Da dies nicht passiert, ist der Überziehungszinssatz Beutelschneiderei. Im Übrigen ist er auch überflüssig. In den USA sind Dispokredite wie auch Überziehungszinsen unbekannt. Das Geschäft mit kurzfristigen, ungesicherten Konsumentenkrediten machen Kreditkartenfirmen.

Der Überziehungszins hilft deutschen Banken lediglich dabei, überlieferte Strukturen zu zementieren und Reformen zu vermeiden. Er schafft zugleich aber eine große Gefahr: Disruptive Angreifer, die einfaches Bezahlen ermöglichen, den Überziehungskredit abschaffen und den Händlern entgegenkommen – solche Angreifer werden den Markt schnell erobern und Banken von ihrer Plattform verdrängen. Bei Zahlungssystemen greift nicht nur PayPal an. Auch die fünf Goldenen Reiter des modernen Internet – Apple, Google, Amazon, Facebook, Samsung – haben gute Voraussetzungen, Banken mit besseren Produkten zu Leibe zu rücken. Facebook arbeitet an einem Zahlsystem, mit dem Mitglieder sich untereinander Geld schicken können. Dafür wurde kürzlich PayPal-Chef David Marcus abgeworben.

Webseiten wie Motif Investing bieten deutlich intelligentere automatische Finanzberatung mit dramatisch besserer Oberfläche an. Motif Investing fragt seine Nutzer, an welche Trends sie glauben, zum Beispiel den Erfolg von Obamacare, den Durchbruch von Online Videos, Internet in China, Cyper Security oder Fortsetzung des Coffee-to-go-Trends. Dann errechnet eine anspruchsvolle Big-Data-Analyse die besten Wertpapiere in diesem Sektor und schlägt eine Portfolio-Zusammensetzung vor. Wer sie ändern möchte, erledigt das bequem per Schieberegler. Danach, das ist der Clou, kauft man die Wertpapiere mit einem einzigen Mausklick. Die Website kommuniziert direkt mit dem Online-Broker und wickelt die Transaktion in Sekunden ab. Händisch würde das Stunden dauern.

Oder das Beispiel Bargeld: In Deutschland werden nach wie vor 60 Prozent aller alltäglichen Transaktionen in bar abgewickelt – mit enormen Ineffizienzen für Kunden und Dienstleister. In den USA ist der Wert unter zehn Prozent gesunken. Der Modernisierungsstau der Banken drückt sich in der hohen Bargeldquote aus. Man zahlt vier Euro bei einer fremden Bank, um Geld abzuholen. Damit wird Gewinn gemacht. Aber Smartphones, die man beim Händler einfach gegen ein Lesegerät hält, um seine Rechnung zu begleichen? Solche Innovationen scheut die Bankenbranche. Daher ist es unwahrscheinlich, dass sich die wertvollen Plattformen der Zukunft in ihrem Besitz befinden werden.

Selbst wenn traditionelle Banken optimale Online-Produkte bieten würden, wären sie den reinen Web-Unternehmen vermutlich unterlegen. Nur einmal angenommen, Google würde Goldman Sachs, die größte Bank der Welt, angreifen – wer würde dabei gewinnen? Die bestvernetzten und bestkapitalisierten Banker der Wall Street oder der Besitzer des größten Datenpools der Welt? Aller Wahrscheinlichkeit würde Google als Gewinner aus diesem Zweikampf hervorgehen. Daten lassen sich leicht in Geld verwandeln, aber Geld längst nicht so leicht in Daten. Daten, also Informationen, sind die ultimative Ressource der modernen Wirtschaft. »Daten sind das neue Öl«, hat Springer-Chef Mathias Döpfner gesagt. Jedes Geschäft der Welt lässt sich mithilfe von Daten effizienter führen. Google weiß besser als Goldman Sachs, was Menschen und Firmen kaufen, brauchen und begehren, und könnte seine Finanzprodukte den Bedürfnissen immer besser anpassen als die Bank. Dadurch wird die Datenbank ständig besser und der Vorsprung immer uneinholbarer. Da sich über kurz oder lang alle Branchen in Informationsbranchen verwandeln werden, stoßen alle Zweige irgendwann an das Datenmonopol, das sie nicht mehr besiegen können. Der normale Wettbewerb endet.

Wieder ist es Googles Eric Schmidt, der die Macht seines Unternehmens mit frappierender Offenheit zum Ausdruck gebracht hat. Er sagte: »Eines Tages stellten wir in einer internen Diskussion fest, dass wir den Aktienmarkt voraussagen konnten. Das aber wäre illegal. Deswegen haben wir damit aufgehört.« Im Umkehrschluss bedeutet das: Sowie Google beschließt, Geschäftsbanken anzugreifen, könnte es seinen Datenschatz und die größte Rechenkraft des Planeten dafür einsetzen, selbst den Giganten Goldman Sachs auszuhebeln. Das ist nicht mehr weit entfernt. Google besitzt seit 2007 eine Banklizenz in Europa, PayPal ebenso, Facebook steht kurz davor. Mit *Google Wallet* werden Zahlungen im firmeneigenen Play Store abgewickelt. Nach Einschätzung der Unternehmensberatung Bain & Company haben Internetfirmen den Banken bereits zwei Prozent Marktanteil abspenstig gemacht. Falls die dabei eingesetzten Methoden illegal sein sollten, empfehlen sich als Betriebsstätten die Google-Schiffe in internationalen Gewässern, die über die Google-Satelliten im internationalen Weltraum kommunizieren. Dort haben nationale Gesetze keine Geltung mehr.

Theoretiker Marc Uri Porat hat in den 70er-Jahren analytisch beschrieben, was heute bei Google, Apple und anderen Plattformen geschieht. Da Information die Summe allen Wissens über Verfahren der Herstellung darstellt, sind Herstellungsverfahren laut Porat nicht zu verbessern, solange das Wissen darüber nicht zunimmt. Das heißt: Bessere Information führt zu effizienterer Produktion, und effizientere Produktion kann es ohne bessere Information nicht geben. Daher steigt der Anteil der Information an der Wertschöpfung mit der Qualität der Information. Warum? Weil effizientere Produktion heißt, dass mit weniger Aufwand an Materie und Energie gleich viele Güter geschaffen werden oder mehr Güter aus der gleichen Menge von Rohstoffen hervorgehen. Der Anteil physischer Transformation am Gesamtwert nimmt also zu. Folglich muss der Anteil der Information ansteigen. Technischer Fortschritt der Produktion ist laut Porat daher nur möglich durch Fortschritt der Informationen. Da Informationstechnologie jene Technik ist, die Informationen sammelt, aufbereitet und verteilt, ist Informationstechnologie der Effizienztreiber der Produktion. Wer diese Technik in Form von Plattformen unter seine Kontrolle bekommt, beherrscht den Prozess der Effizienzsteigerung und kann die finanziellen Auswirkungen der Produktivitätsfortschritte zu einem großen Teil in seine Kassen lenken.

Nun kommen Zug um Zug immer mehr Wirtschaftszweige ins Visier der Plattformerfinder. Branchen, die noch kein Verständnis dafür entwickelt haben, wie hoch der Informationsanteil ihrer Wertschöpfung heute schon ist. Zum Beispiel die Hotelbranche, die von der Online-Zimmervermittlung Airbnb angegriffen wird. (Axel Springer ist mit einem kleinen Prozentsatz an dem Unternehmen beteiligt.) Brian Chesky hat das Unternehmen 2008 gemeinsam mit Nathan Blecharczyk und Joe Gebbia gegründet. Chesky, Jahrgang 1981, ist ein gelernter Designer, der genau wie Mark Zuckerberg eng sitzende T-Shirts und passend dazu das populärste Männlichkeitssymbol des Silicon Valley – durchtrainierte Bodybuilder-Bizeps – zur Schau trägt. Seine neue Firmenzentrale in San Francisco ist ein riesiges viergeschossiges Loft mit gewaltigem Innenhof. Feste Arbeitsplätze gibt es kaum. Die Mitarbeiter tagen in flexiblen Projektgruppen in Konferenzräumen, von denen keiner dem anderen gleicht. Eingerichtet worden sind sie von einem eigenen Airbnb-Designteam und bilden echte Wohnungen nach, die auf der Plattform vermietet werden. Ein bunter, stilsicherer Potpourri. Man spaziert von der skandinavischen Küche über das französische Belle-Époque-Wohnzimmer zum britischen Herrensalon. Chesky hat Airbnb erfunden, als er abgebrannt war, zufälligerweise ein Designerkongress in der Stadt tagte und er ein Zimmer in seiner Wohnung auf einer Webseite anbot, die er eigens dafür geschrieben hatte. Die Nachfrage war überwältigend. Er hätte das Zimmer ein Dutzend Mal vermieten können. Seine Freunde hörten davon und baten ihn, auch ihre Wohnungen ins Netz zu stellen. Touristen und Geschäftsleute entdeckten eine ganz neue Art der Reiseunterkunft und verliebten sich in das Modell. Privatwohnungen sind persönlicher, geräumiger, sympathischer und preiswerter als Hotels. Das Geschäft explodierte. Airbnb bietet derzeit weltweit 300 000 Zimmer und Wohnungen an, immerhin schon halb so viel wie Hilton. In San Francisco und New York gibt es fast keinen Straßenblock ohne Airbnb-Wohnung mehr. Das Wachstum verläuft exponentiell: Von Januar 2011 bis Januar 2012 stieg die Zahl der gebuchten Nächte um 500 Prozent an. Die Wachstumsraten in europäischen Metropolen liegen bei mehreren Hundert, teilweise bis zu 1000 Prozent pro Jahr. Anfang des Jahrzehnts vermietete Airbnb eine Wohnung pro Minute, vier Jahre später ist es eine Wohnung pro Sekunde.

Das Wachstum ist so stark, dass einige Städte sogar eigene Gesetze verabschiedet haben, die dem Vermieten von Wohnungen Grenzen setzen. Hotels wehren sich gegen die Konkurrenz und reklamieren, dass sie stärker reguliert sind und höhere Steuern bezahlen als die Privatvermieter. An der Heftigkeit der Debatte und den unversöhnlichen Positionen kann man ablesen, dass sich hier gerade wieder ein Zeitfenster schließt wie zuvor bei der Musikindustrie und iTunes oder den Verlagen, die es versäumt hatten, eine eigene Plattform in Konkurrenz zu Google zu entwickeln. Airbnbs Webseite ist von Anmutung, Charme und Bedienerfreundlichkeit allen Webseiten von Hotels weit überlegen. Sie schaltet Produzenten und Konsumenten direkt zusammen und verschafft beiden einen erheblichen Vorteil. Sie selbst steht in der

Mitte und profitiert von Netzwerk- und Skaleneffekt. Angebote wie HRS oder Booking.com sind ebenfalls von Branchen-Außenseitern erfunden und erfolgreich aufgebaut worden.

Brian Chesky sitzt in einem seiner originellen Konferenzräume, faltet die Arme übereinander und entwickelt eine Theorie der Sharing Economy. Es geht nicht darum, Hotelzimmer zu vermieten, sagt er. Sondern darum, Ineffizienzen zu beheben. Wohnraum steht ungenutzt in Städten herum, während Reisende viel Geld dafür ausgeben, winzige, meistens unpersönliche Kammern in Hotels zu mieten. »Diese Ineffizienz beseitigen wir«, sagt Chesky. »Das ist der Wert, den wir erzeugen. Wir tragen dazu bei, dass ein Gut – in unserem Fall Wohnraum – besser genutzt wird als je zuvor.« Es ist kein Zufall, dass ihm die Idee als Branchenaußenseiter gekommen ist und er sie in Windeseile programmiert hat. Sein Blick war nicht verstellt von Wissen, und es gab nichts, was er zu verteidigen hatte. Er sah einfach nur die Ineffizienz und schaffte sie ab. Wem das gelingt, der beherrscht die Zukunft. Der Kampf um Erfolg in der Digitalwirtschaft ist der Kampf um Plattformen.

Haben in diesem Kampf alle die gleichen Chancen? Keineswegs. Der Gewinner räumt alles ab, für die anderen bleibt wenig übrig. Die Digitalwirtschaft neigt zur Bildung von Monopolen. Das sehen wir im nächsten Kapitel.

Alles dem Gewinner. Die Macht der Monopole

Das Netz hat einen gefährlichen Nebeneffekt: Es führt zu Monopolen. Zu Firmen, die Märkte weltweit beherrschen. Zwar leben sie nicht ewig, doch ihnen folgen immer wieder neue Monopole. Mit unabsehbaren Folgen für Wirtschaft und Gesellschaft.

Der parlamentarische Abend im Hotel Adlon am Brandenburger Tor sollte eigentlich die Beziehungen zwischen Google und Bundestag verbessern helfen. Doch bei einigen Abgeordneten löste er tiefe Sorge über die Maßlosigkeit globaler Internetkonzerne aus. Im Herbst 2012 hatte Google einen ranghohen Manager aus der Zentrale in Mountain View eingeflogen, um die Positionen des Konzerns zu Datenschutz und Urheberrecht zu erläutern. Die Botschaft des Kaliforniers lautete: Alles, was wir tun, ist gut. Wir denken nur an den Nutzer. »Don't be evil« verspricht auch das Firmenmotto. Einem der Abgeordneten kam das nicht geheuer vor, und er hakte nach: »Gibt es denn eine Grenze, die Google niemals überschreiten würde?«

Die Antwort des Managers fiel so knapp wie unmissverständlich aus: »Für uns gibt es keine Grenzen. Wir machen alles, was gut für den Nutzer ist.« Dieser Satz gab vielen Abgeordneten zu denken: »Für uns gibt es keine Grenzen« – eine Behauptung, die einen Mangel an Selbstkritik verrät, wenn nicht einen Hang zur Selbstgerechtigkeit. Irgendeine Grenze, fanden sie, müsse es immer geben. Kein Interesse dürfe über allen anderen stehen, auch nicht das »der Nutzer«. Schließlich, wer bestimmt, wer »der Nutzer« ist und was er möchte? Was ist, wenn er alles kostenlos verlangt und anderen damit schadet? Wer tritt für die Interessen der Fotografen, der Autoren, der Musiker, der Verlage und der Netzbetreiber ein, wenn die Wünsche des Nutzers das Maß aller Dinge sind? Und was ist, wenn Google das vermeintliche Interesse seiner Nutzer nur vorschützt, um Spielräume zu erweitern? Das Treffen im Adlon verging ohne befriedigende Antworten. Es war symptomatisch für eine Verschlechterung der Beziehungen zwischen amerikanischen Internet-Konzernen und den Deutschen. Heute, zwei Jahre später, hat das Unbehagen die breite Öffentlichkeit erreicht. Es ist normal geworden, dass eine populäre Sendung wie *Stern TV* fast eine ganze Ausgabe den Allgemeinen Geschäftsbedingungen von Facebook widmet. Noch vor Kurzem wäre das undenkbar gewesen, weil es kaum jemanden interessiert hätte. Heute ist die öffentliche Wahrnehmung geschärft, und es werden Fragen nach Problemlage und Lösungsmöglichkeiten gestellt.

Google, Apple, Facebook, Amazon und andere Internetfirmen haben eine unheimliche Größe erreicht. Der Berliner Piraten-Chef Christopher Lauer vergleicht Google mit einem Staat, »der auf den Rest der Welt mit nuklear bestückten Interkontinentalraketen zielt«, während der Rest der Welt »maximal mit Speeren bewaffnet ist«. Lauer findet: »Das ist das, was neudeutsch asymmetrische Kriegsführung heißt.« Ganz unberechtigt ist der martialische Vergleich nicht. Wenn Google-Verwaltungsratspräsident Eric Schmidt nach Berlin kommt, wird er fast wie ein Staatsoberhaupt empfangen. Termine mit Ministern stehen wie selbstverständlich auf dem Programm. Fast so, als würde die Bundesrepublik freundlich-diplomatische Beziehungen zum virtuellen Suprastaat Google unterhalten. Natürlich bekommen auch deutsche Unternehmenschefs Termine bei Bundesministern. Axel Springer ist da keine Ausnahme. Doch nie geht ein solches Raunen durch das politische Berlin, als wenn es wieder einmal heißt: »Eric Schmidt kommt in die Stadt – und bleibt eine ganze Woche!«

Zu erklären ist das nur damit, dass die Silicon Valley-Konzerne veritable Mächte mit Herrschaftsanspruch und politischem Gestaltungswillen geworden sind. Die Digitalisierung begünstigt das Entstehen von Monopolen und führt zur Akkumulation von Kapital in den Händen weniger Unternehmen. So veraltet diese Begriffe heute klingen mögen, so aktuell sind sie geworden. Was Karl Marx Mitte des 19. Jahrhunderts in der beginnenden Industrialisierung beobachtete, wiederholt sich nun aus anderen Gründen und mit anderen Folgen in der Digitalisierung. Dave Eggers spricht in seinem gefeierten Roman *The Circle* von einem »Infokommunismus verbunden mit gnadenlosem kapitalistischem Ehrgeiz«. Der *FAZ*-Herausgeber Frank Schirrmacher warnte zu Recht vor »der Enteignung geistiger Arbeit und Inhalte als Grundlage einiger weniger Konzern-Imperien«. Historische Parallelen sind nicht aus der Luft gegriffen. Was wir heute erleben, weckt zwangsläufig Erinnerungen an dunkle Kapitel der Wirtschaftsgeschichte.

Der amerikanische Technologie-Autor Nicholas Carr wirft den Blick in seinem Bestseller *The Big Switch* über Google hinaus auf die neuen Cloud-Konzerne und vergleicht sie mit Thomas Alpha Edisons Strommonopol, eines der gefährlichsten Monopole des Industriezeitalters. Gefährlich vor allem, weil sein Nutzen anfangs so verführerisch schien und die Nachteile erst nach und nach zum Vorschein kamen. Carr schreibt: »Vor hundert Jahren stellten die meisten Firmen ihre eigene Stromproduktion ein, die sie im Zuge der Elektrifizierung aufgebaut hatten. Sie wurden Kunden großer zentraler Kraftwerke, die Strom unschlagbar billig lieferten. Nicht nur, dass sie sich damit von Monopolen abhängig machten. Auch löste der Trend eine Kettenreaktion wirtschaftlicher und sozialer Folgen aus, an deren Ende die moderne Wirtschaftswelt stand, die wir heute kennen.« Eine ähnliche Entwicklung läuft heute im Internet ab. Carr warnt: »Firmen und Privatleute lagern ihre Datenverarbeitung in gewaltigen Serverfarmen aus, die ihnen Bits und Bytes ins Haus pumpen.« Die Cloud, so Carr, gehorchte den gleichen Gesetzmäßigkeiten wie Edisons Strommonopol: Erst sieht es logisch aus, seine Daten in die Cloud abzugeben, weil es unschlagbar billig und praktischer ist, als sie auf eigenen Servern unterzubringen. Weil alle so denken, stellt bald jeder den Betrieb von eigenen Servern ein. Sobald Cloud-Betreiber wie Amazon, Google und Microsoft ihre Kunden in vollständige Abhängigkeit manövriert haben, ziehen sie die Preise an. Oder schlimmer: Sie lassen die Preise niedrig und fassen die Daten ab. Das kann noch lohnender sein. Cloud-Betreiber können so mächtig werden wie Thomas Alpha Edison. Man kann moderne Firmen ebenso wenig ohne Daten betreiben wie Fabriken zu Edisons Zeiten ohne seinen Strom.

Das Monopolkapital fällt in die Hände einer neuen Spezies von Unternehmern. Es sind keine Profi-Manager mit langen Karrieren in Konzernen, die wissen, wie man sich in demokratischen Gesellschaften bewegt, sondern oft junge Programmierer, die außer ihrem eigenen Start-up noch nicht viel gesehen haben, weitab von Washington im Westen leben, früh von Erfolg verwöhnt wurden und so gut wie keine Beziehung zu Europa haben. Eine Mischung aus dem Anti-Establishment-Revoluzzertum von San Francisco, dem Machbarkeitsdenken von Stanford und dem Risikomut und Shooting-for-the-Moon-Ehrgeiz der Sand Hill Road. Es entsteht ein Gefühl für Überlegenheit, während die Toleranz für Andersdenkende sinkt. Erfolgreiche Gründer haben immer gegen Widerstände angekämpft. Der Erfolg hat ihnen recht gegeben und Zweifler verstummen lassen. Kritik kennen viele erfolgreiche Gründer nur als Kleinmut. Das prägt bei manchen von ihnen den Umgang mit Andersdenkenden. Offener Diskurs und Suche nach Kompromissen kommen in ihrem Plan nicht vor.

Erlebt habe ich das im Jahr 2010 als Mitglied einer Delegation des Weltzeitungsverbands. Wir fuhren nach Mountain View, um mit Google über Urheberrecht und faire Behandlung von Wettbewerbern in Suchergebnissen zu verhandeln. Es wurde eine ernüchternde Dienstreise. Uns saßen Leute gegenüber, die an die absolute Wahrheit ihrer Mission glaubten. Techniker gaben den Ton an, auch wenn es gar nicht um Technik, sondern um Recht und Gesetz ging. Sie vertraten eine schlichte These: Information ist Allgemeingut, egal, woher sie kommt und wer sie produziert hat. Alle Informationen müssten der Öffentlichkeit zugänglich gemacht werden. Wer das ist infrage stellt, setzt sich in ihren Augen ins Unrecht. Datenschutz und Urheberrecht hätten immer hinter dem Recht der Öffentlichkeit auf Information zurückzustehen, meinten sie. Uns schlug spürbare Gereiztheit entgegen. Wir redeten erkennbar aneinander vorbei. Zwei Wertvorstellungen kollidierten: Wir traten dafür ein, Grundrechte gegeneinander abzuwägen, die Google-Leute hingegen stellten das Recht auf Information absolut über alle anderen Rechte. In unseren Augen wiederum war das grundfalsch. Nach einem Tag reisten wir frustriert und ohne Ergebnis wieder ab.

Warum sind moderne Internetfirmen so mächtig? Eine gute Erklärung liefert der bereits erwähnte Netzwerkeffekt. Die zentrale These dieser Theorie besagt: In jedem Netzwerk steigt der Nutzen für alle Teilnehmer an, wenn neue Teilnehmer hinzukommen. Das ist ein grundlegender Unterschied zu traditionellen Märkten. Ein Beispiel: Wenn jemand Milch kauft, kann er die Milch trinken. Dieser Nutzen kommt ihm direkt zugute ganz unabhängig davon, ob jemand anderes ebenfalls einen Liter Milch erwirbt. Ökonomen sagen, dass die Nutzen von Konsumenten auf traditionellen Märkten unabhängig voneinander bestehen. Kauft der gleiche Kunde hingegen ein Telefon statt Milch, hängt seine Freude an dem Gerät entscheidend davon ab, wie viele andere Leute ebenfalls ein Telefon besitzen.

Denn je mehr Leute im Netzwerk mitmachen, desto mehr Leute kann er anrufen. Jeder neue Anschluss steigert den Nutzen aller alten und neuen Kunden. Anders als bei der Ware *Milch* muss beim Telefon niemand fürchten, dass die Vorräte eines Tages erschöpft sein könnten. *Milch* ist endlich, *Telefon* nicht. Im Gegenteil: Je mehr neue Konsumenten auf den Plan treten, desto besser ist das für die alten. Bei der *Milch* konkurrieren Haushalte um ein knappes Gut und müssen sich sorgen, irgendwann nicht mehr beliefert zu werden. Beim *Telefon* hofft jeder, dass möglichst schnell weitere Teilnehmer hinzukommen. Der Netzwerkeffekt bringt einige wichtige Konsequenzen mit sich. Zum Beispiel, dass Kunden unter allen Anbietern meist denjenigen wählen, der das größte Netz bietet. Das ist nur logisch, denn dort ist die Zahl der potenziellen Verbindungen am größten. Bessere Milch zu niedrigerem Preis hat immer gute Chancen, Kunden zu finden und Marktanteile zu gewinnen. In Netzwerken hingegen streben Neukunden zu den größten Anbietern, auch wenn sie dort höhere Preise und schlechtere Dienste vorfinden. Somit funktioniert Marktwirtschaft in Netzen ganz anders als außerhalb. In Netzen hat nicht automatisch der beste Anbieter die besten Karten. Er kann durchaus am schlechtesten abschneiden, wenn er auf den Markt dazugekommen ist und noch keine Altkunden besitzt.

Da auch das Internet ein Netzwerk ist, entstehen dort fortlaufend Monopole. Googles Suche erreicht in den meisten Ländern Europas einen Marktanteil von über 90 Prozent, in Deutschland etwa 95 Prozent. Je mehr Menschen dort suchen, desto größer wird die Datenbank vergangener Suchen, mit der neue Suchanfragen umso treffsicherer beantwortet werden können. Google vereint etwa 10 Prozent aller Werbeausgaben auf sich, die weltweit getätigt werden, und ist damit die weltgrößte Werbeplattform. Keine andere Firma kommt auch nur in die Nähe. Google arbeitet mit Nachdruck daran, möglichst viel vom Rest des Werbemarkts auch noch zu erobern. Jeder Euro, der aus Medien wie Fernsehen oder Zeitungen ins Netz abwandert, landet mit hoher Wahrscheinlichkeit bei Google.

Auch Facebook profitiert vom Netzwerkeffekt. Die Firma hatte 2013 weltweit einen Marktanteil von 70 Prozent bei den sozialen Netzwerken. Die Reichweite ist enorm: Facebook kommt auf 27 Millionen aktive Nutzer in Deutschland, bei 58,4 Millionen Internetnutzern insgesamt. Damit ist fast jeder zweite Nutzer bei Facebook registriert. Pinterest, das zweitgrößte soziale Netzwerk, erreicht nur acht Prozent Marktanteil. YouTube, eine Google-Tochter, ist in Deutschland siebenmal größer als MyVideo, die nächstgrößte Plattform. Je mehr Menschen bei YouTube mitmachen, desto mehr Videos laden sie hoch, und desto interessanter wird es für andere, dort zu surfen. Amazon, ebenfalls fast schon übermächtig, kontrolliert in Deutschland ein Viertel des Handels im Web und wächst dreimal so stark wie die Konkurrenz.

Der Marktanteil ist noch höher, wenn man nur die elektronischen Handelsplätze in den Blick nimmt: Der Bundesverband E-Commerce und Versandhandel beziffert den Marktanteil von Amazon bei 80 Prozent. Mit jedem Nutzer steigt die Qualität der Empfehlungen, die Amazon aus der Datenbank vergangener Käufe gewinnt, was wiederum neue Kunden anlockt. Amazon beherrscht rund die Hälfte des E-Book-Markts. Je mehr Kindle-Reader im Umlauf sind, desto reizvoller wird die Plattform für Autoren und Verlage und desto größer das Sortiment, das Kunden anzieht.

Erfinder und Pionier des Netzwerkeffekts war der amerikanische Telefonunternehmer Theodor Vail, Präsident von Bell Telephone. Er erkannte als Erster, dass das Telefon eine Schlüsseltechnologie des 20. Jahrhunderts werden würde. Im Bell-Geschäftsbericht von 1908 schlug Vail vor, möglichst viele der 4000 unabhängigen lokalen und regionalen Telefon-Vermittlungen in einem nationalen Monopol zu bündeln. Dann könnten die Kunden, so sein Argument, bequem jedermann im Lande erreichen, und Bell würde hohe Gewinne einstreichen. Vails Strategie ging auf. Umgesetzt durch das Bell-Tochterunternehmen American Telephone and Telegraph (AT&T), war sie so erfolgreich, dass tatsächlich ein Monopol und damit der größte Telefonkonzern der Welt entstand.

Doch das Monopol brachte auch Nachteile. Mangels Wettbewerbs stiegen die Preise, und die Innovationsbereitschaft sank. Andere Investoren mieden den Telefonmarkt aus Angst vor der übermächtigen AT&T. Nach einer Weile gab es auf dem früher lebhaften Markt kaum mehr Gründungen, und neue Erfindungen gingen unter, außer wenn sich der Monopolist ihrer annahm. Das öffentliche Wohl litt erkennbar. Die amerikanische Regierung strengte deswegen 1974 ein Kartellverfahren gegen AT&T an. Vier Jahre später landete der Fall vor einem Bundesgericht in Washington D.C. und endete 1982 mit einem Vergleich, der zehn Jahre nach dem Beginn des Verfahrens zur Zerschlagung des Monopolisten führte. Sieben regionale Telefongesellschaften entstanden, *Baby Bells* genannt.

In der Folgezeit entwickelten Ökonomen wissenschaftliche Theorien des Netzwerkeffekts. Carl Shapiro, Michael Katz, Joseph Farrell, Garth Saloner und Hal Varian zählen zu den führenden Vertretern. Ihr wichtigstes Buch erschien 1999: *Online zum Erfolg: Strategie für das Internet-Business* von Shapiro und Varian. Es ist ein strategischer Management-Ratgeber für die Netzwerk-Ökonomie, unverzichtbare Lektüre für jedes Unternehmen, das im Internet Erfolg haben möchte. »Das Industriezeitalter war bevölkert von Oligopolen: einige große Unternehmen dominierten gemeinsam ihre Märkte«, schrieben Shapiro, Varian et al. »Das waren angenehme Zeiten, in denen Marktanteile nur langsam stiegen oder fielen.« Folge dieser Stabilität waren lebenslange Anstellungsverhältnisse. »Im Unterschied dazu wird die Informationswirtschaft von temporären Monopolen geprägt. Hardware- und Softwarefirmen streben nach Marktbeherrschung, weil sie wissen, dass ihre Technologie früher oder später von einer überlegenen neuen Technologie überholt wird.«

Zwischen der alten und der neuen Ökonomie, sagen sie, besteht ein wichtiger Unterschied: »Die alte industrielle Wirtschaft wird getrieben von Skaleneffekten, die neue Informationswirtschaft von Netzwerkeffekten. Das Schlüsselkonzept der neuen Wirtschaft heißt ›positive Rückkopplung‹.« Mit Skaleneffekten sind die klassischen Vorteile der Massenproduktion gemeint. Die Entwicklungskosten werden auf möglichst viele Exemplare umgelegt. Wer am Fließband schneller und effizienter produziert, hat einen Kostenvorteil gegenüber seinen Konkurrenten und kann am Markt zu günstigeren Preisen verkaufen. Deshalb hat das Industriezeitalter große Produktionskonzerne wie General Motors, Volkswagen, Bayer oder Unilever hervorgebracht. In der Informationsökonomie spielt das aber keine Rolle mehr. Es kommt auf die *positive Rückkopplung* des Netzwerkeffekts an. »Das bedeutet nichts anderes als: Größer ist besser«, schreiben Shapiro und Varian. »Für Kunden ist es besser, einem großen Netzwerk anzugehören als einem kleinen. Die positive Rückkopplung macht die Starken stärker und die Schwachen schwächer. Das führt zu extremen Ergebnissen. So wie eine akustische Rückkopplung sich selbst weiter füttern kann, bis die Grenzen des Systems oder des menschlichen Ohrs erreicht sind, führt positive Rückkopplung auf Märkten zur Dominanz einer einzigen Firmen oder Technologie.«

Die Folgen für die Wirtschaftsordnung sind beträchtlich. Wenn zwei Firmen in einem Markt wetteifern, auf dem es Rückkopplung gibt, geht unweigerlich eine der beiden Firmen als Gewinner hervor und die andere scheitert. *The winner takes it all.* »Der Erfolg füttert sich selbst«, sagt Varian. »Je größer ein Netzwerk wird, desto mehr Kunden zieht es an, desto erfolgreicher wird es – immer so weiter, bis das beherrschende Netzwerk alle Wettbewerber aus dem Feld geschlagen hat.« Die größten Gewinner der Informationsökonomie sind Firmen mit Technologien, »die vom Rückkopplungseffekt nach vorn getrieben werden«.

Wachstum mithilfe des Netzwerkeffekts verläuft oft exponentiell. Für traditionelle Unternehmen ist das ein Schock. Sie kennen aus ihrem Geschäft keine steil ansteigenden Kurven. Wachstum und Schrumpfen gibt es dort immer nur linear. Schon die übliche Geschäftssprache drückt den linearen Erwartungshorizont aus: »Wir konnten im abgelaufenen Geschäftsjahr vier Prozent Umsatzwachstum erreichen«, lautet eine typische Formulierung in Bilanzpressekonferenzen. »Wir haben unseren Umsatz verdreifacht, und das nun schon zum fünften Mal hintereinander«, hört man dagegen in Traditionsbetrieben fast nie. Wenn Industrie-Unternehmen von Netzwerk-Firmen angegriffen werden, unterschätzen sie regelmäßig, wie schnell der Angriff tödlich enden kann. Der Angreifer nimmt ihnen Marktanteile durch exponentielles Wachstum ab. Ein gutes Beispiel dafür ist wieder Kodak: Das traditionsreiche Unternehmen wurde durch Fotohandys und Fotoapps abgehängt – getrieben vom Netzwerkeffekt. Sofortiges Teilen von Fotos und positive Rückkopplung wie bei Instagram konnte Kodak nicht bieten. Binnen zehn Jahren wurde Kodak vom Industriegiganten zum Sanierungsfall. Tragisch besonders deswegen, weil ein Kodak-Ingenieur namens Steve Sasson 1975 die erste Digitalkamera erfunden hatte. Der *New York Times* verriet

Sasson, wie das Management damals auf seine Erfindung reagiert hatte: »Da es sich um filmlose Fotografie handelte, sagten meine Vorgesetzen: Das ist reizend, aber bitte erzählen Sie niemandem davon.« Kodak hielt seine Erfindung so lange unter Verschluss, bis es zu spät war. Ein drastisches Beispiel für die Unfähigkeit von Unternehmen, ihr Kerngeschäft mit disruptiven Innovationen eigenhändig anzugreifen.

Robert Melancton Metcalfe, Erfinder des Netzwerkstandards Ethernet, war der Erste, der das exponentielle Wachstum in Netzwerken vorhersagte. Metcalfe, Jahrgang 1946, war im Palo Alto Research Center (PARC) von Xerox dafür zuständig, Computer miteinander zu verbinden. Er entwickelte die Schnittstellen und das Protokoll, die heute noch gelten. Ohne ihn gäbe es lokale Netzwerke (LAN) und Funknetzwerke (WLAN) nicht. Metcalfe gründete nach seinem Ausstieg bei Xerox seine eigene Firma namens 3Com und formulierte eine Faustregel: Der Nutzen eines Kommunikationssystems wächst mit dem Quadrat der Anzahl seiner Teilnehmer. Zwei Computer können untereinander nur eine Verbindung aufbauen, fünf schon 10 Verbindungen, 20 bereits 190, 100 schon 4950 und 1000 knapp eine halbe Million. Angenommen, es gäbe zwei konkurrierende soziale Netzwerke: Facebook mit einer Milliarde Teilnehmern und ein Start-up mit 10 000. Facebook kann seinen Nutzern 500 Trillionen mögliche Verbindungen anbieten, das Start-up nur 50 Millionen. Facebook ist zwar nur 100 000-mal größer als das Start-up, schafft seinen Kunden aber 10-milliardenfachen Nutzen. Nur wenige Kunden entscheiden sich bewusst für den geringeren Nutzen, die meisten laufen dem Marktführer zu. Wer einmal bei Facebook ist, geht so schnell nicht mehr fort. Zum Start-up zu wechseln, hieße, seinen Nutzen um den Faktor 10 Milliarden zu senken. Die Wechselkosten sind hoch. Chancen für Neulinge gibt es deswegen nur beim Aufspalten von Märkten. Facebook konzentriert sich auf das private Publikum. Geschäftsleuten war Facebook lästig, sie wollten mehr Kontrolle ihrer Kommunikation. LinkedIn, fast zeitgleich mit Facebook gegründet, spezialisierte sich auf Geschäftsleute und wurde seinerseits ein Quasi-Monopolist. Heute gibt es nicht *einen* Markt für soziale Netze, sondern *zwei* Märkte – ein privates soziales Netz und ein geschäftliches –, die von jeweils einem Quasi-Monopolisten dominiert werden.

Vom Marktführer zum Marktbeherrscher ist es durch den Netzwerkeffekt nur ein kleiner Schritt. Marktanteile von 90 Prozent und mehr sind im Internet üblich. Auch Robert Metcalfes Ethernet stieg zum Monopol auf. Niemand entscheidet sich beim Kauf eines Computers für eine andere Technik als das Ethernet, denn dann könnte er nicht mehr mit anderen Computern kommunizieren. Alle großen Internet-Konzerne basieren auf dem Netzwerkeffekt, und alle konvergieren zum Monopol. Nischenanbieter gibt es zwar. Doch sie müssen sich mit wenigen Prozentpunkten Marktanteil begnügen. Ihre Kundschaft besteht fast ausschließlich aus Nonkonformisten, die sich bewusst für den Außenseiter entscheiden. Eine zahlenmäßig unbedeutende Minderheit. Ihre Loyalität wird auf eine harte Probe gestellt. Der dominierende Marktführer schwimmt im Geld und kann viel für die Entwicklung neuer Produkte ausgeben. Selbst wenn er anfangs das schlechtere Produkt hergestellt hat, überholt er den Außenseiter durch seine hohen Entwicklungsausgaben früher oder später auch bei der Qualität. Eine Monokultur entsteht.

Wo der Netzwerkeffekt wirkt, stirbt über kurz oder lang der Wettbewerb, und der Monopolist kann tun und lassen, was er will. Oft genug erlahmt seine Innovationskraft, und die Preise steigen. Er fährt Monopolrenditen ein. Seine Kundschaft nimmt trotzdem nicht Reißaus, weil sie mangels Wettbewerb keine Alternativen mehr hat. Das Internet enttäuscht die Hoffnungen all derer, die sich vom Digitalzeitalter Vielfalt erträumt haben. Zwar gibt es diese Vielfalt. Doch sie findet in Nischen statt. Die Masse des Geschäfts gerät in die Hände von Monopolen. Davon sind auch öffentliche Institutionen betroffen. Deutsche Bibliotheken lassen sich gern von Google beim Digitalisieren ihrer Bestände helfen. Ihnen fehlt das Geld, Bücher vor Säurefraß zu retten und im Netz zugänglich zu machen. Doch damit räumen sie Google das Recht ein, ein öffentliches Gut wie den über Jahrhunderte angesammelten Bildungsschatz auf der eigenen Plattform kommerziell zu verwerten und den Netzwerkeffekt weiter zu befeuern. Die Kosten des Scannens mögen hoch sein, doch sie stehen in keinem Verhältnis zu den indirekten Gewinnen aus dem Wachstum des Netzwerks. Wenn Bibliotheken diesen Effekt verstünden, müssten sie viel Geld von Google verlangen, statt sich mit einer preiswerten Sachleistung abspeisen zu lassen.

Wolfgang Kopf, Leiter Politik und Regulierung der Deutschen Telekom, drückt den Sachverhalt so aus: »The winner takes it all. There is no second. Netzwerkeffekte sind das Paradigma der Digitalwirtschaft.« Und Andreas Mundt, Präsident des Bundeskartellamts, meint: »Wegen des Netzwerkeffekts werden wir es im Internet wahrscheinlich immer mit sehr starken Unternehmen zu tun haben.« Dadurch setzt eine Hierarchisierung des Netzes ein. Einige wenige kontrollieren den Zugang zu den Kunden und können allen anderen die Bedingungen vorschreiben. Das drückt sich auch in Zahlen aus: <u>Google schrieb im Jahr 2013 12,9 Milliarden Dollar Gewinn nach Steuern</u>, 98 Prozent mehr als vier Jahre zuvor. 58,7 Milliarden Dollar standen 2013 als Finanzreserven in der Bilanz, 140 Prozent mehr als 2009.

Unumstritten ist die These von der Monopolbildung im Netz nicht. Justus Haucap vom Institut für Wettbewerbsökonomie an der Düsseldorfer Heinrich-Heine-Universität etwa bestreitet, dass es sich um »resistente Monopole« handelt. Wettbewerb sei im Laufe der Zeit durchaus möglich. »Im Internet haben Monopole nur eine begrenzte Lebensdauer«, sagt Haucap. »Zuerst war die Suchmaschine AltaVista vorherrschend, dann Yahoo!. Google ist erst seit etwa zehn Jahren auf dem Markt für Suchmaschinen marktbeherrschend.« Konkurrenten könnten mit wenig Kapital ein Gegenangebot schaffen. »Für ein neues Internetunternehmen braucht man keine Stahlwerke, sondern nur eine begrenzte Zahl von Mitarbeitern.« Das Gegenangebot sei nur einen Mausklick weit entfernt. Schöpferische Zerstörung fege ältere Unternehmen regelmäßig hinweg, wenn neue, innovative Anbieter erscheinen. Genau so, wie Ökonom Joseph Schumpeter es beschrieben hat: »Dieser Prozess der schöpferischen Zerstörung ist das für den Kapitalismus wesentliche Faktum.« Darauf weist auch Kartellamts-Chef Andreas Mundt hin: »Monopole im Netz sind weder mächtig noch halten sie ewig. Selbst Google ist es nicht gelungen, Google Plus als Wettbewerber zu Facebook durchzusetzen. Vor Jahren wurde das Kartellamt einmal aufgefordert gegen MySpace vorzugehen. Inzwischen erinnert sich kaum jemand mehr an die Firma.« Mundt rät deswegen zur Gelassenheit.

Mit der Zerbrechlichkeit von Netz-Monopolen haben sich jedoch auch schon Shapiro und Varian beschäftigt. Haucaps und Mundts Einspruch steht keineswegs im Widerspruch zu ihrer Theorie. Im Gegenteil: Auch Shapiro und Varian gehen fest davon aus, dass jedes Netzwerk-Monopol eines Tages untergehen wird. Doch sie entwickeln Gegenstrategien. Gerade weil Netzmonopole zerbrechlich sind, haben sie einen ganzen Katalog von lebensverlängernden Maßnahmen entwickelt. Und der Erfolg ihrer Ratschläge hat selbst Fachleute überrascht. Kein Wunder, dass Hal Varian selbst seit 2007 als Chefökonom für Google arbeitet. Sein Buch, veröffentlicht sechs Jahre vor seinem Dienstantritt, liest sich in der Rückschau wie ein Arbeitsprogramm und eine Regierungserklärung. Das Google-Management hat seine Ratschläge umgesetzt, noch bevor sie ihn anheuerten. Eric Schmidt, Larry Page und Sergey Brin gehören zu seinen lehrsamsten Adepten. Sie sind sogar noch weit über Hal Varians Empfehlungen hinausgegangen.

Acht der wichtigsten Ratschläge von Shapiro und Varian lauten: *Erstens:* Bieten Sie überragende Leistung an. »Bauen Sie ein Produkt, das seinen Konkurrenten so weit überlegen ist, dass genug Kunden die Kosten des Wechsels auf sich nehmen.« Googles Suchmaschine lieferte von Beginn an relevantere Ergebnisse als Yahoo! oder AltaVista. Viele Leute probierten es aus und blieben hängen. *Zweitens:* Wählen Sie offene Standards anstatt Kontrolle.

»Sie sollten danach streben, den Wert Ihrer Technologie zu maximieren, nicht Ihre Kontrolle darüber. Um das zu erreichen, werden Sie den Wert wahrscheinlich mit anderen Marktteilnehmern teilen müssen. Wenn Sie Ihre Technologie nicht für andere öffnen, besitzen Sie am Ende ein großes Stück von einem kleinen Kuchen. Öffnen Sie sich aber, können Sie positive Rückkopplung auslösen, schneller wachsen und dadurch den Wert der Technologie und Ihres Anteils daran viel stärker steigern.« Google hat seine Infrastrukturprodukte Marktpartnern stets kostenlos zur Verfügung gestellt, angefangen von der Suchmaschine über das Betriebssystem Android bis zum Browser Chrome. Android hat im Sommer 2014 schon 80 Prozent Marktanteil bei neu ausgelieferten Handys. Chrome erreicht 20 Prozent und wächst schnell. Je größer die Verbreitung wurde, desto besser konnte Google Daten sammeln, Verhaltensmuster erstellen, Anzeigen verkaufen und Provisionen berechnen. Das lohnt sich.

Drittens: Finden Sie die richtigen Verbündeten. »Schon sehr früh die richtigen Alliierten zu finden, ist unverzichtbar in Märkten, in denen es nur einen Gewinner gibt«, schreiben Shapiro und Varian. Google hat wichtige Verbündete zum Beispiel bei den Smartphone-Wettbewerbern gefunden. Harvard-Professor Ben Edelman, der zu Digitalökonomie und Netzmonopolen forscht, schreibt: »Google behauptet, dass Android ein offenes System ist und den Wettbewerb fördert. Die Verträge, die Google mit den Handy-Herstellern abschließt und die weitgehend unbekannt sind, zeigen jedoch das Gegenteil.« Um populäre Apps wie Google-Suche, Google Maps und YouTube auf den Smartphones vorinstallieren zu dürfen, müssen die Hersteller *alle* Apps aufspielen, die Google ihnen nennt, oft mit der Maßgabe, dass Apps gegen das Löschen durch Endkunden gesperrt werden. Google benutzt seine starke Stellung beim Betriebssystem also konsequent dazu, eigene Produkte in den Markt zu drücken und ihnen die Segnungen des Netzwerkeffekts angedeihen zu lassen.

Viertens: Schützen Sie Ihr geistiges Eigentum. »Firmen mit starken Patentrechten sind in Netzwerken klar im Vorteil.« Google ist lax im Umgang mit Rechten von Dritten. Seine Produkte von Search über News bis zu YouTube verletzten zuweilen sogar mutwillig Urheberrechte; alle Google-Sparten sind – wenn überhaupt – nur widerwillig bereit, ein Mindestmaß an Urheberrechtstreue zu zeigen. Selbst aber wacht Google eifersüchtig über die Einhaltung seiner eigenen Patente und Rechte und geht entschlossen gegen Verstöße vor. Dadurch bewahrt sich das Unternehmen seinen technologischen Vorsprung.

Fünftens: Bleiben Sie innovativ. Ständige Neuentwicklungen sichern die Überlegenheit und senken die Bereitschaft des Publikums, es einmal mit neuen Anbietern zu probieren. Dieser Erfindergeist macht Google populär. Google hat als Erster Echtzeit-Versteigerungen von Suchwortwerbung angeboten, Ausfüllvorschläge in der Eingabebox gemacht, die Einbindung von YouTube-Videos auf den Seiten von Bloggern und Medien ermöglicht, bei Google Earth Luftaufnahmen zugänglich gemacht und bei Maps Straßenansichten als Street View ermöglicht. *Sechstens:* Bewegen Sie sich schnell. »Je früher ein Unternehmen seine innovativen Produkte auf den Markt bringt, desto größer ist sein Wettbewerbsvorteil.« Google hat die Konkurrenz nicht nur durch Qualität, sondern auch durch Geschwindigkeit geschlagen. Im Google-Netzwerk zu bleiben, verschafft dem Publikum somit den zusätzlichen Vorteil, immer auf dem neusten Stand der Technik zu sein.

Siebtens: Dringen Sie in benachbarte Märkte ein, wenn dadurch zusätzlicher Nutzen für Ihre Kunden entsteht. Google hat sich von der ursprünglichen Suchmaschine zu einem Warenhaus voller Dienstleistungen entwickelt. Von Mail über Karten bis Preisvergleichen bietet Google Dutzende von Produkten an. Die Entfernung zum Stammgeschäft – der Suche – ist dabei oft beträchtlich. <u>Fast immer bietet Google seine Leistungen gratis an.</u> Das schwächt die Wettbewerber auf benachbarten Märkten, weil sie selbst keine nennenswerten Preise mehr verlangen können. Und es stärkt den Netzwerkeffekt, weil die neuen Produkte noch mehr Publikum ins Netz ziehen.

Achtens: Setzen Sie Standards und verschaffen Sie ihnen Geltung. Google hat in vielen wichtigen Feldern der Digitalökonomie die technischen Standards definiert. Zum Beispiel, wie Webseiten signalisieren können, ob sie von Suchmaschinen durchsucht werden wollen, ob Dritte von den Seiten kopieren dürfen, wie viele Anschläge eines Textes als Kurzankündigung in Suchergebnislisten erscheinen, welche Passagen als Auszug verwendet, wie Besucherzahlen gemessen werden, wie man Werbewirkung berechnet oder in welcher Auflösung Videos erscheinen. Alle Standards wurden so definiert, dass sie Google tendentiell nutzen und anderen Marktteilnehmern schaden. Da Google durch sein riesiges Publikum De-facto-Standards setzt, bleibt den Wettbewerbern nichts anderes übrig, als diese Standards zu akzeptieren, auch wenn es eigentlich nicht in ihrem Interesse ist.

Neben diesen acht Ratschlägen erteilen Shapiro und Varian Dutzende weiterer Tipps. Verblüffend ist, dass Google nicht einen einzigen davon ausgelassen hat. Das Buch von 1999 hat sich als Bedienungsanleitung für Netzmonopole bewährt. Dutzende von Diensten gruppieren sich heute um das Kernprodukt – die Suche – herum und befeuern sie mit Publikum. Mehr Suchende führen zu mehr Daten über die Nutzerinteressen und damit zu besseren Suchergebnissen. Gleichzeitig locken mehr Suchende mehr Werbekunden an, und mehr Seiten lassen die Indexierung durch Google zu, um mehr Verbraucher zu erreichen. Dadurch landen noch mehr Inhalte auf der Plattform, was wiederum zu noch mehr Suchenden führt. Google-Manager Jonathan Rosenberg hat das einmal so formuliert: »Mehr Nutzer bringen mehr Informationen, und mehr Informationen mehr Nutzer. Mehr Werbung mehr Nutzer, und mehr Nutzer mehr Werbung. Es ist einfach wunderbar.«

Die Europäische Kommission geht davon aus, dass Google in der EU eine marktbeherrschende Stellung auf den Märkten für Online-Suche und Suchwortwerbung innehält. In einem öffentlichen Memorandum schrieb die Kommission 2013: »Google besitzt seit mehreren Jahren Marktanteile von weit über 90 Prozent in den meisten Europäischen Ländern. Es gibt signifikante

Marktzutrittsbarrieren und Netzwerkeffekte auf beiden Märkten.« Gemeint sind die Verbraucher- und Werbemärkte. Deswegen stellt die Kommission ausdrücklich fest, dass mit einer Änderung der Marktverhältnisse auf absehbare Zeit nicht zu rechnen ist. EU-Wettbewerbskommissar Joaquin Almunia fügte 2013 hinzu: »Nach eingehender Prüfung habe ich ernsthafte Bedenken zu mehreren Geschäftspraktiken Googles geäußert. Eine davon ist Googles prominente Darstellung seiner eigenen spezialisierten Suchdienstleistungen im Rahmen seiner normalen Suchergebnisse, ohne dass der Nutzer über diese bevorzugte Darstellung informiert wird. Tatsächlich ist es so, dass ein solches Vorgehen unrechtmäßig Internetverkehr zu Googles Diensten umleitet und Dienste von Wettbewerbern, die genauso relevant oder sogar relevanter für den Nutzer sind, benachteiligen kann.«

Die französische Wettbewerbsaufsicht kam schon 2010 zu einem ähnlichen Schluss. Die europäischen Kartellwächter beschrieben genau das, was Shapiro und Varian konzipiert hatten: einen zweiseitigen Markt. Auf der einen Marktseite, beim Konsumenten, baut Google mit dem Netzwerkeffekt hohe Durchdringung auf. Je höher, desto besser. Deswegen werden die anspruchsvollen, innovativen Produkte dem Publikum kostenlos zur Verfügung gestellt, obwohl Entwicklung und Betrieb Unsummen verschlingen. Auf der anderen Marktseite, beim Werbekunden, verkauft Google den Zugang zu ebendieser einzigartigen Reichweite beim Publikum.

Der finanzielle Gewinn ist in dieser Kombination am höchsten, genau wie von Shapiro und Varian vorhergesagt. Googles Produkte sind für den Nutzer deswegen kostenlos, weil so der maximale Gewinn entsteht. Geld vom Publikum zu verlangen, würde die Reichweite verringern und Einbußen bei der Werbung verursachen, die viel höher liegen als die Einnahmen beim Publikum. Die Google-Nutzer glauben derweil, etwas geschenkt zu bekommen. In Wahrheit aber zahlen sie mit ihrer Aufmerksamkeit und ihren Daten. Damit verschenken sie etwas an Google. Erst langsam entsteht durch die öffentliche Debatte ein Gefühl für den Wert der eigenen Daten. Vielleicht entwickeln aufgeklärte Konsumenten irgendwann einmal genug Selbstbewusstsein, um das Mitschneiden ihrer Daten entweder konsequent zu blockieren oder Geld für die Nutzung zu verlangen.

Dann erst wäre die Wertschöpfung in Netzwerkmonopolen fair verteilt. Diejenigen, die den höchsten Wert erzeugen – die Konsumenten –, müssten angemessen an den Werten beteiligt werden. Noch aber haben Konsumenten sich nicht organisiert und liefern weiter kostenlos zu. Mit einem Klick akzeptieren sie die Allgemeinen Geschäftsbedingungen, die sie nicht lesen, weil sie zu kompliziert formuliert sind, und geben enorme Schätze aus der Hand. Besonders dann, wenn die Geschäftsbedingungen so vorteilhaft für Monopolisten wie Google und Facebook sind, dass sie fast einer Enteignung des unwissenden Verbrauchers gleichkommen. Aber selbst kleinere Firmen wie die Online-Videothek Watchever drückt den Konsumenten unglaubliche Bedingungen auf. In einer Mitteilung an seine Abonnenten schrieb Watchever kürzlich: »Soweit Sie mit den Änderungen der Allgemeinen Geschäftsbedingungen und der Datenschutzbestimmungen einverstanden sind, brauchen Sie nichts weiter zu tun. Bitte haben Sie jedoch Verständnis dafür, dass wir Ihnen unsere Dienstleistungen nur zu den aktualisierten Bedingungen weiter anbieten können.« Eine höfliche Umschreibung für die Machtlosigkeit des Publikums. Entweder es akzeptiert die Änderungen, oder es bekommt die Kündigung. Einzelne Wahlmöglichkeiten sind nicht vorgesehen.

Netzwerkeffekte sind seit Langem bekannt, und werden seit langem wirtschaftlich genutzt. Daran hat man sich gewöhnt. Neuartig aber ist, wie aggressiv Google sein Netzwerkmonopol verwendet, um angrenzende Märkte zu erobern. Jeder Tag als Monopolist wird von dem Unternehmen entschlossen dafür benutzt, in anderen Märkten, die nichts mit Suche zu tun haben, Marktanteile zu gewinnen und neue Monopole aufzubauen. Dies geschieht durch den gezielten Einsatz der Suche als verdeckte Werbung für andere Produkte. Der Kunde kann nicht erkennen, welches Spiel mit ihm gespielt wird. Er glaubt, objektive Suchergebnisse geliefert zu bekommen. In Wahrheit wird er ohne Kennzeichnung zu anderen Google-Produkten geschickt, selbst dann, wenn sie nachweislich schlechter sind als die Konkurrenz. Diese Praxis hat Google zahlreiche Kartellbeschwerden eingebracht.

Hier einige Beispiele für die Methode: Gibt man etwa »Whiter Shade of Pale«, den Hit von Procul Harum aus dem Jahr 1976, in das Suchfeld ein, erscheint ein großes Bild von YouTube. Auf Knopfdruck startet ein Video. Darunter erscheinen zwei Links auf Wikipedia, einmal auf die deutsche und einmal auf die amerikanische Ausgabe. Damit ist die erste Bildschirmseite des Laptops voll. Weiter nach unten scrollen nur wenige Nutzer. Alle kommerziellen Wettbewerber von YouTube sind aus dem Blickfeld verschwunden und werden folglich viel weniger geklickt. Durch die bevorzugte Platzierung hilft Google seiner Tochter YouTube, ein eigenes Netzwerkmonopol zu erreichen. Gleiches geschieht, wenn man »Philipp Poisel Halt mich« eingibt, also einen deutschen Hit. Andere Videoplattformen wie MyVideo, Clipfish oder Vimeo werden systematisch aus den oberen Rängen der Ergebnislisten ferngehalten. Über 90 Prozent der Suchanfragen in Deutschland – Googles Marktanteil – landen damit auf YouTube, das dadurch immer stärker wird und seinerseits zu einem Monopol aufsteigt. Zu ähnlichen Ergebnissen führt fast jede Suche nach Musik.

Die Wettbewerber haben keine Chance. Weil ihnen das Publikum fehlt, fehlen auch die Umsätze, Investitionen und Innovationen. Sie verschwinden allmählich vom Markt, und YouTube wird noch mächtiger. Selbst wenn Google eines Tages sein Suchmonopol verlieren sollte, gibt es bis dahin wahrscheinlich ein YouTube-Monopol. Google schiebt fast alle seine Produkte nach vorn. Auf die Suchworte »Karte« oder »Maps« kommt immer Google Maps ganz oben, nie ein Wettbewerber. Selbst wer triviale Suchworte wie »Ananas Kalorien« eintippt, findet auf der rechten Seite der Suchergebnisliste ein Datenblatt über die Nährwerte von Ananas, herausgezogen aus Wikipedia, einer dankbaren Quelle für Google, weil sie gemeinnützig und damit kostenlos ist. Oben über den Suchergebnissen wird die Kalorienzahl der Ananas als Datenkasten gezeigt: 50 Kalorien pro 100 Gramm. Es gibt keinen Grund, auf einen der darunter gelisteten Links zu Seiten von Google-Wettbewerbern zu klicken. Und die alternativen Suchmaschinen wie Yahoo! oder Bing schaffen keine Abhilfe, da sie nur winzige Marktanteile besitzen.

Die Suche nach »Ferienwohnung Barcelona« ergibt an erster Stelle einen Link zu GooglePlus, dem Konkurrenz-Angebot zu Facebook. Hinter dem Link verbirgt sich eine einzige Wohnung in Barcelona, ohne Fotos, ohne Preise, ohne Terminverfügbarkeit, ohne Bewertungen von Mietern. Andere Ferienwohnungsportale listen Hunderte von Apartments auf, alle mit Fotos, Preisen, Terminverfügbarkeiten und Bewertungen. Doch sie stehen immer unter dem Google-eigenen Angebot, selbst wenn die Quelle Wikipedia ist. Als Google den Thermostat-Hersteller Nest übernahm, beklagte sich der direkte Konkurrent Vivint darüber, dass er in der Suche abrutschte. Ein besonders sprechendes Beispiel hat der Blogger Dan Barker entdeckt: Gibt man die Frage »What is a scraper site?« ein, erscheint an oberster Stelle ein Google-Informationskasten mit der Definition des Begriffs: Eine Scraper-Site ist eine Webseite, die Inhalte von anderen Seiten stiehlt. Direkt darunter erscheint ein Link mit der wortgleichen Definition von Wikipedia. Google hat sich bei Wikipedia bedient und listet die Kopie über dem Original auf. Das ist nicht ohne Ironie, denn Google bestraft Kopisten eigentlich durch Herabstufen in seinen Suchergebnislisten ab. Wer kopiert, wird nach unten geschoben. Das gilt für alle Wettbewerber, nur nicht für Google selbst.

So läuft es auch beim Preisvergleich. Sucht man nach irgendeinem Produkt, taucht Google Shopping noch vor den Seiten der Hersteller, redaktionellen Beiträgen aus Medien und konkurrierenden Preisvergleichern auf. Google Shopping zeigt Fotos der Produkte, kurze Bewertungen und Links – alles in auffälligem Design, auffälliger als das der Konkurrenten. Solche Blickfänger erlaubt Google nur sich selbst. Wettbewerbern bleiben sie verwehrt.

Als Google-Nutzer muss man glauben, die angezeigten Produkte böten das beste Preis-Leistungs-Verhältnis. Doch weit gefehlt. Angezeigt werden Produkte, deren Händler am meisten für die Platzierung bezahlt haben oder bei denen Google die höchste Provision bekommt. Beweisen lässt sich das schwer, weil Google seinen Auswahlmechanismus geheim hält. Doch ein Test dieser Produkte in anderen Preisvergleichsportalen zeigt, dass oft ein schlechtes Geschäft macht, wer der Google-Empfehlung folgt.

Manchmal sind die Produkte in den Shops, auf die Google Shopping verlinkt, gar nicht erhältlich. Das aber kümmert Google nicht. Seine Produkte stehen immer oben, auch wenn die Qualität schlechter ist. Das gilt sogar für Anzeigen. Googles Kunden zahlen viel Geld, um auf der rechten Bildschirmseite Suchworte wie »Canon EOS 600d« zu bewerben. Bevor die erste Anzeige erscheint, taucht manchmal ein Informationskasten von Google Shopping auf. Die zahlende Kundschaft wird weit nach unten auf die Seite verdrängt. Werbekunden und Nutzer flüchten trotzdem nicht – der Netzwerkeffekt treibt ihre Wechselkosten so sehr in die Höhe, dass sie gezwungen sind, beim Marktführer zu bleiben. Google kann sich erlauben, seine Suchergebnislisten mit Eigenwerbung zu überfrachten. Die Kräfte des Marktes sind außer Kraft gesetzt. Das heißt nicht, dass Google immer und überall Erfolg hat. Google Plus zum Beispiel konnte sich nie gegen Facebook durchsetzen. Es bedeutet nur, dass niemand anders, der auf Suchmaschinen-Traffic angewiesen ist, sich durchsetzen kann, wenn Google das nicht wünscht.

Google bestreitet, direkten Wettbewerbern wie Vivint absichtlich zu schaden. Verwaltungsratschef Eric Schmidt sagte dem *Spiegel:* »Ich kenne diesen spezifischen Fall nicht, aber ganz sicher hat das nichts mit Nest zu tun, grundsätzlich listen wir niemanden aus. Vielmehr ist die Relevanz der Ergebnisse entscheidend. Auch wenn sich Unternehmen immer wieder über ihr Ranking bei uns beschweren: Wir wollen die Relevanz unserer Suchergebnisse im Sinne der Nutzer ständig verbessern.« Die Tatsachen, täglich millionenfach sichtbar, zeigen etwas anderes:

Googles Dienste stehen ausnahmslos immer oben. Unternehmen beschweren sich nicht über ihr Ranking, sie beschweren sich darüber, dass Google sich selbst vom Ranking ausnimmt. Im Sinne der Nutzer kann das nicht sein. Sie müssen wegen der Selbstbevorzugung oft mehr Geld ausgeben.

Harvard-Professor Ben Edelman hat in seinen Studien Dutzende von Google-eigenen Angeboten gefunden, die in der Suche systematisch bevorzugt werden: »Zum Beispiel Blog Search, Book Search, Checkout, Health, Images, Maps, News, Realtime, Shopping und Video«, schreibt er. »Einige davon sind stark geworden und haben eigene loyale Nutzer, andere sind schwächer. Doch alle genießen ein Maß an Bevorzugung durch die Google-Suche, von dem ihre Wettbewerber nur träumen können.« Es handelt sich dabei um eine bewusste Strategie. Marissa Mayer, damals Entwicklungschefin von Google, hat im Juni 2007 bei der *Google Seattle Conference on Scalability* die Strategie verraten und sich dabei sogar filmen lassen. Das Video steht bei YouTube. Sie gesteht offen ein: »Als wir Google Finance starteten, haben wir den Link bei Google Search nach oben gestellt. Das schien uns nur fair, weil wir ja die ganze Arbeit mit der Suche und Finance geleistet hatten. Auch bei Google Maps ist es immer der erste Link. Und so weiter und so fort. Wir stehen immer oben, und erst darunter werden die Ergebnisse nach Popularität sortiert.« Ein solches Verhalten wäre einwandfrei für Unternehmen, die ihren Markt nicht beherrschen. Doch für Marktbeherrscher gelten andere Regeln. Kabelnetzbetreiber zum Beispiel sind gesetzlich gezwungen, Fernsehsendern diskriminierungsfreien Zugang zu gewähren. Einige für die Öffentlichkeit besonders relevante Programme müssen sie nach einer »Must-carry«-Bestimmung zwingend aufnehmen. Für marktbeherrschende Internet-Plattformen wie Google und Facebook gibt es solche dezidierten gesetzlichen Vorschriften bislang noch nicht. Es gibt einzig das Kartellrecht. Ob die Kartellgesetze dazu genutzt werden können, Google zu ähnlicher Neutralität wie Kabelnetzbetreiber zu zwingen, ist Gegenstand der laufenden Beschwerde- und Gerichtsverfahren. Sollte das nicht der Fall sein, wird sich die Politik wohl damit beschäftigten müssen, ob sie Plattform-Regeln für das Netz einführen sollte.

Indem Google diese Gesetzesunsicherheit ausnützt, löst es das Henne-Ei-Problem, vor dem jede Gründung im Internet steht. Jedes neue Google-Produkt kommt mit einer Traffic-Garantie auf die Welt. Alle Wettbewerber müssen Traffic teuer durch Werbung einkaufen, was sie sich oft nicht leisten können. Ben Edelman sagt: »Googles Investitionen werden dadurch viel planbarer. Die Schwellen für Investitionen in neue Felder sinken. Dadurch sinken die Anreize für andere potenzielle Investoren. Wer würde Geld, Energie und Talent aufwenden, um eine neue Bildersuche zu programmieren, wo Google die Bildersuche doch immer schon fest an erster Stelle in seiner Suchergebnisliste einbaut?« Ein neuer Marktanbieter könne 20 Prozent besser sein, sagt Edelman, er habe trotzdem keine Chance in der Suchergebnisliste, da Google die obersten Plätze für sich reserviert. Nach Edelmans Berechnungen zieht der oberste Link 34 Prozent der Links auf sich. »Diese 34 Prozent sind den Wettbewerbern schon einmal dadurch entzogen, dass Google immer auf Platz eins steht.« Auch die EU-Kommission hat offiziell festgestellt: »Google zeigt Links zu seinen eigenen Spezialsuchen prominent in den Ergebnislisten seiner allgemeinen Suche an und informiert die Nutzer nicht über diese Bevorzugung. Dadurch steigt die Wahrscheinlichkeit, dass Nutzer die Google-Angebote Wettbewerbern vorziehen, auch wenn diese relevantere Dienste anbieten.«

Einen erheblichen Schaden für Konsumenten sieht der Europäische Verbraucherverband BEUC. Auch er legte Beschwerde gegen Google ein, und seine Vorsitzende Monique Goyens schrieb in einem Gastbeitrag für die *FAZ*: »Das Vertrauen der Verbraucher wird durch Googles Praxis missbraucht, und Google bedroht das Überleben konkurrierender Produkte, beschränkt Innovation und reduziert die Verbraucherwahl, indem es Internetverkehr hin zu seinen eigenen Dienstleistungen steuert. Google links liegen zu lassen und auf andere Anbieter umzusteigen ist keine wirkliche Option, wenn man bedenkt, dass die weltweite Nummer zwei, das chinesische Baido, für die meisten europäischen Verbraucher auf absehbare Zeit mit sehr hohen sprachlichen Hürden verbunden ist.« Monique Goyens Wort hat Gewicht, weil sie für 500 Millionen Verbraucher in der Europäischen Union spricht.

Auch die Deutsche Telekom hat Beschwerde eingereicht. »Marktmacht von einem Netzwerkmonopol in andere Märkte zu übertragen, ist ein typisches Verhalten für alle Netzwerkindustrien. Das ist ein klassischer Fall für Regulierung«, sagt Wolfgang Kopf. »In den vergangenen vier Jahren sind Telekommunikationsunternehmen in Brüssel mit acht Missbrauchsverfahren überzogen worden.« Doch gegen Missbrauch durch Suchmaschinenmonopole komme auch nach fünfjährigen Prüfungen nichts Wirksames heraus. Christoph Fiedler vom Verband Deutscher Zeitschriftenverleger, einem der Beschwerdeführer in Brüssel, ergänzt: »Entweder lässt sich das Kartellrecht verwenden, um gegen diesen Missbrauch vorzugehen, oder es muss der Suchmaschinensektor gesondert reguliert werden. Auf jeden Fall geht es nicht, dass diese Hüter des Zugangs frei schalten und walten dürfen, während Kabelnetze oder Telekommunikationsunternehmen strengen Auflagen unterliegen.« Hamburgs Erster Bürgermeister Olaf Scholz fordert, dass »Regeln für Plattformen« entwickelt werden. »Es macht Mut, dass mittlerweile die Ersten anfangen, darüber nachzudenken, wie eine Ethik für die Welt digitaler Algorithmen aussehen könnte. Und es geht nicht darum, Plattformen infrage zu stellen, sondern Spielregeln durchzusetzen, mit denen Grundrechte geschützt und faire Chancen für alle gesichert werden können.« Er illustriert das so: »Wenn alle Straßen privat wären, müsste es auch Gesetze geben, die den diskriminierungsfreien Zugang sichern. Für öffentliche Straßen braucht man weniger Gesetze.« Will sagen: Wenn wichtige Infrastruktur in private Hände kommt, müssen Gesetze das öffentliche Interesse sichern.

Eine Einschätzung, der sich Bundeskanzlerin Angela Merkel anschließt: »Auch für Monopole im Netz muss es Grenzen geben. Wenn sie diese Grenzen nicht akzeptieren, ist es Aufgabe der Politik, diese Grenzen zu setzen und über ihre Einhaltung zu wachen.« Das bedeutet nicht, dass Unternehmen Wachstumsgrenzen gesetzt werden. Marktbeherrschende Stellungen sind nicht verboten. Verboten ist lediglich der *Missbrauch* einer marktbeherrschenden Stellung. Staatliche Monopol-Kontrolle ist daher vor allem Missbrauchsaufsicht. Und Missbrauch liegt besonders dann vor, wenn Wettbewerber mit unfairen Mitteln aus dem Markt gedrängt werden und so die Wahlmöglichkeiten der Konsumenten sinken. Missbrauchsaufsicht heißt auch, faire Machtverhältnisse herzustellen und Monopolen zu verwehren, der ganzen Gesellschaft ihre Vorstellungen von Datenschutz aufzudrängen. SPD-Vorsitzender und Bundeswirtschaftsminister Sigmar Gabriel hat in der *FAZ* geschrieben: »Kleinstcomputer, Telefone, Uhren, aber auch Feuermelder oder Autoelektronik, die als intelligent gelten, sorgen zugleich dafür, dass unsere Bewegungen und Handgriffe, unsere Vorlieben und Gewohnheiten als Datenspuren lesbar, speicherbar, vernetzbar und kommerzialisierbar werden. Die Suchmaschine Google wird missverstanden: Sie ist kein Instrument, dessen man sich bedient wie eines passiven Werkzeugs der analogen Welt. Sie ist ein Instrument, das selbst aktiv wird, und zwar auf eine für uns unsichtbare Art und Weise.«

Besonders dann, wenn andere Staaten aktive Politik mithilfe ihrer Unternehmen machen. Die USA, China und Russland arbeiten gezielt daran, das Internet mithilfe von Weltmarkführern zu dominieren. Ihre Kartellbehörden lassen Zusammenschlüsse zu, die in Deutschland und Europa verboten werden würden. Ihre Datenschützer zeigen extreme Toleranz. Amerikanische Steuerbehörden und Gesetzgeber tolerieren, dass Apple, Google & Co. weder in Europa noch in den USA nennenswerte Steuern bezahlen. Die tiefen Taschen für Investitionen entstehen unter anderem durch die geduldete Steuerflucht.

Hinzu kommt die vom Staat hochwillkommene Zusammenarbeit mit den Geheimdiensten. Zumindest Google hat enger, früher und freiwilliger mit der NSA kooperiert, als das Unternehmen die Öffentlichkeit glauben machen will. Google-Chef Eric Schmidt führt den ehemaligen NSA-Chef Michael Hayden in der Dankesliste seines Buchs auf, veröffentlicht im April 2013 kurz vor den Enthüllungen von Edward Snowden. Die Dankesliste ist überschrieben mit den Worten: »Unsere Dankbarkeit gilt allen Freunden und Kollegen, deren Gedanken und Ideen uns geholfen haben.« (Gemeint ist damit auch der Co-Autor Jared Cohen, Chef von *Google Ideas*.) Vom *Spiegel* auf diesen Dank angesprochen, sagte Schmidt: »Sie werden sicher bemerkt haben, dass sein Nachfolger Keith Alexander nicht erwähnt wird.« Hayden war bis 2009 im Amt. Nachfolger Keith Alexander hat sich allem Anschein nach immer wieder mit Managern aus dem Silicon Valley getroffen, um Spionage-Software direkt in die Produkte einbauen zu lassen.

Das belegen E-Mails, die nach dem US-Informationsfreiheitsgesetz *Freedom of Information Act* herausgegeben werden mussten. Der arabische Nachrichtensender Al Jazeera berichtete auf seiner Webseite darüber. Eric Schmidt wies eine engere Zusammenarbeit mit der NSA vehement zurück. Er kündigte an, der NSA die Arbeit künftig durch anspruchsvollere Verschlüsselung zu erschweren. Das ändert aber wahrscheinlich nichts daran, dass Google selbst alle Mails mitliest und auswertet. Von der NSA mag Google Abstand gewinnen wollen. Aber mit keinem Wort stellt der Konzern in Aussicht, dass er auf die umstrittene Praxis des automatischen Mitlesens von E-Mails zu verzichten gedenkt. An der NSA hat Google wahrscheinlich wirklich kein Interesse. Umso mehr aber sicher am ständigen Ausbau einer eigenen, hochlukrativen Praxis des Ausspähens und Ausleuchtens von Privatsphären.

Google gibt sich alle Mühe, seiner Strategie der totalen Durchleuchtung einen weltanschaulich nachvollziehbaren Rahmen zu geben. »Wenn es Dinge gibt, von denen Sie nicht wollen, dass irgendjemand etwas darüber erfährt, dann sollten Sie so etwas nicht tun«, hat Eric Schmidt 2009 gesagt. Sprich: Wer nichts zu verbergen hat, dem sollte es nichts ausmachen, wenn er elektronisch abgehört wird. Axel-Springer-Chef Mathias Döpfner hat in einem offenen Brief an Eric Schmidt 2013 in der *FAZ* auf diese These geantwortet: »Das Wesen der Freiheit ist doch gerade, dass ich nicht verpflichtet bin, all das preiszugeben, was ich tue, dass ich das Recht auf Diskretion und, ja, sogar Geheimnisse habe, dass ich selbst bestimmen kann, was ich von mir preisgebe. Das individuelle Recht darauf macht eine Demokratie aus. Nur Diktaturen wollen anstatt einer freien Presse den gläsernen Bürger.« Google scheint sich an solchen Vorstellungen von informationeller Selbstbestimmung zu stören. Ebenso wie an den geltenden Vorstellungen vom Schutz geistigen Eigentums. Das Unternehmen kann sich diese Meinung leisten – der Netzwerkeffekt schützt einstweilen vor allzu ungemütlichem Unmut des Publikums.

Kürzlich hat Google einen Rechtsstreit um die Nutzung der Programmiersprache Java des Software-Herstellers Oracle verloren. Google hatte sie gegen den ausdrücklichen Willen von Oracle in sein Smartphone-Betriebssystem Android eingebaut. Im Gerichtsverfahren hatte Google argumentiert, und dieses Argument spricht Bände über die Respektlosigkeit vor den Leistungen Dritter, Programme wie Java seien »wenig mehr als nur Werkzeuge ohne jegliche Kreativität«. Ein unglaublicher Satz, voller Hochmut und Selbstüberschätzung.

Oracle und eine Allianz anderer Unternehmen hielten diesem Gedanken ihre eigene Überzeugung entgegen: »Urheberrechte stellen Innovationen sicher und belohnen Entwickler für ihre Durchbrüche. Google versucht, den Urheberrechtsschutz für Computercode drastisch zu begrenzen.« Das Gericht gab Oracle recht. Der Fall zeigt: Im Schatten von Netzwerkmonopolen erobern Internetkonzerne nicht einfach nur Marktanteile. Sie versuchen auch, ihre eigenen Vorstellungen von Recht und Gesetz durchzudrücken. Dagegen anzutreten, verlangt Mut. Oracle kann sich das leisten. Doch kleinere Unternehmen sind machtlos, wenn jemand wie der Android-Hersteller mit 80 Prozent Marktanteil ihre Eigentumsrechte übergeht.

Niederlagen vor Gericht sind Netzmonopolisten ein Dorn im Auge. Sie suchen nach Auswegen. Wohl deswegen sagte Co-Gründer Larry Page 2013: »Es gibt eine Menge Dinge, die wir gern machen würden, aber leider nicht tun können, weil sie illegal sind. Weil es Gesetze gibt, die sie verbieten. Wir sollten ein paar Orte haben, wo wir sicher sind. Wo wir neue Dinge ausprobieren und herausfinden können, welche Auswirkungen sie auf die Gesellschaft haben.« Es ist relativ klar, welche Orte Page damit meint: Wahrscheinlich Schiffe auf hoher See, die in internationalen Gewässern außerhalb nationaler Jurisdiktion stehen. Doch welche Dinge schweben ihm vor, die er dort gern ausprobieren würde? Googles Einkaufsliste kann ein Frühindikator für künftige Pläne sein. Die Unternehmen, die der Konzern erwirbt, markieren mit einiger Wahrscheinlichkeit die Felder, auf denen Google wachsen möchte. Der Erfolg ist nicht sicher, wohl aber die Methode. Google wird es so machen wie immer: seine bestehenden Netzmonopole bis zum Äußersten ausreizen, um den Neulingen im Konzernverbund unfaire Vorteile gegenüber Wettbewerbern zu verschaffen und sie nach Möglichkeit selbst zu Monopolen heranreifen zu lassen.

Beim Lesen der Liste der Neuerwerbungen sehen wir mit gewisser Wahrscheinlichkeit potenzielle Marktbeherrscher der Zukunft. Sie werden ihre Konkurrenten aus dem Markt drängen, beim Publikum aber trotzdem populär bleiben, weil sie glänzende Leistungen zu extrem niedrigen Preisen anbieten. Jeder, der sie nutzt, trägt dazu bei, Monokultur zu fördern, Vielfalt zu verringern, der NSA Daten in die Hand zu spielen, passgenaue Werbung auf sich zu ziehen, europäische Gesetze zu unterlaufen und volkswirtschaftliche Wertschöpfung nach Kalifornien abfließen zu lassen. Das ist der Preis, den vermeintlich kostengünstige Produkte in Netzmonopolen versteckt in sich tragen.

Auf der Akquisitionsliste steht zum Beispiel Waze, ein israelisches Start-up, das Anfang 2013 für knapp eine Milliarde Dollar übernommen wurde. Waze ist ein Auto-Kartendienst für Smartphones. Es meldet alle Bewegungen des Wagens ins Netz und errechnet aus den Daten von Millionen Teilnehmern die Verkehrslage in Echtzeit. Auf dem Handy sieht man, welche Straßen gerade verstopft sind und welche frei. Waze ermittelt aus den Daten automatisch die schnellste Route. Mithilfe von Waze speichert Google schon heute jede Fahrt, die jemand im Auto unternimmt. Weil Waze wertvolle Informationen zur Verkehrslage liefert, sendet das Gerät ununterbrochen seine Position. Früher wusste Google nur, wo wir gerade stehen – und zwar immer nur dann, wenn wir uns gerade bei einem Google-Dienst einloggten. Durch den Zukauf weiß Google nun auch, auf welchen Pfaden wir uns bewegen.

Ein weiteres Beispiel: Anfang 2014 kaufte Google die Firma Nest für 3,2 Milliarden Dollar. Nest ist ein Spezialist für die Automatisierung von Häusern. Vom Rauchmelder über die Temperatursteuerung bis zu den Bewegungssensoren der Alarmanlage besitzt Google über Nest nun Einblick in Millionen Wohnungen und Häuser. Die Daten geben präzisen Aufschluss über die Tätigkeiten von Menschen in ihren eigenen vier Wänden. Streetview, die vor Jahren heiß umkämpfte Außenansicht von Häusern, ist im Vergleich zu Nest ein harmloser Anfang. Mit Nest kann Google genau auslesen, was hinter geschlossenen Wohnungstüren passiert. Auch bei Nest wird Google Vorschub durch einen scheinbar kostenlosen Vorteil für den Kunden leisten: Nest kann den Energiebedarf der Haushalte präzise vorhersagen und damit die Stromrechnung kräftig senken helfen. Nest wird seinen Kunden durch genaue Beobachtung des individuellen Hausklimas raten, die Klimaanlage zwei Stunden früher anzuschalten und das Haus vorzukühlen, bevor die Mittagshitze kommt – und so günstigere Tarife außerhalb der Stoßzeiten zu nutzen.

Elektrizitätswerke können mithilfe von Nest den Energiebedarf ihres Einzugsgebiets genau vorhersagen und dadurch teure Kapazität für Bewältigung vermeiden. Nichts ist in E-Werken so teuer wie die Spitzenkapazität, die nur anspringt, wenn viele Haushalte gleichzeitig kochen oder die Klimaanlage anschalten. Nest hilft Versorgern, ihren Maschinenpark auszudünnen, und verschafft Konsumenten so einen Preisvorteil. Ein typischer Effizienzeffekt in Netzwerken, der auch hier wieder Kunden in die Arme von Google treiben wird, unterstützt wahrscheinlich von massiver, aber unkenntlicher Werbung in der Suchmaschine. Im Gegenzug bekommt Google alle Daten aus den Haushalten. Erst kürzlich hat Nest für eine halbe Milliarde Dollar den Video-Monitoring-Dienst Dropcam gekauft. Dropcam installiert Kameras in Häusern und überträgt ferngesteuert Bilder an den Besitzer. Matt Rogers, Mitgründer von Nest, sagte: »Keine Bilder werden mit Google oder irgendeiner anderen Firma ohne die Einwilligung der Nutzer geteilt.« Vermutlich wird diese Einwilligung später auf dem gleichen Wege erlangt werden wie für alle anderen Google-Dienste: eine zentrale Einwilligung für die ganze Palette des Konzerns. Keine einzelnen Wahlmöglichkeiten. Nur *Ja* oder *Nein*.

Ebenfalls im Frühjahr 2014 kam der Drohnen-Hersteller Titan Aerospace hinzu. Titan stellt unbemannte Flugzeuge her, die hoch über der Erde kreisen und Hochgeschwindigkeitsverbindungen ins Internet herstellen. Damit macht sich Google unabhängig von Telekommunikationsunternehmen und schafft die Grundlagen für einen weiteren Netzwerkeffekt: den direkten Datenzugang zu seinen Nutzern. Wieder gibt es einen großen Nutzen, der vermutlich Millionen Menschen zu treuen Fans machen wird, die dafür bereitwillig ihre Daten herausgeben. Es geht um schnelles, vermutlich kostenloses Internet in ländlichen, unterentwickelten Regionen, vielleicht sogar in Großstädten.

Googles Drohnen-Internet wird in der Suche künftig wahrscheinlich über allen Netz-Wettbewerbern wie Telekom, Vodafone, O2 oder Kabel Deutschland auftauchen. Im Sommer 2014 ergänzte Google seine Luftflotte durch Skybox Imaging, eine Firma, die Foto-Satelliten in niedrige Umlaufbahnen schießt und Beobachtungen bisher unbekannter Auflösung und Aktualität anbietet. Die 24 geplanten Satelliten kreisen in 300 Kilometern Höhe und fotografieren die ganze Erde zweimal täglich ab. Ihre Auflösung ist so hoch, dass sie bis vor Kurzem für die kommerzielle Nutzung noch verboten waren. Auf Google Maps wird man 2018, wenn alle Satelliten im Orbit sind, nachschauen können, »ob man die Terrassenlampe angelassen hat oder die Teenies sich den Wagen ausgeliehen haben«, wie das *Wall Street Journal* mit besorgtem Unterton anmerkte.

Mit Dutzenden von Investitionen wie diesen verfolgt Google das Ziel, so dicht wie möglich an die Kunden heranzukommen und alle anderen Anbieter auszuschalten, die in der Wertschöpfungskette dazwischenstehen. Wenn die Strategie aufgeht, bewegen wir uns womöglich bald in einer reinen Google-Welt: Selbstfahrende Autos von Google bringen uns mithilfe von Waze so schnell wie möglich vor die Türen der Geschäfte, die am meisten für unseren Besuch bezahlt haben und wo wir nach Auskunft der Myriaden Datensätze, die wir Google geliefert haben, wahrscheinlich am meisten ausgeben werden. Über unserem Google-Handy kreist eine Google-Drohne, die uns kostenlos und mit höchster Geschwindigkeit Musik und Filme verfügbar macht, die Google uns entweder kostenlos gegen die Interessen der Urheber zur Verfügung stellt oder für die Google in seinem eigenen Online-Store Provision verdient. Zu Hause verwalten sich alle Geräte selbst und holen den besten Tarif bei den Versorgern heraus, während Google-Roboter – ebenfalls ein Forschungsschwerpunkt des Konzerns – kostenlos die Hausarbeit erledigen und dabei in den letzten Winkel unseres Privatlebens hineinschauen können. Google kennt jeden unserer Wünsche besser als wir selbst, auch durch das automatische Mitlesen unserer Mails: Wer Gmail nutzt, wird sowieso gelesen, wer an jemanden mit einer Gmail-Adresse schreibt, ebenso. Beim Rest der Menschheit, der keinen Gmail-Account besitzt, protokolliert der Google-Browser Chrome verlässlich mit, was wir im Internet so treiben.

Jede Begegnung mit einem Mitmenschen wird ins Silicon Valley gemeldet, denn unser Android-Handy erkennt, mit welchem anderen Android-Handy wir beim Mittagessen sitzen. Das Restaurant ist durch die Geodaten bekannt, die Speisekarte auch, der Gesprächsinhalt kann durch die offenen Mikrofone mitgeschnitten werden. Die Minderheit der Menschen, die keine Android-Geräte besitzt, wird durch ihr Gesicht erkannt: 2011 kaufte

Google die Firma PittPatt und 2012 Viewdle – beides Experten für Gesichtserkennung. Uns muss das angeblich ja nicht beunruhigen, wenn wir nichts zu verbergen haben. In seinem Buch *Die Vernetzung der Welt* schreibt Eric Schmidt treffend: »In einem neuen Gesellschaftsvertrag werden Nutzer freiwillig Dinge herausgeben, die ihnen in der physischen Welt wichtig sind: Privatsphäre, Sicherheit, persönliche Daten, um damit in den Genuss der Vorteile zu kommen, die ihnen das Netzwerk in der virtuellen Welt bietet. Werden ihnen diese Vorteile vorenthalten, nutzen sie ihre Instrumente, um Wandel in der physischen Welt voranzutreiben.« Schmidt entwirft damit das Bild einer Gesellschaft, die Privatsphäre für das Relikt einer überwundenen, vormodernen Vergangenheit hält. Ein Gut, das man gerne aufgibt für die Segnungen der modernen Netzwerke. Und Google ist die Firma, die das organisiert. Mir wird mulmig, wenn ich das lese.

»Schürfrechte am Leben« hat Harvard-Professorin Shoshana Zuboff diese Strategie genannt. In der *FAZ* schrieb sie: »Google ist dabei, ein neues Reich zu errichten, dessen Stärke auf einer ganz anderen Art von Macht basiert – allgegenwärtig, verborgen und keiner Rechenschaft pflichtig. Falls das gelingt, wird die Macht dieses Reiches alles übertreffen, was die Welt bisher gesehen hat.« Zuboff beschreibt Google als absolutistisch: »Das Lexikon definiert Absolutismus als ein System, in dem herrschende Macht keiner geregelten Kontrolle durch irgendeine andere Instanz unterworfen ist.« Bei Google sei dieser Zustand erreicht. Vor sechs Jahren hatte sie Eric Schmidt gefragt, ob Google bereit sei, das Vertrauen seiner Nutzer zu missbrauchen, und wie er denn sicherstelle, dass sein Verständnis vom Wunsch der Nutzer denn wirklich mit deren Willen übereinstimmt. Schmidt wies in seiner Antwort zunächst darauf hin, dass er und die Mitgründer die Mehrheit der stimmberechtigten Aktien halten und damit keine Rücksicht auf kurzfristigen Druck der Wall Street nehmen müssen, mithin das absolute Sagen haben. Dann schob er nach: »Vertraut mir, ich weiß es am besten.« Zuboff schreibt: »Das klang wie der Inbegriff von Absolutismus. In diesem Augenblick war mir klar, dass ich da etwas Neues und Gefährliches vor mir hatte, dessen Auswirkungen weit den ökonomischen Bereich hinaus- und tief ins alltägliche Leben hineinreichten.« Genau dieser Absolutismus war es, der unsere Delegation 2010 beim Besuch in Mountain View so beunruhigt hatte.

Netzmonopole lösen einander im Laufe der Zeit vielleicht ab. Das ist aber keineswegs sicher, denn bisher ist noch nicht bewiesen, ob Datenmonopole jemals gebrochen werden können. Der erste Feldversuch der Menschheit dazu ist jetzt erst in vollem Gange. Daten sind die ultimative Ressource. Nach Kybernetik-Vordenker Norbert Wiener ist Information etwas grundsätzlich Anderes als Energie und Masse. Information steht der physischen Welt aus Energie und Masse gleichberechtigt gegenüber. Sie bildet ein eigenes Universum. Ob Informations-Monopole jemals wieder zu brechen sind, weiß heute niemand. Auch Wettbewerbsökonomen wie Justus Haucap können darüber keine Auskunft erteilen, weil es vor Google noch nie ein Quasi-Informationsmonopol gegeben hat. Die Geschichte versagt ihre Hilfe. Wir betreten Neuland.

Der Macht der neuen Konzerne zeigt sich auch in den Werten der Marken, die regelmäßig von der Agentur Interbrand untersucht werden. In den fünf Jahren zwischen 2007 und 2012 haben klassische Firmen wir Disney, Sony und MTV jeweils rund ein Drittel ihres Markenwerts verloren, während Google und Apple über 400 Prozent zulegten, Amazon um 330 Prozent und Facebook um 220. Vier der fünf teuersten Marken der Welt stammten 2013 aus der Infrastruktur-Branche: Apple, Google, IBM und Microsoft. Nur noch ein Konsumhersteller – Coca Cola – schafft es unter die Top 5. Coca Cola lag 2012 noch auf Platz 1 und wurde ein Jahr später schon von Apple und Google überholt. 2007 gab es mit Mercedes-Benz immerhin noch ein deutsches Unternehmen unter den Top 10, 2013 keines mehr. Die Computerbranche hat die Köpfe der Menschen im Sturm erobert. Auch das ist neu in der Netzwerkwirtschaft: Wir lieben unsere Monopolisten. Sie geben uns so viel gratis in die Hand, dass wir gar nicht anders können, als ihnen dankbar zu sein. Ob ihre Hilfe wirklich gratis ist, fragen wir viel zu selten.

Der Berliner Suchmaschinen-Experte Philipp Klöckner, ehemaliger Mitarbeiter des Springer-Tochterunternehmens Idealo und einer der besten Kenner der Materie in Deutschland, ist eher pessimistisch gestimmt: »Ich glaube nicht mehr an Schumpeters schöpferische Zerstörung. Sie ist im Falle Googles außer Kraft gesetzt. Ich kann mir keine Innovation vorstellen, die gegen die Macht dieses Bestandes an Daten ankommen könnte.« Ich sitze mit Klöckner in einem Restaurant in Kreuzberg. Er zeigt auf die Straße: »Wenn Google wollte, könnte es sogar dieses Restaurant und alle Restaurants in der Gegend besiegen. Google weiß, was die Leute, die draußen vorbeigehen, gerne essen, wann sie zuletzt gegessen haben, wie viel Geld sie ausgeben und ob sie gern auf der Terrasse oder am Fenster sitzen. Google kennt die Bedürfnisse, und es kann die Kundenströme lenken.« Das Google-Restaurant an dieser Ecke würde alle Wettbewerber durch Optimierung von Angebot, Preis und Werbung aus dem Feld schlagen. Gegen die Selbstbevorzugung bei Android, Search, Shopping und Maps hätte niemand eine Chance. Klöckner: »An dieser Ecke wird Google natürlich nicht angreifen. Aber die Firma kann sich jedes andere Feld nach Belieben aussuchen.« Unwissentlich hat Eric Schmidt Philipp Klöckners düstere Vorahnungen vor einigen Jahren bestätigt, als er sagte: »Ich glaube nicht, dass die Menschen von Google erwarten, ihre Fragen zu beantworten. Sie erwarten von Google, dass es ihnen sagt, was sie als Nächstes tun sollen. Die Technologie ist so gut, dass es sehr schwierig für die Leute wird, irgendetwas anzusehen oder zu konsumieren, dass nicht passgenau auf sie zugeschnitten ist.« So ist es. Darauf zielt Google wohl ab: Uns zu sagen, was wir tun sollen.

Was Google heute plant, ist ein Indiz für eine Zukunft, in der das Netz unser Leben und unsere Gesellschaft immer weiter durchdringt. Es entsteht ein Staat außerhalb des Staats, eine supranationale Institution, die sich der Kontrolle legitimer Volksvertretungen entzieht und das tut, was sie selbst für richtig hält.

Tragischerweise geschieht das in umso dramatischerem Maße, je freier die Gesellschaft ist, die das Internet trägt. Absolutistische Staaten wie China regulieren das Netz nach Belieben. Sie schaffen eigene Netze, die sich vom Rest der Welt abkoppeln. In diesen Netzen hat der Staat auf unheilvolle Weise das Sagen. Freiheitliche Gesellschaften des Westens aber glauben, im Internet anarchistische Freiheit walten lassen zu müssen und sehen mit an, wie die Freiheit, die sie gewähren, sich in ihr Gegenteil verkehrt. Freiheit fördert den Netzwerkeffekt, der Netzwerkeffekt erzeugt Netzmonopole, und Netzmonopole mindern die Freiheit – dieser Wirkungskreislauf dreht sich in rasender Geschwindigkeit. Grenzenlose Freiheit führt im Netz zum Gegenteil. Deswegen sollte es uns darum gehen, der Freiheit im Netz ein vernünftiges Maß zu geben. Nur das kann sie vor dem Erstickungstod bewahren.

Was bedeutet der Netzwerkeffekt für uns als Arbeitnehmer? Auf den nächsten Seiten schauen wir uns den Arbeitsmarkt der Zukunft an. Auch dort stehen uns Revolutionen bevor.

Befreit vom Chef, dafür anderen Zwängen ausgeliefert: Die neue Arbeitswelt

Ganz nebenbei revolutioniert das Silicon Valley auch die Arbeitswelt. Unsere Arbeit wird zum allzeit und weltweit verfügbaren Produkt. Künftig steuern Plattformen, was wir wann und wie für wen tun. Eine Chance? Ja. Wir können freier werden. Doch wir zahlen dafür mit Unsicherheit.

4,44 Dollar in der Stunde – das ist ihr Preis. Marie R. wohnt in Pangasinan auf den Philippinen und ist Clickworkerin. Sie gehört zur digitalen Avantgarde. Zu den Millionen Menschen, die heute schon nicht mehr für einen festen Arbeitgeber arbeiten, sondern ihre Leistungen auf Internet-Plattformen zu Markte tragen. Zu den Hochqualifizierten, die oft für Spottpreise, manchmal sogar für Top-Löhne den Weltmarkt bedienen, davon in ihrer noch viel ärmeren Heimat aber gut leben können. Sie ist Vorbotin einer Revolution, die unsere Arbeitswelt so stark verändern wird wie einst die Dampfmaschine, der Webstuhl oder der elektrische Strom. Auch bei dieser Revolution ist das Silicon Valley wieder ein Vorreiter. Dutzende von Start-ups wetteifern um die Führerschaft. Wie immer arbeiten sie mit allen Methoden von disruptiver Innovation: mit Minimal Viable Product, Venture Capital und Hochgeschwindigkeitsökonomie.

An Plattformen für Arbeitsleistungen gibt es schon heute keinen Mangel. Etsy.com zum Beispiel macht Bastler, Heimwerker und Handarbeiter zu Profis. Sie können ihre handgetöpferten Tassen, selbst gehäkelten Mützen und mundgeblasenen Aschenbecher einem breiten Käuferpublikum anbieten und daraus eigene Existenzen gründen. DesignCrowd vermittelt Gestaltungsaufträge. Wer ein Logo oder eine Animation braucht, lobt einen Preis aus, und Kreative aus aller Welt bewerben sich mit Entwürfen. Geld bekommt nur, wer den Wettbewerb gewinnt; alle anderen gehen leer aus. Lyft ist eine Online-Mitfahrzentrale für Privatleute, bei der normale Autofahrer sich Geld dazuverdienen können, indem sie Passagiere mitnehmen. Uber tut das Gleiche für professionelle Limousinen. Eine App bringt Fahrer und Passagiere zusammen, rechnet die Fahrt ab, schreibt Quittungen, treibt das Geld ein und verteilt den Umsatz. Algorithmen optimieren die Routen, sehen Bedürfnisse des Publikums voraus und lotsen Fahrer genau dorthin, wo wahrscheinlich die höchste Nachfrage besteht.

Die eindrucksvollste Plattform aber ist oDesk, auf der Marie R. sich präsentiert. Thomas Layton, der Aufsichtsratsvorsitzende von oDesk, war in Palo Alto zufälligerweise mein Nachbar. Durch ihn bin ich auf die Firma aufmerksam geworden. Layton ist Experte für skalierende Modelle. Von 2001 bis 2007 leitete er OpenTable, eine Plattform für Restaurantreservierungen: 30 000 Restaurants sind dort gebündelt; bisher wurden mehr als eine halbe Milliarde Reservierungen vermittelt. Jetzt wendet Layton die gleichen Grundsätze auf den Arbeitsmarkt an. Zwei Marktseiten, die bisher nur zufällig und punktuell zusammenfanden, können mit einem Gut handeln, das sie beide interessiert: mit menschlicher Arbeit. Modelle wie diese werden Auswirkungen auf die Gestaltung von Arbeitsverhältnissen haben, aber auch auf die Arbeit selbst.

Wir stehen erst am Anfang dieser Entwicklung. Noch liegt die Zukunft im Halbdunkeln. Doch oDesk & Co. liefern erste Indizien, wie sie aussehen könnte. Was Internet-Plattformen heute vor allem für freie Mitarbeiter, digitale Dienstleistungen und einfache Wertschöpfungsketten anbieten, könnte schon bald ganze Fabriken und Konzerne erfassen. Hierarchisch verfasste Organisationsformen werden dadurch in virtuelle Netzwerke verwandelt, mit unabsehbaren Folgen für die Mitarbeiter. Nach einer Studie der Universität Oxford werden 47 Prozent der heutigen Berufe in den nächsten Jahrzehnten durch Automatisierung verschwinden. Die aufziehende Revolution ist eine Revolution der Rückkopplungsschleifen und Aggregation von Marktzuständen. Menschliche Arbeit wird von Algorithmen erfasst, verwaltet und optimiert wie heute die Suchergebnisse bei Google oder die Werbung bei

Yahoo!. Sie wird ein im Sekundentakt versteigertes Gut, nicht anders als Kameras, Handys oder Hotelbetten.

Keineswegs zufällig hat sich das Silicon Valley den Arbeitsmarkt ausgesucht. Er ist der größte Markt der Welt. Manche Ökonomen argumentieren sogar, dass es eigentlich gar keine anderen Märkte gibt als den Arbeitsmarkt, weil prinzipiell für nichts anderes Geld bezahlt wird als für Arbeit. Jeder Joghurt und jedes Auto verkörpert die in ihm geronnene Arbeit. Das verwendete Material ist seinerseits nur so viel wert wie die Arbeit, die in ihm steckt. Selbst Rohstoffe wie Öl, Eisenerz und Gold sind wertlos, solange sie ungenutzt im Boden liegen. Erst die Förderung durch menschliche Arbeit und Maschinen, die aus menschlicher Arbeit entstanden sind, erzeugt Wert. Wenn das stimmt, ist der Markt für Arbeit der Megamarkt schlechthin. Die Mutter aller Märkte sozusagen. Da wundert es nicht, dass Unternehmer aus dem Silicon Valley angelockt werden. *Shooting for the moon* ist hier besonders aussichtsreich, da es viele Ineffizienzen, Limitationen und Ungerechtigkeiten zu beseitigen gibt. Widersprüche, Ungereimtheiten, Friktionen und Energieverluste – der Arbeitsmarkt wimmelt davon. Hier ist es vergleichsweise leicht, Modernisierungsdividenden zu erzielen und Netzwerkeffekte zu erzeugen. Weil es ohne Netzwerkeffekt nicht geht, wird die digitale Revolution auf dem Arbeitsmarkt nicht mit hässlicher Fratze daherkommen. Sie ist auf unsere Mitwirkung angewiesen und wirbt daher um Sympathien. Sigmar Gabriel hat das so treffend beschrieben: »Die Macht der digitalen Revolution liegt darin, dass kein Mensch direkt gezwungen wird, mitzumachen. Vielmehr will jeder dabei sein und tut es aus freien Stücken. Die digitale Welt ist zu der Welt geworden, in der die Mehrheit lebt. Es ist also kein äußerer Feind, der mit einer Kolonisierung unserer Lebenswelt droht. Es sind die Emotionen und Identitäten des modernen Menschen selbst, die zur Debatte stehen.« Die Revolutionäre der Arbeitswelt werden Sympathieträger sein, bis irgendwann die Nachteile neuer Monopole zutage treten.

Abverlangt wird uns totale Transparenz. Damit wir das nicht als Zumutung empfinden, kommt sie im Gewand des Lobs und Leistungsnachweises daher. Marie R. zum Beispiel hat ausweislich ihres Profils 3913 Stunden gearbeitet und dabei 30 Aufträge erledigt. Die durchschnittliche Kundenbewertung beträgt 4,78 von 5 Punkten. Ihr letzter Job dauerte 14 Stunden, brachte 64 Dollar und volle Punktzahl. Sie hat 15 Qualifikationstests absolviert. 67 von 100 möglichen Punkten erreichte sie im Call Center Test, 77 in der E-Mail-Formulierungs-Prüfung, 66 in englischem Wortschatz, 42 bei Excel und 22 bei WordPress. Mit einem kurzen Werbetext preist sie ihre Qualifikationen an: »In den vergangenen zehn Jahren habe ich Erfahrungen auf vielen Gebieten erworben, darunter als Lehrerin, Agentin eines Reiseunternehmens und Trainerin für Computerhelfer. Nun freue ich mich, meine Fähigkeiten der ganzen Welt anzubieten. Ich kenne mich bestens aus mit Technologie, dem Internet, Webseiten-Management und Recherche. Gerne helfe ich Ihnen, neueste Trends zu untersuchen und Berichte darüber zu schreiben.« Damit Marie nicht bummelt, macht oDesk sechsmal pro Stunde einen Screenshot und sendet ihn an den Auftraggeber. Passiert zu lange nichts, riskiert sie, den Auftrag zu verlieren. Also strengt sie sich an. Wenn Kunde und Auftraggeber streiten, schalten sich besonders ausgebildete oDesk-Mediatoren ein. Die Firma bucht das Honorar ab und bürgt gegenüber Marie R. für die Solvenz der Kunden. Ein in sich stimmiges System.

Je mehr Qualifikationen Marie erwirbt, desto mehr Geld kann sie verdienen. Vielleicht schafft sie es, zum Programmierer oder Marketingexperten aufzusteigen. So wie Vinitha V. aus Bombay. Sie ist Grafikdesignerin und Videoanimateurin mit einem Stundensatz von 7,78 Dollar, zwei Drittel mehr als Marie. Mal zeichnet sie einen elektronischen Lutscher für ein Videospiel, mal eine Geburtstagseinladung, mal ein Logo für eine Firma. Oder wie Marie F. aus Los Angeles. Sie ist mit 350 Dollar pro Stunde eine der Top-Verdienerinnen. Marketing-Strategien und PowerPoint-Präsentationen sind ihr Spezialgebiet. oDesk-Chef Gary Swart hat sie 2013 als eine der fünf besten Kontributoren des Netzwerks ausgezeichnet.

Die Plattform-Erfinder wissen, dass sie unseren Bedürfnissen nach Sicherheit und Anerkennung Rechnung tragen müssen, wenn sie uns zum Mitmachen bewegen wollen. Falls wir Angst, Sorge oder Misstrauen hegten, wären das hohe emotionale Kosten des Übergangs aus traditionellen Arbeitsverhältnissen in die Digitalökonomie. Große Netzwerkeffekte gibt es nur dann, wenn die Wechselkosten niedrig sind, also wird jede Arbeitsplattform, die klug beraten ist, Wohlfühlfaktoren und Streichelmechanismen ins System mit einbauen, um die Wechselkosten zu senken. Nur dann sind wir geneigt, den lieb gewonnenen Arbeitsvertrag zu kündigen und ein neues Leben als digitaler Tagelöhner zu beginnen. Besser gesagt: als Sekundenlöhner.

Noch wirken die Arbeitsbedingungen bei oDesk stabil verglichen mit dem, was die Zukunft bringen wird. Sekundenlöhner entstehen fast automatisch aus der Logik der Digitalisierung. Warum feste Preise setzen, wenn Algorithmen im Sekundentakt den besten Preis herausholen können? Präsentationsdesigner zum Beispiel können am Sonntagabend viel mehr verdienen als am Dienstagmorgen, weil erfahrungsgemäß viele Manager und Assistenten am Sonntag ihre Auftritte für die nächste Woche basteln. Sie wollten es am Freitag erledigen, haben es nicht geschafft, brachen ins Wochenende auf und gehen die Sache nun unter Zeitdruck am Sonntag an. Sie brauchen Hilfe, folglich ist ihre Zahlungsbereitschaft jetzt am größten. Für Designer kann es sich lohnen, ihren festen Job zu kündigen und sich als Clickworker zu verdingen. Ein Arbeitsplatz ist für sie dann nicht mehr die feste Adresse, die sie Morgen für Morgen im Halbschlaf ansteuern, sondern eine Funktion, die sich von Sekunde zu Sekunde ändert. Einkommen ist nicht mehr das Ergebnis von Tarifverhandlungen, sondern von Echtzeit-Algorithmen, die elektronische Verträge mit Robotern auf der Gegenseite abschließen. Arbeit wird in diesem Szenario wie an der Börse im Megahertztakt gehandelt.

Können wir das wollen? Das ist wahrscheinlicher, als es zunächst den Anschein hat. Die Digitalisierung hat bisher nur Werkzeuge modernisiert, bestehende Abhängigkeitsverhältnisse und Wertschöpfungsketten aber weitgehend intakt gelassen. Die Sekretärin, die 1970 Briefe auf einer Olympia-Schreibmaschine tippte, gibt dieselben Texte heute in Word oder Outlook ein – an ihrem Status als Lohnabhängige hat sich aber seitdem wenig geändert. Vielleicht ist sie zu einer Zeitarbeitsfirma oder einem Dienstleister gewechselt, vielleicht schafft sie als freie Mitarbeiterin. Nach wie vor ist sie jedoch von einem einzigen Arbeitgeber oder einigen wenigen Kunden abhängig. Mit ihnen darf sie es sich nicht verscherzen. Angewiesen ist sie auf persönliche Kontakte und räumliche Nähe. Über die Grenzen ihres geografischen Wirkungskreises hinaus findet sie nur selten Arbeit. Von der Preisbildung auf dem Markt, auf dem sie ihre Leistungen anbietet, bekommt sie wenig mit. Gegen Preissenkungen ist sie als Angestellte zwar abgesichert, als Freie aber gar nicht. Von Preiserhöhungen profitiert sie kaum, da sie langfristige Verträge abschließt, besonders als Angestellte. Große Sprünge kann sie sich nicht leisten. Tariferhöhungen um einige Prozent alle paar Jahre bilden ihren Erwartungshorizont. Sozialer Aufstieg ist mit hohen Kosten und großem Risiko verbunden. Sie muss kündigen, umschulen und in einer anderen Branche neu anfangen, wenn sie sich grundlegend verändern will. Sekretärinnen werden selten Programmiererinnen oder Marketingfachleute, selbst wenn sie Talent besitzen. »Comfortably numb« – angenehm stumpf – hat Pink Floyd dieses Gefühl der bequemen, aber öden Routine genannt. Wir denken meist nicht darüber nach, dass unser Arbeitsleben ganz anders aussehen könnte: aufregender, voller Chancen, abwechslungsreicher, freier und selbstbestimmter.

Hier setzen die digitalen Arbeitsmärkte an. Sie geben sich als Liberatoren aus und sprechen den Teil in uns an, der immer schon einmal aus der Routine und den statischen Einkommensverhältnissen ausbrechen wollte. Hineingelockt in die neuen Arbeitsmärkte werden wir mit dem Geschmack von Freiheit und Abenteuer. Uns erwartet kein Zwang, sondern eine Verführung. Das macht den Wandel so unberechenbar.

Die Marketing-Kampagnen der neuen digitalen Arbeitsvermittler werden vieles versprechen: endlose Aufstiegschancen, soziale Transparenz, ständige Fortbildung und Erweiterung des Qualifikationsprofils durch viele kleine Tests statt langwieriger Studiengänge. Laufende Bereicherung der eigenen Tätigkeit. Gefühl des Gebrauchtwerdens und der Auslastung. Hohe Transparenz aller Leistungsparameter und damit die Chance, im sozialen Umfeld der Wettbewerber und Kollegen zu glänzen. Sichtbare Leistung und sichtbares Lob. Beliebig viel Urlaub und freie Tage, ohne sich abmelden oder jemanden fragen zu müssen. Totale geografische Unabhängigkeit. Problemlose Verlagerung des Lebensmittelpunktes in wärmere Klimazonen. Abwesenheit unterdrückender Machtstrukturen und terrorisierender Chefs. Hohes Selbstwertgefühl durch völligen Wegfall von Hauspolitik, Intrigen, Klatsch, Tratsch, Neid, Missgunst und Mobbing. Erweiterung der Feedbackchancen durch Abkopplung von einem einzelnen Arbeitgeber. Mehr Rückmeldung – jedem Verriss steht potenziell ein überschwängliches Lob gegenüber.

Was sie nicht erwähnen werden, sind die Nachteile: Man kommt nicht mehr täglich mit Kollegen zusammen, die man mag und die einem als Ersatzfamilie ans Herz gewachsen sind. Man kann vereinsamen. Man kennt die Leute nicht persönlich, mit denen man an Projekten arbeitet. Doch auch diese Hindernisse wird die neue Industrie angehen. Schon heute boomen Co-Working Spaces in den Großstädten. Dort ist man von Gleichgesinnten umgeben und kann gleich zwei sozial reichhaltige Bindungen eingehen: mit den Arbeitsnachbarn und den Arbeitskollegen – beides wird nicht mehr zwingend deckungsgleich sein. Auch gegen die Hauptkritik an Plattformen wird sich die neue Branche zur Wehr setzen: die unsicheren und stark schwankenden Einkünfte. Letztlich ist auch dieses Problem mit Algorithmen lösbar. Finanzielle Sicherheit ist lediglich eine Funktion der Finanzmathematik. Wer mehr Sicherheit möchte, kann sie gegen einen etwas niedrigeren Stundenlohn erwerben. Vermutlich werden sogar Flatrate-Einkommen für Freie entstehen. In der Sekunde des Abschlusses kauft die Plattform dann einen Kontrakt auf dem Futures Markt ein, um das wohlkalkulierte Risiko an Dritte weiterzureichen. Schon heute bemüht sich oDesk um die Verringerung des Risikos seiner Kontributoren. Neuerdings gibt es eine plattformeigene Krankenversicherung. Das baut auf.

Neben Plattformen, die für alle offen sind, werden Angebote ausschließlich für Geschäftskunden entstehen. Sie optimieren die Arbeitsmärkte innerhalb von Großkonzernen wie Volkswagen oder Siemens und verkoppeln sie mit Kunden und Lieferanten. In diesen hochkomplexen Zusammenhängen können Algorithmen richtig zeigen, was in ihnen steckt. Sie bilden Millionen von Rückkopplungsschleifen, die Wirklichkeit beobachten, auswerten und dann wieder beeinflussen, um bessere Ergebnisse zu erzielen. Kybernetik wird zur Leitwissenschaft einer neuen industriellen Revolution. In den 1950er-Jahren war Kybernetik eine Modewissenschaft, vor allem wegen ihrer philosophischen, leicht esoterischen Anteile. Begründer Norbert Wiener (1894–1964), ein amerikanischer Mathematiker, hat sie selbst »Existenzialismus ohne schlechte Laune genannt«. Erschienen ist die Theorie als Buch erstmals 1948, Martin Heidegger sagte: »Eine kybernetische Zukunftsforschung verrechnet die Informationen über das, was als Planbares auf den Menschen zukommt.« Zwischenzeitlich war sie von präziseren mathematischen Strömungen überholt worden, doch nun erlebt sie in eine Renaissance – nicht als Formelsammlung, sondern als Deutungsmodell des Internet. Was heute geschieht, erfüllt in weiten Teilen die Tatbestände, die Wiener untersucht hatte. »Kybernetik ist die Wissenschaft der Kontrolle und Kommunikation in Lebewesen und Maschinen«, hat er gesagt. Es geht um die »Vorhersage des Unvorhersehbaren« mithilfe des flüchtigen Guts Information, das »weder Materie noch Energie« ist. Damit meint Wiener die Rückkopplung zwischen Messergebnissen und Manipulation.

Wiener, Professor am Massachusetts Institute of Technology (MIT) und früh ein mathematisches Wunderkind, beschäftigte sich zeitlebens mit komplexen Systemen, die sich nicht-linear entwickeln und daher kaum zu prognostizieren sind. Durch den Eintritt der USA in den Zweiten Weltkrieg begab er sich in die Dienste des Pentagon und half Großbritannien bei der theoretischen Optimierung seiner Luftabwehr. Es galt, ein schwieriges mathematisches Problem zu lösen: Peilt eine Kanone den Bomber direkt an, geht der Schuss daneben, weil sich das Flugzeug während der Reise des Geschosses weiterbewegt. Also muss der Kanonier vor den Bomber zielen – aber wie weit? Wiener schrieb: »Es war außerordentlich wichtig, das Geschoss nicht auf das Ziel abzuschießen, sondern so, dass Geschoss und Ziel im Raum zu einem späteren Zeitpunkt zusammentreffen. Wir mussten deshalb eine Methode finden, die zukünftige Position des Flugzeugs vorherzusagen.« Besonders unter den erschwerten Bedingungen, dass der Pilot seinen Kurs änderte und zickzack flog, sobald er die erste Granate explodieren sah. Jeder Schuss hatte Einfluss auf den Kurs, und jede Kursänderung Einfluss auf den nächsten Schuss. Eine komplizierte Wechselwirkung. Wieners Kybernetik schuf die Voraussetzungen, sie mathematisch in den Griff zu bekommen. Sie beruhte auf einer engen Verbindung zwischen Beobachten und Ausführen, zwischen vergangenen Erfahrungen und aktuellen Messergebnissen, verarbeitet durch frühe Computer, auf denen Differentialgleichungen gelöst und Prognosemodelle berechnet wurden. Weil Rauch in den Geschütztürmen die Sicht vernebelte, nahmen die Beobachter in einem zweiten Turm Platz. Diese Zwillingstürme symbolisierten den Grundgedanken der Kybernetik: Messen und Ausführen direkt nebeneinander und in enger Kommunikation verbunden. Mit der überwältigenden Zahl von Sensoren, die heute zur Verfügung stehen, und der Leistungsfähigkeit, mit der das Internet den Austausch zwischen ihnen organisiert, eröffnen sich der modernen Kybernetik ungeahnte Möglichkeiten.

Wie überrascht Norbert Wiener davon sein würde, können wir an einem Satz ermessen, den er 1948 in der Erstausgabe seiner

Kybernetik schrieb. In dem Text stand: »Es gibt die Frage, ob es möglich ist, eine Schach spielende Maschine zu konstruieren, und ob diese Fähigkeit eine wesentliche Differenz zwischen den Möglichkeiten der Maschine und des Geistes darstellt.« Heute laufen Schachprogramme auf nahezu jedem Telefon in der Hosentasche und schlagen normal begabte Menschen um Längen. Innerhalb von nur 66 Jahren hat die Technik einen Stand erreicht, die selbst die Vorstellungskraft eines Visionärs wie Norbert Wiener hoffnungslos überfordert hätte.

Smartphones liefern laufend Daten über den Aufenthaltsort ihres Besitzers, seine Ziele, Absichten und Pläne. Autos, Lastwagen, Motorräder, Fahrräder und Flugzeuge melden Position, Richtung, Geschwindigkeit, Verkehrsfluss und Klima. In Fabriken messen Sensoren Durchfluss, Warenbestand, Verarbeitungszustand und Qualität. Schon bald trägt jedes Produkt seinen eigenen Code. Kühlschränke, Milchflaschen, Kaffeemaschinen und Zahnbürsten werden zu Agenten im Netz der Dinge. An der elektrischen Zahnbürste wird künftig ein Knopf sein, der blau leuchtet, wenn die Zahnpasta leer oder die Bürste verbraucht ist. Drückt man ihn, bringt Amazon eine Stunde später Nachschub. Frank Schirrmacher hat sich das wenige Tage vor seinem Tod in einem Interview ausgedacht, und er hatte recht. Werbung tritt bald an Stellen auf, wo wir sie heute noch nicht kennen: direkt an den Produkten, die ihren eigenen Erschöpfungsgrad kennen. Einkaufen heißt dann, eine Fingergeste auf der alten Milchflasche im Kühlschrank auszuführen. Streicheln mit einem Finger für einen neuen Liter, mit dreien für drei. Die Rückkopplung der Verbrauchsinformation in den Produktionsprozess wird gewaltige Effizienzsteigerungen auslösen, deren Ausmaße heute noch gar nicht absehbar sind. Autoreifen melden ihren Abrieb an Continental und GoodYear, die damit just in time produzieren können, und an Werkstätten, die rechtzeitig zum Reifenwechsel einladen und Sonderangebote unterbreiten.

Das Internet der Dinge macht es möglich: Die Milch im Kühlschrank meldet sich selbsttätig bei einen Server, der daraus die aggregierte Nachfrage der Region für die nächsten 48 Stunden ermittelt. Die Milchhöfe im Einzugsgebiet produzieren passgenau auf diese Menge. Weil die Milchgabe der Kühe nicht beliebig variierbar ist, lässt sich der Überschuss bestimmen, noch bevor die Tiere gemolken werden. Auf diese Menge bieten Käsereien in virtuellen Auktionen. Ihre Mitarbeiter erfahren per Smartphone, dass sie heute einen halben Tag frei haben, weil es sich nicht gelohnt hat, frische Milch zu kaufen, dafür bitte morgen zwei Stunden länger erscheinen mögen, weil dann billigere Milch ankommt. Der Algorithmus der Käserei errechnet diesen Plan in Kenntnis der Regalmengen von Supermärkten, der Vorräte in den Kühlschränken der Konsumenten und der Bestände bei den Großhändlern. Das System regelt ständig automatisch nach. Mit jedem Tag wird die Vorhersage genauer. Ungleichgewichte zwischen Angebot und Nachfrage führen zu Sonderangeboten oder Sonderschichten. Beide Signale kommen direkt bei der richtigen Zielgruppe an. Der Produktionsüberschuss löst Rabatt-Aktionen auf den Bildschirmen der Kühlschränke aus, der Warenmangel führt zur freundlichen Einladung an Mitarbeiter, früher zur Schicht zu erscheinen, im Tausch gegen einen Bonus und einen halben Tag Zusatzurlaub im August. Der Mitarbeiter drückt auf Ja oder Nein. Keine der beiden Antworten überrascht den Algorithmus, er hat die Reaktion vorausgeahnt und die Einladung an die richtige Zahl von Empfängern geschickt – Absagequote schon mit einberechnet.

Auch in Zukunft werden Firmen Mitarbeiter fest an sich binden wollen. Loyalität ist ein Erfolgsfaktor. Ständig für die besten Leute bieten zu müssen, ist gefährlich. Wenn sie ausgebucht sind, geht die Firma leer aus. Auch wird es immer einen Kern von festen Mitarbeitern geben müssen, die ihr Berufsleben fest mit einer Firma verbinden. Ohne sie wüsste das Unternehmen nicht, wohin es steuert und welche Arbeitskräfte es auf Plattformen anheuern soll. Zweifellos bleibt auch ein Teil der Jobs an einen Ort gebunden. Manuelle Produktion verlangt körperliche Anwesenheit. Dennoch werden sich die Gewichte weiter verschieben: Die Peripherie der Firmen wird größer, der feste Kern kleiner. Der Anteil manueller Arbeit nimmt ab, der virtuelle Anteil zu. Sigmar Gabriel hat in der *FAZ* vor den Folgen dieses Trends gewarnt: »Wir müssen eine Ordnung der Arbeit formulieren, in der die Clickworker nicht zu den rechtlosen Tagelöhnern der digitalen Moderne werden.« Kybernetische Systeme zeigen unseren Marktwert in Echtzeit an. Wenn der Marktwert unter unseren Bedürfnissen liegt, werden wir die Hilfe der Politik einfordern. Wenn er aber darüber liegt, geraten wir in Versuchung, uns auf das Spiel einzulassen. Die meisten von uns werden nicht die Ersten sein wollen, aber auch nicht die Letzten. Vermutlich entstehen Kombinationsmodelle: Teilzeit bei einem festen Arbeitgeber, der Rest auf einer Plattform. So kann man experimentieren. Wenn Plattformen sich bewähren, gewinnen sie an Bedeutung.

Für einige Branchen werden die Vorteile der Plattformen so evident sein, dass sie jeden Zweifel verdrängen. Taxifahrer zum Beispiel verbringen 80 Prozent ihrer Arbeitszeit mit Warten. Plattformen wie MyTaxi bescheren ihnen schon heute mehr Kundschaft. Wenn die Logistikbranche erst einmal auf vollintegrierte Kybernetik umgestellt hat, führt eine Bestellung bei Amazon eine Sekunde später zum Auftrag an einen Kurierfahrer, das Zwischenlager anzusteuern, eine Ladung aufzunehmen und sie einem Haushalt zuzustellen. Amazon-Kunden warten dann nicht mehr bis zum nächsten Morgen auf die Lieferung, sondern werden stante pede versorgt, wie es heute in einigen Großstädten gegen Aufpreis schon möglich ist. Weil der Algorithmus die wahrscheinlichsten Warenströme aufgrund des Wochentags, der Wetterlage, der Tageszeit, der Jahreszeit und der Smartphone-Aktivität der Amazon-Kunden kennt, sagt er mit großer Präzision die Wertschöpfungsmuster der nächsten Stunde voraus. Auf dem Smartphone des Taxifahrers erscheint die Empfehlung, jetzt einen anderen Stadtteil anzusteuern, um in der Nähe des nächsten Auftrags zu sein. So sinkt die Lieferzeit für den Amazon-Kunden, was ihn motiviert, auch beim nächsten Einkauf *Same Day Delivery* zu wählen. Der Taxifahrer kann sich leisten, weniger Geld pro Stunde abzurechnen, die Kurierfahrt also billiger anzubieten, weil er über den Tag gesehen weitaus mehr verdient. Seine Auslastung steigt, die Produktivität nimmt zu, die Rendite wird geteilt zwischen der Plattform, dem Kunden und dem Fahrer. Beim Stundenlohn sieht es so aus, als würde der Fahrer zu Dumpinglöhnen gedrängt. Unter dem Strich aber könnte er als Gewinner dastehen – theoretisch. Wenn da nicht die Konkurrenz wäre. Totale Transparenz bedeutet auch, dass jeder Arbeitswillige in Echtzeit-Rankings sieht, wo mit seiner Qualifikation gerade das meiste Geld verdient wird. Jeder drängt zu den Gewinnern. Das drückt die Preise. Jedem Ausreißer nach oben steht ein Dämpfer in die Gegenrichtung gegenüber. Je mehr Transparenz die Plattformen schaffen, desto schwieriger wird es, gutes Geld zu verdienen.

Am Beispiel von oDesk lässt sich dieser Kreislauf gut ablesen. Michael Clements, ein erfahrener Web-Designer aus den USA, nimmt 83 Dollar pro Stunde. Sein Kolleg Sajib Sakar aus Bangladesch erzielt mit ähnlicher Qualifikation und vergleichbaren Bewertungen 45 Dollar pro Stunde. Die Lohnspreizung zwischen den Vereinigten Staaten und Bangladesch liegt in diesem realen Beispiel bei Faktor 2. Ein Wert, der ohne das Internet unvorstellbar wäre. Nach Berechnungen der Weltbank lag das Bruttosozialprodukt Bangladeschs 2012 bei 752 Dollar pro Kopf, das der USA bei 51749 Dollar. Die Amerikaner erwirtschaften also im Schnitt fast 70mal mehr als die Bangladeschi. Das Internet lässt den Vorsprung der Amerikaner auf das magere Zweifache schrumpfen. So wird es künftig allen gehen. Entwicklungsländer setzen die Industrienationen unter verschärften Preisdruck. Je mehr Auktions-Algorithmen die Arbeit verteilen, desto mehr gleichen sich Preisunterschiede aus. Die Armen werden reicher, und die Reichen, wenn sie nichts unternehmen, ein Stückchen ärmer. Entwicklungspolitisch sollte uns das freuen, doch ganz egoistisch gedacht, entsteht über die Zeit ein komparativer Wohlstandsverlust.

Eine Verteidigungsstrategie kann nur in Bildung bestehen. Nur durch bessere Qualifikationen können wir uns von Wettbewerbern absetzen. Doch die Angreifer holen zügig auf. Auch dadurch, dass Bildung im Internet rasend schnell demokratisiert wird. *Massive Open Online Courses*, sogenannte MOOCs, bieten Hochschulausbildung von Hochschullehrern per Video für die breite Öffentlichkeit an. Es gibt keine formellen Zugangsvoraussetzungen, und die Studiengebühren sind denkbar gering, oft sogar kostenlos. Bezahlt wird meist nur für das Ablegen der Prüfung. Unternehmen wie Coursera oder Udacity in den USA oder iVersity in Deutschland helfen Lernwilligen, ihren Rückstand aufzuholen. Jedes kluge Mädchen, jeder begabte Junge in den Slums von Rio oder Kapstadt kann Anschluss an den Weltmarkt finden. Alles, was man dazu braucht, ist Zugang zum Netz. Noch spüren wir den Wettbewerbsdruck nicht auf Schritt und Tritt im Alltag. Doch je mehr wir unsere Arbeitskraft elektronisch zu Markte tragen, desto mehr setzen wir uns den Kräften der Algorithmen aus.

Kann dadurch eine bessere Welt entstehen? Wenn das Internet alles weiß, kann es dann nicht so programmiert werden, dass am Arbeitsmarkt endlich die ultimative soziale Gerechtigkeit einzieht? Schon lange gehen Kybernetiker dieser berechtigten Frage nach. Norbert Wiener war allerdings pessimistisch: »Eine Gesellschaft, in der menschliche Arbeit mit der Arbeit von Maschinen konkurriert, wird Sklavenarbeit hervorbringen«, schrieb er. Der Schriftsteller Gottfried Benn sah 1951 ebenfalls eine reichlich unmenschliche Gesellschaft am Horizont, in der wir die Wirkungs- und Deutungsmacht an Maschinen verlieren: »Haben Sie sich schon einmal klargemacht, dass nahezu alles, was die Menschheit heutigen Tages noch denkt, Denken nennt, bereits von den Maschinen gedacht werden kann, hergestellt von der Kybernetik, der neuen Schöpfungswissenschaft? Und diese Maschinen übertrumpfen gleich den Menschen. Man kann sagen, dass das, was die Menschheit in den letzten Jahrhunderten Denken nannte, gar kein Denken war, sondern etwas ganz anderes.«

Doch es gibt auch eine optimistische Denkschule. Paul Cockshott, ein schottischer Professor für Computerwissenschaften, und sein

Landsmann, der Ökonom Allin Cottrell, entwarfen 1993 das Bild eines maschinengestützten Neuen Sozialismus. Ihnen schwebt eine moderne Planwirtschaft vor. Gescheitert, glauben sie, sind die Sowjetunion und ihre Satellitenstaaten an der mangelnden Verfügbarkeit von Daten. Mit dem Internet sei jetzt erstmals die technische Voraussetzung geschaffen, Wertschöpfungsprozesse realitätsnah zu modellieren und auf wünschenswerte soziale Ergebnisse hinzusteuern. Cockshott und Cottrell beschreiben ihre Heilslehre so: »Höchstes Ziel jeder Gesellschaft sollte die freie Entfaltung ihrer Mitglieder sein. Dies erfordert Würde, Sicherheit und Gleichheit, keine Uniformität, vor allem aber hohe Effizienz der Produktion. Das ist auch im Sinne einer nachhaltigen Entwicklung. Diese Ziele lassen sich am besten durch Kooperativen erreichen. Wir regen eine radikal neue Wirtschaftsordnung an – einen post-sowjetischen Sozialismus. Er kann nicht funktionieren ohne freien Wettstreit der Ideen.«

Optimisten wie Cockshott und Cottrell unterschätzen allerdings die Machtstrukturen und Verarmungstendenzen, die jeder digitalen Plattform auf dem Fuße folgen. Der freie Wettstreit der Ideen, den sie fordern, findet unter den Bedingungen des Netzwerkeffekts nicht statt. Auch in einem digitalen Sozialismus würden temporäre Monopole entstehen. Auch dort wären Regierungen und Parlamente gezwungen, Grenzen zu ziehen und Schranken des Wünschbaren zu definieren. Man stelle sich vor, auf den digitalen, allwissenden, alles aggregierenden, im Besitz aller Informationen über Angebot und Nachfrage stehenden Arbeitsplattformen der Zukunft würden ähnliche Verhältnisse herrschen wie heute bei Google. Dann wäre garantiert, dass die Plattform den größten Teil der Wertschöpfung für sich selbst einstreicht und alle anderen Marktteilnehmer weitgehend leer ausgingen. Einen Vorgeschmack darauf bekommen wir heute schon. *Bloomberg Business Week* hat kürzlich ein Arbeitsmarktkartell aufgedeckt, das Apple, Google, Intel und Adobe geschmiedet hatten. Die vier Konzerne verpflichteten sich, einander keine Programmierer mehr abzuwerben. 64 000 hoch qualifizierte Techniker wurden damit ihrer

Aufstiegs- und Verdienstchancen auf dem freien Markt beraubt. Steve Jobs persönlich drohte Sergey Brin von Google an: »Wenn ihr auch nur einen dieser Leute abwerbt, heißt das Krieg.« Diese Drohung gab er Brin sogar schriftlich. Nicht auszudenken, was derartige Pakte zuungunsten von Arbeitnehmern auslösen würden, wenn marktbeherrschende Betreiber von Arbeits-Plattformen sie miteinander schlössen.

Wenn also zum Beispiel oDesk, einmal aufgestiegen zum Monopol, einen Vertrag mit Adobe darüber eingänge, dass kein Programmierer mehr als 150 Dollar in der Stunde verlangen darf und dass Leute, die es trotzdem tun, gar nicht erst auf der Plattform angezeigt werden. Dann wären die Rechte und Interessen von Arbeitnehmern empfindlich geschädigt. Ohne oDesk etwas unterstellen zu wollen: Sobald der Gewinn aus einem solchen Vertrag höher wäre als die Provisionen, die mit dem normalen Vermittlungsgeschäft zu verdienen sind, käme ein Monopolist leicht in Versuchung, seine eigene Klientel zu verraten.

Uns kann deswegen nicht gleichgültig sein, wie die hypervernetzten Plattformen der Zukunft beschaffen sind. Was heute Arbeitsmarktpolitik ist, wird in Zukunft Plattformregulierung sein müssen. Arbeitsmarktpolitik verliert an Bedeutung, weil klassische Anstellungsverträge Auslaufmodelle sind. Gerechtigkeit entsteht künftig im Inneren der Algorithmen. Wem teilen sie was für welchen Preis zu? Wer wird für welches Verhalten wie bestraft oder belohnt? Ist jede Form von Auftragsvergabe erlaubt, oder sind bestimmte Formen verboten, wie etwa Wettbewerbe, bei denen alle arbeiten, aber nur einer bezahlt wird? Akzeptieren wir jede Form von Messung? Amazon ist in die Kritik geraten, weil die Handys der Lageristen jede Bewegung aufzeichnen und Mahnungen verschicken, wenn jemand ein paar Minuten lang bummelt. oDesk schießt Screenshots und zeigt dem Auftraggeber damit unweigerlich auch den Inhalt privater E-Mail-Fenster an, selbst wenn sie nur zufällig geöffnet waren und sich der Arbeitnehmer gar nicht davon hat ablenken lassen. Frank Schirrmacher hat richtigerweise geschrieben: »Dieses permanente Messen des Verhaltens und der Reaktionen auf Verhalten wird künftig alle Lebensbereiche beherrschen. Sie werden es immer damit zu tun haben, dass die Gegenseite ein Datenwissen über Sie hat, das die Grundlage für Entscheidungen bildet. Wollen wir das, kann das das letzte Wort sein? Wollen wir eine Welt des permanenten Scorings?«

So groß die Gefahr ist, vom digitalen Arbeitsmarkt hilflos überrollt zu werden, so groß ist zugleich die Gefahr, den Markt aus übertriebener Angst zu verhindern oder ihn in Regulierung zu ersticken. Machen wir die Gegenprobe: Wie soll Amazon in einem riesigen Logistikzentrum voller selbstständig umherlaufender Buchpicker sicherstellen, nicht betrogen zu werden? Wie wird der Auftraggeber bei oDesk davor geschützt, Stunden zu bezahlen, in denen nicht gearbeitet wird? Wie sollen Lyft oder Uber wissen, ob ein Fahrer wirklich die vermeintliche Strecke gefahren ist, wenn sein Handy nicht die Geodaten übermittelt? Je mehr das Organisationsmodell der preußischen Armee – einer befiehlt, viele gehorchen; jeder Chef hat Unter-Chefs – modernen Netzwerkstrukturen weicht, desto mehr treten solche Fragen in den Vordergrund. Hier taucht dann sofort das Schlagwort vom »rechtsfreien Raum« auf. Ist das Internet ein solcher rechtsfreier Raum, in dem die Regeln der analogen Welt nicht gelten? Oder ist es das nicht?

Nach heutigem Stand muss man feststellen, dass die normalen Regeln im Netz weitgehend wirkungslos sind. Arbeitgeber dürfen in Deutschland den Bildschirm von Mitarbeitern nicht ausspionieren. Gleichzeitig fotografiert oDesk auch hierzulande die Schirme. Das Taxigewerbe ist hoch reguliert, gleichzeitig entstehen Transportplattformen für Profifahrer und Laien, die nicht reguliert sind. Taxifahrer müssen ihre Ortskenntnis in Prüfungen nachweisen, Limousinenfahrer bei Uber nicht. Was ist nun besser? Das Fotografieren von Bildschirmen löst schnell Empörung aus. Eine faire Alternative liegt auf der Hand. Es wäre durchaus eine Regelung wie bei Anwälten denkbar, die auch nach Stunde abrechnen und bei denen niemand fotografiert. Dazu bedarf es lediglich einer gesetzlichen Grundlage, die gewisse Regeln vorschreibt. Aber was ist mit der Taxi-Prüfung? Ist es besser, eingepauktes Wissen abzufragen, oder jede Limousine mit einem exzellenten Navi auszustatten? Manche Regeln aus der analogen Welt sind Relikte einer längst überwundenen Vergangenheit. Man könnte sie ebenso gut abschaffen. Die Plattform-Regulation auf dem Arbeitsmarkt kann hier einen willkommenen Impuls setzen.

Weil nichts so einfach in ein Gut-schlecht-Muster passt, kommt es vor allem darauf an, digitale Kompetenz aufzubauen, um die anstehenden Fragen klug zu verhandeln. Rechtsfrei darf der digitale Arbeitsmarkt nicht sein. Das ginge wegen der Tendenz zu Lohnnivellierung und Monopolbildung klar zulasten der Arbeitnehmer. Überregulierung ist jedoch genauso schädlich. Sie verhindert den Wachstum eines Sektors, der Arbeitnehmern neue Freiheitsgrade und Entfaltungsmöglichkeiten bringt sowie die Chance birgt, sich aus der Abhängigkeit von einem einzigen Arbeitgeber zu befreien. Und der beträchtliche Wohlstandsreserven hebt, indem er Ineffizienzen beseitigt und Partizipationsmöglichkeiten in Entwicklungsländern schafft, die durch ihre geografische Lage bisher von der Teilhabe am Aufschwung abgekoppelt sind. Digitale Kompetenz ist nicht breit genug verteilt. In Regierungen und Parlament wird über winzige Details der analogen Arbeitswelt gestritten, während der digitale Arbeitsmarkt die Welt verändert und nur die wenigsten es mitbekommen oder sich zuständig fühlen.

Dabei wird es nicht bleiben können. Das hereinbrechende Internet der Dinge und die Kybernetik der Arbeitsmärkte lassen sich nicht mehr ignorieren. Historische Erfahrung lehrt, dass ein gewisses Maß an politischer Gestaltung notwendig ist. Wertschöpfungsketten basierten vor 150 Jahren auf dem Prinzip des Unwissens. Fabriken wussten nicht, wie viel sie morgen produzieren würden. Deswegen heuerten sie jeden Morgen vor der Tür gerade so viele Tagelöhner an, wie sie brauchten. Unter dieser Unsicherheit litt besonders das schwächste Glied der Kette: der Arbeiter. Im Zuge der Emanzipation von Arbeit gegenüber dem Kapital setzten Gewerkschaften und Parteien eine fairere Verteilung des wirtschaftlichen Risikos durch. Sie schoben es in der Wertschöpfungskette weiter nach hinten, in Richtung des Produzenten und Konsumenten. Das war nur fair. Eine ähnliche Intervention könnte auch heute vonnöten sein. Da die treibenden Innovationen wieder aus dem Silicon Valley stammen, exportieren sie auch das amerikanische Arbeitsmarkt-Verständnis: Erlaubt ist fast alles, jeder ist seines Glückes Schmied, wenn jeder an sich selbst denkt, ist für alle gesorgt – solche Klischees liegen erstaunlich dicht an der Wirklichkeit. Wenn wir das für Europa in dieser Form nicht wollen, müssen wir diesem Modell selbstbewusst und vor allem rechtzeitig eigene Vorstellungen entgegensetzen.

Oder wie es ein deutscher Unternehmensberater nach seinem Besuch im Silicon Valley jüngst in einem Brief an mich ausgedrückt hat: »Bei denen piept's. Die leben in ihrer eigenen Welt und tun so, als ginge sie nichts an, was die Europäer denken und empfinden. Das dürfen wir uns nicht bieten lassen.«

Vor einem ähnlichen Wandel wie die Arbeitswelt steht auch unsere tägliche Kultur und Kommunikation. Auch sie wird grundlegend verändert durch die Vision der Allverfügbarkeit. Darum geht es auf den folgenden Seiten.

Keine Geheimnisse mehr, nirgends: Das Zeitalter der Echtzeit-Kommunikation

Bald liegt alles, was wir tun und denken, in der Cloud. Damit beginnt die Gleichzeitigkeit in Kultur und Kommunikation. Das Silicon Valley träumt vom elektronischen Weltgeist. Entziehen können wir uns dem leider kaum.

Berkeley liegt gegenüber von Palo Alto, gleich in mehrfacher Hinsicht. Geografisch auf der anderen Seite der Bucht, politisch ist es links, kulturell romantisch und städtebaulich urban. Die *University of California Berkeley*, kurz: UC Berkeley, ist im Gegensatz zu Stanford die städtische Ex-Hippie-Uni, Heimstatt der Liberalen, Geburtsstätte der Studenten- und Friedensbewegung, Keimzelle des Kampfs gegen den Vietnam-Krieg, Epizentrum des Aufstands gegen das Establishment, Resonanzraum legendärer Bands wie Creedence Clearwater Revival, atomwaffenfreie Zone seit 1986. Ein gutes Dutzend Vinyl-Platten-Shops mit wild bemalten Fassaden verzieren die Innenstadt, vor ihnen lungern Rastalockenträger und raunen Passanten »Willst du was kaufen?« zu. An jeder zweiten Straßenecke gibt es Spezialgeschäfte für Wasserpfeifen. Die Telegraph Avenue, berühmte Off-Meile der Stadt, bietet eine originelle Mischung aus alternativen Buchläden, veganen Restaurants, Headshops und Esoterik-Schuppen. Studenten, Punks, Hippies, Obdachlose und Touristen mischen sich bunt durcheinander. Die Uni liegt in einem Park, aber der ist längst nicht so großzügig wie in Stanford. Ihre Gebäude sind höher, dichter und stilistisch nicht so geschlossen. Der Bürgerrechtler Malcolm X erhielt hier während der Studentenunruhen in den 60er-Jahren Redeverbot, in dessen Folge das einflussreiche *Free Speech Movement* entstand. Neben Manhattan gilt Berkeley als der künstlerisch progressivste Ort der USA. Dabei liegt Berkeley auf der uncoolen Seite der Bucht. Seine Nachbarn sind die Arbeiterstadt Oakland, lange Zeit beherrscht von Gangs und Drogenhändlern, und spießige Schlafstädtchen wie San Leandro und Hayward. Hightech-Firmen siedeln hier kaum. Alles ist kleiner, älter und verschlissener als jenseits des Wassers. Von Berkeley nach San Francisco führt die Oakland Bay Bridge. Sie trennt Welten.

Trotzdem ist die UC Berkeley eine traditionsreiche und wirkmächtige Universität. Sie hat 72 Nobelpreisträger hervorgebracht, und sechs Elemente in der Periodentabelle sind mit ihr und ihren Forschern verbunden. Es gibt sogar Berkelium, ein künstlich erzeugtes Element mit der Ordnungszahl 97. Obwohl eigentlich ein Zentrum der Naturwissenschaft, muss man Berkeley als Schule romantischen Denkens bezeichnen, im Gegensatz zur technisch-aufklärerischen, handlungsorientierten Kultur von Stanford. Romantik und Aufklärung liegen in Kalifornien seit jeher in heftigem Widerstreit, ausgetragen zwischen Berkeley und Stanford. Schon immer war Berkeley eine ausgewiesene Hochburg der Romantiker und Poeten. Poesie hat viel mit Mehrdeutigkeit zu tun, und den Kybernetikern von Stanford ist Mehrdeutigkeit ein Dorn im Auge. Programme funktionieren nicht, wenn sie mehrdeutig sind, deswegen müssen sie eindeutig sein. Stanford strebte diese Reduktion von Mehrdeutigkeit auf funktionierende Algorithmen immer an, und Berkeley lehnte sie immer ab. Um diesen Gegensatz wird heute so heftig gerungen wie nie zuvor. Es ist kein Zufall, dass Jaron Lanier, der Internet-Pionier und heutige Netz-Kritiker, in Berkeley lehrt, am *International Computer Science Institute* und am *Center for Entrepreneurship and Technology*. Lanier hat sich zum weltweit profiliertesten Kritiker des Machbarkeitswahns der Technologen entwickelt. Kürzlich erhielt er für seine Arbeit den Friedenspreis des Deutschen Buchhandels. Fundierte Kritik an totalitären Tendenzen des Silicon Valley kommt selten aus Stanford, obwohl auch dort Geisteswissenschaften gelehrt werden, sie kommt fast immer zuerst aus Berkeley.

Ausgehend von Berkeley, hat die Debatte um die Bedrohung der Kultur durch das Internet Intellektuelle in den ganzen USA erreicht. Leon Wieseltier, Literaturchef von *The New Republic*, hat in einer Rede an der Brandeis University die eindrucksvollste Zusammenfassung der Kritik geliefert: »Vielleicht ist Kultur die neue Gegenkultur. Hat es jemals in der amerikanischen Geschichte einen Moment gegeben, in dem Kultur weniger geachtet wurde als heute? Nein. Seit Jahrzehnten beobachten wir einen stetigen und beunruhigenden Niedergang der humanistischen Werte und der humanistischen Methode. Unsere Gesellschaft ist trunken von Technologie und beherrscht von Werten wie Nützlichkeit, Geschwindigkeit, Effizienz und Bequemlichkeit.« Niemand frage mehr danach, ob etwas wahr oder falsch sein, gut oder böse, sondern nur, ob es funktioniere. Die Vernunft sei eine instrumentelle Vernunft geworden. Es sei nicht mehr die Vernunft der Philosophen, die sich den größten Fragen zuwendeten und dem Wesen von Natur und Mensch ehrgeizig auf den Grund gehen wollten. »Die Maschinen, denen wir uns unterworfen haben und die im Einzelnen durchaus eindrucksvoll sein mögen, stellen zusammen den größten denkbaren Angriff auf die menschliche Aufmerksamkeit dar, den es je gegeben hat. Sie machen unseren Geister breiter und flacher.« Wer davon träume, den Unterschied zwischen Mensch und Maschine aufzuheben, gar den menschlichen Geist in die Netzwerke hochladen zu können, erhebe nicht etwa den Menschen zu Gott, sondern schaffe den Menschen ab. »Google findet es trotzdem sehr aufregend«, meint Wieseltier.

In der digitalen Welt sei Wissen reduziert auf Information. Wieseltier illustriert das mit dieser einprägsamen Geschichte: »Ein großer jüdischer Denker im Mittelalter wurde einmal gefragt: ›Wenn Gott will, dass wir Wissen erlangen, warum teilt er uns dieses Wissen dann nicht einfach mit?‹ Seine weise Antwort lautete: ›Wenn wir gesagt bekommen, was wir wissen sollen, wissen wir es nicht.‹ Wissen kann nur über die Zeit und mit Methode errungen werden.« Genau dies aber verhindern die kleinen Maschinen, die wir mit uns herumtragen. Sie spiegeln uns Informationen vor, die wir mit Wissen verwechseln. Wieseltier rät: »Benutzen Sie die neuen Technologien für die alten Zwecke.

Lassen Sie sich von Zahlen nicht beeindrucken, denn aus ihnen entspringt keine Weisheit.«

Trunken von Technologie – wir sind gut beraten, die Kritik von Wieseltier, Lanier und anderen ernst zu nehmen. Berkeley vs. Stanford berührt auch uns. Denn nach allem, was wir von der nächsten Stufe der Digitalisierung wissen, wird sie nicht ohne gravierende Folgen für unsere Kommunikation bleiben. Auf dem Umweg über die Kommunikation verändert sie unsere Kultur. Indem wir unsere Gedanken und Handlungen vollständig in der Cloud kartieren, schaffen wir die Orts- und Zeitunterschiede komplett ab, die unseren heutigen Austausch mit anderen Menschen prägen. Heute verschicken wir Mails und Whatsapps, um das Absenden und Lesen von Informationen zeitlich so nah zusammenzulegen wie möglich. Wir telefonieren, um eine räumliche Distanz zu überwinden. Wir skypen, um dem visuellen Gefälle zwischen Anwesenheit und Abwesenheit zu begegnen, und wir versenden Dateien, um Wissensvorsprünge abzubauen. Die meisten dieser Tätigkeiten dürften in Zukunft hinfällig sein. Was stattdessen kommt, klingt wie Science-Fiction, leuchtet in den Laboren des Silicon Valley aber jetzt schon auf. Wir tun gut daran, den Trend nicht zu ignorieren. Als im Palo Alto Research Center der Prototyp der Computer-Maus gebaut wurde, glaubte auch kaum jemand an das, was sie eines Tages auslösen würde.

Die Machbarkeitskultur des Silicon Valley kann nur durch Kritik in konstruktive Bahnen gelenkt werden. Sie braucht ein Korrektiv, und sei es durch provokante Einwürfe wie die des deutschen Gehirnforschers Manfred Spitzer, der in seinem Buch *Digitale Demenz* vor den Langzeitfolgen elektronischer Kommunikation auf unser Gehirn gewarnt hat. Wir sehen die rasante Entwicklung neuer Technologie. Für sich genommen sieht alles vergleichsweise harmlos aus. Bei Palantir sitzen Ingenieure in abgedunkelten, teils fensterlosen Zimmern und schreiben Software, die Billionen von Datensätzen in Sekunden nach Auffälligkeiten durchforsten kann. Sie erkennen in Myriaden von Anfragen auf Servern der US-Behörden den *einen* Angriff von Hackern und in Millionen von Telefonaten die *eine* Stimme des gesuchten Terroristen. Es ist ein Leichtes für sie, jede Datenschuppe, die ein Mensch irgendwo auf der Erde fallen lässt, für jeden anderen Menschen in Echtzeit verfügbar zu machen. Bei Facebook basteln Hunderte von Entwicklern an der Timeline der Zukunft, die uns noch dichter an die Erlebnisse unserer Freunde heranführt. Sie peilen eine Dokumentationsdichte an, die buchstäblich Bände füllt. Schon heute kann man sich bei Facebook sein Leben, destilliert aus der Timeline, zwischen zwei Buchdeckeln ausdrucken und binden lassen. Bei Qualcomm entstehen die neuen Transferprotokolle, die Funkwellen noch effizienter nutzen und den anbrandenden Strom der Ereignisse aus den Leben unserer Freunde und Bekannten in HD-Qualität und mit Surround-Sound an uns übertragen. Bei Mesosphere wird das Cloud-Betriebssystem der Zukunft entworfen, das ein Vielfaches der heutigen Beanspruchung noch wirtschaftlicher bewältigen kann. Evernote baut das virtuelle Gedächtnis. Bei Amazon Web Services, dem größten Cloud-Betreiber der Welt, entstehen ständig neue Serverfarmen in den entlegensten Winkeln der Erde. Zahlreiche Forschungsgruppen arbeiten an Bildgebern in Kontaktlinsen, an der Direktstimulation der Sehnerven durch implantierte Chips, an unter der Haut eingesetzten Mikrofonen und an Sensoren zum Auslesen kleinster menschlicher Gesten, ohne dass noch die Berührung eines Steuergeräts nötig wäre. Google experimentiert mit der Datenbrille und entwickelt Schnittstellen zwischen elektronischen und biologischen Gehirnen. Unter den Patenten, die Google beim Kauf von Motorola erworben hat, befindet sich auch ein Patent für Mikrofone, die auf die Haut tätowiert werden können.

Doch was ist, wenn man diese Entwicklungen nicht einfach nur für sich nimmt, sondern in einen größeren Zusammenhang stellt? Zusammengeschaltet zu integrierten Systemen werden diese Neuerungen etwas ganz Neuartiges ermöglichen. So ist es immer gewesen. Worin mündet das? Wahrscheinlich in einer futuristischen

Form von Kommunikation: in die lebendigmöglichste Darstellung unserer Handlungen für unsere Kommunikationspartner in der 3D-Sphäre um uns herum. *Augmented Reality* wird vermutlich zum Standard des menschlichen Miteinanders werden. Freilich nur in ausgewählten Situationen. Der Grillabend mit Freunden bleibt bestehen, ebenso wie das Essen beim Franzosen und das Vorlesen für Kinder am Bett. Auch das persönliche Geschäftsgespräch über heikle Themen wird nie ersetzbar sein. Aber alles andere kommt in die Cloud.

Es wird bald keine zeitlichen oder räumlichen Unterschiede bei der Informationsübertragung mehr geben. Mit *Informationen* ist im Sinne Carly Fiorinas alles gemeint, was es gibt, denn es wird alles digitalisiert. Im Internet der Zukunft, einem Internet, das jedes Lebewesen, jeden Heizkessel, jeden Fernseher, jedes Marmeladenglas und jedes Auto einbinden wird, in dem sogar der Straßenasphalt eine Art elektronisches Bewusstsein bekommt, in diesem utopischen, aber gar nicht mehr fernen Internet wird alles eins werden: die Menschen, die Dinge, die Sensoren, die Server, die Dateien, die Zustände, die Zeiten, die Möglichkeiten. Alles wird immer online und immer gleichzeitig überall sichtbar sein. Wir stehen an der Schwelle zu einem Zeitalter der Gleichzeitigkeit, einer weiteren radikalen Konsequenz der Digitalisierung. Durch die Kartierung unseres Tuns machen wir das Entfernte, das Unsichtbare, das Geheimnisvolle sichtbar. Wir kochen die Wirklichkeit zu einer hoch verdichteten Essenz zusammen. Wir komprimieren die Vielfalt des Lebens auf einen mathematischen Punkt mit der Ausdehnung null. Wie in einem Schwarzen Loch herrscht dort eine unvorstellbare Dichte an Materie, der nichts entweichen kann, nur dass es sich nach dem Kybernetiker Norbert Wiener weder um Energie noch Masse handelt, sondern um blanke Information. Durch diese Ansammlung von Fakten, die im sprichwörtlichen »Bunker in Utah« (Evgeny Morozov), also der Cloud vorgehalten wird, sehen wir wie durch ein magisches Auge in das Leben der anderen. An ihrem Leben werden wir in heute unvorstellbarem Detailreichtum teilhaben. Das Erlebnis der Teilhabe wird so überwältigend sein, dass man von *Teilhabe* eigentlich gar nicht mehr sprechen kann. Es wird uns so vorkommen, als *beträten* wir das Leben der anderen. Als lebten wir es. Als würden wir uns buchstäblich in den anderen hineinversetzen.

Wir kommunizieren dann nicht mehr, indem wir jemanden anrufen, ihm eine Mail schreiben oder ein Foto schicken. Was uns heute selbstverständlich vorkommt, wird in Zukunft mühsam wirken. Diese Handlungen bedürfen eines absichtlichen Willensakts. Brauchen wir den? Früher mussten wir uns aktiv per Akustikkoppler in das Internet einwählen. Es piepste, wir mussten warten, dann tickte die Gebührenuhr. Wir waren dankbar, als dieser umständliche Akt überflüssig wurde. Heute umgibt uns das Internet immer und überall. Es ist kein Einwählen mehr nötig. Einen solchen Schritt werden wir auch bei der Kommunikation mit Menschen machen. Die anderen sind in Zukunft einfach immer da. Wir können sie ausblenden, indem wir wegschauen, und einblenden, indem wir sie ansehen. Wie in einer Großfamilie, in der Gemeinsamkeit und Abgeschiedenheit auch nicht dadurch entstehen, dass jemand das gemeinsame Wohnzimmer verlässt, sondern indem er sich zu- oder abwendet. Wir werden ganz selbstverständlich in den Raum fragen: »Stefan, was hältst du denn davon?«, und das nächste Mikrofon in unserer Nähe erkennt aus dem Kontext, welchen Stefan wir meinen, und spielt ihm die Frage in Echtzeit zu. Gruppengespräche entstehen ganz einfach, indem wir mehrere Leute mit Namen anreden, so, als säßen sie neben uns. Das Unternehmen Voxer produziert eine solche Mischung aus Funk und Telefon schon heute. Mit dem Wischen des kleinen Fingers bestimmen wir, ob die nächstgelegene Zimmerwand das Videobild der Freunde anzeigt. Die Frage »Was machst du gerade, Yvonne?« blendet den Blick aus Yvonnes Augen ein, wenn sie uns dafür freigeschaltet hat. Rechts neben uns, oder links, wenn wir die Einstellung ändern, steht immer unsere Partnerin. Wir drehen nur den Kopf und blicken automatisch in ihren Erlebnisstrom: in die Echtzeitübertragung ihres jetzigen Moments, auf die Schnappschüsse der letzten Stunden, wir hören die Musik, die vorhin in ihrem Autoradio gelaufen ist, und wir sehen die PowerPoint-Präsentation, an der sie gerade gearbeitet hat.

Science-Fiction? Gewiss. Genauso wie Stanley Kubricks *2001* Science-Fiction war, bevor der von ihm ersonnene und im Film gezeigte Laptop und das Tablet Wirklichkeit wurden. Die meisten Funktionen werden technisch machbar sein, aber wir schalten sie ab, wenn sie unsere Intimsphäre verletzen. Entscheidend ist nicht, wie weit wir uns öffnen, sondern entscheidend ist die Gleichzeitigkeit, die unsere Kommunikation prägen wird. Kommunizieren heißt bald, sich den Status eines anderen Menschen zu vergegenwärtigen, nicht mehr, ihn anzuwählen. Wir wenden uns ihm elektronisch zu. Wir widmen uns seinem *virtuellen* Spiegelbild. Alle Geräte verschmelzen zu einem einzigen. Kamera und Tischcomputer, Fernseher und Laptop, Telefon und Tablet, faltbare Bildschirme und wandfüllende Videotapeten sind bald die einzelnen Vorkommnisse des einen körperlosen Metageräts im Hintergrund. Das Silicon Valley verwendet für solche Verkörperungen materieloser Substanzen den schönen Ausdruck *Instanzen*.

Eine *Instanz* ist eine Erscheinungsform, die ein virtueller Zustand vorübergehend annehmen kann. Gewissermaßen ein Gespenst, das kurz unter die Menschen tritt, bevor es sich wieder zum elektronischen Weltgeist verflüchtigt. Apple hat gerade angekündigt, das passende Betriebssystem für solche Anwendungen zu bauen. Software, die alle Hardware miteinander verschmilzt.

Wie so oft in der Geschichte des Fortschritts, schreiten wir nur noch den Pfad ab, den wir für unsere Technologien schon gebahnt haben. Sobald wir die Geräte miteinander verschmolzen haben, verschmelzen wir uns selbst. Niemand muss uns mehr etwas schicken. Wir rufen uns die *Instanz* der Mitmenschen ins Blickfeld, wenn uns danach ist, ansonsten lassen wir es sein. Wir sehen durch seine *Instanz* hindurch in sein Leben, selbst dann, wenn er nicht zurückschaut. Das fühlt sich nicht unangenehmer an, als im Café nebeneinanderzusitzen und sich für einen Moment abzuwenden, um in die Gegend zu schauen.

Selbstverständlich tritt zunächst eine massive Überforderung durch Reizüberflutung ein. Doch schon bald lernen wir, der neuen Stimulation so gelassen zu begegnen wie dem realen Leben. Wir schauen einfach weg. Wir konzentrieren uns. Der auf uns hereinprasselnde Datenstrom nimmt durch die virtuelle Einblendung fremder Leben noch etwas an Bandbreite zu. Das ist aber nichts, womit wir nicht umgehen könnten. Wir haben schon größere kognitive Herausforderungen bewältigt. Unsere Kinder werden sich wundern, wie wir es früher ausgehalten haben, über den Verbleib der anderen zeitweilig spekulieren zu müssen. Geschichten, dass wir uns am Bahnhof verpasst haben, weil wir nicht genau wussten, wo der andere stand, klingen für sie wie Geschichten aus dem Krieg. Sie empfinden ein Leben ohne *Instanzen* als einsam, so, wie wir uns das Leben Friedrichs des Großen als unhygienisch vorstellen, weil er keine gechlorte Zahnpasta und kein feuchtigkeitsspendendes Volumenshampoo besaß.

Die größte Anpassungsleistung müssen wir durch den weitgehenden Verlust von Geheimnissen vollbringen. Eine Welt voller Sensoren ist zwangsläufig eine Welt ohne Geheimnisse. Wollen wir das? Wahrscheinlich nicht. Klaus Siebenhaar, Professor für Kultur- und Medienmanagement an der Freien Universität Berlin, sieht das »Bedürfnis des Menschen nach Geheimnis« bedroht. Geheimnis ist nicht einfach nur die Abwesenheit von Ausspähung. Es ist mehr als die umfassende Verwirklichung von Datenschutz. Es ist vor allem ein Verlust von Romantik – im Sinne des Erfindens zusätzlicher Bedeutungen durch den Einsatz von Fantasie. Die Romantik als dialektische Gegenbewegung zur Aufklärung wollte das Geheimnis der Welt bewahren. Philosoph Rüdiger Safranskis Definition lautet so: »Romantik heißt, mehr aus der Wirklichkeit zu machen, als sie unmittelbar bietet.« Und Novalis drückte es wie folgt aus: »Romantik heißt, dem Gewöhnlichen ein ungewöhnliches Aussehen zu geben, das Banale in ein Geheimnis zu verwandeln. Indem ich dem Geheimnis einen hohen Sinn, dem Endlichen einen unendlichen Schein gebe, so romantisiere ich es.« Hans Magnus Enzensberger meinte: »Es gibt überhaupt kein Gehirn in der Welt, in dem es nicht von Gedichten wimmelt.«

Romantiker, betont Safranski, hatten ihr Zutrauen in die Zauberkraft der Religion verloren. Sie schien abgenutzt und verbraucht, durch die Säkularisierung war sie kraftlos geworden. »Durch subjektive Anstrengung wollten die Romantiker auf ein höheres geistiges, spirituelles Niveau kommen. Es ist die Fortsetzung der Religion mit ästhetischen Mitteln.«

Kybernetiker leugnen die Existenz unbeantworteter Fragen übrigens nicht. Sie glauben anders als Romantiker nur, dass alle diese Fragen zu beantworten sind. Mängel in Vorhersagen und unzureichende Optimierung sind in ihren Augen nur die Ergebnisse unausgereifter Algorithmen, die aber verbessert werden können und es dann besser hinbekommen. Alles, was dazu fehlt, sind noch mehr Daten. Herman Kahn, einer der führenden amerikanischen Kybernetiker und Futurologen, schrieb Ende der 60er-Jahre Bücher mit Titeln wie *Ihr werdet es erleben. Voraussagen der Wissenschaft bis zum Jahre 2000* (1967) oder *Angriff auf die Zukunft. So werden wir leben* – das Buch erschien 1972. Kein Zeitraum schien Kahn zu groß. Damit begründete er einen Stil, der heute in vielen kalifornischen Unternehmern fortlebt. 200 Jahre in die Zukunft zu schauen, scheint ihnen möglich.

Im gleichen Geiste spricht Googles Eric Schmidt, wenn er, wie wir bereits gesehen haben, sagt: »Wir wollen die Wünsche des Kunden vorhersagen, noch bevor er sie selbst kennt. Wer werden wissen, was er will, bevor er es selbst weiß.« Setzen sich diese »kybernetischen Produktdesigner« (Siebenhaar) durch oder doch die »romantisierenden Originalgenies«? »Die Technizität wurzelt in der Natur des Menschen und ist damit so alt wie der Mensch selbst«, hat der Philosoph Hans Blumenberg gesagt. Wo Menschen sind, bahnt sich die Technik ihren Weg. Dieser Trieb lässt sich nicht einfach abschalten. »Der Homo sapiens dokumentiert sich als Homo Faber. Der Mensch ist immer der schaffende Mensch.« So dachte auch Nietzsche: »Nicht im Erkennen, im

Schaffen liegt unser Heil.« Noch einmal Blumenberg: »Technik ermöglicht bestimmte Arbeitsstrukturen, und durch den Wandel der Arbeitsstruktur ist ihre Perfektion vorangetrieben worden«, fasst Blumenberg zusammen. »Wenn Technik das innerste Ziel des Erkenntniswillens war, dann entsprach dem in letzter Konsequenz nur eine Sicht der Welt als Reservoir an Material.« Letztlich ließen sich alle technischen Entwicklungen direkt oder indirekt auf die Steigerung von Geschwindigkeiten zurückführen, sagt Blumenberg. Die Lebenszeit ist für den Menschen eine unveränderliche Größe. »Will er mehr an Leistung und Genuss, an Selbstdarstellung und Lebensfülle, muss er die Realitäten seiner Möglichkeiten in der vergebenen Zeit beschleunigen.«

Doch was ist mit den Machtstrukturen, die eine zunehmende Verdichtung alles Wissbaren auf einen einzigen virtuellen Ort nach sich ziehen wird? Ohne Zweifel sitzt da die ultimative Kontrolle des Digitalzeitalters. Diese Macht wird sofort und ohne jede Rücksicht missbraucht werden. *The Circle*, der Roman des amerikanischen Autors Dave Eggers, malt aus, was geschehen kann. Geboren 1970, gehört Eggers zur selben Generation wie Zuckerberg, Page, Brin und Dorsey. Eggers lebt in der Nähe von San Francisco. »Ein amerikanischer Intellektueller nach dem anderen schießt in ungewohnter Schärfe auf die Usurpatoren unseres Geistes und unseres Lebens«, hat die *Süddeutsche Zeitung* geschrieben. »Es sind nicht nur ältere, wertkonservative Linke von der Ostküste.« Eggers entwirft die Dystopie eines Gottkonzerns. Eine Art Super-Google, das Twitter, Facebook und PayPal geschluckt hat und nun die Vollkontrolle über das Leben der Menschen übernimmt. Neuester Plan des Unternehmens ist, Chips in die Knochen aller Neugeborenen zu implantieren, um jede ihrer Lebensfunktionen dem Netz zu melden. Eine Heldin namens Mae wird zunächst angezogen von dieser Welt, in der Mitmachen alles ist und nachdenkliches Alleinsein nichts. Dann aber wachsen ihre Zweifel, und Mae lehnt sich auf. Dave Eggers zeichnet das Bild einer Kultur aus Machbarkeitswahn und Herrschaftsfantasie, die sich selbst als Speerspitze der Freiheit wahrnimmt, in

Wahrheit aber gerade die Freiheit durch totalitäres Denken und Handeln bedroht.

Mit seiner Skepsis steht Eggers nicht allein. Jonathan Franzen, Autor der *Korrekturen*, hat im *Guardian* geschrieben: »Vielleicht werden die Menschen eines Tages krank von Twitter, wie sie krank von Zigaretten wurden. Die Geschäftsmodelle von Twitter und Facebook erscheinen mir wie ein Teil Pyramidenspiel, ein Teil naives Hoffen, ein Teil panoptische Überwachung.« Damit meint Franzen wohl, dass Twitter und Facebook ihre Versprechen auf soziale Nähe nie einlösen, sondern die Menschen eher weiter voneinander entfernten. Was sie für Kommunikation hielten, sei in Wahrheit ein Surrogat, das als unliebsame Nebenwirkung die Betreiberkonzerne immer mächtiger macht.

Genau darauf zielt die neue Kommunikationsmethode ab, die am Horizont aufzieht. Sie liefert eine Steigerung an Effizienz, geht aber auf Kosten des Geheimnisses und unterwirft uns fremden Mächten, auf die wir nie wieder Einfluss haben werden und die wir im Zweifel noch nicht einmal kennen. Der Deal heißt: mehr Leistung und Leben gegen weniger Freiheit. Mehr Stanford und weniger Berkeley. Wahrscheinlich werden sich die meisten von uns darauf einlassen. Die Versuchung ist groß.

Umso bedrohlicher erscheint dieses Szenario, wenn wir auf das ultimative Projekt des Silicon Valley schauen: das Hochladen des Menschen in die Cloud. Darum geht es im nächsten Kapitel.

Unbegrenzte Machbarkeit: Der Mensch, hochgeladen in die Cloud

Das ultimative Projekt des Silicon Valley heißt Singularität. Es ist nur noch eine Frage der Zeit, bis Menschen in der Cloud liegen und unsterbliche Daten werden, sagen die Propheten. Doch der Machbarkeitswahn mündet in eine totalitäre Gesellschaft.

Schon aus weiter Ferne sehen Autofahrer auf dem Highway 101 das riesige Stahlskelett des alten Hangars auf dem Moffett Federal Airfield von Mountain View. Zur Rechten liegen die zwei Landebahnen des Militärflughafens. Wenn Barack Obama seine Freunde und Großspender im Silicon Valley besucht, landet die Air Force One genau hier. Zur Linken liegt das NASA Ames Research Center. Gleich daneben, im Schatten des Hangars, untergebracht in einem stattlichen Herrenhaus spanischen Stils mit rotem Walmdach und wuchtigem Portal, residiert die *Singularity University*. Sie ist die außergewöhnlichste, seltsamste und umstrittenste Bildungseinrichtung des Silicon Valley. Als ich zum ersten Mal hörte, worum es bei dem Konzept der Singularität geht, traute ich meinen Ohren nicht. Es geht um nicht weniger als die Idee, Menschen in die Cloud hochzuladen und ihnen ein Leben jenseits ihrer sterblichen Hülle zu ermöglichen.

Die *Singularity University* mutet auf den ersten Blick weniger esoterisch an, als das Konzept der Singularität erahnen lässt. Zuvorderst will die University ein Institut zur Manager-Fortbildung sein. Trotzdem sollte man ihr mit Skepsis begegnen. Sie basiert auf einer fragwürdigen Ideologie, ist eng mit der Elite des Silicon Valley vernetzt, vor allem mit Google, und besitzt große Wirkmacht, insbesondere durch die charismatische Figur ihres Gründers Ray Kurzweil, einem Technologen, Futurologen, Bestseller-Autor und Google-Manager. Er ist der Chefingenieur des

Konzerns und nimmt damit großen Einfluss auf die Entwicklung des Unternehmens und des Internet.

Gegründet würde die Singularity University 2008 von Kurzweil gemeinsam mit dem nicht minder visionären Luftfahrtingenieur Peter Diamandis. Die Uni hat vordergründig zum Ziel, Führungskräfte aus Unternehmen, Regierungen und gemeinnützigen Organisationen in Technologie und Hochgeschwindigkeitsökonomie zu unterrichten. Gelehrt wird die Wissenschaft der Disruption. Im Mission Statement der Einrichtung heißt es: »Wir wollen Manager bilden, inspirieren und in die Lage versetzen, exponentielle Technologie anzuwenden, um die größten Herausforderungen der Menschheit zu bewältigen«. Ein typischer Lehrgang unterrichtet zum Beispiel *Exponential Finance:* »Die Hochgeschwindigkeitsökonomie erfindet die Finanzbranche neu«, heißt es in der Ankündigung. »Lernen Sie, was Sie tun können.« 47 Prozent aller Jobs in der Finanzwirtschaft, warnt die Webseite, werden bis 2034 automatisiert sein, 40 Prozent aller Firmen im Standard & Poor's Index existieren in zehn Jahren nicht mehr, die Hälfte aller Finanzberater werden bis 2024 durch Künstliche Intelligenz ersetzt sein. IBMs *Watson,* das Schaustück selbst lernender Computer, beherrscht dann die Wall Street, prophezeit die Singularity University.

Die Teilnehmer des zweitägigen Kurses lernen Programmierer kennen, die ihnen erklären, wie Algorithmen die Limitationen des menschlichen Gehirns aufheben können. Einer von ihnen verspricht: »Das Gehirn kann nur wenige Datenströme gleichzeitig verarbeiten. Computer werden die besseren Finanzberater sein.« Sie treffen Bankchefs, die fest davon überzeugt sind, dass 50 bis 60 Prozent selbst der hoch qualifizierten Bankmitarbeiter bald arbeitslos sein werden und nie wieder einen Job in der Branche finden werden. Und sie üben, mit der Exponentialfunktion umzugehen: Was es für Unternehmen bedeutet, wenn Technologien rasant wachsen und alles verändern.

Neben diesem Sachprogramm ist die Singularity University Esoterik-Institut, Heimstatt für Grenzwissenschaften, Labor für das ewige Leben und Wegbereiterin für einen totalitären Staat. Ray Kurzweil, Jahrgang 1948, ist ein anerkannt brillanter Techniker, doch als Futurologe ist er hoch umstritten. Er hat den Flachbettscanner, die optische Schrifterkennung, die erste elektronische Sprachausgabe für Blinde, den ersten Synthesizer für Konzertflügel und die erste kommerzielle Spracherkennung erfunden. Fünf Bestseller gehen auf sein Konto, 20 Ehrendoktorwürden hat er erhalten und Belobigungen von mittlerweile drei US-Präsidenten empfangen. Das *Wall Street Journal* nannte ihn »das rastlose Genie«, das Magazin *Inc* »den rechtmäßigen Erben von Thomas Edison«, *Forbes* »die ultimative Denkmaschine« und das öffentliche Fernsehen *PBS* »einen der 16 Revolutionäre, die Amerika gebaut haben«.

Wie Ökonom Hal Varian und Netzwerk-Pionier Vint Cerf gehört Kurzweil zum engsten Kreis der Vordenker und Gurus bei Google. *Singularität* ist seine Erfindung. Ich musste seine Texte mehrmals lesen, bis ich begriff, dass er es ernst meint. Was ist Singularität genau? Wir müssen uns kurz auf Kurzweils Gedankenwelt einlassen. Sie gewährt tiefe Einblicke in die Denkstruktur des Silicon Valley und hilft, Investitionen und Entscheidungen von Google und anderen Großkonzernen zu verstehen. Kurzweil hat mehrere Definitionen für den Begriff Singularität gegeben. Sie stehen nicht trennscharf nebeneinander. Es ist wichtig, alle Dimensionen des Begriffs zu verstehen, denn sie haben unterschiedliche Folgen. Einerseits meint Kurzweil mit Singularität eine künftige Epoche, »in der technologischer Fortschritt so schnell verläuft und seine Folgen so tiefgreifend sind, dass menschliches Leben unumkehrbar transformiert wird«. Diese ferne Zeit, sagt er, sei weder Utopie noch Dystopie, sondern gebe lediglich den Konzepten, nach denen wir die Inhalte unseres Lebens bestimmen, einen neuen Sinn – angefangen von Geschäftsmodellen bis hin zur Idee vom Tod. »Ich kann verstehen«, schreibt Kurzweil, »wie schwer es den meisten Menschen fällt, sich mit diesen Gedanken anzufreunden. Das liegt am exponentiellen Wachstum des Fortschritts. Es fängt langsam und unmerklich an, bevor es dann mit unerwartetem Furor ausbricht.« Er nennt ein Beispiel: Ein Gartenbesitzer, der beschließt, in den Urlaub zu fahren, während seine Seerosen ein Prozent des Teichs bedecken, stellt nach seiner Rückkehr schockiert fest, dass die Blätter den Teich überwuchern und alle Fische getötet haben. Sieben Verdoppelungen in Folge treiben 1 Prozent auf 128 Prozent.

Hier hat Kurzweil natürlich recht. Es ist nicht einfach, die Folgen exponentieller Entwicklungen zu begreifen. Schon Mathematiker und Informationstheoretiker John von Neumann, Vordenker des modernen Computers, hatte in den 50er-Jahren darauf hingewiesen, wie schwer es für Menschen ist, vom Denken in linearen Zusammenhängen auf exponentielle umzuschalten. Neumann konnte nachvollziehen, dass mathematisch nicht geschulte Geister hier schnell an ihre Grenzen stießen. In der Exponentialrechnung wird eben mit einer Konstante nicht mehr multipliziert, sondern es wird mit ihr potenziert. Das ist schwer zu fassen, sagt er. Man muss sich anstrengen, sich auszumalen, was das für die Wirtschaft heißt. Produkte vergangenen Wachstums häufen sich nicht als toter Ertrag an, sondern sie tragen ihrerseits zu weiterem Wachstum bei. In der Biologie kann man diesen Effekt gut beobachten. Zellen vermehren sich immer exponentiell. Jede neue Zelle beginnt eine neue Zellteilung. Schneckenhäuser zeichnen mit ihrer sich öffnenden Spirale nichts anderes als die Exponentialfunktion in einem polaren Koordinatensystem nach. Man spricht von logarithmischen Spiralen. Jede Zelle des Schneckenpanzers erzeugt beim Wachsen im Kreis eigene Stämme von Nachkommen.

Kurzweil rechnet uns mit robustem Optimismus vor, dass technologische Fähigkeiten weiter wachsen werden, und zwar mit weiter zunehmender Beschleunigung: »Schon heute beträgt die Schaltgeschwindigkeit des menschlichen Gehirns weniger als ein Millionstel eines Computers. Wir machen das zum Teil durch massive Parallelverarbeitung der 100 Milliarden Gehirnzellen wett. Doch damit stoßen wir an enge Grenzen. Die Kapazität des Gehirns ist extrem limitiert verglichen mit dem exponentiellen Wachstum des Wissens, das wir erschließen.«

In diese hyperschnellen Computer können wir uns hochladen lassen, ist Kurzweil überzeugt. »Zum Ende dieses Jahrhunderts wird der nicht-biologische Teil unserer Intelligenz Billionen mal Billionen mal leistungsfähiger sein als der natürliche menschliche Geist. Damit gewinnen wir die Macht über unser Schicksal.« Dann geht es ihm um die ganz großen Fragen: »Wir entscheiden über unsere Sterblichkeit. Wir können so lange leben, wie wir wollen. Wir werden menschliches Denken zum ersten Mal vollständig verstehen und seine Reichweite dramatisch erhöhen.« Allein in seinem Buch *The Singularity is Near* breitet Kurzweil vermeintliche Beweise und Gedankenketten auf 700 Seiten aus. Eine anstrengende, teilweise abstruse Kost. Sie hat viel Zustimmung geweckt, aber auch lebhafte Kritik. Ich habe viele Menschen im Silicon Valley nach ihrer Meinung zu Kurzweils Thesen gefragt. Kann er recht haben? Ein Informatikprofessor in Stanford sagte mir: »An Kurzweils These des schnellen Wachstums von Rechenleistung kann es keinen Zweifel geben. Ob sie ewig weiter exponentiell verläuft oder irgendwann abflacht, weiß ich nicht. Unbestreitbar aber ist, dass Computerleistungen in etwa die Dimensionen annehmen werden, die Kurzweil vorhersagt.« Kurzweils erste These könnte also stimmen. Doch kann man auch Gehirne auslesen und hochladen? Ich treffe einen Biochemiker, der sich viel mit der Simulation von menschlichem Geist beschäftigt hat. Er sagt: »Wir wissen heute noch nicht, ob man das, was wir als Geist bezeichnen, von Neuronen trennen und auf Transistoren übertragen lassen kann. Eine Technologie für das Auslesen von Gehirnen ist bisher nicht zu erkennen. Aber Kurzweil behauptet das auch nicht. Er sagt nur, dass man es nicht ausschließen kann. Und damit hat er recht. Ausschließen kann man es nicht.«

Wo genau würde der Geist denn dann liegen? Der Wissenschaftler schüttelt den Kopf: »An keinem speziellen Ort. Überall und nirgendwo. So arbeitet die Cloud ja heute schon. Wo eben gerade Platz ist.« Daraus ergibt sich eine interessante Folge: »Die Grenze zwischen Individuen wäre dann nur noch von wenigen Bytes definiert«, sagt der Professor. »Mich erinnert das an IP-Adressen.

Daten werden in Pakete zerlegt und einzeln an die IP-Adressen geschickt. So wäre das auch mit dem menschlichen Geist. Er würde in Bruchstücken in der Cloud abgelegt werden. Speicheroptimiert. Wild durcheinander. Sie und ich unterscheiden uns dann nur noch durch die richtige Zuordnung von Datenpaketen.« Eine unheimliche Vorstellung. Schnipsel von mir lagern in Grönland, andere in Utah, wieder andere in Belfast, ein Rest in Berlin. Gerät das Register durcheinander, herrscht Seelenwanderung. Damit werden aber auch Umprogrammierungen des menschlichen Geistes möglich, sprich: Manipulationen und Gehirnwäschen. Kurzweil schließt das ausdrücklich nicht aus, sondern erklärt Eingriffe in menschliche Geister sogar für wünschenswert, weil Charakterfehler dadurch behoben und Leistungssteigerungen ermöglicht werden könnten. Das sei nichts anderes als eine Operation am Blinddarm oder am Herzen, argumentiert er. Können wir uns das wünschen? Hier wird aus meiner Sicht eine gefährliche Vision entworfen. Kurzweils Modell läuft schnurstracks auf ein totalitäres System zu. Singularität heißt letztlich nichts anderes als Beherrschbarkeit. Die hochgeladenen Gehirne werden sich nicht wehren können. Sie haben ihren Körper verloren. Sie können niemanden stoppen, der sie umprogrammieren, auslöschen, multiplizieren oder mit anderen Geistern fusionieren möchte. Sie können niemanden in den Arm fallen, der sie löschen möchte, weil er Platz auf der Festplatte braucht.

Es stellt sich daher zwingend die Machtfrage. Wer soll den Zugangscode bekommen? Wer übt die Befehlsgewalt aus? Mit dem Faktor *Macht* hat Kurzweil sich zwar beschäftigt. Doch er nimmt eine reichlich naive Haltung dazu ein. Er glaubt, dass Machtmissbrauch durch Schutzmaßnahmen verhindert werden könne. Wahrscheinlich ist das eine Illusion. Jede Schutzmaßnahme ist von Menschen programmiert und kann von Menschen umgangen werden. Die Abhängigkeit von der Plattform wird im Zustand vollendeter Singularität fast so groß wie die von einem Gott. Man ist dem System völlig ausgeliefert. Die Plattform herrscht über Leben und Tod. Ein simpler Stromausfall würde die gleiche Wirkung wie die Sintflut entfalten, und retten könnte sich nur ein kleiner Kreis von Glücklichen in der Nähe des Notstromaggregats, angeführt von einem modernen Noah.

Noch etwas weckt starkes Unbehagen bei Kurzweils Vision: die erkennbare Nähe zur Religion, besser: zu einer Pseudo-Religion. Die messianischen Züge sind nicht zu übersehen. Alle Menschen verschmelzen zu einem Wesen, das keine räumliche Ausdehnung mehr kennt und optisch nicht mehr sichtbar ist. Der Cloud kommt so die Funktion eines Ersatzgottes zu. Sie birgt alles Wissen der Welt in sich, trägt alle Seelen, ist allmächtig, besitzt ein Monopol auf Sinn und Zusammenhang, stellt alle Regeln auf, sieht alles, ahnt alles und richtet alle. Kurzweil hat diese religiösen Anklänge durchaus bewusst eingeflochten. Er thematisiert sie gezielt in seinen Büchern und Vorträgen. Unter anderem dadurch, dass er genüsslich den Programmierer und Science-Fiction-Autor Ramez Naam zitiert, von dem bemerkenswerte Sätze stammen wie dieser: »Gott zu spielen, ist der anspruchsvollste Ausdruck, zu dem der menschliche Geist in der Lage ist. Uns selbst zu verbessern, unsere Umwelt zu beherrschen und unseren Kindern ein besseres Leben zu ermöglichen, ist die treibende Kraft in der gesamten Geschichte der Menschheit gewesen. Ohne den Wunsch, Gott zu spielen, gäbe es die Welt nicht, die wir heute kennen.« Solche Deutungen mag man intellektuell reizvoll finden. Doch in geschichtlicher Praxis haben die meisten Versuche, Gott zu spielen, in Unterdrückung, Ausbeutung und Tod geendet.

Gäbe es die Kurzweil-Maschine schon heute, würde sie wahrscheinlich Google gehören. Kurzweil hat in Larry Page und Sergej Brin zwei dankbare Förderer gefunden. Google zählt zu den Hauptsponsoren der *Singularity University*. Nicht nur das. Google hat sich zur Aufgabe gesetzt, tatsächlich jener Konzern zu werden, der Singularität Wirklichkeit werden lässt. Die massiven Investitionen des Konzerns in Biotechnologie, Genetik, Pharmazeutik, Robotik, Nanotechnologie und benachbarte Felder folgen genau der Vision, die Ray Kurzweil aufgezeigt hat. Man muss kein

Verschwörungstheoretiker sein, um diesen Zusammenhang zu erkennen. Kurzweil spricht von der *GNR-Revolution* und zeichnet damit genau die Strategie vor, die Google gerade umsetzt. Mit GNR meint er die wichtigsten Schlüsseltechnologien der kommenden Jahrzehnte: »Die erste Hälfte des 21. Jahrhunderts wird von drei überlappenden Revolutionen gekennzeichnet sein: Genetik, Nanotechnologie und Robotik.« Mit GNR ist Googles Investitionsprogramm der jüngsten Zeit treffend umschrieben.

Wie wir bereits gesehen haben, hat Google schon Carl Shapiros und Hal Varians wirtschaftswissenschaftliches Werk zur Verlängerung von Netzwerkmonopolen getreulich in die Tat umgesetzt und in den meisten Punkten kreativ übererfüllt. Jetzt steht augenscheinlich die Verwirklichung von Kurzweils Programm an. Wie schon bei Shapiro und Varian ist die Detailtreue der Ideen-Übernahme verblüffend. *Menschheit 2.0 – Die Singularität naht* liest sich über weite Strecken wie die Begründung der jüngsten Übernahmen des Konzerns. Schauen wir auf die Details.

Der französische Arzt, Wissenschaftler und Autor Laurent Alexandre beobachtet die Google-Akquisitionsstrategie seit Jahren und gleicht sie mit den Konzepten von Vordenkern wie Ray Kurzweil ab. Ich treffe Alexandre auf einem Kongress. Er hält eine Rede an der Université de Paris. Alexandre hat acht Phasen ausgemacht, in denen Google sich entwickelt hat und in der Zukunft entwickeln möchte. »*Erstens*: Orientierung. Mit Google Search und Maps ist das schon weitgehend umgesetzt. *Zweitens*: Gedächtnisergänzung, zum Beispiel durch Gmail und Picasa. *Drittens*: Ergänzte Wirklichkeit, augmented reality, durch Google Glass und Google Lens. *Viertens*: Künstliche Intelligenz durch Google Now und viele andere Projekte. *Fünftens*: Roboter durch zahlreiche Übernahmen. Google ist jetzt größter Roboterhersteller der Welt.« Als *sechsten* Schritt erwartet er *Brain 2.0*, die Erweiterung des Gehirns durch Implantationen etwa bis zum Jahr 2035. *Siebter* Schritt ist die Besiegung des Todes und das ewige Leben. Im September 2013 hat Google dafür in Mountain View die Firma Calico gegründet. Der Biochemiker Arthur D. Levinson, Aufsichtsratschef von Apple und Genentech, leitet das Vorhaben. Calico steht als Abkürzung für California Life Company. Aufgabe des Unternehmens ist es, das Altern und altersbedingte Krankheiten zu erforschen sowie Strategien zur Lebensverlängerung zu entwickeln. Alexandre: »Als *achter* Schritt soll dann das ewige Bewusstsein kommen, also das Hochladen des Geistes. Man muss keine Fantasie aufwenden, um diese Strategie zu erkennen. Man muss lediglich ernst nehmen, was Googles Vordenker schreiben und was das Management erklärt.«

Wenn Alexandre recht behalten sollte, sähe es um die Rechte der Kunden düster aus. Google ist genau wie Facebook bekannt für seine strikten Allgemeinen Geschäftsbedingungen. Wer irgendein Google-Produkt nutzt, muss dem Konzern weitreichende Kontrolle einräumen. So wäre es dann auch beim Upload des Geistes. Man würde Google mit einem einzigen Mausklick den eigenen Geist zur vollen und uneingeschränkten Nutzung überlassen. In diesem Szenario unterschreiben wir dann unsere eigene Selbstaufgabe für die wirtschaftliche Verwertung durch ein Unternehmen. Werbung wird dann vermutlich direkt in unser Bewusstsein eingespielt, perfekt auf unsere Interessen abgestimmt. Unsere Vorlieben lassen sich problemlos auslesen; der Geist liegt ja in der Cloud. Spätestens hier hört die amüsante Science-Fiction-Geschichte auf. Die Stasi war im Vergleich zu Kurzweils Vorstellungen von der Singularität ein Knabenchor. Die Volkszählung von 1983, einst Gegenstand von Großdemonstrationen, schien harmlos dagegen: Der Zensus wollte damals einige wenige triviale Informationen erfragen, zum Beispiel wie viele Menschen in einem Haushalt leben, wie viele Quadratmeter die Wohnung hat und wie viele Zimmer es darin gibt. Noch nicht einmal die Namen der Bewohner wurden abgefragt. In einer Welt à la Kurzweil würden die Menschen in einer Größenordnung ausgespäht werden, die selbst George Orwell paranoid vorgekommen wäre.

Auch Bill Joy, Mitgründer von Sun, glaubt, dass der exponentielle Fortschritt von Künstlicher Intelligenz, Nanotechnologie und Biotechnik in einer totalitären Welt enden kann. Wahrnehmungsforscher Douglas Hofstadter hält Kurzweils Ideen für eine »Mischung aus Unsinn und guter Idee, wobei schwer zu sagen ist, was dem einen und was dem anderen zuzurechnen ist«. Der Biologe Paul Z. Myers spricht von »New Age Spiritualismus«, der in allererster Linie Kurzweils »mangelhaftem Verständnis der Biologie« entspringe. Jaron Lanier, Virtual Reality-Pionier und Internet-Technologe der ersten Stunde veröffentlichte schon im Oktober 2000 einen Essay mit dem Titel *One Half a Manifesto*, der eine breite Debatte in den USA und Europa auslöste. Der Text begann mit den Worten: »In den vergangenen 20 Jahren habe ich mich inmitten einer Revolution befunden, aber außerhalb ihres prachtvollen Dogmas. Da die Revolution nun nicht nur den Mainstream erreicht, sondern auch die Volkswirtschaft zum Gehorsam niederknüppelt, ist es wohl an der Zeit, meinen Widerspruch lauter als bisher hinauszuschreien.«

Anders ausgedrückt: Einer der Erfinder des Webs setzte zu einer Generalkritik des Systems an. Lanier kann so gut wie kaum jemand anderes abschätzen, wie groß die Lücke geworden ist, die zwischen den romantischen Plänen der frühen Web-Pioniere und dem real existierenden kommerziellen Netz von heute klafft. Lanier räumt ein, dass er versteht, warum die »Cyber-Totalitaristen«, wie er sie nennt, berauscht von der Technik und ihren Möglichkeiten sind. Doch er wirft ihnen vor, dass sie wissenschaftlichen Skeptizismus vermissen lassen. Sie verstünden nicht, wo endet, was sie so begeistert betreiben: »Es besteht die reale Gefahr, dass sich evolutionäre Psychologie, Künstliche Intelligenz und die Verherrlichung von exponentiellem Wachstum zu etwas ganz Großem auswachsen. Denn es geht um nicht weniger, als die Software zu schreiben, die unsere Gesellschaft und unser Leben steuert. Falls das geschieht, wird sich die Ideologie der intellektuellen Cyber-Totalitaristen zu einer Macht ausbreiten, unter der Millionen von Menschen zu leiden haben werden.« Das größte Verbrechen des Marxismus seien nicht seine Irrtümer, sondern sei sein Absolutheitsanspruch gewesen. »Die Gotteslehren der Cyper-Theoretiker haben mit einigen der grausamsten Ideologien der Geschichte gemeinsam, dass sie eine geschichtliche Vorbestimmung ausrufen und alles, was sich ihr in den Weg stellt, für Häresie halten, die es zu bekämpfen gilt.« Jaron Lanier hat seine Kritik in zwei viel beachteten Büchern begründet: *You are not a Gadget* und *Who owns the Future?*. Die Unterzeile beschreibt genau, worauf die Entwicklung wahrscheinlich hinausläuft: »Du bist nicht der Kunde der Internetkonzerne. Du bist ihr Produkt.«

In seinem Manifest von 2000 hat Lanier hellsichtig beschrieben, wie die sechs wichtigsten Glaubensgrundsätze der Cyber-Ideologen lauten. Seine Beschreibung ist wichtig. Sie fasst sehr präzise zusammen, wie viele im Silicon Valley denken:

1. Kybernetisch ausgewertete Muster von Informationen sind der beste Weg, die Wirklichkeit zu verstehen
2. Menschen sind nicht viel mehr als kybernetische Muster
3. Subjektive Erfahrung existiert entweder nicht, oder sie spielt keine Rolle, weil sie an der Peripherie stattfindet
4. Was Darwin für die Biologie beschrieben hat, liefert die beste Erklärung für jedwede Kreativität und Kultur
5. Qualität und Quantität aller Informationssysteme steigen exponentiell an
6. Biologie und Physik verschmelzen und machen Software zu einer Leit- und Lebenswissenschaft, die alle Lebensbereiche beeinflusst und steuert

Auf Grundlage solcher Leitsätze ist es kein Wunder, dass Google, Facebook & Co. uns bedenkenlos ausforschen. Es ist sogar logisch. Sie halten sich für eine technologische Avantgarde. Ihr Zweck, glauben sie, heiligt die Mittel. Wie schwer es ist, diese Entwicklung zurückzudrehen, zeigt der Fall des jungen Wiener Juristen Max Schrems. Er hat Facebook wegen Vergehen gegen das europäische Datenschutzrecht verklagt und 2011 vor Gericht erreicht, dass der Konzern seine Akte über ihn herausgeben musste. Es war eine PDF-Datei, die ausgedruckt 1222 Seiten umfasste, »ein Umfang, den im letzten Jahrhundert nur Stasi-Akten von Spitzenpolitikern erreichten«, wie die *FAZ* anmerkte. Schrems hat seine Erfahrungen in einem Buch namens *Kämpf um deine Daten* niedergeschrieben. Darin sagt er: »Die USA sind das einzige westliche Industrieland, das keinen umfassenden Schutz der Privatsphäre und persönlicher Daten kennt.« Mit ein paar spezifischen Ausnahmen ist dort alles erlaubt, was technisch möglich ist.»Durch den unternehmerischen Erfolg des Silicon Valley wird diese lückenhafte Rechtsgestaltung nach Europa exportiert. Die meisten Hightech-Konzerne denken nicht daran, sich den hiesigen Regeln anzupassen. Viele domizilieren in Irland, wo die Datenschutzbehörde mit ihren knapp 20 Mitarbeitern über einem Supermarkt in der Provinz untergebracht ist, in der 7000-Seelen-Gemeinde Parlington.« Schrems war dort: »Gleich an der Straße vor der Zugstation steht ein Eckhaus. Im Erdgeschoss ist ein kleiner Centra-Supermarkt, ganz in Türkis gehalten. *Data Protection Commissioner* steht an der Tür. Im ersten Stock haben Sie sie dann gefunden: Die Tür zur mächtigsten Datenschutzbehörde in Europa, vermutlich sogar der Welt.« Wohl auch wegen dieser unterbesetzten, im hintersten Winkel des Landes versteckten Behörde ist Irland bei Internetfirmen als Standort für ihre europäischen Niederlassungen so beliebt.

Die Respektlosigkeit des Silicon Valley vor hiesigen Gesetzen ist verblüffend. So betreibt zum Beispiel Facebook nicht einen einzigen Server auf europäischem Boden. Das Unternehmen denkt nicht daran, Arbeitsplätze dort zu schaffen, wo Milliardenumsätze entstehen, oder Wertvorstellung zu achten, die hierzulande gelten. Facebooks Vertretung in Deutschland ist winzig. Auch Google beschäftigt hierzulande nur rund 500 Mitarbeiter, obwohl geschätzt weit mehr als vier Milliarden Euro Umsatz erzielt werden. Facebook könnte sogar davon profitieren, Server in Europa laufen zu lassen. Dann würde eine Privilegierung im Datenschutz einsetzen. Für alle Server, die auf europäischem Boden stehen, gelten gelockerte Bedingungen. Sie gehen als inländische

Rechner durch und die EU unterstellt ihren Betreibern, dass sie sich an europäisches Recht halten. Doch auch diesem Vorteil verweigert sich Facebook. Europa habe das amerikanische Moralempfinden zu akzeptieren. Europa setzt diesem Verhalten keine eigenen Wertvorstellungen entgegen. Ob Silicon-Valley-Konzerne hier Steuern bezahlen oder Gesetze beachten, wird von der Politik mit niedriger Dringlichkeit verhandelt. Wer danach fragt, wird von einer selbst ernannten Netzgemeinde gern als Maschinenstürmer und Anti-Modernist geschmäht. Immerhin zeigt Facebook in jüngster Zeit konstruktives Interesse an den Denkweisen der Europäer.

Ray Kurzweils Vision hat sich in weiten Kreisen des Silicon Valley zu einer Art unternehmerischem Leitbild entwickelt. Deswegen ist die Debatte über Kurzweil so relevant. Sie reicht weit über die wissenschaftliche Sphäre hinaus. Von ihrem Ergebnis hängt ab, wie Gesellschaften ihren Umgang mit der Digitalisierung gestalten werden. Hält man Singularität oder mildere Erscheinungsformen für wünschenswert, besteht wenig Anlass, im politischen Raum für das Setzen von Gegengewichten einzutreten. Glaubt man hingegen, dass die fortschreitende Digitalisierung nur dann produktiven Nutzen entfaltet, wenn sie in einem definierten Werterahmen verläuft, dann ist es höchste Zeit, diese Werte zu definieren und ihnen im Cyberspace Geltung zu verschaffen. Die Zeit läuft für Kurzweil. Der Abstand der Technik zur politischen Debatte wird immer größer. Politik entwickelt sich nie exponentiell. Im besten Fall kommt sie mit linearem Erkenntniswachstum voran. Damit veraltet sie schnell.

Viele haben sich damit abgefunden, dass der Graben zwischen Wirklichkeit und Rechtsordnung immer größer wird. Sowohl die Politik, die weiß, dass sie immer im Schluss der Karawane trottet, als auch die Gesellschaft, die es gar nicht schlecht findet, in die Zukunft gerichtet viel Gestaltungsspielraum zu haben, als auch die Wirtschaftswissenschaft, die späte Regulierung für besser hält als frühe. Liberale Gesellschaften kommen allgemein gut damit zurecht, dass Politik am Ende aufräumt, statt am Anfang vorzuschreiben. Das ist eigentlich gut.

Doch mit dem Einzug explosiver Entwicklungen im Cyberspace gerät das bisherige Gleichgewicht in Gefahr. Firmen, die Kurzweils Visionen in die Tat umsetzen, füllen das Rechtsvakuum mit eigenen Regeln. Dadurch entsteht ein Besorgnis erregendes Demokratiedefizit. Nicht nur, dass der Cyberspace mehr und mehr zu einem Territorium wird, in dem nationale und supranationale Gesetze nicht gelten. Es gibt auch keine Gewaltenteilung. Facebook, Google & Co. stellen die Regeln auf, kontrollieren ihren Vollzug und organisieren das Beschwerdewesen. Sie sind Legislative, Exekutive und Judikative in einem. Wenn das heute ein Problem ist, wird das Problem im nächsten Jahr viermal oder 16-mal so groß – es wächst exponentiell. Wenn Bundestag oder Europäische Kommission vier Jahre zur Beratung von Gesetzen, Richtlinien oder Verordnungen brauchen, kann sich das Ausmaß der Herausforderung in der Zwischenzeit leicht auf das Vielfache gesteigert haben. Politik läuft unter diesen Umständen den Ereignissen nicht einfach nur hinterher, sie wird vollständig unwirksam. Sie funktioniert dann so mangelhaft wie ein Transmissionsriemen, der einfach durchrutscht.

Ein in dieser Hinsicht interessanter Mahner ist Gary Reback. Er arbeitet als Anwalt im Silicon Valley und hat seit Langem mit verschiedenen Kartellverfahren gegen Google zu tun. Auch ihn treffe ich bei dem Kongress in Paris. Er erzählt mir von einem Gespräch mit Google-Managern. Die Unterhaltung ist ihm dauerhaft in Erinnerung geblieben, weil sie ihm vor Augen führte, wie systematisch sich das Unternehmen bemüht, Politik und Gerichte auszumanövrieren. »Ich kann den Wortlaut des Gesprächs nur aus der Erinnerung wiedergeben«, erzählt Reback. »Die Google-Leute sagten: ›Wenn wir mit Datenschutzbehörden zu tun haben, lenken wir die Diskussion absichtlich stets auf heutige Technologie, die bald schon obsolet sein wird. Dadurch wird eine Regulierung hinfällig, noch bevor sie überhaupt in Kraft tritt, und die Behörde muss von vorne anfangen. Auf diesem Wege haben wir ständig einen Vorsprung und können uns so entwickeln, wie wir wollen.‹« Das mag wieder nach einer Verschwörungstheorie klingen. Doch es wirkt schon glaubhafter, wenn wir uns in Erinnerung rufen, was Larry Page 2013 gesagt hat. Noch einmal das Zitat: »Es gibt eine Menge Dinge, die wir gerne machen würden, aber leider nicht tun können, weil sie illegal sind. Weil es Gesetze gibt, die sie verbieten. Wir sollten ein paar Orte haben, wo wir sicher sind. Wo wir neue Dinge ausprobieren und herausfinden können, welche Auswirkungen sie auf die Gesellschaft haben.« Was Reback von seinem Gespräch in Erinnerung behalten hat, könnte also durchaus in größerem strategischem Zusammenhang stehen: Gesetze werden so gut wie möglich unterlaufen, und da, wo es gar nicht anders geht, werden Fluchtpunkte angesteuert, wie zum Beispiel mithilfe von Servern auf Schiffen in internationalen Gewässern oder Internet-Verbindungen über Satelliten und Drohnen. Da passt auch ins Bild, dass Google gerade angekündigt hat, 180 Kommunikations-Satelliten ins All zu schicken. Mit dieser Infrastruktur macht sich der Konzern unabhängig von anderen Anbietern und entzieht sich staatlicher Kontrolle. Das Weltall und die hohe See sind weitgehend rechtsfreie Räume. Firmen können dort größtenteils tun und lassen, was sie wollen.

Nicht nur Suchmaschinen stellen Herausforderungen für die Politik dar. Auch auf anderen Feldern droht der Gesellschaft Kontrollverlust. Zum Beispiel in der Geldpolitik. Ich treffe mich in Los Angeles mit dem Unternehmer und Investor Malcom CasSelle. Wir sitzen in einem Coffeeshop am Strand von Venice Beach und reden über seine nächsten Projekte. Er hat viel Geld verdient mit mehreren Start-ups. Jetzt sucht er neue Anlagemöglichkeiten. Sein Gesicht leuchtet auf, als er von Bitcoin erzählt, der elektronischen Währung im Internet: »Ich habe Geld in zehn Bitcoin-Start-ups investiert. Das wird die nächste große Revolution.« Kann das sein? Gerade erst ist eine Bitcoin-Tauschbörse Konkurs gegangen und hat großen Vertrauensschaden verursacht. Anleger haben

Geld verloren. Der Bitcoin-Kurs schwankt stark, und man kann die Kunstwährung nicht verlässlich in echtes Geld umtauschen. Doch CasSelle winkt ab. Er ist sich sicher: »Bitcoin wird auf Dauer so stark wie das Internet. Es hat enormes Potenzial. Eine der größten Erfindungen der letzten Jahrzehnte. Bitcoin ist dezentral, arbeitet ohne Reibungsverluste und braucht keine zentrale Aufsicht. Diese Prinzipien haben das Web groß gemacht, und sie werden auch Bitcoin groß machen.« Heutige Zentralbanken wie die EZB, Bank of Japan oder Federal Reserve Bank, sagt CasSelle, seien nichts weiter als Plattformen. Nachfrage und Angebot nach sicheren Währungen kommen bei ihnen zusammen. Genau wie jeder andere traditionelle Anbieter könnten sie von disruptiven Angreifern aus dem Markt gedrängt werden. Der Angreifer müsse lediglich bei den Ineffizienzen des heutigen Systems ansetzen. »Bitcoin tut genau das«, sagt CasSelle. »Die größte Ineffizienz steckt in der Steuerung von Geldmenge und Zins durch eine zentrale Institution. Wenn sie falsche Entscheidungen trifft, indem sie zum Beispiel zu viel Geld in den Markt pumpt und die Zinsen zu niedrig lässt, erzeugt sie Anlageblasen in Aktien, Immobilien oder Kunst.«

Wenn diese Blasen platzen, bezahlt die Allgemeinheit den Preis in Form von Arbeitslosigkeit, höheren Steuern für Rettungsaktionen oder niedrigeren Realeinkommen. Zentralbanken befinden sich zudem in einem unguten Abhängigkeitsverhältnis zu Geschäftsbanken. Ohne Geschäftsbanken würde ihr Geld den Markt nicht erreichen. Deswegen verpuffen ihre Maßnahmen wirkungslos, wenn die privaten Banken nicht mitspielen. »Und genau da liegt das Problem«, setzt CasSelle nach. »Denn die Privaten spielen nicht mit. Sie denken oft genug nicht daran. Den Strafzins für das Geldparken von Geschäftsbanken bei der EZB hat die Zentralbank eingeführt, weil vor allem südeuropäischen Banken die zur Belebung der Wirtschaft frisch geschaffene Geldmenge immer wieder nur auf ihr sicheres Zentralbankkonto einzahlten und dort Zinsen kassierten.« Per Strafzins sollen sie nun motiviert werden, das Geld endlich in Kredite zu investieren und so in den Wirtschaftskreis zu leiten.»Auch das ist nichts anderes als eine Ineffizienz: Europa hat negative Zinsen und steht unter akuter Deflationsgefahr, weil Geschäftsbanken ihrem eigentlichen Hauptgeschäft – der Kreditvergabe – nicht mehr in ausreichender Menge nachgehen und stattdessen lieber Zinsspekulationen betreiben.« Da hat CasSelle ein gutes Argument. Könnte Bitcoin das Problem beheben?

Es ist wahrscheinlich zu früh, diese Frage zu beantworten. Eines aber scheint klar: Angesichts der Möglichkeiten, die das Internet bietet, ist es eigentlich absurd, dass wir beim Bäcker mit Euro bezahlen. Wir tauschen unsere eigene Arbeit in die Währung einer Zentralbank um und händigen dem Bäcker diese Währung aus, der sie seinerseits zur Finanzierung seiner Arbeit benutzt. Warum tauschen wir unsere Arbeit nicht direkt mit ihm? »Genau«, sagt CasSelle. »Und bisher lautete die Antwort: Weil der Künstler oder Anwalt dem Bäcker nichts bieten kann, was dieser unmittelbar braucht. Doch wenn 1:1-Tausch nicht funktioniert, vielleicht klappt dann ein Ringtausch? Wenn ein Ring mit fünf Teilnehmern nicht funktioniert, vielleicht dann einer mit 100 oder einer Million Teilnehmer?« Unsere Smartphones könnten beim Betreten der Bäckerei über ein Netzwerk einen Auktionsprozess unserer Arbeitsleistung starten, der eine Millisekunde später den Vermieter der Bäckereiverkäuferin ins Spiel bringt, der sie wegen eines Vorteils von anderer Seite anderthalb Stunden kostenlos wohnen lässt, sodass der Bäcker ihr Gehalt um diesen Betrag reduzieren kann. Alle Leistungsbestandteile des Brots könnten in weniger als einer Sekunde durch 20 verschiedene Plattformwährungen beglichen worden sein, die ein Währungsaggregator auf unserem Handy mit einem einzigen grünen Haken zusammenfasst: Bezahlt! Für eine Zentralbank gäbe es keinen Bedarf mehr, auch nicht mehr für die zentrale Steuerung der Geldmenge oder die Festsetzung einheitlicher Zinsen.

Eine Welt ohne Geld – könnte sie funktionieren? Wir wissen es nicht. Was wir aber wissen, ist, dass auf dem Weg zu einem stabilen, sicheren System Myriaden von Gefahren lauern. Angefangen von Betrug über das Verschwinden ganzer Währungen bis zur Machtübernahme durch die Plattformbetreiber. Gesellschaft und Politik müssen Haltungen formulieren: Was wollen sie, was ist erlaubt, was wird verboten? Heute sind Zentralbanken demokratisch legitimiert. Wenn Währungen in Zukunft nicht ausschließlich privaten Interessen ausgeliefert sein sollen, ist politische Einmischung unverzichtbar.

Verkehrspolitik ist ein weiteres Beispiel. Der deutsche Unternehmer und Musikproduzent Stefan Herwig hat sich intensiv mit diesem Thema beschäftigt. Es ist immer interessant, was Herwig zu sagen hat: »Wenn Autos automatisch fahren können, wer trägt dann die Schuld an einem Unfall? Der Fahrer oder der Programmierer des Algorithmus? Was passiert, wenn ein manuell gesteuertes Auto mit einem automatischen Auto kollidiert und der Hersteller der Steuersoftware beweisen kann, dass sein Code keinen Fehler enthält – sind dann immer die Menschen schuld?« Und danach stellen sich sofort weitere Fragen: Sollte manuelles Fahren verboten werden, wenn sich herausstellt, dass automatische Autos sicherer sind? Brauchen Autos, die nachweislich fehlerfrei programmiert sind, noch eine Haftpflichtversicherung? Könnte der Besitzer eines solchen Autos auf dem Klagewege erreichen, dass er aus der Haftpflicht befreit wird, weil sein Wagen bauartbedingt keinen Schaden mehr anrichten kann? Wem gehören die Daten, die ein Auto auf seinem Weg erzeugt – dem Autobesitzer, der Navigationsplattform, dem Hersteller des Wagens oder allen zusammen? Auf all diese Fragen stehen die Antworten noch aus.

CDU-Generalsekretär Peter Tauber schrieb jüngst in seinem Blog *Schwarzer Peter:* »Wir sind in vielen Fragen bisher die Antwort schuldig geblieben, wie wir allgemeingültige Rechtsnormen auch in der digitalen Welt durchsetzen oder uns auch der kritischen Debatte stellen, ob die digitale Welt einen Teil dieser Normen verändert.« Genau darum geht es. Die Felder, die es abzuhandeln gilt, sind groß und unübersichtlich. Arbeitsmarktpolitik gehört von Anfang an dazu. Welche Rechte sollen Clickworker und Heimarbeiter haben? Gilt für sie auch der Mindestlohn? Genießen sie Kündigungsschutz? Zahlen ihre Auftraggeber mit in die Sozialkassen ein, auch wenn sie aus dem Ausland kommen und per Kreditkarte abrechnen? Die Fragen drängen sich auf, denn die digitale Wirklichkeit hat schon Einzug gehalten.

Unsere Gesellschaft verdient Schutz vor den kalifornischen Cyber-Theoretikern. Sie braucht ein Gegengewicht. Aufstellen können wir es nur, wenn wir uns selbstbewusst in die Debatte einschalten. Nicht, um die Digitalisierung zu bremsen, die deutsche Risikoscheu in Gesetzesform zu gießen, um bestehende Märkte zu schützen oder um uns vor amerikanischen Innovationen zu bewahren. Sondern um Deutschland zu einem starken Spieler in der Digitalisierung zu machen. Wie kann das gelingen? Was sollten wir tun? Davon handelt das nächste und abschließende Kapitel.

UND JETZT?

Ende Juli 2013 sitzen meine Frau, unsere Kinder und ich im Flugzeug zurück nach Deutschland. Die Zeit in Palo Alto ist vorbei. Als das Silicon Valley langsam am Horizont verschwindet, wird mir klar, wie schwer mir dieser Abschied fällt. Ein Tal der Träumer und Fantasten, der Wahnsinnigen und Größenwahnsinnigen, der Visionäre und Wagemutigen haben wir kennengelernt. Diese Inspiration wird mir fehlen. Dieses Gefühl, mehr zu empfangen, als zu geben. Dieses Kribbeln mehrmals am Tag beim Anhören brillanter Ideen. Unvergesslich auch Stanford, diese einzigartige Kombination aus Intellektualität und Pragmatismus. Hätten wir bleiben sollen? Ich schaue auf unsere Kinder. Wir bringen sie zwar zurück in ihre Heimat, aber auch fort vom Epizentrum des 21. Jahrhunderts. Von glänzender Bildung und fabelhaften Berufschancen zurück in die verarmte deutsche Hauptstadt mit ihren oft schlecht geführten Schulen, den durchschnittlichen Universitäten und den mäßig erfolgreichen Unternehmen. Vom ganzjährigen Sommer in den dreivierteljährigen Winter. Ja, wir schulden ihnen die Rückkehr zu ihren Freunden, Großeltern, Onkeln, Tanten, Cousinen und Cousins. Aber schulden wir ihnen nicht auch bessere Bildung und größere Chancen? Vielleicht sollten wir es andersherum machen und die ganze Großfamilie nach Kalifornien umziehen, statt umgekehrt jetzt wieder nach Hause zu fliegen. Trotzdem ist es richtig, nach Deutschland heimzukehren, denke ich. Unser Land hat vieles, was Kalifornien nicht besitzt: einen starken Mittelstand, gesunde Industrie, intakte Städte, soziale Gerechtigkeit, gute Bildung breiter Schichten, moderne Verkehrsmittel, ein faireres Rechtssystem und vieles andere mehr. Was aber fehlt, ist der nächste Schritt in die Moderne.

Spät anfangen und dann andere überholen – das ist eine Spezialität der Bundesrepublik, vielleicht sogar ihre größte Stärke. Privatfernsehen wurde eingeführt, als es in den USA schon jahrzehntelang auf Sendung war. Post, Telekom und Bahn wurden spät privatisiert. Tastentelefone lösten die Wählscheiben erst ab, als die Amerikaner schon eine Generation lang auf Tasten gedrückt hatten. Tablets kaufen sich die Leute hier erst im großen Stil, wenn drüben schon jeder eines hat, und 3D-Fernseher kommen erst in die Wohnzimmer, wenn Südkoreas Wohnungen komplett ausgestattet sind. Dann aber schaffen wir plötzlich den noch viel größeren Erfolg.

Wir haben jetzt die Chance, das bessere Silicon Valley zu werden. In vielen Unternehmen hat ein spannender Prozess der Neuorientierung begonnen. Klöckner ist bei Weitem nicht das einzige Beispiel. In Dax 30-Konzernen, aber auch in kleineren Firmen wird die entscheidende Frage gestellt: Wie können wir uns selbst disruptiv angreifen? Was müssen wir tun, damit wir Plattform werden? Diese Ansätze sind ermutigend. Aber sie werden nicht reichen. Fragen müssen wir uns zusätzlich auch, was der Wandel für künftige Generationen, für uns als Eltern, als Arbeitnehmer und als Gesellschaft bedeutet. Und was wir politisch erreichen wollen.

Wichtig wäre eine Diskussion darüber, wie wir unsere Kinder vorbereiten können für die digitale Welt, in der sie sich zurechtfinden müssen. Welche Fertigkeiten wollen wir ihnen mitgeben, damit sie später in einer völlig veränderten Umwelt bestehen können? Zum Glück sind viele Lehrer an unseren Schulen engagiert, manche sogar außergewöhnlich stark. Dennoch, wir halten auch diese Lehrer in einem System gefangen, in dem sie sich den wahren Herausforderungen nicht so stellen können, wie sie es selbst gerne möchten. Wir zwingen sie, täglich gegen heruntergekommene Schulgebäude anzukämpfen und eine Inflation von Detailmaßnahmen aus der Schulverwaltung umzusetzen. Wir rauben ihnen die Zeit mit Debatten, ob das Essen des neuen Caterers wirklich besser ist als das des alten, ob tatsächlich kein Zucker unter den Joghurt gemischt wurde und ob Fleisch und Gemüse nachweislich von einem Biohof aus der Region kommen. Wir lenken sie ab durch mangelhafte Infrastruktur, anstatt diese Infrastruktur einfach zügig in Schuss zu bringen, und durch immer neue, hastig durchgeführte Strukturreformen, anstatt Ruhe einkehren zu lassen und an den Inhalten des

Lehrbetriebs zu arbeiten. Wir beraten erst jetzt darüber, Schulleitern mehr Autonomie einzuräumen, und der Vorschlag, Rektoren ein Budget von 100 000 Euro für selbst gewählte Zwecke zu geben, steht noch nicht in Gesetzen, sondern erst in Positionspapieren einzelner Landesverbände von Parteien.

Wir reden über jahrgangsübergreifendes Lernen und stimmen darüber ab, ob die Kinder numerische Noten oder schriftliche Bewertungen auf dem Zeugnis bekommen sollen. An den weiterführenden Schulen stolpern wir in eine schlecht vorbereitete Verkürzung der Gymnasialzeit auf acht Jahre, nur um uns wenige Jahre später in der Reform der Reform zu verhaspeln. Wir laufen uns heiß in der Debatte, ob die Grundschule vier oder sechs Jahre dauern sollte und ob die Eltern oder die Lehrer darüber zu entscheiden haben, welches Kind aufs Gymnasium gehen darf und welches nicht. Eltern quälen sich mit der Frage, ob zuerst Latein oder Französisch angesagt ist, oder doch Altgriechisch. Oder noch besser Mandarin? Manche Kinder wachsen mit chinesischen Nannys auf, um besser gerüstet zu sein für eine aufziehende chinesische Hegemonie.

Wir bereiten uns auf jedes noch so entfernt liegende Szenario vor, zum Beispiel auf die unwahrscheinliche Option, dass unser Kind gleichzeitig Ruderweltmeister, Tennischampion und Konzertpianist werden könnte, denken aber nicht an das Naheliegende: Dass Arbeit für das Kind etwas ganz anderes heißen wird als für uns und dass es dafür vermutlich andere Qualifikationen benötigen wird als wir. Uns beunruhigt kaum, dass auf der Liste der Schulfächer nur Lebenskunde und Religion ständig neuen Moden unterliegen, das Curriculum ansonsten aber erschreckend dem unserer eigenen Schulzeit gleicht. Mathe, Deutsch, Englisch, Bio, Physik, Chemie. War da noch etwas? Programmieren? Wozu? Das lernen die Kinder doch von selbst oder in der Arbeitsgemeinschaft am Nachmittag. Programmieren ist doch kein ernsthaftes Fach, sagen viele. Doch das ist ein Irrtum.

Wir leben in der Welt von gestern, wie Stefan Zweig sie genannt hat, und richten unsere öffentlichen Debatten und unser

Bildungswesen konsequent nach den Anforderungen der Vergangenheit aus. Englisch, vielleicht auch Französisch, Spanisch oder Mandarin sind zweifellos wichtig für die Zukunftsfähigkeit von Kindern. Aber warum tauchen in der Diskussion nie die Sprachen auf, ohne die man in Zukunft wie ein Analphabet dastehen wird: C++ und PHP? Warum reden wir uns nicht die Köpfe heiß über die wichtige und völlig unentschiedene Frage, ob Abiturienten besser Python, Java oder Ruby beherrschen sollten? Warum bringen wir 15-Jährigen bei, die sprachliche Dichte von Goethes »Über allen Gipfeln ist Ruh« zu schätzen, versäumen aber, ihren Sinn für die Eleganz von Programmiersprachen zu wecken? *Code is Poetry* lautet das Motto der Open-Source-Blogging-Software WordPress, und *Code is Poetry* ist der inoffizielle Schlachtruf des Silicon Valley. Es stimmt tatsächlich: PHP ist Deutsch, Englisch oder auch Mathematik an Ausdrucksstärke und Eleganz ebenbürtig. Programmiersprachen sind Schnittstellen menschlichen Ausdrucks – zu Maschinen zwar und nicht zu Menschen, aber trotzdem anspruchsvolle Schnittstellen.

Dass wir nur gesprochene Sprachen in das Pflichtprogramm unserer Schulen aufnehmen, ist Ausdruck unserer bisherigen Orientierung an der Vergangenheit. Früher mag das richtig gewesen sein, heute ist es falsch. Damit entsenden wir Kinder unvorbereitet in eine Welt, die mehr und mehr von einer Sprache beherrscht wird, die sie nicht verstehen. Der anbrandenden Amerikanisierung haben wir vor 50 Jahren eine Aufrüstung in englischer Sprache entgegengesetzt, und damit sind wir gut gefahren. Deutschland hat die Lingua franca der Nachkriegszeit gelernt. Wie aber steht es um die Lingua franca des 21. Jahrhunderts? Von C++ haben hierzulande die wenigsten je gehört, und Code, wenn sie ihn sehen, sagt den meisten Menschen so wenig wie japanische Schriftzeichen.

Nicht jeder muss Programmierer werden. Auch in Zukunft wird die Mehrzahl der Menschen nicht als Programmierer arbeiten. Aber das gilt auch für Physik, Chemie und Mathematik, die wir trotzdem mit großer Konsequenz an unseren Schulen unterrichten. Warum? Weil wir aus guten Gründen darauf setzen, die Konzepte zu vermitteln, die hinter diesen Disziplinen stehen. Eine Primzahlzerlegung, Ableitung oder Integralrechnung braucht man später nicht unbedingt jeden Tag, doch wer noch nie von den Denkmethoden gehört hat, die ihnen zugrunde liegen, leidet sein Leben lang unter einem Defizit. Er bleibt naiv. Differenzieren zu können, bedeutet beispielsweise, den Zusammenhang zwischen Geschwindigkeit und Beschleunigung zu verstehen. Wer das nicht weiß, ahnt nicht, was ihn beim Start eines Flugzeugs in den Sessel drückt. Oder Relativitätstheorie: Sie lehrt uns, dass es nichts Absolutes gibt. Oder Thermodynamik: Wer einmal gehört hat, dass Entropie herrscht und alles von alleine zerfällt, wenn man es sich selbst überlässt, weiß, dass man Energie aufwenden muss, um einmal Geschaffenes zusammenzuhalten. Man lebt und arbeitet anders, wenn man das weiß. Erfolg dieser systematischen Unterrichtung ist, dass wir den Kopf frei bekommen für Neues, weil wir den bereits bekannten Teil der Welt mit traumwandlerischer Sicherheit durchlaufen. Wir müssen nicht ständig nachdenken über das, was es bereits gibt. Erst das schafft Kapazität für Innovation und Kreativität.

Warum aber weigern wir uns, Schülern die Sicherheit mitzugeben, die sie später brauchen, um in ihrer neuen Welt zu bestehen? In der Welt der Netzwerke und sekundenschnellen Optimierungen. Wir schicken sie in eine potenziell feindselige Umgebung, die von Algorithmen beherrscht wird, sagen ihnen aber nicht, was ein Algorithmus eigentlich ist. Wer nicht weiß, was ein Algorithmus leistet, glaubt, er kauft die Schuhe bei Zalando, weil sie dort am billigsten sind, und isst gerade bei Mario, weil der die beste Pizza backt. Ohne Wissen vom Programmieren wird man als Konsument zum Spielball der Kräfte, so wie Kaspar Hauser, der in die Stadt kommt und nicht versteht, warum es Brot aus dem Laden gibt statt Beeren aus dem Wald. Man bleibt zeitlebens ausgeschlossen von hoher Wertschöpfung, gutem Einkommen und einflussreichen Positionen. Eine Karriere ohne Grundverständnis von C++ wird es 2030 ebenso wenig geben wie heute eine Karriere ohne Englisch. Man wird sich schämen, C++ nicht zu können, und wird versuchen, es zu verbergen, so wie Analphabeten hundert Tricks kennen, dem Lesen auszuweichen.

Programmieren ist nicht die einzige neue Fähigkeit, die wir systematisch an den Schulen unterrichten sollten. Es ist lediglich eine Grundvoraussetzung, so ähnlich wie Buchstabieren. Wir müssen auch Wagemut antrainieren und die Bereitschaft, sich in Widerspruch zur Mehrheit zu setzen. Disruptive Innovation wird das Leben unserer Kinder noch viel stärker beherrschen als unseres heute. Weil die Welt unserer Kinder digitaler sein wird als unsere, wird alles, was sie kennen, ständig umgestoßen und neu erfunden werden. Als Konsumenten werden sie das aufregend finden. Jeder liebt preiswertere, noch einfacher zu bedienende Handys, Computer, Autos oder Fernseher. Das muss man nicht extra lernen. Doch wie werden sich unsere Kinder als Produzenten darauf einstellen? Ihre Arbeitsplätze werden unsicher sein. Vermutlich werden sie mehrfach im Leben den Arbeitgeber wechseln müssen. Wie wecken wir in ihnen den Sinn, solche tektonischen Verschiebungen zu bestehen? Wie versetzen wir sie in die Lage, selbst Disruptionen auszulösen? Wie geben wir ihnen das Rüstzeug mit, um zu den Gewinnern künftiger Revolutionen zu gehören?

Viele amerikanische Schulen halten darauf eine Antwort parat: durch das Trainieren von Widerspruchsgeist. Durch das Vermitteln der Grunderfahrung, einer Minderheit anzugehören und trotzdem die besseren Argumente zu haben. Es kann nichts Schlimmes passieren, wenn man sich absichtlich in Widerspruch zur Mehrheit setzt, heißt das Lernziel. Debattierkurse sind Standard in allen Altersgruppen. 1981 rutschte ich schon in meiner zweiten Woche als Schüler an der High School in eine solche Übung. »Bist du für oder gegen Abtreibung?«, fragte mich der Lehrer. – »Dafür«, antwortete ich. – »Gut, dann bist du jetzt dagegen«, sagte er. Ich bekam zehn Minuten Zeit zur Vorbereitung, dann musste ich der ganzen Klasse meine neue Überzeugung begründen. Die Klasse stimmte hinterher darüber ab, ob ich gut war. Debattierkurse gab es das ganze Schuljahr lang. Auch in Stanford gehören sie fest zum Programm. Wenn man wie die meisten amerikanischen Schüler Dutzende dieser Übungen absolviert hat, bekommt man einen klaren Blick für Löcher in Gedankengebäuden. Man muss ein Produkt dann nur noch scharf ansehen, um die konzeptionellen Schwächen zu erkennen. Wer in diese Lücken vorstößt und sie durch eine schlüssigere Argumentation (oder durch ein klügeres Produkt) ersetzt, gewinnt in der Disruption. Es entsteht eine Art Urvertrauen in die Vorteile des mutwilligen Widerspruchs. Disruption, lernt man, ist das Gegenteil des lutherisch-teutonischen »Hier stehe ich, ich kann nicht anders«. Es ist vielmehr ein »Auch dort könnte man stehen, und auch an meinem heutigen Standpunkt könnte sich etwas ändern«.

Wo bleibt die Debatte an deutschen Schulen über die besten Unterrichtsinhalte zum Bestehen in der digitalen Welt? Wir bringen Kindern gerade noch bei, vorsichtig bei Facebook zu sein. Doch wir verpassen es, ihr Bewusstsein zu schärfen für die Möglichkeiten von Targeting, Personalisierung und Profiling. Für den Wert ihrer Daten, mit denen sie eigentlich so bedächtig umgehen sollten wie mit anderen Wertgegenständen. Für die Manipulationsmöglichkeiten von Algorithmen. Für das Hinterfragen alles Vorhandenen und das Aufspüren des Möglichen. Für das Zusammenarbeiten in Netzwerken. Schülern ein iPad in die Hand zu drücken, wird nicht reichen. Auf einem Tablet zu wischen, ist keine Kulturtechnik. Es erzieht Kinder eher dazu, unkritische Konsumenten zu werden. Sie müssen lernen, hinter die Fassade der zunehmend virtuellen Systeme zu schauen. Je benutzerfreundlicher Computer werden, desto höher der intellektuelle Aufwand, von der Konsumenten- auf die Produzentenseite vorzustoßen. Schon bald wird dieser Schritt ein entscheidender Akt in Erwerbsbiografien werden. Alles hängt davon ab, ob man es noch schafft, unter die Oberfläche zu schauen. Nur dort wird Geld verdient. Der Rest kostet.

Wenn wir uns zum Ende unserer Auseinandersetzung mit dem Silicon Valley also fragen, was wir denn tun können, um den Anschluss wiederzugewinnen, dann sollte der Blick zuallererst auf die Lehrpläne und Strukturen der Schulen und Universitäten fallen. Dort wird die Saat für die Bewältigung der Zukunft gelegt oder eben nicht. Dort können wir fast ohne Nachteile Erfolgskonzepte aus dem Silicon Valley importieren. Gerade unsere Universitäten stehen vor den größten Herausforderungen. Begeistert zu lehren, aber auch Forschung und Anwendung zu versöhnen, Gründer zu fördern, Hingabe und Eigeninitiative zu wecken, räumliche Nähe zu Venture Capital zu schaffen, ein Klima des Erfindens anzustiften, Unternehmertum als Leitbild neben Angestelltentätigkeit zu setzen, zukunftsfähige Fächer zu unterrichten, an der Spitze der Forschung zu stehen – das sollten ihre wichtigsten Ziele sein. Im üblich behäbigen Tempo wird der deutsche Lehrbetrieb auf diese Forderungen nicht reagieren können. Er muss schnell handeln. Wenn er dazu nicht in der Lage sein sollte und weitere Jahre auf die Debatte verschwendet, ob ein Grundschuldirektor selbst entscheiden darf, welcher Handwerksbetrieb die Regenrinne repariert, und ob Wissenschaftler ihre an der Hochschule gemachten Patente selbst verwerten dürfen oder in die oft fußlahme staatliche Patentverwaltung gezwungen werden – wenn diese Spiegelgefechte und Scheindiskussionen weitergehen und echte Reformen ausbleiben, dann sollten Eltern selbstbewusst und ohne schlechtes Gewissen beschließen: Mein Kind studiert im Ausland! Und sie sollten den für Bildung gezahlten Anteil ihrer Steuern zurückverlangen, um ihn anderswo in die Zukunft ihrer Kinder zu investieren.

Eine glänzende Universität zu besitzen, sollte Stolz, Zierde und Verlangen jeder Stadt sein, die etwas auf sich hält. Wenn eine Metropole wie Hamburg sich ernsthaft fragt, ob sie denn wirklich an der Spitze der Forschung stehen muss, und zusieht, wie ihre Universität, abgerutscht ins Mittelmaß, Chance um Chance auf Exzellenz verpasst, dann muss gerade in der Kaufmannschaft Widerstand aufkeimen: Wissen ist Wohlstand! Keine Stadt ohne Weltklasse-Universität wird am Ende des 21. Jahrhunderts noch der Rede wert sein. Die Ballungsräume der Zukunft formen sich mit Sicherheit um Forschungseinrichtungen, nicht um Häfen, Lagerhäuser und Autobahnknoten.

Nächster Ansatzpunkt wäre die Arbeitswelt. Hier fällt es schon nicht mehr so leicht, »Schuldige« für das fortgesetzte Disruptionsversagen der Deutschen zu finden. Oft genug entdecken wir, wenn wir ehrlich sind, den Schuldigen in uns selbst. Nach meiner Rückkehr aus dem Silicon Valley habe ich mich das ständig gefragt. Tue ich genug, um mein Unternehmen herauszufordern? Bin ich kreativ genug? Vielleicht ist es ratsam, sich solche Fragen von Zeit zu Zeit zu stellen: Wollen wir den Wandel wirklich?

Im Haus an der Washington Avenue bekamen wir eines Tages Besuch von einem mittelständischen Unternehmer aus Deutschland, der die Flucht vor seiner eigenen Firma ergriffen hatte. Er hatte ein erfolgreiches Softwareunternehmen aufgebaut und beschäftigte Hunderte von Mitarbeitern. Das Geschäft lief gut, die Belegschaft arbeitete den Auftragsbestand gewissenhaft ab. Doch den Unternehmer trieb eine wüste Sorge um. »Ich wusste, dass nichts so bleiben wird«, sagte er. »In der Softwarewelt ändert sich alles. *Software as a Service* ersetzt installierte Programme, Standards ersetzen Auftragsarbeiten, agile Programmierung ersetzt Pflichtenhefte. Das konnte für uns nicht ohne Folgen bleiben. Ich sah die Herausforderung und versuchte, meine Leute zu motivieren, kreativ darauf zu reagieren. Vergebens. Ich konnte Unruhe stiften, wie ich wollte, gegen die Schwerkraft der Verhältnisse kam ich einfach nicht an.« Seine Frustration wuchs.

Irgendwann resignierte er, übergab die Leitung des Unternehmens an seinen Stellvertreter und flog mit seiner Frau nach San Francisco, um die Firma im Silicon Valley neu zu erfinden. »Ich mache es jetzt lieber selbst. Man kann disruptiven Wandel nicht delegieren«, sagte er. Mich hat diese Konsequenz beeindruckt. Er verstand disruptiven Wandel als Holschuld.

Doch warum blieb sein Team so passiv? Hier können wir uns nach der eigenen Verantwortung fragen. Empfinden wir Disruption gleichfalls als eine Holschuld, oder warten wir insgeheim darauf, dass uns jemand an die Hand nimmt? Wenn ja, wer übernimmt dann die Bringschuld? Der Chef, der Gesetzgeber, die Bundeskanzlerin? Das Silicon Valley? Je weiter wir die Verantwortung wegschieben, desto abstrakter und unwirksamer wird sie. Es fällt sicher niemandem leicht, seine Arbeit für ineffizient und überflüssig zu halten und nach Wegen zu suchen, wie er sie ersetzen kann. Je entschlossener man für Wandel eintritt, desto schneller riskiert man seinen eigenen Arbeitsplatz. Trotzdem heißt verantwortungsvolles Mitdenken auch, als Angestellter unaufgefordert Strategien für Wagemut und Aufbruchsgeist zu entwickeln. Sind wir dazu bereit? Sind wir fähig, das bisher Erreichte wirklich infrage zu stellen? Lassen wir uns auf die Möglichkeit ein, überflüssig zu sein? Nehmen wir die Perspektive der Erneuerung ein und überlegen, wie wir uns disruptiv annullieren würden? Sind wir willig, den gefassten Angriffsplan im Zweifel eigenhändig auszuführen, auf die vage Chance hin, damit eine neue, hoffentlich sichere Existenz zu begründen?

Solange wir diese Bereitschaft nicht zeigen, können wir unserem Arbeitgeber nicht verübeln, dass er irgendwann die Flucht ergreift und anderswo investiert, ob nun durch Auswanderung oder Verlagerungen der Investitionen. Wir müssen es ernst nehmen, wenn jemand wie Hasso Plattner öffentlich darüber nachdenkt, SAP am Heimatstandort Walldorf wegen Innovationsschwäche zu schließen. Den Betriebsrat protestieren zu lassen, reicht nicht. Wir werden uns mehr geistige Beweglichkeit antrainieren müssen.

Auch hierüber ist eine Debatte fällig. Denn bisher sieht unsere Arbeitswelt keine Instrumente vor, mit denen vorausschauendes Denken belohnt werden kann. Eher ist etwas anderes wahr: Wir werden entweder mit dem Gegenteil des Sinnvollen belohnt, oder wir werden gar nicht belohnt, sondern bestraft. Wenn der kreative Angestellte Glück hat, versteht sein Vorgesetzter, was er mit seinem disruptiven Vorschlag meint. Schon das ist unwahrscheinlich, denn im Normalfall denkt der Chef selbst konventionell und hält die Idee für suizidalen Wahnsinn. Doch auch, wenn er Verständnis aufbrächte, würde er seine Dankbarkeit wahrscheinlich mit traditionellen Belohnungen wie Gehaltserhöhungen oder Beförderungen ausdrücken. Doch wäre das sinnvoll? Wohl kaum. Denn damit würde er die konventionellen Strukturen nur weiter zementieren. Früher oder später würde der revolutionär gestimmte Mitarbeiter seinen disruptiven Elan verlieren, schon deswegen, weil sein berufliches Umfeld nicht mitzieht. Einer ganzen Organisation als Einzelgänger disruptiven Geist einzuhauchen, ist ausgesprochen schwer. Wenn der Chef klug wäre, würde er das voraus ahnen. Er würde über Alternativen nachdenken. Doch was würde ihm dabei einfallen?

Clayton Christensen hat mit dem *Innovator's Dilemma* das zentrale Dilemma der Arbeitswelt, vor der wir stehen, beschrieben. Jede disruptive Idee wird bestraft. Wir werden bestraft, wenn wir in den bestehenden Strukturen verharren – dort bewegt sich zu wenig, und disruptive Energie kommt nicht zur Entfaltung. Wir werden bestraft, wenn wir in disruptive Stoßtruppen wechseln – sie scheitern an der strukturellen Unentschlossenheit des Managements. Wir finden kein Wagniskapital, um uns mit dem Plan selbstständig zu machen. Und wir gehören nur selten zu den Glücklichen, die von den wahren Disruptoren abgeworben werden. Was tun? Auch hierüber sollten wir öffentlich beraten. Doch schon über Christensens *Innovator's Dilemma* wird nicht diskutiert. Sogar Ökonomen an Wirtschaftsforschungsinstituten und Universitäten haben noch nie von Christensen gehört. Umso weniger steht auf der Tagesordnung, was denklogisch aus dem Innovatoren-Dilemma folgt: das Angestellten-Dilemma. Das Thema findet in der Debatte nicht statt. Frührente und Mindestlohn bestimmen den öffentlichen Diskurs. Angestellte könnten froh sein, wenn das ihre einzigen Probleme wären. Was sie wirklich bedroht, wird von Politik und Gesellschaft schlicht nicht wahrgenommen. Folglich gibt es weder präzise Ursachenbeschreibungen noch vernünftige Behandlungspläne. Um das zu ändern, gehört Disruption auf die Tagesordnung jedes Gewerkschaftskongresses, jeder Arbeitgeberversammlung und jedes Parteitags. »Wie disruptiver Wandel unsere Branche betrifft«, müsste für einige Jahre der Titel jeder Keynote bei Betriebsversammlungen, Management-Tagungen und Messen lauten. Wenn wir es ernst meinten, müssten Unternehmensleitungen fortlaufend in Sachen *Innovator's Dilem-*

ma geschult werden. Sie müssten lernen, dass es keine Alternative zur internen Kannibalisierung gibt, selbst wenn das kurzfristig ein schlechtes Geschäft sein sollte. Langfristig ist es ihre einzige Chance. Manager müssen mutigen Innovatoren aus den eigenen Reihen zum Erfolg verhelfen. Eine radikale Idee vorzubringen, sollte zu wünschenswertem Verhalten erklärt werden. Dazu bedarf es einer gründlichen Reform der Unternehmenskultur.

Gleichzeitig muss die Politik die Voraussetzungen für eine lebendige Gründer-Kultur schaffen. Ohne Venture Capital wird das nicht gelingen. Experten in bestehenden Organisationen müssen Geld in die Hand bekommen, um Ineffizienzen auf den Märkten zu beseitigen, die sie haargenau kennen. So wie Florian Leibert und Tobias Knaup von Mesosphere in San Francisco. Sie haben bei ihren früheren Arbeitgebern Airbnb und Twitter gesehen, wo es bei den bestehenden Cloud-Betriebssystemen hakt. Statt sich täglich mit den Problemen herumzuschlagen und ständig kleinere Reparaturen vorzunehmen, haben sie sich für die Entwicklung eines neuen, besseren Betriebssystems entschieden. Derartiges Verhalten müssen wir fördern. Das Wohnzimmer, in dem ich Leibert und Knaup vor einem Jahr besucht habe, ist jetzt die Zentrale eines Unternehmens, das 13 Millionen Dollar Startkapital auf der Bank liegen hat und massiv Leute einstellt. Wenn ich die beiden das nächste Mal sehe, sitzen sie wahrscheinlich mit Dutzenden von Mitarbeitern in einem schicken Loft und verkaufen ihre Software an die ersten Kunden. Möglich wurde das nur, weil sie ihre bisherigen Jobs gekündigt haben und dabei relativ sicher sein konnten, Geld für ihr Start-up zu finden. In Deutschland hätten sie das mit Sicherheit nicht hinbekommen.

Angestellte sind im strategischen Nachteil gegenüber Investoren. Sie können nicht so leicht flüchten. Arbeit, ihr wichtigstes Gut, ist nicht so mobil wie Kapital. Folglich kann disruptiver Wandel nur stattfinden, wenn wir uns intelligente Anreizsysteme ausdenken. Ein Anreiz könnte zum Beispiel darin bestehen, in Unternehmen Anlaufstellen zu schaffen, bei denen Mitarbeiter disruptive Ideen vortragen können und Projekte finanziert bekommen. Axel Springer zum Beispiel hat einen solchen internen Inkubator geschaffen. Revolutionäre Gedanken dürfen nicht am kurzfristigen Denken der direkten Vorgesetzten scheitern. Normale Berichtswege sind der Tod jedes disruptiven Impulses. Inkubatoren sind etwas anderes als das betriebliche Vorschlagswesen. Es geht nicht darum, einen Gedanken abzuladen und durch ein Komitee bewerten zu lassen, um im besten Falle eine Erfolgsprämie ausgezahlt zu bekommen. Es geht darum, selbst mit vollem Einsatz zu gründen. Wer ein disruptives Projekt vorschlägt, muss sich in Windeseile als Geschäftsführer einer neuen GmbH wiederfinden können, die das Stammgeschäft attackiert. Das Team sollte mit 10 oder 15 Prozent beteiligt sein. Wenn das Projekt gut läuft, müssen die Innovatoren reich damit werden können – das spricht sich herum und lockt Nachahmer an. Wenn es aber scheitert, sollten die Protagonisten unter Beifall auf ihre alten Stellen zurückkehren dürfen. Scheitern sollte als Auszeichnung gelten. Wer noch nie gescheitert ist, darf nicht befördert werden. Aufstieg in höhere Funktionen sollte denjenigen vorbehalten bleiben, die schon einmal ein größeres Risiko eingegangen sind. Glatte Karrieren haben nicht mehr als Ausdruck von Zielstrebigkeit zu gelten, sondern als Beweis von Ideenlosigkeit.

Klug wäre es, den Geist von Peter Thiel einziehen zu lassen: Innovativ ist nur, was Widerspruch hervorruft. Alles, was Konsens produziert, kann nicht disruptiv sein. Es heißt, Abschied zu nehmen von der Gewohnheit, dass alle Fachleute und Stäbe zustimmen müssen, bevor ein Projekt grünes Licht bekommt. Zukunftsfähig werden Unternehmen nur dann sein, wenn sie lernen, Bedenken von Juristen, Controllern und erfahrenen Branchenexperten dankend zur Kenntnis zu nehmen, sich aber trotzdem über sie hinwegzusetzen. Angreifer von außen halten sich nicht lange mit Prüfungen auf. Sie experimentieren. Vieles von dem, was Facebook, Google oder Uber tun, ist in mancherlei Hinsicht fragwürdig. Trotzdem machen sie es. Chuzpe gewinnt. Recht und Rechtsprechung können auf dem Weg nach oben aktiv mitgestaltet werden. Und nicht jedes Risiko, das aufgezeigt wird, tritt auch ein. Unternehmen tun gut daran, ihre Risikotoleranz etwas zu vergrößern und dadurch an Tatkraft zu gewinnen. Gleichzeitig müsste die Politik daran arbeiten, die Abhängigkeit der Angestellten von ihren Arbeitgebern zu reduzieren. Der Neue Markt oder etwas Ähnliches sollte wiederbelebt werden, um den Verkauf von Aktien junger Unternehmen über die Börse zu ermöglichen, diesmal mit höherer Sicherheit für die Geldanleger durch bessere Auswahl und striktere Standards. Daran wird zum Glück bereits gearbeitet. Ein Venture-Capital-Sektor müsste entstehen, um die Finanzierung von Ideen auch außerhalb traditioneller Unternehmen zu ermöglichen. Ein Masterplan samt hoher Priorisierung durch die Bundesregierung gehört dazu. Geldgeber aus dem In- und Ausland müssen dringend motiviert werden, in deutsche Start-ups zu investieren. Das geht nur, wenn die vielen Hemmnisse im Steuer- und Gesellschaftsrecht abgebaut werden. Auch könnte man institutionellen Investoren wie Lebensversicherungen ermutigen, einen kleinen Prozentsatz ihrer Mittel in risikoreiche Gründer-Fonds anzulegen. Ein gewisser Teil der öffentlichen Rentenkassen könnte dem Umlageverfahren entzogen werden, um in junge Firmen zu investieren. Bisher finanzieren wir die Renten vollständig per Umlage. Was diesen Monat eingenommen wird, wird in diesem Monat sofort wieder ausgezahlt.

Rententechnisch gesehen leben wir von der Hand in den Mund, mit dem beklagenswerten Begleitschaden, dass anders als in den USA die Ersparnisse der älteren Generation nicht bei den Gründungsvorhaben der jüngeren ankommen. Warum nicht den Rentenbeitrag von zwei Arbeitsstunden pro Monat in Start-up-Fonds investieren? Das wäre kein großer Verlust für Rentner, doch ein riesiger Gewinn für Gründungskultur und Volkswirtschaft. 90 Prozent der Firmen würden vermutlich floppen, doch aus den Gewinnern könnte etwas Großes und Bleibendes entstehen, mit einträglichen Profiten für die Rentenkasse, die ihre Erlöse aus Börsengängen dann wieder als Pensionen ausschütten könnte.

Wann genau sind unsere Arbeitsplätze bedroht? Wie schnell treten die Risiken der Disruption ein? Eine verlässliche Antwort darauf lässt sich nicht geben. Auch das Beispiel der Medien, laut Peter Gabriel die Kanarienvögel im Bergwerk, gibt keine klaren Hinweise. Bei den amerikanischen Nachrichtenmagazinen *Time* und *Newsweek* hat es von der Erfindung des World Wide Web bis zum rapiden Einbruch der Anzeigenumsätze fast 25 Jahre gedauert. Danach verschwanden, ausgelöst durch die Lehman-Krise, 50 Prozent der Umsätze, und sie kamen nie wieder zurück. *Time* verlor in den fünf Jahren von 2008 bis 2013 die Hälfte seiner Kioskauflage. Nicht anders erging es den amerikanischen Tageszeitungen. Sie büßten im Laufe weniger Jahre die Hälfte ihrer früheren Umsätze ein.

Von 2003 bis 2012 verloren in der Folge des Wandels 16 200 Redakteure bei US-Zeitungen ihren Job; nur 5000 fanden eine Stelle bei neuen, rein digitalen Medien. Etwas milder verlief die Entwicklung in Deutschland. Von der Erfindung des Web bis heute haben die Zeitungen etwas mehr als ein Drittel ihrer Auflage verloren – von 27 auf 17 Millionen. Der Abstieg verlief anders als in den USA nicht ruckartig und steil, sondern auf sanftem Gleitpfad mit rund fünf Prozent pro Jahr. Es dauerte somit ziemlich lange, bis Zeitungen und Zeitschriften die Auswirkungen der Digitalisierung deutlich zu spüren begannen. Länger, als Alarmisten glauben machen wollten, dann jedoch heftiger, als Optimisten gehofft hatten. Dies könnte sich als Muster auch für andere Branchen erweisen: längere Inkubationszeit, gefolgt von stärkerem Fieber. Das ist nicht ungefährlich für eine Gesellschaft, die auf den digitalen Wandel nur bedingt vorbereitet ist. Sie kann sich lange in trügerischer Sicherheit wähnen, um dann noch heftiger vom Unerwarteten getroffen zu werden.

Kürzlich saß ich bei einem Abendessen in Paris mit einem Internet-Unternehmer und dem Manager eines großen Energiekonzerns. Der Dialog zwischen den beiden war symptomatisch für eine Debatte, die durch Alarmstimmung auf der einen Seite und Abwiegeln auf der anderen gekennzeichnet ist:

»Google wird Energieunternehmen aus dem Geschäft verdrängen«, sagte der Internet-Experte. »Google sammelt im Stromnetz so viele Daten, dass Ineffizienzen beseitigt werden, große Vorteile für die Kunden entstehen und Versorger zu Dienstleistern reduziert werden, die nichts mehr verdienen.«

»Unmöglich«, erwiderte der Strom-Manager. »Wir haben doch die Netze.«

»Die sind wertlos«, sagte der Internet-Mann. »Sieh dir doch die Telefonfirmen an. Auch die haben Netze. Doch Netflix und YouTube saugen über 50 Prozent der Kapazität ab, ohne dafür zu bezahlen. Sie können damit nichts mehr verdienen.«

»Aber wir Stromversorger sind doch streng reguliert. Da kann Google doch nicht einfach so eindringen.«

»Doch, das können die. Sieh dir Uber an. Uber ist nicht reguliert, Taxis sind reguliert. Den Wettbewerb wird Uber gewinnen. So wird es euch auch gehen. Bis die Politik etwas unternimmt, habt ihr schon verloren.«

»Aber wir besitzen doch die Kundenkontakte.«

»Nein, die hat Google. Vielleicht habt ihr Namen und Kontonummern eurer Kunden. Doch Google besitzt dafür die Konsumpräferenzen, Bewegungsprofile und Kaufabsichten. Das ist viel wertvoller. Google weiß, welches Gerät im Haushalt wie lange angeschaltet ist. Damit lassen sich die Umsatzströme der Konsumenten fast nach Belieben steuern.«

»Doch unsere Hochspannungstechnik, Ingenieure, Know-how, Patente – die kann uns doch Google gar nicht so schnell nachmachen.«

»Wertlos«, sagte der Internet-Experte. »All das wird zwar auch in Zukunft weiter gebraucht werden, und ihr werdet es mangels Alternative netterweise weiter zur Verfügung stellen, doch leider wird euch niemand dafür bezahlen.«

An diesem Punkt gab der Strommann auf. Wer von beiden hatte recht? Für die Argumente des Internet-Unternehmers sprechen die Beispiele aus anderen Branchen, für den Strommann könnte die zeitliche Verzögerung punkten, die sich anderswo beobachten lässt. Im Endeffekt aber schlägt sich die Geschichte wohl auf die Seite des Internet-Experten. Sie hat es bislang immer gut mit den Netzen gemeint. Bill Gates hat einmal treffend bemerkt: »Wir überschätzen, was in einem Jahr geschieht, und unterschätzen, was in zehn Jahren geschehen kann.« Zweckpessimismus ist klug. Wir sollten daher so tun, als wäre der Eintritt des Schlimmsten sicher. Wenn es dann doch nicht kommt, dürfen wir uns freuen. Wenn dieses Denken zuweilen einen Stich ins Paranoide bekommt, ist das verzeihlich, denn die Anwesenheit von Paranoia bedeutet ja nicht, dass man nicht verfolgt wird. Vielleicht gibt es guten Grund für Verfolgungswahn. Besser, wir spüren den heißen Atem im Nacken, als grundlose Sicherheit.

Gut beraten ist also, wer sich frühzeitig eine zweite Existenz im Internet aufbaut. Zwanglos, ohne Eile, ohne Panik, ohne Verkrampfung. Uns bleiben noch Jahre. Einfach, um zu lernen. Um sich sicher in der neuen Arbeitsökonomie des Netzes zu bewegen. Um zu sehen, was bei oDesk geschieht. Um gelegentlich selbst Aufträge anzunehmen. Um einen Blog oder einen Web-Shop zu starten. Um Programmieren zu lernen. Um das Profil bei LinkedIn zu pflegen und Follower bei Twitter aufzubauen. Um Geld aus neuen Quellen zu verdienen, Vertrauensbeziehungen aufzubauen und Kunden zu finden. Um darüber nachzudenken, wie eine Plattform aussehen müsste, die den eigenen Job besser organisiert. Um Aktien von Firmen zu kaufen, die die Branche erneuern, von der man etwas versteht. Vielleicht, um selbst etwas zu gründen. Vor allem aber, um vorbereitet zu sein auf eine Kultur der Projektarbeit, die unser Leben in Zukunft prägen wird. Millionen Menschen werden sich für einige Jahre einem Vorhaben widmen, um dann zum nächsten zu wechseln. Job-Nomaden könnte man sie etwas übellaunig nennen, oder selbstbeherrschte, hierarchiebefreite Arbeitnehmer, wenn man es positiv sehen möchte.

Eric Schmidt hat im *Spiegel* einen wichtigen Satz gesagt: »Deutschland sollte eine Kultur des positiven Denkens schaffen, des Ausprobierens. Der technologische Fortschritt schreitet schneller voran als jemals zuvor. Den Deutschen kann ich dazu nur sagen: Es ist wichtig, dass Ihr dabei seid. Ihr seid genauso smart wie wir und habt die gleichen Chancen. Wir würden gern helfen, aber grundsätzlich seid Ihr am Zug.« Das klingt zwar etwas patronisierend, stimmt aber trotzdem. Frank Schirrmacher sagte etwas Ähnliches: »Ich würde mir so etwas wie eine Mondlandungs-Euphorie für unseren Kontinent wünschen. Die finge damit an, sich nicht mehr damit zu begnügen, Apps für Apple zu entwickeln, und stattdessen an einer europäischen Internet-Infrastruktur zu arbeiten.« In Westernfilmen nehmen Cowboys auf langen Ritten ein zweites Pferd mit, das gesattelt und gezäumt neben ihnen herläuft. So können sie umsteigen, wenn das erste Pferd lahmt. Auch in der Digitalwirtschaft empfiehlt es sich, rechtzeitig sein zweites Pferd zu satteln.

Kürzlich hatte Olaf Scholz, Erster Bürgermeister von Hamburg, die Manager der Medienindustrie zu seinem jährlichen Dialog in die Hansestadt eingeladen. Es ging sehr schnell sehr lebhaft zu. Die Nerven vieler Teilnehmer lagen blank. Die Chefs von TV-Sendern und Kabelnetzbetreibern beklagten sich: »Wir sind hochgradig reguliert. Der Staat legt fest, wie viele Minuten Werbung wir pro Stunde zeigen dürfen, welche Werbung verboten ist, ob wir Werbung auf einem Teil des Bildschirms einblenden dürfen und wie viel Nachrichtensendungen ein Vollprogramm zu bieten hat. Kabelbetreiber sind durch Must-Carry-Vorschriften gezwungen, Vollprogramme in jedem Fall auszustrahlen und alle anderen diskriminierungsfrei zu behandeln, auch wenn sie es selbst vielleicht gar nicht wollen.«

Da könne es doch nicht sein, sagten sie, dass Internet-Monopole wie Google überhaupt nicht reguliert seien und tun und lassen dürften, was sie wollen. Der Deutschland-Geschäftsführer von Google gab mit gleicher Verve zurück: »Wenn traditionelle Medien stark reguliert sind, ist das noch lange kein Grund, auch das Internet zu regulieren. Warum nicht umgekehrt? Alle traditionellen Medien, auch Fernsehen und Kabel, einfach deregulieren. Das ist besser, als Innovationen immer gleich durch neue Regeln abzuwürgen.« Eric Schmidt hatte wenige Tage zuvor im *Spiegel* in die gleiche Kerbe geschlagen:»In einer Umgebung, in der Sie für alles eine Genehmigung brauchen, in der alles reguliert ist, wird es weniger Innovation geben«, sagte er.

Aus beiden Richtungen drohen Gefahren. Überregulierung ist mindestens so gefährlich wie Unterregulierung. Wir stehen ganz am Anfang einer fundamentalen Debatte über die Rahmenbedingungen der Netzökonomie, mithin über die Verfassung der digitalen Gesellschaft. Diese Debatte findet heute fast ausschließlich in Fachzirkeln statt. Die Gesellschaft ist ausgeschlossen oder schließt sich selbst aus, obwohl es um ihre ureigenen Interessen geht. Sie klickt munter weiter auf die Allgemeinen Geschäftsbedingungen der Internetkonzerne, anstatt sich grundsätzlich zu fragen, was sie im Netz eigentlich will.

Es geht um viel mehr als Datenschutz. Wenn 50 Manager in einem Hochhaus an der Alster über die Freiheit des Netzes streiten oder die *FAZ* eine brisante Debatte zum gleichen Thema druckt, dann kann das nur ein Anfang sein. Es reicht nicht aus, dass Frank Schirrmacher Wahrheiten aufschrieb wie diese:»Dass der Umbruch ausgerechnet in der Medienbranche anfing, hat nur einen einzigen Grund: Unsere Produkte sind, wie auch bei der Musikindustrie, schon seit jeher nichts anderes als Daten gewesen. Jetzt aber verwandelt sich die materielle Welt selbst in Daten, und es findet der Übertritt statt: Auto, Haus, menschlicher Körper und, nicht zu vergessen, Cash, anfassbares Geld. All das wird Medium.« Verhandelt wird die Freiheit im Netz. Darum geht es. Das geht uns alle etwas an, und deshalb sollten wir alle mitreden.

»Digital heißt grenzenlos«, hat EU-Kommissionspräsident Manuel Barroso gesagt.»Google und andere Internetkonzerne sind neue Phänomene. Wir stehen vor einer Auseinandersetzung ganz neuen Typs.« Hier wird tatsächlich Neuland betreten. Eigene Normen zu setzen, Wertvorstellungen für die Digitalwirtschaft zu definieren, sie rechtssicher, belastbar und anwendbar zu machen, das ist jetzt die Aufgabe der Bürgergesellschaft. Besonders deshalb, weil sich die Anzeichen mehren, dass Joseph Schumpeters

Idee von der *schöpferischen Zerstörung* in der Digital- und Netzwirtschaft unwirksam sein könnte. Damit würde ein Grundpfeiler unserer bisherigen Rechtsordnung infrage stehen: der Gedanke, dass bessere Produkte eine faire Chance haben, sich am Markt durchzusetzen. Kreative Zerstörung kann es nur geben, wenn freier Wettbewerb herrscht. Wenn Wettbewerb in Monopolen erstarrt, gibt es auch keine kreative Zerstörung mehr.

Schumpeter hat nicht in Netzen gedacht. Er kam aus traditionellen Märkten. Dort ist das Bessere der Feind des Guten, dort können innovative Angreifer den Marktbeherrscher aushebeln, ohne Netzwerkeffekt konvergiert nicht immer alles gleich zum Monopol, schon gar nicht in weltweitem Maßstab. In Schumpeters Welt führt Ideenvielfalt zu Angebotsvielfalt. Ist das heute unter den Bedingungen des Netzes noch wahr? Wir müssen diese Frage ernsthaft prüfen. Denn *The winner takes it all* heißt auch: Alles andere geht unter, ganz egal, wie gut es ist. Eine Kette einander ablösender Monopole kommt in Schumpeters Idealvorstellung nicht vor. In seiner *Theorie der wirtschaftlichen Entwicklung* von 1912 hat er den Zyklus der Innovation beschrieben: Der innovative Unternehmer erzielt zunächst einen Monopolgewinn, durch den Nachahmer angelockt werden. Um ins Geschäft zu kommen, müssen sie den Preis des Originals unterbieten. Über kurz oder lang muss der Pionier ebenfalls die Preise senken, wodurch seine Gewinnspanne sinkt. Wenn er weiter hohe Gewinne erzielen möchte, muss er neue Innovationen finden. So bleibt die Wirtschaft immer lebendig.

Was aber, wenn sich ein Monopolgewinn sklerotisch verfestigt? Wenn Netzmonopole jeden erdenklichen Angriff scheitern lassen können, weil gegen den Netzwerkeffekt einfach nicht anzukommen ist? Dann wäre Schumpeter tot, und mit ihm eine zentrale Prämisse unserer heutigen Wirtschaftsordnung. Wettbewerb entstünde dann nicht mehr von alleine, sondern bedürfte der Protektion durch eine ordnende Gewalt, also des Staats. Konkurrenz wäre dann kein stabiler Ausgangszustand mehr, sondern Ergebnis einer hoheitlichen Intervention. Das hieße in der Folge: Ohne Eingriffe der Aufsicht würde die Marktwirtschaft verkümmern. Dieser Gedanke ist ungeheuerlich, doch wir müssen uns ihm stellen. Denn schon heute sind wir diesem Punkt gefährlich nah. Schon heute lautet eine typische Frage, wenn Gründer ihre Ideen bei Investoren präsentieren: »Könnte sich Google für dieses Feld interessieren?« Wenn das mit Ja beantwortet wird, winken Investoren gleich ab. Ist Google auf einem Feld bereits tätig, denkt überhaupt niemand mehr über einen Angriff nach. Gegen die Selbstbevorzugung eines Zugangsmonopols kann keine noch so brillante Gründungsidee ankommen. Investitionsquellen versiegen, und bestehende Monopole werden noch mächtiger.

Wie sähe der liberalste, mildestmögliche Eingriff des Staates aus, um dieses Problem in den Griff zu bekommen? Die Forderung müsste lauten, dass Monopolisten allen ohne Unterschied Zugang gewähren. Wer eine Brücke oder eine Autobahn besitzt, muss jedes Auto durchlassen. Wer ein Kabelnetz betreibt, kann ARD oder Pro7 nicht einfach vom Sender nehmen. Wem ein Telefonnetz gehört, der muss Konkurrenten durch seine Drähte leiten. Die Bahn ist verpflichtet, Konkurrenten auf ihren Schienen fahren zu lassen, und Gasversorger haben ihre Rohre den Wettbewerbern zu öffnen. Warum sollte das im Internet nicht gelten? Monopole dürfen Wettbewerb nicht verhindern. Das ist eine Mindestanforderung, die jede liberale Gesellschaft an ihre Digitalwirtschaft stellen sollte. Man darf von Amazon verlangen, jedes verfügbare Buch diskriminierungsfrei auszuliefern und allen Buchverlagen die gleiche Chance einzuräumen, ihr Publikum zu erreichen. Man darf Google auffordern, seine Wettbewerber in den Suchergebnislisten genauso zu behandeln wie sich selbst. Man darf eBay verbieten, Preise zu manipulieren, genauso wie heute Banken dafür bestraft werden, wenn sie Zinssätze verfälschen.

Darüber hinaus wird sich die Politik mit vielen anderen Fragen beschäftigen müssen. Sie wird Sozialstandards für Clickworker und Telearbeiter erarbeiten müssen, auch wenn sie auf internationalen Plattformen werkeln und in Dollar bezahlt werden, so wie die Politik heute die Kassiererinnen bei Aldi und Lidl vor der stärkeren Verhandlungsmacht ihres Arbeitgebers schützt. Sie wird Klauseln in Allgemeinen Geschäftsbedingungen von Facebook und Google für unwirksam erklären müssen, wo sie dem Konsumenten über Gebühr schaden, so wie Gesetze heute den Konsumenten ein Rücktrittsrecht bei Haustürgeschäften einräumen. Die Politik wird durchsetzen müssen, dass Konsumenten echte Wahlmöglichkeiten in den Geschäftsbedingungen bekommen anstatt gezwungen zu werden, Hunderte von Bedingungen mit einem einzigen Klick entweder anzunehmen oder das Produkt gar nicht nutzen zu dürfen. Liberalismus heißt in der Tradition von Ludwig Erhard und Walter Eucken eben nicht Laissez-faire, sondern Freiheit durch Gestaltung.

Die Summe der Freiheit aller sinkt auf ein Minimum, wenn Einzelne ihre individuelle Freiheit auf ein Maximum steigern. Grenzen zu setzen, heißt nichts anderes, als der Freiheit eine Bahn zu schlagen. Es geht um die Wiederherstellung von Autonomie. Wir sollten uns daran erinnern, wer wir sind: die Bürger eines autonomen Staates. Was auf unserem Boden geschieht, und sei es noch so virtuell, bestimmen wir. Unseren Wertenormen ist Geltung zu verschaffen. Dabei sollten wir uns von Serverschiffen, Datendrohnen und Kamerasatelliten nicht einschüchtern lassen. Dass Infrastruktur virtuell geworden ist, heißt nicht, dass wir sie nicht trotzdem im Sinne Erhards regulieren können. Glasfaserkabel aus dem Atlantik kommen irgendwo am Strand an, Satellitensignale werden irgendwo in eine Bodenstation eingespeist, Zahlungsströme fließen durch Banken, die irgendwo im Inland einen Sitz haben. An diesen sehr realen Punkten können Gesetzgeber ansetzen. »Da können wir doch eh nichts machen«, lautet eine gern vorgebrachte Klage von Politikern. Sie unterschätzen dabei wahrscheinlich ihren Einfluss. Der Souverän sollte seine legitime Macht reklamieren und ausschöpfen. Damit ist nicht gesagt, dass Parlamente kleinteilige Regulierung schaffen und jedes Detail vorschreiben sollten.

Gabor Steingart, Herausgeber des *Handelsblatts*, hat den französischen Humanisten Étienne de La Boëtie in den Zeugenstand gerufen, der mit seinem Traktat *Von der freiwilligen Knechtschaft* während der Aufklärung zur Autonomie aufgerufen hatte: »Der Mensch, welcher euch bändigt und überwältigt, hat nur zwei Augen, hat nur zwei Hände, hat nur einen Leib und hat nichts anderes an sich als der geringste Mann aus der ungezählten Masse eurer Städte; alles, was er vor euch allen voraus hat, ist der Vorteil, den ihr ihm gönnet, damit er euch verderbe.« Steingart leitet daraus einen notwendigen Imperativ für das digitale Zeitalter ab: »Ja, Google hat im Königreich des Digitalen ein neofeudales Machtmonopol errichtet; aber nein, nicht anonyme Helfer, sondern wir selbst halfen, es gegen uns zu errichten. Wir sind dümmer als die Mäuse, denn wir haben den Speck, mit dem man uns fängt, selbst in die Falle gelegt.« Und in aufwieglerischem Ton fährt er fort: »Politik und Medienhäuser haben diese Ungeheuerlichkeit in der Morgenröte des frühen Internet möglich gemacht, nicht ahnend, dass es sich um eine Ungeheuerlichkeit handeln könnte. In der Bewusstwerdung unserer Mittäterschaft aber liegt, in dialektischer Verkehrung der bisherigen Geschichte, das Zentralmoment unserer Befreiung.«

Damit ist auch schon angedeutet, ob wir die Entwicklungen, die aus dem Silicon Valley auf uns zustürmen, nun für gut oder schlecht halten sollen. Sie sind keines von beiden. Im Moment ihres Entstehens sind sie erst einmal neutral. Was aus ihnen wird, hängt ab davon, wie wir sie gestalten. Eine Bilanz der Digitalisierung ist vor allem eine Bilanz unseres Willens, Grundsätze zu formulieren und Freiheit zu schaffen. Wir tun das nicht zum Selbstzweck, sondern weil wir wiederum etwas zu schützen haben: Freiheit, Selbstbestimmung und Wohlstand.

Deutschland hat alle Voraussetzungen, um als starker Spieler aus der Digitalisierung hervorzugehen. Wenn wir uns der Herausforderung entschlossen stellen, können wir es schaffen. Neugierde, Entdeckergeist, Experimentierfreude, Forschungslust, Wagemut und Risikobereitschaft sind Tugenden früherer Gründerzeiten gewesen. An sie können wir anknüpfen. Das *Land der Ideen* kann wieder zum Land der Welterfolge werden. Dafür müssen wir die Chancen ergreifen und die Fehler Kaliforniens vermeiden. Irgendwann könnte dann ein Buch geschrieben werden mit dem Titel: *Start-up Nation – Was wir vom innovativsten Land der Welt lernen können.* Dieses Buch gibt es heute über Israel. Wann es über Deutschland erscheinen kann, ist offen. Doch wir können das Erscheinungsdatum mit beeinflussen.

ANHANG

Dank

Der größte Dank gilt meiner Frau Nina. Sie ist mit mir und den Kindern nach Palo Alto gezogen und hat meinen Blick auf vieles gelenkt, was ich ohne sie nicht gesehen hätte. Ohne sie, ihre Inspiration und hilfreiche Kritik gäbe es dieses Buch nicht. Dank an Kai Diekmann, Peter Würtenberger und Martin Sinner für ihre Freundschaft und kollegiale Zusammenarbeit im Haus an der Washington Avenue. Dank an Gabor Steingart für die anregenden Gespräche zum Thema. An Frank Schirrmacher für den lebhaften Austausch, die vielen Lesehinweise und die unermüdliche Inspiration. An Wolfgang Ferchl, der meine Ideen in die richtige Richtung lenkte und große Geduld bewies, und an Britta Egetemeier, die den Text klug lektorierte und noch mehr Geduld beweisen musste. An meine Eltern Annemarie und Wolfgang für alles, was sie mir gegeben haben. Meinen Brüdern Arnulf und Burkhard für die zahllosen Gespräche über die Folgen der Digitalisierung. An Mathias Döpfner, Andreas Wiele, Jan Bayer, Lothar Lanz, Ralph Büchi und Julian Deutz für ihre Unterstützung des Palo-Alto-Projekts. An die deutschen Stanford-Studenten Luca Beltrami, Jonas Rave, Philipp John, Daniel Kilimnik, Andreas Zoellner und vor allem Catalin Voss für Austausch und Hilfe. Dank den vielen Unternehmern, Investoren, Wissenschaftlern und Kollegen, die sich die Zeit genommen haben, mir ihr Gedanken, Pläne und Einschätzungen zu erläutern. Dank an die Teams in Berlin, die mir während meiner Abwesenheit den Rücken freigehalten haben, allen voran Dietrich von Klaeden, Claudia Thomé und Daniel Fard-Yazdani. An Stefanie Heidler und Christina von Behren, die mir so viel abgenommen haben. An alle Bekannten bei Google dafür, dass wir trotz der öffentlichen Auseinandersetzung immer im Gespräch geblieben sind.

Alle Fehler, die dieses Buch enthält, gehen auf mich zurück. Für Hinweise bin ich dankbar: christoph.keese@live.de. In meinem Blog www.presseschauder.de werde ich die Diskussion über dieses Thema fortführen und Fehler korrigieren.

Literatur und Quellen

Die Passagen, die aus amerikanischen Büchern zitiert werden, habe ich selbst ins Deutsche übertragen. Die Übersetzungen können also von den deutschsprachigen Ausgaben abweichen. Hier angegeben sind, sofern vorhanden, die deutschsprachigen Ausgaben. Dahinter in Klammern die Titel der Originalausgaben.

Diese Bücher sind für eine weitere Beschäftigung mit dem Thema besonders empfehlenswert:

Christensen, Clayton M.: *The Innovator's Dilemma: Warum etablierte Unternehmen den Wettbewerb um bahnbrechende Innovationen verlieren.* Vahlen, München, 2011. (*The Innovator's Dilemma: When New Technologies Cause Great Firms to Fail*)
Kurzweil, Ray: *Menschheit 2.0: Die Singularität naht.* Lola Books, Berlin, 2013. (*Singularity is Near: When Humans Transcend Biology*)
Ries, Eric: *Lean Startup: Schnell, risikolos und erfolgreich Unternehmen gründen.* Redline, München, 2012. (*The Lean Startup: How Constant Innovation Creates Radically Successful Businesses*)
Varian, Hal und Shapiro, Carl: *Online zum Erfolg: Strategie für das Internet-Business.* Langen-Müller, München, 1999. (*Information Rules: A Strategic Guide to the Network Economy*)

Weiterführende Lektüre
Folgende Bücher sind darüber hinaus empfehlenswert. Sie werden teilweise im Text zitiert.
Anderson, Chris: *Free – Kostenlos: Geschäftsmodelle für die Herausforderungen des Internets.* Campus, Frankfurt, 2009. (*Free – The Future of a Radical Price*)
Auletta, Ken: *Googled – The End of the World as We Know It.* Penguin Press, New York, 2009.
Ball, Edward: *The Inventor and the Tycoon. A Dilded Age Murder and the Birth of Moving Pictures.* Doubleday, New York, 2013.
Barabási, Albert-László: *Linked – How Everything is Connected to Everything else and What it Means for Business, Science, and Everyday Life*, Penguin Books, London, 2002.
Benkler, Yochai: *The Wealth of Networks – How Social Production Transforms Markets and Freedom.* Yale University Press, New Haven, 2006.
Berners-Lee, Tim: *Der Web-Report: Der Schöpfer des World Wide Web über das grenzenlose Potential des Internets.* Econ, Frankfurt, 1999. (*Weaving the Web. The Original Design and Ulitmative Destiny of the World Wide Web by its Inventor*)

Botsman, Rachel und Rogers, Ron: *What's Mine is Yours. How Collaborative Consumption is Changing the Way We Live.* HarperCollins, New York, 2010.

Bilton, Nick: *Hatching Twitter. A True Story of Money, Power, Friendship, and Betrayal.* Penguin, New York, 2013.

Blumenberg, Hans: *Geistesgeschichte der Technik.* Suhrkamp, Frankfurt am Main, 2009.

Carr, Nicholas: *Wer bin ich, wenn ich online bin ... und was macht mein Gehirn so lange? Wie das Internet unser Denken verändert.* Blessing, München, 2010. (*The Shallows – What the Internet is doing to our Brains*)

Carr, Nicholas: *The Big Switch: Der Große Wandel. Cloud Computing und die Vernetzung der Welt von Edison bis Google.* Mitp, Heidelberg, 2008. (*The Big Switch*)

Castells, Manuel: *Das Informationszeitalter. Wirtschaft, Gesellschaft, Kultur.* Budrich, Kornwestheim, 2001. (*The Rise of the Network Society. Second Edition*)

Christakis, Nicholas A. und Fowler, James H.: *Connected – The Surprising Power of our Social Networks and How They Shape our Lives.* Little, Brown & Company, New York, 2009

Dany, Hans-Christian: *Morgen werde ich Idiot. Kybernetik und Kontrollgesellschaft.* Nautilus Flugschrift, Hamburg, 2013.

Dorogovtsev, S.N. und Mendes, J.F.F.: *Evolution of Networks. From Biological Nets to the Internet and WWW.* Oxford University Press, Oxford, 2003.

Edwards, Douglas: *»I'm Feeling Lucky.« The Confessions of Google Employee Number 59.* Allen Lane, London, 2011.

Eggers, Dave: *Der Circle.* Kiepenheuer & Witsch, Köln, 2014. (*The Circle*).

Gelernter, David: *Mirror Worlds – The Day Software Puts the Universe in a Shoebox. How It Will Happen And What It Will Mean,* Oxford University Press, Oxford, 1992.

Greenwald, Glenn: *Die globale Überwachung. Der Fall Snowden, die amerikanischen Geheimdienste und die Folgen.* Droemer, München, 2014. (*No Place to Hide. Edward Snowden, the NSA and the U.S. Surveillance State*)

Hagel III., John und Armstrong, Arthur G.: *Net Gain – Expanding Markets through Virtual Communities.* Harvard Business School Press, Boston, 1997.

Heidegger, Martin: *Die Technik und die Kehre.* Klett-Cotta, Stuttgart, 2002.

Isaacson, Walter: *Steve Jobs. Die autorisierte Biografie des Apple-Gründers.* C. Bertelsmann, München, 2011.

Kirkpatrick, David: *Der Facebook-Effekt. Hinter den Kulissen des Internet-Giganten.* Hanser, München, 2011. (*The Facebook Effect – The Inside Story of the Company that is Connecting the World*)

Kurzweil, Ray: *The Age of Spiritual Machines – When Computers Exceed Human Intelligence,* Viking Penguin, New York, 1999.

Kurzweil, Ray: *The Age of Intelligent Machines – When Computers Exceed Human Intelligence.* MIT Press, Cambridge, 1990.

Lanier, Jaron: *Wem gehört die Zukunft? Du bist nicht der Kunde der Internetkonzerne. Du bist ihr Produkt.* Hoffmann und Campe, Hamburg, 2014. (*Who Owns the Future?*)

Lanier, Jaron: *Gadget. Warum die Zukunft uns noch braucht.* Suhrkamp, Berlin, 2012. (*You are not a Gadget*)

Lessig, Lawrence: *Remix – Making Art und Commerce Thrive in the Hybrid Economy.* Bloomsbury, London, 2008

Lessig, Lawrence: *Freie Kultur. Wesen und Zukunft der Kreativität.* Open Source Press, München, 2006. (*Free Culture – The Nature and Future of Creativity*)

Letan, Shaun: *Giving Out Free Music On Your Website No Longer Works! Here's What You Should Do Instead.* Music Industry Reports, 2013.

Luhmann, Niklas: *Die Wirtschaft der Gesellschaft.* Suhrkamp, Frankfurt am Main, 1994.

Lundquist, Leslie und Lynch, Daniel C.: *Digital Money – The New Era of Internet Commerce.* John Wiley & Sons, New York, 1996.

Mayer-Schönberger, Viktor und Cukier, Kenneth: *Big Data. Die Revolution, die unser Leben verändern wird.* Redline, Frankfurt, 2013. (*Big Data. A Revolution that Will Transform How we Live, Work and Think*)

McChesney, Robert W: *Digital Disconnect – How Capitalism is Turning the Internet against Democracy.* The New Press, New York, 2013.

McLuhan, Marshall: *Understanding Media – The Extensions of Man.* Routledge and Kegan Paul, New York, 1964.

McLuhan, Marshall: *Die Gutenberg-Galaxis: Die Entstehung des typografischen Menschen.* Gingko Press, Hamburg, 2011. (*The Gutenberg Galaxy*)

McQuivey, James: *Digital Disruption – Unleashing the Next Wave of Innovation.* Amazon Publishing, Las Vegas, 2013.

Mele, Nicco: *The End of Big. How the Internet Makes David the New Goliath.* St. Martin's Press, New York, 2013.

Negroponte, Nicholas: *Total Digital – Die Welt zwischen 0 und 1 oder die Zukunft der Kommunikation.* C. Bertelsmann, München, 1995. (*Being Digital*)

Pariser, Eli: *Filter Bubble: Wie wir im Internet entmündigt werden.* Hanser, München, 2012. (*Filter Bubble*)

Quinn, James Brian: *Innovation Explosion – Using Intellect and Software to Revolutionize Growth Strategies.* The Free Press, New York, 1997.

Rao, Aun und Scaruffi, Pierro: *A History of Silicon Valley: The Greatest Creation of Wealth in the History of the Planet.* Omniware Group, Palo Alto, 2013.

Rogers, Jim: *The Death & Life of the Music Industry in the Digital Age.* Bloomsbury, London, 2013.

Rushkoff, Douglas: *Cyberia – Life in the Trenches of Hyperspace.* HarperCollins, New York, 1994.

Rushkoff, Douglas: *Media Virus – Hidden Agendas in Popular Culture.* Ballantine Books, New York, 1994.

Schirrmacher, Frank: *Payback: Warum wir im Informationszeitalter gezwungen sind zu tun, was wir nicht tun wollen, und wie wir die Kontrolle über unser Denken zurückgewinnen.* Blessing, München, 2010.

Schirrmacher, Frank: *Ego. Das Spiel des Lebens.* Blessing, München, 2013.

Schmidt, Eric und Cohen, Jared: *Die Vernetzung der Welt. Ein Blick in unsere Zukunft.* Rowohlt, Reinbek, 2013. (*The New Digital Age. Reshaping the Future of People, Nations and Business*)

Schrems, Max: *Kämpf um Deine Daten.* Edition a, Wien, 2014.

Senor, Dan und Singer, Paul: *Start-up Nation. The Story of Israel's Economic Miracle.* Twelve Books / Hachette, New York, 2009.

Silver, Nate: *The Signal and the Noise – Why so Many Predictions Fail, but Some Don't.* Penguin Press, New York, 2012.

Stone, Brad: *The Everything Store. Jeff Bezos and the Age of Amazon.* Transworld, London, 2013.

Suarez, Daniel: *Daemon. Die Welt ist nur ein Spiel.* Rowohlt, Reinbek, 2014.

Sunstein, Cass R.: *Infotopia – How Many Minds Produce Knowledge.* Oxford University Press, Oxford, 2006.

Spitzer, Manfred: *Digitale Demenz. Wie wir uns und unsere Kinder um den Verstand bringen.* Droemer, München,

Stephenson, Neal: *Snow Crash.* Goldmann, München, 2009.

Tapscott, Don: *Digital Economy – Promise and Peril in the Age of Networked Intelligence.* McGraw Hill, New York, 1999.

Tapscott, Don und Williams, Anthony D.: *Wikinomics – How Mass Collaboration Changes Everything.* Atlantic Books, London, 2006.

Toffler, Alvin: *Die dritte Welle. Zukunftschance. Perspektiven für die Gesellschaft des 21. Jahrhunderts.* Goldmann, München, 1988. (*The Third Wave*)

Vise, David A. und Malseed, Mark: *The Google Story.* Delacorte, New York, 2005.

Wikström, Patrik: *The Music Industry.* Polity Press, Cambridge, 2009.

Zittrain, Jonathan: *The Future of the Internet – and How to Stop It.* Yale University Press, New Haven, 2008.

Weitere Quellen

Neben eigenen Gesprächen und Recherchen sind folgende weitere Quellen verwendet worden:

Almunia, Joaquin: *Ich diszipliniere Google.* Frankfurter Allgemeine Zeitung, Frankfurt, 13. Mai 2014.

Auletta, Ken: *Get Rich U. There are no Walls between Stanford and Silicon Valley. Should There be?* The New Yorker, New York, 30. April 2012.

Balsemao, Francesco Pinto: *Der Wettbewerbskommissar irrt.* Frankfurter Allgemeine Zeitung, Frankfurt, 14. Juni 2014.

Bloomberg Business Week: *Origins of Silicon Valley Talent.* New York, Mai 2014.

Busse, Caspar: *Marktmacht von Internetkonzernen – Alle gegen Google.* Süddeutsche Zeitung, München, 21. Mai 2014.

Döpfner, Mathias: *Lieber Eric Schmidt.* Frankfurter Allgemeine Zeitung, Frankfurt, 16. April 2014.

D'Onfro, Jllian: *The 15 Wildest Things Google Chairman Eric Schmidt has Ever Said.* Business Insider, New York, 2. November 2013.

Edwards, Jim: *Google Is Now Bigger than Both the Magazine and Newspaper Industries.* Business Insider, New York, 12. November 2013.

Eitel, Anja: *US-Konzerne hängen Europas Branchenriesen ab.* Die Welt, Berlin, 31. Mai 2014.

Focus Magazin: *Deutsche Stars im Silicon Valley.* 18. November 2013

Gabriel, Sigmar: *Unsere politischen Konsequenzen aus der Google-Debatte.* Frankfurter Allgemeine Zeitung, Frankfurt, 16. Mai 2014.

Gage, Deborah: *Mesosphere Emerges With $10.5M In Quest To Kill More Fail Whales.* Wall Street Journal, New York, 9. Juni 2014.

Goyens, Monique: *Eine Gefahr für den Verbraucher.* Frankfurter Allgemeine Zeitung, Frankfurt, 22. Mai 2014

Helft, Miguel: *Ron Conway is a Silicon Valley Startup's Best Friend.* Forbes, New York, 10. Februar 2012.

Heller, Nathan: *Bay Watched. How San Francisco's New Entrepreneurial Culture is Changing the Country.* The New Yorker, New York, 14. Oktober 2013

Hof, Robert: *What's the next Facebook? Just ask Facebook Angel Investor Ron Conway.* Forbes, New York, 15. Mai 2012.

Interbrand: *Best Global Brands 2013.* New York, 2014.

Kauffman Foundation, Ewing Marion: *We Have Met the Enemy. And He Is Us. Lessons From Twenty Years of the Kauffman Foundation's Investments in Venture Capital Funds and The Triumph of Hope Over Experience.* Studie. Kansas City, Mai 2012.

Klöckner & Co.: *Klöckner & Co. baut Stahlhandel über das Internet weiter aus und setzt auf die durchgängige Digitalisierung der Supply Chain.* Pressemitteilung. Duisburg, 22. April 2014.

Lanier, Jaron: *Wer die Daten hat, bestimmt unser Schicksal.* Frankfurter Allgemeine Zeitung, Frankfurt, 24. April 2014.

Marinucci, Carla: *Obama Host Rose From Rags to Riches.* San Francisco Chronicle, San Francisco, 6. Juni 2013.

Max, D.T.: *Two-Hit Wonder. Jack Dorsey, of Twitter, Is Now Making Big Money at Square – and Is Out to Prove that He's More than a Lucky Man.* The New Yorker, New York, 21. Oktober 2013

Mendezo, Martha: *Silicon Valley Poverty Is Often Ignored By the Tech Hub's Elite.* Associated Press, New York, 10. März 2013.

Meeker, Mary: *Internet Trends 2014 – Code Conference.* Präsentation. Kleiner Perkins Caufield Byers. Menlo Park, 28. Mai 2014.

Mims, Christopher: *Valuations Are Sk-High, Yet Google Finds a Steal.* Wall Street Journal, New York, 16. Juni 2014.

Mücke, Sturm & Company und EEC Köln: *Der Handel muss sich neu erfinden. 5 Thesen zur Zukunft des Handels.* Thesenpapier. Köln / München, 27. Mai 2014.

Morozov, Evgeny: *Warum man das Silicon Valley hassen darf.* Frankfurter Allgemeiner Zeitung, 10. November 2013.

Nestler, Frank: *Googles Weg zur Sparkasse.* Frankfurter Allgemeine Zeitung, Frankfurt, 24. Juni 2014.

Nolte, Carl: *Nothing Will Ever Be the Same in San Francisco.* San Francisco Chronicle, San Francisco, 15. Juni 2013.

Pellikan, Leif und Nötting, Thomas: *Wie Google die Märkte dominiert.* Werben & Verkaufen, München, Juni 2014.

Reback, Gary: *Fatal Flaws in EU Proposed Regulation.* CoPräsentation bei Konferenz des Open Internet Project, Paris, 15. Mai 2014.

Schmidt, Eric: *Die Chancen des Wachstums.* Frankfurter Allgemeine Zeitung, Frankfurt, 9. April 2014.

Schirrmacher, Frank: *Seine Waffe ist die Aufklärung.* Frankfurter Allgemeine Zeitung, Frankfurt, 5. Juni 2014.

Schirrmacher, Frank und Scharrer, Jürgen: *Wir müssen verhandeln, welchen Wert Qualitätsjournalismus hat.* Interview, Horizont, Frankfurt, 16. Mai 2014.

Schulz, Martin: *Google entmündigt die Bürger.* Interview im Stern. Hamburg, 29. April 2014.

Solnit, Rebecca: *How to act Like a Billionaire.* TomDispatch, New York, 25. Juni 2013.

Solnit, Rebecca: *Diary* (über die Google-Busse in San Francisco). London Review of Books, London, Volume 35 Nr. 3, 7. Februar 2013.

Solnit, Rebecca: *Wer hält Google auf?* Frankfurter Allgeneine Zeitung, Frankfurt, 6. Juli 2013.

Steingart, Gabor: *Unsere Waffen im Digitalen Freiheitskampf.* Frankfurt Allgemeine Zeitung, Frankfurt, 22. Juni 2014.

Süddeutsche Zeitung: *Tesla gibt seine Patente frei.* München, 13. Juni 2014.

Shoshana Zuboff: *Schürfrechte am Leben.* Frankfurter Allgemeine Zeitung, Frankfurt, 30. April 2014.

Thompson, Nicholas: *The Trouble With Stanford.* The New Yorker, New York, 12. April 2013.

Wagner, Lorenz: *Unter Nehmern. Ein Blick hinter die Kulissen von Twitter.* Magazin der Süddeutschen Zeitung. München, Heft 40/2013.

Index

3Com 202

A
Accel Partners 137
Acer 140
AdMob 139
Adobe 242, 243
Agfa 21
Agilent Technologies 56
Airbnb 41, 133, 136, 139, 142, 190, 292
Aktie 189
Aldi 302
Alexander, Keith 218
Alexandre, Laurent 266
Algorithmus 21, 105, 120, 170, 183, 216, 229, 232, 234, 235, 240, 241, 243, 248, 257, 260, 276, 285, 287
Al Jazeera 218
Allgemeine Geschäftsbedingungen 194, 210, 267, 299, 302
Almunia, Joaquin 209
AltaVista 54, 204
Altos Computer Systems 140
Amazon 86, 101, 143, 180, 182, 184, 187, 194, 195, 198, 199, 225, 237, 239, 243, 244, 301
American Telephone and Telegraph 199
Amidi, Saeed 37
Ampex 116
Andreessen Horowitz 51, 94, 136
Andreessen, Marc 39, 44
Android 150, 175, 206, 219, 223, 226
Anrufbeantworter 43
AOL 107, 125, 129, 178
Apple 11, 19, 20, 28, 29, 31, 35, 45, 49, 78, 79, 95, 101, 102, 104, 129, 135, 137, 144, 179, 187, 194, 217, 225, 242, 267, 298
AppStore 35, 69, 171
Finder 49
iMac 35
iOS 171
iPad 35, 179
iPhone 35, 48, 93, 94, 113, 169, 182
iPod 35, 101, 129, 130
iTunes 35, 111, 113, 171, 174
Lisa 49
MacIntosh 29, 49, 104
Newton 49
Audi 20, 113, 185
Augmented Reality 252, 266
Auletta, Ken 60
Auto
Elektro- 33, 98, 100, 130
selbst fahrend 108, 114, 118, 155, 185, 276
Autoindustrie 181
Autoren 193
Axel Springer SE 11, 188, 190, 194, 293

B
Baby Bells 199
Bain & Company 189
Bank of America 73
Bankoff, Jim 178
Bank of Japan 274
Barker, Dan 212
Barroso, Manuel 299
BART 33
BASF 20
Bay Area Rapid Transit 33
Bayer 200
Bechtolsheim, Andreas von 105
Bell Telephone 199
Benchmark Capital 137
Benn, Gottfried 241
Benninghoff, Arnd 182
BEUC 215
Bezos, Jeff 101
BianRosa, Gilles 107
Bitcoin 273, 275

313

Blecharczyk, Nathan 190
Blumenberg, Hans 257
BMW 20, 185
Booking.com 191
Bootstrapping 136, 149
Bosch 20
Brandeis University 249
Branson, Richard 62
Breyer, Jim 121
Brin, Sergey 54, 57, 60, 205, 243, 256, 265
Bundeskartellamt 204
Bundestag 193, 272
Bundesverband Deutscher Kapitalbeteiligungsgesellschaften (BVK) 157
Bundesverband E-Commerce 199
Business Angels 44, 149
Buzzfeed 104

C
C++ 284
California Life Company (Calico) 267
Capps, Steve 49
Carle, Wendy 84
Carpet-for-Equity 37
Carr, Nicholas 195
Casper, Gerhard 54, 59, 62, 63, 70
CasSelle, Malcolm 273
Cerf, Vinton 261
Change.org 72, 74
Chavez, Cindy 85
Chesky, Brian 41, 190
Christensen, Clayton 108, 291
Chrome 206, 223
Cionway, Ron 46
Cisco 45, 56, 60, 144
Clickworker 228, 232, 276
Clinkle 61, 62
Clipfish 211
Coca Cola 225
Cockshott, Paul 241
Cohen, Jared 218

Cole, Markus 146
Computer History Museum 32
Continental 237
Control Data 116
Conway, Ron 45, 86, 138
Corrective Rape 73
Cottrell, Allin 242
Coursera 241
Creedence Clearwater Revival 247
Croen, Ron 52
Crosby, Michelle 133
Cross, Bradford 120, 130
Crunchbase 44
Cue, Eddy 174
Cupertino 19

D
Daimler 20, 98, 108, 185, 225
Dalai Lama 28
Damman, Xavier 39
Darwin, Charles 109
Dediu, Horace 174, 182
de La Boëtie, Étienne 303
Demo Day 74
DesignCrowd 228
Design School 65, 67
Design Thinking 67, 68
Deutsche Telekom 86, 204, 216, 222, 281
Deutschland 11, 21, 27, 44, 48, 49, 50, 56, 57, 72, 86, 87, 101, 102, 104, 106, 136, 137, 143, 148, 150, 152, 154, 155, 161, 175, 179, 181, 184, 186, 188, 198, 211, 217, 226, 241, 244, 270, 277, 289, 292, 297
DHL 155
Diablo 116
Diamandis, Peter 260
Die Grünen 28
Diekmann, Kai 11, 20
Disney 225
Doerr, John 56
Döpfner, Mathias 188, 218
Dorsey, Jack 45, 149, 256

Download 111, 113
  illegal 175
Dropbox 37, 133, 139, 142
Dropcam 222
DSL 56
Duplan, Lucas 62

E
East Palo Alto 83
eBay 56, 74, 98, 101, 133
E-Commerce-Center Köln 180
Edelman, Ben 206, 214
Edison, Thomas Alpha 195, 196
Eggers, Dave 195, 256
Einstein, Albert 28
El Camino Real 58
Electronic Arts 45, 56
Engineering School 57
Enzensberger, Hans Magnus 256
Erhard, Ludwig 302
Ethernet 202, 203
E*Trade 56
Etsy.com 228
Eucken, Walter 302
Europa 13, 50, 55, 87, 124, 125, 142, 150, 151, 189, 196, 217, 246, 270, 275
Europäische Kommission 208, 272, 299
Evernote 251
EZB 274

F
Facebook 11, 19, 29, 31, 42, 83, 86, 104, 121, 131, 137, 140, 142, 144, 151, 156, 179, 187, 189, 194, 198, 202, 205, 212, 213, 214, 225, 251, 267, 269, 270, 287, 293, 302
Fairchild Semiconductor 56
Fanhattan 107
Fanning, Shawn 140
Farrell, Joseph 200
FAZ 65, 215, 217, 218, 224
Federal Reserve Bank 274
Fiedler, Christoph 216
Fiorina, Carly 179, 252
Fischer, Bobby 29
Fischer, Joschka 28
Flipboard 85, 86, 142, 144
Franzen, Jonathan 256
Freedom of Information Act 218
Freie Universität Berlin 255
Friedman, David 82
Fugmann, Matthias 47

G
Gabriel, Peter 11, 295
Gabriel, Sigmar 217, 230, 239
Gandhi, Mahatma 28
Gates, Bill 297
Gebbia, Joe 190
Genentech 267
General Motors 200
German International School of Silicon Valley 20, 47
GISSV 20, 47
Golden State 24
Goldman Sachs 188, 189
GoodYear 237
Google 11, 19, 20, 29, 42, 45, 49, 54, 56, 57, 60, 63, 76, 77, 78, 83, 86, 87, 104, 114, 115, 118, 137, 143, 144, 155, 173, 179, 182, 187, 188, 189, 193, 194, 195, 196, 198, 204, 210, 211, 213, 215, 217, 218, 222, 224, 225, 226, 229, 242, 259, 261, 265, 267, 270, 293, 296, 301, 302
  Börsengang 60
  Finance 214
  Foundation 83
  Glass 44, 49, 251
  Maps 182, 222
  Plus 212
  Shopping 212, 213
  Verwaltungsrat 60
  Wallet 189
Gore, Al(bert) Arnold 134
Goyens, Monique 215, 216

Graham, Paul 133
Groupon 139
Grove, Andy 96
Growth Hacks 140
Grünbein, Durs 18
Grundig 21

H
Haight-Ashbury District 27
Half Moon Bay 47
Handel
   stationär 180
Harvard 25, 58, 61, 206
Hastings, Reed 57
Haucap, Justus 204, 225
Hayden, Michael 218
Hearst Castle 35
Hearst, William Randolph 35
Heidegger, Martin 235
Heinrich-Heine-Universität 204
Hennessy, John 54, 59, 60
Herwig, Stefan 276
Hewlett-Packard 20, 31, 56, 57, 94, 179
   Garage 31
Hewlett, William 31, 57, 64
Hightech Gründerfonds 156
Highway 101 23
Hinrichs, Ulrike 157
Hoechst 21
Hofstadter, Douglas 268
Horowitz, Ben 94
Hotel Adlon 193
HRS 191
Humboldt-Universität 57
Hutten, Ulrich von 64

I
IBM 21, 28, 48, 83, 86, 116, 225, 260
   Forschungslabor 48
Idealo 11, 184
Ideo 65, 67
IHS 182
Ikea 34, 83

IMVU 125, 126
Innovator's Dilemma 291
Insight Center for Community Economic Developement 81
Instagram 45, 144, 186, 201
Instant Messenger 125, 129
Institut für Handelsforschung 180
Intel 19, 96, 104, 242
Intuit 56
Isaacson, Walter 35
iVersity 241

J
Java 219, 284
Jobs, Steve 28, 29, 31, 32, 34, 35, 69, 82, 93, 94, 95, 101, 102, 104, 123, 130, 243
   NeXT 95
Jordan, David Starr 64
Joy, Bill 267

K
Kabel Deutschland 222
Kahn, Herman 257
Karp, Alex 102
Katis, Tom 91
Katz, Michael 200
KaufDa 184
Kauffman Foundation 144, 152
Kaufmann, Kenneth 120
Keiretsu 44
Kelley, David 65
Khosla Ventures 137, 147
Kindle 199
King, Martin Luther 28
Kleiner Perkins 56, 137
Klöckner & Co SE 165, 189, 282
Klöckner, Philipp 226
Knaup, Tobias 135, 136, 292
Kodak 21, 185, 201
Kopf, Wolfgang 204, 216
Kothari, Akshay 39, 68
KPMG 185
Kreditanstalt für Wiederaufbau (KfW) 156

Krukowski, Damon 176
Kubrick, Stanley 254
Kurzweil, Ray 259, 261, 265, 266
Kutcher, Ashton 149
Kybernetik 235, 248

L
Lanier, Jaron 186, 248, 268
Lauer, Christopher 194
Layton, Thomas 229
Lee, David 139
Lehman 295
Leibert, Florian 135, 292
Le Merle, Matthew 44, 51
Lending Club 37, 108, 142
Levinson, Arthur D. 267
Lidl 302
LinkedIn 39, 56, 69, 104, 144, 202, 297
Lockheed 28
Loewe 21
Lucas, George 29
Lufthansa 20
Lutwak, Todd 51
Lyft 155, 229, 244

M
Machlup, Fritz 181
Malcolm X 247
Manhattan 19, 25
Marcus, David 187
Marx, Karl 195, 268
Massachusetts Institute of Technology 236
Massive Open Online Courses 241
Mayer, Marissa 134, 214
McCue, Mike 85, 86
Medaillon Rug Store 31
MediaMarkt 184
Memorex 116
Merkel, Angela 21, 216
Mesosphere 136, 251, 292
Metcalfe, Robert Melancton 202

Mewes, Niclaus 154
Michelangelo 123
Microsoft 28, 86, 125, 139, 195, 225
Mietpreise 78
Mikroklima 23
Milner, Yuri 121
Minimal Viable Product (MVP) 125, 128, 132, 228
Mint 139
Moffett Federal Airfield 28
Monterey Pop Festival 27
Moore, Geoffrey 50, 165
Morgan, Steve 152
Morozov, Evgeny 252
Motif Investing 187
Motorola 251
Mountain View 19, 28, 37, 42, 196
MTV 225
Mücke, Sturm & Company 180
Mundt, Andreas 204
Musikindustrie 175, 177, 191, 299
Musk, Elon 97, 130
Myers, Paul Z. 268
MySpace 205
MyTaxi 154, 239
MyVideo 198, 211

N
Naam, Ramez 265
Napster 111, 140
NASA 20, 28, 259
National Semiconductor 140
Nest 212, 213, 221
Netflix 56, 113, 296
Netscape 39, 86
Netzwerkeffekt 172, 191, 197, 198, 203, 206, 213, 219, 222, 227, 230, 300
New York Times 202
Nietzsche, Friedrich 257
Nixdorf 21, 117
Novalis 255
NSA 12, 217, 218
Nuance Communications 52

317

O
O2 222
Obama, Barack 85, 187, 259
oDesk 229, 232, 240, 243, 244
Omidyar, Pierre 74, 101
Open-Source 99
OpenTable 229
Opsware 94
Oracle 19, 45, 104, 144, 219
Organic Food 33
Orwell, George 267
Otto Group 143
Oxford 25

P
Packard, David 31, 64
Page, Larry 54, 57, 60, 82, 114, 205, 219, 256, 265, 273
Palantir 102, 142, 250
Palo Alto 19, 48
Palo Alto High School 30
Palo Alto Research Center (PARC) 32, 202, 250
PayNearMe 49
PayPal 37, 45, 52, 57, 97, 98, 101, 149, 187, 189
Pentagon 28
Peretti, Jonah 104
Pershings 29
Pfizer 21
Phillips, Zach 52
PHP 284
Pink Floyd 233
Pinterest 139, 142, 198
Piratenpartei 194
PittPatt 224
Pivoting 93, 96, 98
Pixar 35
Plattner, Hasso 52, 66, 290
PlayHaven 52
PlugAndPlay 37, 132
Popper, Karl 95
Porat, Marc Uri 181, 189
Porsche 119

Powell, Laurene 35
Prismatic 120, 130
ProSiebenSat1 182
Pulse 39, 68, 69
Python 284

Q
Qualcomm 251

R
Random Access Method for Accounting and Control (RAMAC) 116
Rattray, Ben 72
Reagan, Ronald 76
Reback, Gary 272
Rocketspace 132
Rogers, Matt 222
Rosenberg, Jonathan 208
Rosewood Hotel 138
Rothen, Peter 159
Ruby 284
Rühl, Gisbert 165
Russell, Bertrand 134
Rüstungsindustrie 29

S
Safranski, Rüdiger 255
Salesforce 104
Saloner, Garth 200
Samsung 21, 25, 113, 187
Sand Hill Road 72, 137, 138, 142, 148, 196
San Francisco Chronicle 78
Santa Cruz 47
SAP 21, 52, 290
Sasson, Steve 201
Saturn 184
SB Nation 178
Schirrmacher, Frank 12, 177, 179, 195, 237, 243, 298, 299, 307
Schmidt, Eric 189, 194, 205, 213, 217, 218, 224, 226, 257, 297, 299
Scholz, Olaf 160, 216, 298
Schramm, JD 74

Schrems, Max 269
Schumpeter, Joseph 205, 226, 300
Sean Rad 131
Seed-Runde 149
Seelig, Tina 64
Sequoia 45, 137
Series A 149
Shader, Danny 46, 48
Shapiro, Carl 200
Shiller, Phil 174
Siebenhaar, Klaus 255
Siemens 21, 48, 114
Silicon Graphics 56
Silicon Valley Bank 151
Singularity University 259, 265
Sinner, Martin 11, 47
Sixties 27
Skybox Imaging 222
Skype 108
Smith, Ben 135
Snapchat 142
Snowden, Edward 218
Solnit, Rebecca 77, 86
Sony 21, 130, 225
SpaceX 97
Spielberg, Steven 29
Spotify 111, 175, 176
Square 139, 142
Stafford Beer, Anthony 180
Standard & Poor's Index 260
Stanford 19, 24, 29, 30, 49, 50, 53, 54, 55, 56, 57, 58, 59, 60, 61, 62, 63, 64, 68, 69, 70, 71, 73, 74, 75, 80, 82, 118, 120, 137, 146, 166, 196, 247, 263, 281, 286
  Berufsberatung 63
  Challenge 57
  Clubs 70
  Federal Telegraph 64
  Goldmedaillen 56
  Graduate School of Business 74
  Grundstudium 70
  Jahresbudget 55
  Lizenzverwaltung 56
  Nobelpreisträger 56

Spenden 57
Stiftung 56
Studiengebühr 59
Technology Ventures Program 64
Stanford, Leland 34, 58, 80
StartX 49, 74, 132
Stasi 267, 270
Steingart, Gabor 302, 307
Stern TV 194
Storify 39
Streaming 111, 113, 175
Streetview 221
Sun Microsystems 56, 105, 138, 267
Sunnyvale 28, 37
SV Angels 45, 139
Swart, Gary 231

T
Taiwan 57, 140
Tauber, Peter 183, 276
TechCrunch 107, 139, 148
  Disrupt 46, 107
Telefunken 21
Tellme Networks 86, 139
Terman, Frederick 64
Tesla 33, 97, 130
There.com 125
Thiel, Peter 52, 57, 101, 149, 293
Thomas F. Peterson Engineering Laboratory 66
Thompson, Nicholas 61
Thrun, Sebastian 118
Tinder 131
Titan Aerospace 222
Town & Country 30
Trayvon, Martin 73
Twain, Mark 23
Twitter 11, 45, 62, 136, 139, 144, 149, 292

U
Uber 142, 154, 229, 244, 293, 296
Udacity 241
Unilever 200
United Internet 21

319

Universität Köln 55
Université de Paris 266
University of California
   Berkeley 247
UPS 155
Urheberrecht 196

V
Vail, Theodor 199
Valentine, Don 45
Varian, Hal 200, 261
Verizon 139
Verlage 20, 21, 191, 193, 301
Viaweb 133
Viewdle 224
Vimeo 211
Virgin 62
   Megastore 173
Vivint 212, 213
Vodafone 222
Volkswagen 20, 108, 118, 181, 200
von Neumann, John 262
Voss, Catalin 48, 49
Voxer 91, 253
Vox Media 178

W
Wall Street 26, 73, 103, 106, 144,
   188, 223, 224, 260
Wanderful Media 135
Wang 117
Wasser 24
Watchever 113, 210
Waze 183, 220, 223
Wealth-X 82
Weiden, David 138, 147, 153
Wells Fargo 24

Weltwirtschaftsforum 179
Weltzeitungsverband 196
Wertschöpfung 76, 81, 101, 166,
   179, 181, 189, 210, 220, 285
Wevorce 133
Whatsapp 45, 131, 142
Wholefoods 33, 81
Wiener, Norbert 225, 235, 236, 241,
   252
Wieseltier, Leon 249
Wikipedia 19
Winterkorn, Martin 181
WordPress 231, 284
World of Music 173
World Wide Web 26
Wozniak, Steve 31
Würtenberger, Peter 11

X
Xerox 32, 202

Y
Yahoo! 19, 54, 56, 57, 125, 133,
   204
Yale University 61
Yang, Jerry 57
Y Combinator 132
YouTube 19, 48, 74, 143, 198, 206,
   207, 211, 214, 296

Z
Zalando 285
Zappos 139
Zuboff, Shoshana 224
Zuckerberg, Mark 27, 31, 45, 82, 83,
   134, 151, 157, 190, 256
Zweig, Stefan 283